곰, 몰락한 왕의 역사

Cet ouvrage, publié dans le cadre du Programme de Participation à la Publication Sejong,
a bénéficié du soutien de l'Institut Français de Corée du Sud.

이 책은 주한 프랑스문화원의 세종출판번역 지원프로그램의 도움으로 출간되었습니다.

L'ours. Histoire d'un roi déchu
by Michel Pastoureau

곰, 몰락한 왕의 역사

미셸 파스투로 지음

주나미 옮김

오롯

[그림 1] 아르티오 여신의 암곰
스위스 베른 근방의 무리 지방에서 발견된 청동상(2세기 말), 스위스 베른역사박물관
creative commons(CC BY), by Sandstein

유럽의 비지중해 문화권에 속하는 지역 대부분에서 곰은 아주 오랜 옛날부터 신적인 존재이자 조상신으로 여겨졌다. 곰은 이승과 저승을 잇는 중간자로 여겨졌으며 인간의 세계와 동물의 세계 사이에 위치한 특별한 존재로 숭배되었다. 그리스 신화는 선사시대의 곰과 역사시대의 곰 사이에 존재하는 연결고리를 재구성하고 상상할 수 있게 한다. 그리스 신화에서 곰은 위대한 사냥의 여신인 아르테미스의 상징이었는데, 아르테미스란 이름 자체도 곰을 가리키는 어근에서 비롯된 것이다. 아르티오 여신은 켈트 신화에서 아르테미스 여신과 마찬가지의 지위를 차지한다. 스위스의 수도 베른 인근에서 발견된 청동상에는 풍요의 여신 아르티오가 곰과 마주 앉아 있다. 아르티오 여신에게 바쳐진 이 청동상은 켈트인의 마음 깊숙이 곰이 자리하고 있음을 보여준다. (본문 52쪽 참조)

[그림 2] 곰과의 결투

『하이델베르크 대시가집(Codex Manesse)』 수록 삽화(취리히 또는 콘스탄츠, 1300~1310)

Universitätsbibliothek Heidelberg, Cod. Pal. germ 848 Große Heidelberger Liederhandschrift(Codex Manesse), fol. 90(seite: 313r)

곰은 유럽 전역에서 오랜 기간 숭배와 두려움의 대상이었다. 곰은 동물의 왕이자 지배자와 전사들의 상징이었다. 게르만족, 켈트족, 슬라브족, 발트족, 라플란드인은 곰을 자신들의 우화 상징체계의 중심에 두고, 다양한 방법으로 숭배했다. 그들은 곰과 싸워 이겨서 그 힘을 얻으려고 했으며, 곰을 자신들의 상징이자 선조로 삼기도 했다. 젊은이들에게 곰과 결투를 벌여 죽이는 것은 성인전사의 세계로 들어가는 필수적인 통과의례였다. 그것은 사냥의례 이상의 의미를 가진 입문의식이었으며 사람과 동물이 가까이 맞붙어 결전을 벌이는 것으로 끝이 났다. 기독교화 이후에도 오랫동안 곰과 일대일로 싸워 승리를 거두는 것은 용기의 상징이자 남다른 전사의 자질을 보여주는 징표로 남았다. 곰을 상대로 거둔 승리는 그가 미래의 지배자나 왕이 될 승리자임을 암시하곤 했다. (본문 60쪽 참조)

고대 스칸디나비아의 전사들은 곰 고기나 피를 먹을 뿐 아니라 곰 가죽을 입고 전쟁에 나갔다. 그들은 그 가죽이 영웅들을 위험에서 보호해주고 강력한 힘을 준다고 믿었다. 그런 자들 가운데서도 가장 무시무시했던 전사들은 베르세르키르였다. 그들은 갑옷을 입지 않고 맨몸에 곰 가죽만 걸치고 전쟁에 나갔는데 마치 야수가 미쳐 날뛰는 것 같았다. 그들은 자신들의 방패를 물어뜯고, 지나가는 길에 있는 모든 짐승과 사람들을 죽였다. 그들은 자신들이 곰으로 변했다고 느꼈으며 사회적인 감각을 잃어버리고 극도로 야만적이고 공격적인 상태에 다다라 두려움이나 동정심을 느끼지 않았다. 그들은 곰처럼 무적이 되었으며, 적어도 스스로 그러하다고 느꼈다. 12세기 중반 노르웨이에서 조각된 이 체스말은 베르세르키르 전사가 곰가죽을 걸친 채 광폭하게 방패 상단을 물어뜯고 있는 모습을 나타내고 있다. (본문 66쪽 참조)

[그림 4] 쥐베날 데 위르생(Juvénal des Ursins) 가문을 상징하는 곰

『파리의 시도서(Heures à l'usage de Paris)』의 여백 장식(1440년). Paris, Bibliothèque nationale de France, ms. NAL 3226, f. 116v.

[그림 5] 서로를 희롱하며 사람의 방식으로 짝짓기 하는 곰

가스통 페뷔스(Gaston Phébus)의 『사냥서(Livre de la chasse)』 수록 삽화(14세기 말, 아비뇽)

Paris, Bibliothèque nationale de France, ms. français 619, fol. 15v°.

곰은 인간의 친족으로 여겨지기도 했다. 곰은 겉모습이 사람과 유사하고, 다른 동물들과 달리 직립할 수 있으며 걸을 때 발 전체를 땅에 디딘다. 그리고 식성이나 행동도 사람과 유사하다. 중세의 동물지, 백과사전 등은 곰과 사람의 유사점들을 강조했는데, 현대 동물학은 받아들이지 않은 매우 특이한 관점이 있었다. 곰이 다른 네발동물이 하는 방식으로 짝짓기를 하지 않고, 사람처럼 얼굴과 배를 마주하고 서로를 끌어안고 누워서 관계를 맺는다는 믿음이다. 이 행위에 대해 맨 처음 언급한 것은 플리니우스였다. 이는 곰을 동물의 세계보다는 인간의 세계에 더 가깝게 만들었고, 수많은 믿음과 전설 · 이미지들을 낳았다. (본문 95쪽 참조)

사람들은 수곰들이 젊은 여자를 찾아다니고 때로는 납치해서 강제로 범한다고 믿었다. 그리고 그 결과 여자들은 반은 사람이고 반은 곰인 존재를 낳는데, 그들은 언제나 불굴의 전사이자 나아가 명망 있는 가문의 시조가 되었다. 곰과 인간의 결합에 관한 고대의 신화는 미녀와 야수에 관한 이야기로 후대까지 전해졌다. 스칸디나비아의 왕가들은 자신들이 곰의 후손임을 자랑스럽게 여겼고, 13세기 말에는 명망 높은 로마의 오르시니 가문이 곰과 밀접한 관계가 있다는 이야기가 퍼졌다. 그들은 가문의 문장도 암곰으로 바꾸었다. (본문 109쪽 참조)

[그림 6] 곰의 모습을 한 악마

『교회력이 수록된 시편(Psalter mit Kalendarium)』의 삽화(독일 남서부, 1235년 이후)

Bayerische Staatsbibliothek München, Clm 11308, fol. 10v.

알프스에서 발트 해에 이르는 지역에서 곰은 그리스도의 경쟁자로 자리 잡고 있었다. 다양한 형태로 견고하게 뿌리내린 곰 숭배는 이교도들의 개종을 방해했다. 이들을 개종시키려면 곰을 반드시 뿌리 뽑아야 했다. 그래서 교회는 모든 수단을 동원해서 곰을 왕좌와 제단에서 끌어내리려 했다. 곰과의 전쟁은 거의 천 년이 걸렸다. 사제와 신학자들은 곰과의 전쟁에서 이기려고 온갖 방법을 썼다. 게르만국가들에서는 몰이사냥과 대량학살로 곰 자체를 없애려 했다. 그리고 성인전 등을 통해 곰을 순종적이고 길들여진 동물로 묘사하여 곰에 대한 두려움을 없애려 했으며, 곰을 사악한 존재로 만들어 악마시하였다. (본문 158쪽 참조)

중세에 곰은 가장 대표적인 악마의 동물이었다. 악마가 곰의 모습을 하고 나타나기도 했는데, 특히 주둥이와 털, 발의 모양을 곰의 형상으로 나타냈다. 중세 동물지에서 털이나 깃털의 색이 어두운 동물들은 밤이나 죽음의 세계와 연관되어 불길하고 해롭게 여겨졌다. 갈색이 검은색보다 더 그렇게 여겨졌는데, 마치 검은색과 지옥의 불길 색깔이 합쳐진 것처럼 보였기 때문이다. 곰은 전형적인 갈색 동물로 분노, 폭력, 성욕 등 붉은색의 부정적인 면과 죄, 어둠, 죽음 등 검은색의 부정적인 면을 모두 지니고 있다고 여겨졌다. 그리고 중세의 감성에서 털은 마치 짐승처럼 거칠고 불순한 성품을 나타내는 것으로 언제나 동물성과 연결되었으며 오직 악마적인 것으로만 비춰졌다. 곰은 가장 대표적인 털 많은 동물이었다. (본문 168쪽 참조)

[그림 7] 새끼를 핥아 형체를 만들어 주는 어미 곰

『동물지(Bestiary)』수록 삽화(13세기 후반, 잉글랜드 솔즈베리?)

London, British Library, ms. Harley 4751, fol. 15v.

수곰이 무분별한 폭력성과 잔인함 등을 상징했다면, 암곰은 성적인 욕망을 상징하는 것으로 여겨졌다. 중세 백과사전과 동물지는 임신 중에 수컷 곰과 교미를 하지 않는 것을 견디지 못한 암곰이 기간을 채우지 않고 출산을 해서 새끼 곰은 언제나 너무 작거나 형체를 갖추지 못하고 죽은 채 태어난다고 기록하였다. 이러한 나쁜 어미 이미지는 곰의 음탕한 본성을 강조하였다. 하지만 태어난 새끼들의 상태를 본 암곰은 잘못을 뉘우치고 성적 욕망을 잊은 어미 곰은 새끼들을 핥아서 따뜻하게 해주어 형체를 만들고 살려내는데, 일부 교부들은 이러한 부활행위가 모범적인 어머니상을 나타내고 있다고 여기기도 했다. (본문 97쪽 참조)

[그림 8] 탐식의 죄를 상징하는 곰
뱅상 드 보베(Vincent de Beauvais)의 『역사의 거울(Miroir historial)』수록 삽화(1459~1463년경)
Paris, Bibliothèque nationale de France, ms. français 50, f. 25r.

[그림 9] 광대와 곰
『성자들의 수난이야기 모음집(Passionale)』의 장식문자 'B'(12세기 전반)
London, British Library, ms. Arundel 91 f. 47v.

서기 1천년 무렵 곰은 악마와 더 직접 연관되었다. 곰은 악마의 상징 내지는 도구가 되었으며 심지어 변장한 악마로 여겨지기도 했다. 수도사와 성직자들은 곰에게 신체적인 악덕뿐 아니라 도덕적인 악덕들도 부여했다. 곰은 7대 죄악 가운데 음욕, 분노, 탐식, 질투, 게으름과 연관되었다. 그는 어리석고 굴욕을 당하는 동물이었을 뿐 아니라, 분노에 차 있고, 음탕하고, 식탐이 많으며, 질투가 심하고, 게으른 동물이기도 했다. 이로써 교회는 숭배 받던 두려운 동물을 기괴하고 혐오스런 존재로 바꾸는 데 성공했다. (본문 230쪽 참조)

성직자와 수도사들은 곰을 길들여진 존재이자 악마로 만든 뒤에 그 동물을 모욕하고 조롱했다. 이는 대개 서기 1천년 이후에 일어난 일이었다. 교회는 대체로 동물을 구경거리로 삼는 것에 반대했지만 곰을 망신시키는 것은 예외로 했다. 곰은 사로잡혀 재갈이 물리고 쇠사슬이 채워진 채 음유시인과 곡예사들에 의해 여기저기의 성과 광장, 시장으로 끌려 다녔다. 채색수사본들 안의 장식문자와 세밀화는 그러한 몰락이 서기 1000년 이전에는 드물다가, 11세기 말 무렵에 빈번히 나타났고, 그 다음 세기에는 더 일반적인 것이 되었음을 보여준다. 목줄과 쇠사슬, 입마개를 하지 않은 곰을 보는 것은 드문 일이 되었다. 12세기에 들어서면서 곰은 무서운 야수가 아니라 점차 서커스의 동물이 되어갔다. (본문 217쪽 참조)

[그림 10] 발 데 아르당(1393년 1월)

장 프루아사르(Jean Froissart)의 『연대기(Chroniques)』 수록 삽화(네덜란드에서 제작된 사본, 1470~1472년경)

London, British Library, Harley 4380, f. 1.

그러나 이러한 몰락이 상상의 세계에서 곰이 완전히 사라졌다는 것을 의미하지는 않았다. 오히려 정반대로 현실에서 삶의 입지가 줄어들수록 표상과 상상의 영역에서 곰의 자리는 더 커졌다. 곰은 서서히 이국적인 존재, 꿈과 환상의 대상으로 되어갔다. 일부 곰은 왕조의 상징이나 표장으로 기능했고, 일부는 공상적이거나 유희적인 존재가 되었다. 그리고 때로는 매우 에로틱하기도 했다. 수컷 곰의 사내다운 외모와 야만적인 힘, 무성한 털은 여전히 여성들에게 신비로운 매력을 발휘한다고 여겨졌다. 그래서 혈기왕성한 젊은 남성들은 주요 계절제든 단순한 기념일이든 가리지 않고 곰과 악마, 야생인간 사이 어딘가에 존재하는 털북숭이로 변장했다. 1393년 1월에 행해진 발 데 아르당이라고 불리는 왕실 축하행사는 비극적인 결말로 유명하다. 샤를 6세와 다섯 명의 젊은 귀족들이 직접 야생인간으로 변장해 무도회장으로 뛰어들었으나 털뭉치에 불이 붙어 넷이 끔찍한 고통 속에 죽었다. (본문 258쪽 참조)

동물의 왕 자리에서 쫓겨난 뒤에도 곰은 여전히 가문과 집단의 문장에 충실히 사용되었다. 곰은 유럽의 세 수도, 곧 스위스의 베른, 독일의 베를린, 에스파냐의 마드리드의 문장이 되었다. 베른의 문장이 가장 오래되었다. 베른의 곰은 1224년 문서에 찍힌 도시 인장에서 처음 등장했다. 베른 지방은 도시가 세워지기 오래 전부터 곰을 숭배해왔던 것 같다. 그곳은 과거 그리스의 아르테미스 여신과 마찬가지로 곰의 수호자인 아르티오 여신 숭배가 매우 활발했던 지역이었다. 곰은 베른 시의 선조들과 주민들을 하나의 이미지로 묶어냈으며, 그들을 보호하고 대표했다. 1485년과 1515년 사이에 만들어진 디볼트 실링의 연대기에 수록된 채색 이미지들에서 베른 시민들은 곰들로 묘사되었다. (본문 286쪽 참조)

[그림 11] 베른 시의 깃발을 들고 출전하는 베른의 곰들(라우펜 전투, 1339년)

디볼트 실링(Diebold Schilling)의 『스파이저 연대기(Speizer Chronik)』 수록 삽화(1485년)

Bern, Burgerbibloithek, Mss. h. h. I. 16, fol. 227

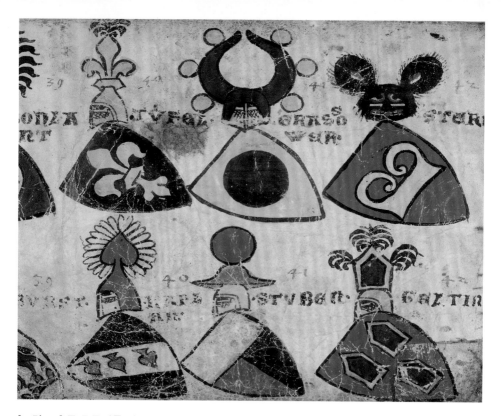

[그림 12] 곰 주둥이를 가진 '악마처럼 보이는' 투구 꼭대기 장식

『취리히 문장집(Wappenrolle von Zürich)』에 수록된 가문 문장(1300~1310년경)
Zürich, Schweizerisches Nationalmuseum, AG-2760(DIG-1417)

사자는 중세의 문장에서 가장 빈번히 사용된 소재이다. 거꾸로 곰에게는 매우 별 볼 일 없는 역할만이 주어졌다. 그렇지만 문장이 오래전부터 곰이 지니고 있던 호전적인 요소를 완전히 희석시키지는 못했다. 곰은 때때로 투구 꼭대기 장식으로 사용되었는데, 이는 중세 초 게르만과 스칸디나비아의 옛 '곰 투구들'의 잔재였던 것 같다. 토이펠 가문(famille Teufel)을 비롯한 몇몇 가문의 투구 꼭대기 장식으로 사용된 곰은 오래전부터 곰이 지니고 있던 호전적인 요소가 중세 중기와 말기의 문장에도 여전히 남아있음을 보여준다. 'teufel'은 악마를 뜻하는 고대 고지 독일어(8~11세기) 'tiufal'에서 온 단어로 오늘날에도 '악마나 사탄' 또는 '공격적이거나 대담무쌍한 사람'을 가리키는 말로 쓰인다. (본문 186쪽 참조)

마상창시합 승자에게 줄 상은 바로 관대한 귀부인의 곰이었다. 우리는 그것이 피와 살을 가진 살아있는 곰이었는지, 아니면 지푸라기나 밀랍으로 만든 일종의 마네킹이었는지, 그것도 아니면 나무를 이용해 곰을 나타냈던 상징적인 기념물이었는지도 알지 못한다. 그러나 승자에게 주어지는 상에 대한 묘사는 두 가지 측면에서 흥미롭다. 첫째, 그것은 곰이 당시에도 여전히 힘과 용기, 승리를 상징하는 큰 가치를 지닌 선물이었음을 보여준다. 둘째, 그것은 귀부인들이 곰에 대한 상징적인 지배권을 가지고 있었음을 보여준다. 그녀들은 곰의 여주인이자 여왕이었으며, 곰을 '자유롭게' 처분할 수 있었다. (본문 104쪽 참조)

[그림 13] 귀부인들이 마상창시합 승리자에게 준 곰 투구 꼭대기 장식

르네 당주(René d'Anjou)의 『마상창시합서(Livre des tounois)』 수록 삽화(프로방스, 1460년경)

Paris, Bibliothèque nationale de France, ms. français 2695, fol. 97v°-98.

[그림 14] 장 드 베리 공작의 표장으로 쓰인 곰과 백조

『대 시도서(Grandes Heures)』의 여백 장식(1400~1410년) Paris, Bibliothèque nationale de France, ms. Latin 919, f. 37r.

[그림 15] 빌라르 드 온쿠르가 스케치한 곰과 백조(1235년)

『빌라르 드 온쿠르의 화첩(Album de Villard de Honnecourt)』의 그림(1235년경)
Paris, Bibliothèque nationale de France, Imprimés Tolbiac, V-17873, pl. VI.

지위는 몰락했으나 14세기에도 여전히 곰은 상징세계에서 과거에 누렸던 영광의 자취를 나타냈다. 특히 샤를 5세의 동생이었던 장 드 베리는 곰을 개인표장으로 사용했을 뿐 아니라, 곰이 더 이상 왕의 선물이나 왕실 동물원의 소장품으로 여겨지지 않았을 때에도 여러 마리의 곰을 소유하고 있었으며 그들에게 큰 애착을 가졌다. 그는 자신이 좋아하는 곰을 곁에 두었으며 여행할 때도 데리고 다니기를 원했다. 이는 중세 말 다른 영주들에게서는 찾아보기 어려운 취향이었다. 장 드 베리는 가문의 문장 이외에 '곰'과 '백조'의 동물상징을 개인표장으로 사용했다. (본문 249쪽 참조)

곰과 백조는 왜 함께 나타나는가? 베리의 수호성인은 부르주의 첫 번째 주교인 성 우르시누스였다. 우르시누스는 곰과 백조를 뜻하는 'ursus'와 'cygnus'라는 단어가 합쳐진 이름일 수 있었다. 따라서 베리의 수호성인에 대한 존경심으로 장 드 베리는 곰을 먼저 표장으로 소유하다가 나중에 백조를 보조 표장으로 선택했을 가능성이 있다. 곰과 거위로 이루어진 쌍에서 그 유래를 찾을 수도 있다. 거위는 형태나 상징으로나 백조의 사촌인데, 곰과 거위는 매우 오래 전부터 성 마르탱 축제들과 관련되어왔으며 필경사들은 종종 'ours'와 'oie'라는 그들의 프랑스 이름을 혼동하기도 했다. 피카르디아 출신의 건축가 빌라르 드 온쿠르(Villard de Honnecourt)가 작성한 1230~1235년 사이의 것으로 추정되는 그림첩에는 곰과 커다란 백조가 같은 페이지에 그려져 있다. (본문 251쪽 참조)

[그림 16] 토머스 베케트 살해사건
'성 토머스 베케트의 삶'을 주제로 한 채색 삽화(잉글랜드 중부?, 1200년경)
London, British Library, ms. Harley 5102, fol. 32.

곰 문장은 주로 이야기 속에 등장했는데, 곰이 들어간 최초의 문장들도 그런 식이었다. 그 문장들은 1190~1200년 무렵 캔터베리 지방에서 그려진 토머스 베케트 대주교의 살해사건(1170년)을 다룬 영국 세밀화에 나타났다. 암살자들의 우두머리인 그 유명하고 무시무시한 레지날드 피츠우르스는 재갈을 물린 곰으로 장식된 방패로 확연히 구분된다. 아마도 이 생동감 넘치는 문장은 성당에서 벌어진 대주교 살해사건을 묘사하는 그림들에 도상학적인 표상을 제공하려고 레지날드가 죽은 뒤에 만들어졌을 것이다. 그가 이 문장을 사용했는지 여부는 까다로운 문제이지만, 사실 중요하지는 않다. 그것은 우리에게 전해지는 가장 오래된 곰 문장이며, '말하는' 일련의 동물 문장들의 시발점이다. (본문 186쪽 참조)

Laurae ursorum amicae omnium

감사의 말

이 책을 펴내기 전에 나는 고등연구실천원과 사회과학고등연구원에서 몇 년 동안 곰 문화사를 주제로 세미나를 진행했다. 보람찬 토론을 함께 해준 내 제자들과 청중들에게 감사드린다. 그리고 '곰'과 함께 여러 해를 보내는 동안 내게 관련 자료와 정보를 제공해주고 유익한 논평과 충고, 제안을 아끼지 않은 지인들(친구, 친인척, 동료, 학생) 모두에게도 감사드린다. 특히 엠마뉘엘 아당Emmanuelle Adam, 자크 베를리오즈Jacques Berlioz, 미셸 보카라Michel Boccara, 티에리 뷔케Thierry Buquet, 피에르 뷔로Pierre Bureau, 페린 카나바조Perrine Canavaggio, 마시모 카라시Massimo Carassi, 이본 카잘Yvonne Cazal, 테레사 두닌바소비치Teresa Dunin-Wasowicz, 아니타 게로Anita Guerreau, 엘리안 하르트만Éliane Hartmann, 프랑수아 자크송François Jacquesson, 로랑스 클레망Laurence Klejman, 장도미니크 라주Jean-Dominique Lajoux, 오딜 레피네Odile Lépinay, 카롤린 마송보스Caroline Masson-Voss, 장미셸 멜Jean-Michel Mehl, 마시모 몬타나리Massimo Montanari, 모리스 올랑데Maurice Olender, 로르 파스투로Laure Pastoureau, 프랑수아 포플랭François Poplin, 안느 리츠Anne Ritz, 피에르 시뇌Pierre Sineux, 보두앵 반 덴 아벨레Baudouin Van den Abeele, 올가 바실리에바코도네Olga Vassilieva-Codognet, 이네스 빌레라프티Inès Villela-Petit, 마르그리트 빌스카Marguerite Wilska에게 깊은 감사의 말을 전하고 싶다.

끝으로 현명한 충고와 건설적인 비판, 꼼꼼하고 정확한 교정을 아낌없이 제공해 준 클로디아 라벨Claudia Rabel에게 큰 빚을 졌음을 밝히고 싶다. 이 책은 어느 정도는 그녀의 것이다.

목차

일러두기

① 저자의 원주는 책 뒤 미주에 두었고, 옮긴이의 역주는 본문 아래에 각주로 추가하였다.

② 본문에서 ( ) 안의 내용은 저자가 덧붙인 것이며 〔 〕 안의 내용은 옮긴이가 내용 이해를 돕기 위해 덧붙여 놓은 것이다. 구분할 수 있도록 옮긴이가 추가한 내용은 고딕으로 서체를 달리 하였다.

③ 본문의 인명이나 지명 등의 외국어 표기는 해당 국가의 언어에 맞추어 나타내되, 10세기 이전의 인물이나 고유명사, 교황의 명칭 등은 라틴어를 기준으로 표기하였다. 다만, 성서의 인물이나 오늘날 영어식 발음 표기가 일반화하여 한국어에서 외래어처럼 일상적으로 사용되고 있는 것은 널리 통용되는 것을 기준으로 표기하였다.

④ 본문에서 인명이나 지명 등은 되도록 한글로만 표기했으며, '찾아보기'에서 원래의 외국어 표기를 병기해 두었다.

⑤ 서적이나 정기간행물은 『 』, 논문이나 문헌 등은 「 」로 표기했으며 원래의 외국어 제목을 함께 병기하였다.

그만큼 해를 끼치는 데 능한 동물도 없다.
－ 플리니우스, 『자연사』

곰은 악마다
－ 성 아우구스티누스, 『이사야서 강론』

그러나 곰과 인간 사이의 그 모든 조악한 유사성은
그 동물을 더욱 기형으로 만들었고
다른 동물보다 더 낫게 하지도 않았다.
－ 뷔퐁, 『자연사』

동물과 마주한 역사가

'지금까지 유럽에 알려진 곰의 가장 큰 적은 카롤루스대제*가 아니었을까?' 카롤루스대제의 치세에 벌어진 이 짐승에 대한 대규모 학살은 역사가들로 하여금 스스로에게 이러한 질문을 던지게 한다. 게르마니아에서는 773년과 785년 두 차례에 걸쳐 계획적으로 곰 학살이 벌어졌는데, 모두 색슨족을 상대로 했던 군사원정에서 승리를 거둔 뒤에 일어난 일이었다. 연대기 작가들이 전하는 바에 따르면 카롤루스대제는 뛰어난 사냥꾼이었다. 물론 이 미래의 황제가 자기 손으로 직접 곰을 죽이지는 않았다. 대신 그의 명령을 받은 군인들이 작센과 튀링겐의 숲에서 대규모로 무차별적인 살육을 저질렀다.

사실 곰의 적은 카롤루스대제나 그의 군대였다기보다는 그들 주변에 있는 고위 성직자와 사제들이었다. 교회는 유럽 땅에서 가장 강한 이 동물에게 선전포고를 했으며, 적어도 게르만 땅 안에서는 그들을 몰살시키기로 작정했다. 여기에는 특별한 이유가 있었다. 8세기 말 작센 전역과 그

---

* 카롤루스대제(Carolus Magnus, 742?~814) : 프랑크왕국 카롤루스왕조의 제2대 왕으로 프랑스어로는 샤를마뉴(Charlemagne)라고 한다. 서부와 중부 유럽의 대부분을 차지해 프랑크왕국을 제국으로 확장했으며, 교황 레오 3세에게 비잔티움제국에 대립되는 신성로마제국 황제의 직위를 수여받고 교황의 보호자를 자임하였다. 로마제국 이후 처음으로 대부분의 서유럽을 정복해 정치적 종교적으로 통일시켜 '유럽의 아버지'라고도 불린다.

주변 지역에서 곰은 종종 신으로 숭배를 받았으며, 이는 간혹 광적이고 악령이 씐 듯이 보이는 숭배의식을 불러왔다. 특히 전사들 사이에서 곰 숭배가 성행했다. 이 야만인들을 그리스도교로 개종시키기 위해서는 이를 반드시 뿌리 뽑아야 했다. 그것은 어려울 뿐 아니라 거의 불가능한 임무였다. 곰 숭배는 피상적이거나 새로운 것이 아니었기 때문이다. 그것은 일찍이 몇몇 라틴 작가들이 언급했듯이 아주 먼 옛날, 분명히 로마시대보다도 앞서 나타났다. 그리고 카롤루스왕조* 시대에도 여전히 게르만 심장부에 존재하고 있었다.

　타키투스** 이래로 역사가들은 고대 게르만의 종교의례에 관해 많은 글을 남겼다.[1] 그들 모두는 게르만인들이 자연의 힘을 숭배한다는 것을 강조했으며, 나무와 돌·샘·빛과 연관된 게르만의 의례들을 묘사했다. 신탁이나 우상숭배를 위한 장소들이 있었고, 초승달이 뜨는 신월新月이나 하지와 동지, 일식 등의 특별한 날에 대규모 회합이 열리는 곳들도 있었다. 그밖에 유명한 묘지들도 있었다. 불과 피를 사용해 다양한 신들에게 경의를 표하는 의식들이 곳곳에 존재했다. 춤과 황홀경, 가면, 변장이 흔하게 행해졌다. 주교와 그들의 사절들은 이러한 의식들을 단번에 없앨 수 없었다. 그들은 서서히, 그리고 꾸준히 신성한 나무와 샘을 기독교 예배지로 대체했으며, 수많은 이교의 신들과 영웅들을 성인으로 바꾸었다. 그리하여 마침내 일상의 많은 부분을 기독교식으로 축복하거나 축성하였다. 그러나 기독교화는 오랫동안 들쑥날쑥하게 이루어졌으며, 옛 종교의 마지막 잔재들이 사라진 서기 1천년 이후에도 제대로 실현되지 못했다.[2]

　현대 역사가들은 나무와 샘 숭배에 관해서는 많은 글을 썼으나 곰 숭배는 무시해도 되거나 특정 부족에 국한된 것인 양 매우 드물게 언급하였다. 그러나 곰 숭배는 단편적인 일이 아니었다. 연대기와 법령집이 분명하게

---

* 카롤루스 왕조(Carolingi) : 프랑크왕국의 두 번째 왕조로 카롤링거 왕조라고도 한다.
** 타키투스(Tacitus, 56~117) : 고대 로마의 역사가로 게르만족의 기원, 풍속, 관습 등을 기록한 『게르마니아Germania』란 저서를 남겼다.

증언하고 있듯이 곰 숭배는 독일과 스칸디나비아 모든 지역에 널리 퍼져 있었다. 라인강 너머까지 여행한 몇몇 기독교 사절들은 일찌감치 곰 숭배를 비난했다. 예컨대 742년에 작센으로 선교를 떠난 성 보니파티우스*는 벗인 윈체스터의 주교 다니엘**에게 쓴 장문의 편지에서 전투에 나가기 전에 곰의 피를 마시거나 곰으로 변장하는 '이교도들의 끔찍한 의식들'에 관해 말했다.[3] 그로부터 30년 뒤 고위 성직자들이 공식적으로 작성한 '색슨 이교도들의 전투 미신' 목록에서는 동일한 행위들이 다른 훨씬 더 야만스러운 의례들과 함께 다시 비난을 받았다.[4]

이런 관습들은 새로운 것이 전혀 아니었다. 아주 오랜 옛날부터 게르만 세계의 남과 북 전역에서 곰은 특별히 숭배를 받던 동물이었다. 그것은 다른 어떤 동물보다 강한 숲의 왕이자 모든 동물들의 왕이었다. 전사들은 곰을 본받고자 했으며 독특한 야만적인 의식으로 곰이 가진 힘을 자신에게 채우려 했다. 씨족장과 왕들은 곰을 자신들의 주요 상징으로 삼았으며 무기와 문장紋章에 새겨넣어 그 힘을 붙잡아 두려 했다. 그러나 게르만인들의 곰 숭배는 그것에 그치지 않았다. 그들이 보기에 곰은 무적의 동물일 뿐 아니라 야성적인 힘의 화신이었다. 또한 곰은 동물과 인간 세계 사이에 자리 잡은, 규정할 수 없는 특별한 존재로 여겨졌다. 심지어 인간의 조상이나 동족으로 여겨지기도 했다. 때문에 곰을 둘러싼 수많은 믿음들이 생겨났다. 곰은 금기의 대상이 되었으며, 특히 그 이름을 부르는 것이 금지되었다. 수컷 곰은 젊은 여자에게 유혹되고 성적인 감정을 느낀다고 여겨졌다. 사람들은 수곰들이 젊은 여자를 찾아다니고 때로는 납치해서 강제로 범한다고 믿었다. 그리고 그 결과 여자들은 반은 사람이고 반은 곰인 존재를 낳는데, 그들은 언제나 불굴의 전사이자 나아가 명망 있

---

* 성 보니파티우스(St. Bonifatius, 680?~754) : 잉글랜드 남부 웨섹스 출신의 사제로 독일 선교에 적극적으로 앞장섰다.
** 다니엘(Daniel, ?~745) : 윈체스터의 주교(재임 705~744)로 성 보나파티우스, 성 알드헬름(St. Aldhelm, 639~709), 가경자 베다(Venerabilis Beda, 672?~735) 등 당대의 주요 성직자들과 긴밀한 관계를 유지했으며, 성 보니파티우스와 주고받은 편지들이 전해지고 있다.

는 가문의 시조가 되었다. 이런 경우 사람과 동물의 경계는 유일신 종교들이 묘사하는 것보다 훨씬 더 모호했다.

교회의 시각에서 볼 때 이 모든 것은 완전히 경악스러운 일이었다. 더구나 숲속의 위대한 야수를 향한 숭배는 게르만 세계에만 국한되어 있지 않았다. 곰 숭배는 슬라브족과 작은 규모이지만 켈트 세계에서도 발견되었다. 물론 켈트족은 몇 세기에 걸쳐 기독교화의 과정을 거쳤기 때문에 예전의 곰 숭배는 점차 눈에 띄지 않는 형태로 주로 시가詩歌나 구전되는 이야기들에만 남게 되었다. 하지만 슬라브인은 그렇지 않았다. 그들은 게르만인에 뒤지지 않을 정도로 곰을 숭배했다. 실제로 카롤루스왕조 시대에 유럽의 비지중해 문화권에 속하는 지역 대부분에서 곰은 여전히 신적인 존재이자 조상신으로 여겨졌다. 다채로운 형태로 견고하게 뿌리내린 곰 숭배는 이교도들의 개종을 방해했다. 알프스에서 발트해에 이르는 거의 모든 지역에서 곰은 그리스도의 경쟁자로 자리 잡고 있었다. 교회는 곰과의 전쟁을 선포하고 가능한 모든 수단을 동원해 곰을 왕좌와 제단에서 끌어내려야만 한다고 판단했다.

*

곰에 대한 중세교회의 투쟁이 이 책의 중심 내용을 차지한다. 일찍이 카롤루스대제의 치세 이전부터 시작된 이 투쟁은 중세 초기와 봉건시대를 거쳐 거의 천 년 동안이나 계속되다가, 13세기에 이르러 고대 곰 숭배의 마지막 잔재들이 제거되고, 동방의 전통에서 비롯된 이국적인 동물인 사자가 유럽 전역에서 곰이 차지하고 있던 동물의 왕 자리를 완전히 빼앗으면서 끝이 났다. 물론 상징적인 지위이지만 그 자리는 오랜 기간 광범위한 지역에서 나타난 문화현상과 관련되어 있다. 따라서 이 연구는 기독교가 출현하기 훨씬 이전인 선사시대 한복판, 곰과 인간이 영토와 먹이, 때로는 동굴과 두려움마저도 공유했을지 모를 구석기시대에서 시작한다. 그리고 연구는 왕좌에서 내몰려 몰락한 곰의 운명을 알아보기 위해 중세 너머까지 이어진다. 곰은 모든 명예를 빼앗긴 채 장터나 서커스에서 구경하는 동물이 되어 굴욕당하고 조롱받았다. 하지만 곰은 계속해서 인간의 상상력에서 중심적 지위를 차지했다. 그래서 곰은 다시 꿈과 판타지의 소재가 되었으며, 20세기에는 진정한 물신숭배의 대상인 곰인형이 되어 치욕을 씻어냈다. 상황은 원점으로 돌아갔고 곰은 지금으로부터 3만 년, 아니 5만 년이나 8만 년 전의 존재, 곧 다시금 인간의 동무이자 동족·조상·분신, 나아가 신이나 수호신과 같은 존재가 되었다.

이 오랜 역사의 탐구대상은 하나의 동물이다. 개별 동물이 아니라 종種 단위의 갈색곰이 시간의 흐름 속에서 유럽의 다양한 사회들과 맺은 관계들을 탐구한다. 그 사회들은 곰과 가깝게 지내기도 하고 곰을 두려워하거나 맞서기도 했다. 그리고 때로는 곰에 대한 사색에 잠기거나 꿈을 꾸었다. 하나의 야생동물을 역사책의 주제로 삼는 일은 흔치 않다. 역사가들은 대개 사람과 지역, 시대나 그들이 직면한 사건과 문제들을 탐구하고 숙고하는 데 주력한다. 최근까지 역사가들은 동물에 대해서는 거의 관심을 갖지 않았다. 오히려 시시하거나 주변적이라고 생각하는 주제들에 대해 언제나 그리해왔듯이, 그것을 흥밋거리나 야담野談이나 됨직한 '하찮은 역사'로 치부해왔다. 단지 소수의 몇몇 종교사학자들만이 동물 연구와 관련된 이런저런 특정 주제들에 관심을 기울였을 뿐이다. 동물에 관한 논문이나 학술서는 정말이지 상상조차 할 수 없었다. 나는 지금도 1960년대 말에 파리국립고문서학교에서 '중세 문장紋章에 나타난 동물들'이라는 학위논문 주제를 승인받기 위해 겪어야 했던 곤경을 기억하고 있다.[5] 이러한 주제는 문장학*이라는 낡은 학문 분과의 주변부에 있다고 여겨져 거의 승인되지 않았을 뿐 아니라, 역사 연구에서 중요하게 다루어지지 않은 동물이라는 하등 피조물을 다루기 때문에 유치하다고 받아들여졌다.

* 문장학(héraldique) : 문장의 기원과 구성, 상징, 유사점과 차이점 등을 연구하는 학문

다행스럽게도 그 뒤 상황이 바뀌었다. 일부 선구적인 역사가들의 연구가 발표되고,[6] 인류학·민족학*·언어학·동물학 등 다른 분야 학자들과의 협력이 보편화하면서 동물은 점점 역사적인 주제로 인식되었다. 이제 동물 연구는 학술 분야의 선두에 서 있고, 여러 학문 분과들이 교차하는 지점에 자리하여 진정한 발견들이 이루어지는 영역이 되었다. 실제로 이 연구는 학문 분야들의 교류와 상호 참조가 있어야 가능하다. 인간과의 관계를 염두에 두고 바라보면 동물은 사회·경제·물질·문화·종교·상징 등의 중요한 역사적 사안들과 연관되어 있다. 그들은 모든 장소와 모든 시대, 모든 상황에 존재하며 연구자에게 끊임없이 근본적이고 복잡한 질문들을 던진다.

*

사람과 동물 관계의 상징사에 관해서 학위논문을 비롯해 다수의 논문들을 썼던 나는 이 책으로 동물이 그 자체로 어떻게 역사의 주제가 될 수 있는지 보이고자 한다. 이 책은 오랜 연구에 기반을 두고 있으며, 고등연구실천원과 사회과학고등연구원에서 여러 해에 걸쳐 열렸던 세미나를 모태로 하고 있다. 나는 지난 40년 동안 '서구 전통에서 나타난 동물의 왕'이라는 주제를 다루어왔기 때문에 곰을 선택했다. 사자가 언제나 왕은 아니었다. 수천 년 동안 곰이 사자보다 우위에 있었다. 모든 제국의 상징이었던 독수리는 나중에 나타난 경쟁자였다. 1969년 아직 학생 신분으로 중세 문장의 동물을 연구하던 시절에 나는 중세 문장의 왕은 사자라는 사실을 이미 알고 있었다. 그러나 동시에 쾨니히스바흐Königsbach, 쾨니히슈타인Königstein, 쿵스레나Kungslena, 헤르싱Herrsching 등** 왕이나 지배자를 떠올리게 하는 독일과 덴마크의 여러 가문들이 곰을 자신들의 문장으로 삼았다는 사실을 깨달았다.[7] 왜 사자가 아니라 곰이었을까? 더 알아보기 위해 나는

---

* 민족학(ethnologie) : 여러 민족들의 문화를 비교 연구하는 학문

** 독일어 쾨니히(König)와 헤르셰(Herrscher), 스웨덴어 쿵(Kung)은 왕이나 지배자를 뜻하는 단어이다.

시간을 거슬러 올라가며 연구의 폭을 넓혔고, 마침내 유럽의 많은 지역에서는 사자에 앞서 곰이 동물의 왕이었음을 확신하게 되었다.

해를 거듭하면서 이 주제에 대한 내 연구는 중세 이전과 이후의 시기까지 다루게 되었으며, 유럽 사회들에서 나타난 곰의 상징사로 변해갔다. 선사시대 학자들과 민족학자들이 곰에 관해 발표한 책과 논문들은 나도 그렇게 해야 한다는 생각이 들게 만들었다. 선사시대 학자들 사이에는 구석기시대 인간과 곰의 관계, 예컨대 '곰을 숭배했는가, 그렇지 않은가?' 하는 문제 등을 놓고 많은 논쟁들이 있어왔고 지금도 그렇다. 민족학자들이 곰에게 부여한 역할들이 언제나 수긍된 것도 아니다. 곰이 때때로 지역주의에 영향을 끼쳤다는 주장은 내게 낯설게 받아들여졌다. 그러나 곰이란 주제에 관한 그들의 연구는 대체로 수준이 높은 편이다. 이제는 역사가들이 지금까지 다른 분야에서 이뤄낸 연구 성과들을 역사적으로 비교·고찰하여 연대기에 올려놓아야 할 때이다. 이제껏 곰이나 다양한 문화들에서 곰이 갖는 위상에 관해 이루어진 연구들은 좀처럼 통시적인 관점에서 다뤄지지 않았다. 이제는 역사적인 맥락에 그 연구들을 위치시켜서 늘 그래왔듯이 역사는 결코 고정된 것이 아니라는 사실을 다시금 확인해야 할 때이다.

지금 당신이 읽고 있는 책은 동물학이나 민족학에 관한 것이 아니다. 비록 두 학문 분야를 폭넓게 차용했지만 말이다. 이 책은 연대순으로 구성되어 변화가 일어난 시기들, 특히 중세 중기인 11~13세기를 강조하고 있는 역사서이다. 그 변화들은 사람과 동물의 관계, 동물의 세계와 연관된 인간의 가치체계와 감수성에 관한 것이다. 따라서 곰이 이 연구의 중심일지라도 그것만을 따로 다룰 수는 없다. 더 넓은 시각에서 보았을 때 초점은 분명 곰이 아니라 인간에 있다. 그리고 그 인간은 개별의 인간이 아니라, 구시대 역사가들은 거의 관심을 두지 않았으나 오늘날에는 모든 역사탐구의 첫 번째 목적으로 자리 잡은 사회 속을 살아가는 인간이다. 게다가 곰은 하나 또는 그 이상의 동물들과 연결되거나 대립할 때에만 자기 역할을 잘 수행하고 충분한 의미를 가질 수 있다. 따라서 각 장마다 곰은 다음과 같은 수많은 동물들과 함께 한다. 우선 매머드, 들소, 말이 곰과 엮인다. 그 다음에는 멧돼지와 사슴, 늑대, 수탉, 여우가 곰과 비교된다. 뒤이어 황소, 당나귀, 돼지, 염소, 개, 숫양이 나온다. 마지막에는 사자, 독수리, 레오파르두스Leopardus*, 코끼리, 코뿔소, 원숭이와 같은 몇몇 동물들이 등장한다. 이것들은 특정 지역에 분포하는 동물상faune이 아니었다. 그것은 사실 유럽인들이 시간을 들여 주조해낸, 그들의 상징적 욕망이 투영된 동물지Bestiaire**였다.

　이 책이 인류와의 관계 속에서 다룰 곰의 역사는 유럽으로 제한된다. 다른 대륙으로 넓히는 것은 적절치 않았다. 어떤 사회에서의 동물의 위상을 분명하게 묘사하기 위해서는 그 사회의 다양한 특성과 구조들, 행동양식 등을 알아야 하기 때문이다. 아마 많은 시간을 쏟아야 한 명의 연구자가 하나나 두 개 정도의 사회를 그렇게 파악할 수 있을 것이다. 전지구적인 규모의 접근은 가능하지 않다. 또한 역사가는 심리적 원형이나

---

* 이 책의 프랑스어 원문은 표범을 그 차이에 따라 léopard, panthère, pardus로 구분하여 적고 있다. 각각의 의미가 다르므로 다음과 같은 기준으로 옮겼다. ① 오늘날 léopard는 표범을 뜻하는 일반적인 단어로 쓰이고 있다. 그러나 중세에는 표범의 모습을 한 수수께끼의 동물 파르두스와 암사자가 교배해 낳은 잡종이자 반(反)기독교적인 상징물을 가리켰으므로 오늘날 사용되고 있는 의미와는 차이가 있다. 이 책에서는 léopard가 현재의 의미에서 표범을 뜻하는 일반적인 단어로도 사용되고, 중세의 의미로도 사용되고 있다. 따라서 léopard를 일반적인 의미로 사용할 때는 '표범'으로, 중세적 의미로 사용할 때는 라틴어 표기를 기준으로 '레오파르두스(leopardus)'라고 나타냈다. ② panthère는 léopard란 단어가 나타나기 전부터 표범을 가리키는 용어로 사용되었던 말이다. 중세 전승과 문화적 맥락에서 표범은 잡종인 레오파르두스와 달리 기독교적인 동물로 묘사되었다. 따라서 panthère가 léopard(레오파르두스)와 함께 중세적 의미에서 거론될 때는 '표범'으로 옮겼다. 그러나 panthère가 현대적 의미의 léopard(표범)와 함께 나올 때는 양자의 구분을 위해 '흑표범'으로 번역하였다. ③ 저자인 미셸 파스투로는 pardus를 수컷 표범의 모습을 하고 있는 수수께끼 같은 동물이라고 설명한다. 그래서 '파르두스'라고 적어 나머지 용어들과 구분했다.

** 동물지(Bestiaire) : 동물(때로는 식물, 돌, 보석 등도 포함)에 관한 우의적인 이야기이다. 실재하는 것만이 아니라 유니콘이나 그리핀과 같은 상상의 존재들까지 다루고 있으며, 내용면에서도 상상과 신화적 요소가 다분해 오늘날의 자연사 백과사전과는 다른 독특한 성격을 지닌다. Bestiaire의 사전상의 의미는 '동물우화집'이지만 사실상 동물도감과 동물우화집의 중간적 성격을 띠므로 '동물지(動物誌)'란 포괄적인 용어로 번역하였다. 그러나 문맥상 우화적 성격이 특별히 강조될 때는 '동물우화'로 옮겼다.

불변성에 사로잡히거나 보편적 상징체계에 대한 믿음에 빠지지 않는다. 반대로 모든 것을 문화적으로 파악한다. 사회들 간의 비교연구가 정당하고 필수적이지만, 이 책의 마지막 장의 일부 사례들처럼 거기에서 유사점이나 공통점이 분명하게 발견된다고 해도 공간만이 아니라 시간에서도 나타나는 바다와 같은 넓은 간격을 메우기란 사실상 불가능하다.

마지막으로 유럽으로 제한된 이 연구는 오직 갈색곰에만 초점을 맞출 것이다. 갈색곰은 연구대상으로 삼은 사회들에서 여러 세기 동안 알려져 온 유일한 종이었다. 속屬, 과科, 종種, 아종亞種 등의 개념은 그 자체가 매우 문화적이므로 신중하게 다루어야 한다. 동물역사가는 동물학자가 아니다. 과거의 것을 오늘날의 정의와 분류에 꿰맞추어서는 안 된다. 우리 앞에 있었고 우리 뒤에 올 사회들도 마찬가지다. 역사가로서 나는 우리가 오늘날 알고 있는 지식은 진리가 아니라 끊임없이 변화하는 지식의 한 단계일 뿐이라고 생각한다. 때문에 나는 '포유류'나 [발바닥을 땅에 붙이고 걷는 인간이나 곰 등의 동물을 가리키는] '척행동물蹠行動物'과 같은 18세기 이전에는 알려지지 않았던 현대 과학용어와 개념들을 곰 연구에 사용하지 않았다. 현대의 개념과 용어들은 그 분류체계가 완전히 달라질 수밖에 없는 동물 상징사에서는 아무 소용이 없다.

실제로 옛 사회들이 동물에 적용한 분류와 관점은 놀라울 정도로 여전히 실질적인 역사자료로서의 가치를 지니며 매우 흥미롭기도 하다. 동물에 관한 사료들은 현재가 아니라 그 시대의 맥락 속에서 당대의 관점으로 해석되어야 한다. 이것은 명백하고 필연적인 사실이지만 불행하게도 동물학자는 물론 과학사 연구자들도 받아들이지 않고 있다. 예컨대 『동물학의 역사Histoire de la zoologie』의 공동저자들이자 이 분야의 저명인사들인 두 역사가는 중세 동물지를 다음과 같이 평하기에 주저하지 않았다.

중세는 불모지이자 쇠퇴의 시대였는데, 특히 과학에서 그러했다. 동물학의 경우에는 고대의 터무니없는 우화들을 고수하고 거짓을 꾸며냈으며 실질적인 관찰을 수행할 능력이 전혀 없었다. (…) 동물지의 허튼 소리들은 분명 그들이 거기에 쓰여 있는 것을 쉽게 읽고 믿었으며 유포시켰다는 사실을 잘 보여준다. (…) 우리는 과학이라기보다는 민속에 더 가까운 이 문학작품에 연연해서는 안 된다.[8]

그러나 누군가는 '실질적인 관찰'이나 '허튼 소리'가 의미하는 게 무엇인지 알고 싶어한다. 중세 사람들은 존재와 사물을 완벽히 관찰할 수 있었다. 그러나 정확함과 진실은 동일선상에 있지 않았으며, 지식 내지 진리의 획득은 관찰을 통해 이루어지지도 않았다. 앞서 인용한 말은 그 두 명의 저자가 역사가 무엇인지에 대해 이해하지 못하고 있다는 사실을 드러내고 있을 뿐이다. 과거, 특히 먼 과거는 현재의 감수성이나 가치·지식으로는 이해할 수 없으며 판단할 수는 더더욱 없다. 역사에서 '과학적인 올바름'을 찾는 것은 고약한 행위일 뿐 아니라 수많은 오류와 혼동·모순을 가져온다. 두 저자가 생각하는 것과는 달리 자연과학과 생명과학은 인문학에 그들의 확신을 강요할 수 없으며 그렇게 해서도 안 된다. 게다가 자연사가 일종의 특정한 형태의 문화사가 아니고 도대체 무엇이란 말인가?

제1부

숭배 받는 곰

구석기시대에서 봉건시대까지

태초의 신?

    곰과 인간의 상징적 관계에 관한 가장 오랜 흔적은 지금으로부터 약 8만 년 전 (프랑스 남서부) 페리고르 지방의 르구르두 동굴로 거슬러 올라간다. 그곳의 네안데르탈인 무덤은 갈색곰 무덤과 두 개의 돌덩어리를 사이에 두고 하나의 석판으로 연결되어 있는데, 이는 그 동물이 가졌던 특별한 지위를 보여준다.[1] 우리는 고고학적으로나 인류학적으로 그 이전의 시기에 네안데르탈인과 곰의 관계가 어떠했는지에 대해 확실한 증거를 가지고 있지 않다. 오직 알프스의 동굴들에 쌓여 있는 약간의 두개골과 뼈 무더기를 기초로 그에 대해 상상하고, 곰이 중기 구석기시대에 이미 동물 이상의 의미를 지닌 존재였다는 가설을 세우는 모험을 할 수 있을 뿐이다. 그러나 인간이 그 뼈들을 가져다 쌓아놓았다는 증거는 없다. 후기 구석기시대가 시작된 3만 년 전의 증거는 훨씬 풍부하고 뚜렷하다. 증거들은 특정한 시기와 지역에 곰과 인간이 동일한 영역에서 살았고, 때로는 같은 동굴을 드나들었으며, 같은 먹이를 사냥하고, 같은 위험에 맞서며 경제적으로나 상징적으로 서로 관계를 맺고 있었음을 보여준다. 그 시기에는 모든 것이 뚜렷해진다. 곰은 더 이상 다른 동물들과 같지 않았다. 곰은 인간의 세계와 동물의 세계 사이에 마련된 특별한 자리를 차지하고, 이승과 저승을 잇는 중간자 역할을 했다. 그렇다면 이것이 구석기시대에 북반구 여러 지역에서 곰 숭배가 행해졌다는, 곧 선사시대에 곰 숭배가 존재했음을 의미하는가? 선사시대 연구자들은 이 문제를 둘러싸고 끊임없이 격렬하게 논쟁을 벌여왔다.

이 문제에 관한 곰 숭배 지지론자와 반대론자 사이의 논쟁은 밖에서 보기에는 놀라울 정도로 공격적이고 거칠다. 훨씬 뒷시대를 다루고, 더 온건한 논쟁에만 익숙한 중세사학자인 나로서는 누가 옳다고 말할 처지가 아니다. 하지만 내가 보기에는 거의 한 세기에 걸쳐 선사시대 학회의 핵심 쟁점이었던 그 논쟁 자체가 특정 사회에서 살고 있는 사람들이 상상하는 곰의 역할에 관한 매우 유용한 역사자료이다. 그 과학적 논쟁이 교리와 금기, 교회, 파문이 함께 등장하는, 거의 종교에 가까우리만치 기이하고 격정적인 양상을 나타내고 있기 때문이다.

그려지고 조각된 이미지들

오늘날 밝혀진 바에 따르면 동굴곰Ursus spelaeus은 이 책에서 다루는 갈색곰Ursus arctos의 직접적인 선조가 아니다. 하지만 그들은 공통으로 신석기시대에 멸종한 에트루리아곰Ursus etruscus을 조상으로 두고 있으며, 둘 다 네안데르탈인과 크로마뇽인 거주지역에 많이 서식하고 있었다. 르구르두 동굴에서 발견된 것은 틀림없이 갈색곰이지만, 기원전 3만5천년 무렵에 시작된 후기 구석기시대에 만들어진 벽화와 〔장소를 옮겨 휴대할 수 있는 선사시대의 소형 미술품들인〕 이동식 예술품에 등장한 이미지는 주로 동굴곰이다. 이 두 동물을 분명하게 구분할 수 있게 하는 것은 크기이다. 동굴곰이 갈색곰보다 훨씬 크고 무게도 많이 나갔다. 갈색곰은 2.1~2.3m의 몸길이에 무게는 250~300kg 정도였다. 하지만 수컷 동굴곰은 서 있을 때의 몸길이가 3.5m에 이르렀고, 무게는 500~600kg이나 되었다. 치아의 모양도 달랐다. 동굴곰이 어금니의 씹는 표면적이 훨씬 넓었는데, 이는 갈색곰보다 초식을 즐겼음을 알려주는 증거이다. 그리고 동굴벽화에도 분명하게 나타나듯이 두 동물은 머리 모양에서도 차이가 있었다. 동굴곰은 앞머리뼈가 심하게 튀어나오고 이마와 주둥이의 경계가 뚜렷했으나 갈색곰한테는 이러한 특성들이 잘 나타나지 않았다. 기원전 2만년 무렵까지 갈색곰은 동굴곰보다 적게 그려졌는데, 갈색곰이 동굴에서 겨울잠을 자지 않았기 때문인 것으로 추정된다. 반대로 동굴곰은 매년 겨울마다 동굴에서 겨울잠을 잤으며 많은 흔적들을 남겼다. 하지만 동굴곰은 이유는 확인되지 않지만 기원전 1만5천~1만2천년 사이에 일찌감치 사라졌다.[2]

곰은 구석기시대 예술의 동물지에서 적어도 수량으로는 주인공이 아니었다. 동굴의 안쪽 벽에 가장 자주 그려지고 칠해지고 조각된 두 동물은 말과 들소였다. 매머드 · 야생염소 · 사슴 · 순록 · 멧소*가 그 뒤를 이었다. 고양잇과의 동물과 코뿔소는 그보다 드물게, 새와 물고기는 훨씬 더 드물게 등장했다. 서유럽 44개 유적지에서 발견된 식별 가능한 동물들 가운데에서 곰의 이미지는 2% 정도를 차지한다. 이 비율은 거대 초식동물보다는 매우 낮지만, 사자와 같은 거대 고양잇과 동물하고는 비슷한 수준이다.[3] 그렇지만 동물들 가운데에서 곰을 정확히 구별해내는 일은 언제나 쉽지만은 않다. 일부 곰 이미지들은 여전히 식별되기를 기다리고 있다.[4] 이를 위해서는 늘 그렇듯이 모사나 사진에 의존하지 말고 유적지에서 그 크기와 형태를 탐구해야 한다. 더구나 곰 이미지가 풍부하게 남아 있는 여러 동굴들이 아직 완전하게 연구되지 않았다. (프랑스 남부) 아르데슈 지방의 쇼베 동굴에는 지금까지 발견된 곰 이미지 가운데 가장 오래되고(기원전 3만2천~3만년), 가장 다양한(적어도 12개나 되는) 이미지들이 있다. 그 동굴에 있는, 아마 의례용으로 사용되었음직한 기묘한 곰 두개골은 곰 숭배의 존재를 다른 어떤 곳보다도 분명하게 시사해준다. 아니, (프랑스의 선사시대

---

* 멧소(aurochs) : 야생소의 일종으로 현재는 멸종되었다.

연구자인) 장 클로트의 말을 빌려 더 조심스럽게 말하자면, 그 동굴은 "곰의 체취"를 가장 짙게 풍기고 있다.[5]

오늘날 알려진 유럽의 300여개 구석기시대 장식동굴에서 새기거나 그려 넣은 곰 이미지들이 발견되는 곳은 10분의 1 정도이다. 곰은 무대의 주인공으로 나타나기도 하고,[6] 그를 위해 별도로 마련된 방이나 움푹 들어간 공간에 따로 떨어져서 나타나기도 하며, 다른 이미지들 사이에 놓인 주변적인 소재로 등장하기도 한다. 무리를 지어 나오는 다른 동물들 사이에서 단지 한 마리만 홀로 등장하는 곰의 존재는 궁금증을 가져온다. 눈에 띄지도 않고 그다지 중요해 보이지도 않게 홀로 있는 곰 한 마리는 주변의 다른 동물들보다 덜 중요한 역할을 하는 것인가, 반대로 그 단독성이 부각되는 것인가? 이 질문은 생각해 볼 가치가 있다. 이동식 예술품에서는 곰이 홀로 등장하는 경우가 더 많았다. 곰은 한 마리만 단독으로 돌판, 뼛조각, 사슴뿔, 상아에 새겨졌으며, 돌로 조각되고, 진흙으로 빚어졌다.[7]

벽화와 이동식 예술품 모두에서 곰은 다른 어떤 동물보다도 다채로운 자세를 취하고 있다. 하지만 그 표현은 늘 일정한 양식을 따르고 있으며 매우 도식적이다. 동물을 묘사할 경우에 역사시대에는 대개 형태가 단순할수록 상징세계에서 그 동물이 차지하는 지위가 높다고 알려져 있다. 이를 구석기시대에도 적용할 수 있을까? 곰은 그림이나 새김은 물론이고 모형에서도 정면과 측면이 결합한 형태로 얼굴 전체가 표현되는 유일한 동물이기도 하다. 물론 몇몇 사례들에서는 그것이 곰인지, 아니면 사람이 곰으로 변장한 것인지를 밝혀내야 하는 문제가 남아 있지만 말이다.[8]

곰이 몸 전체가 아니라 식별 가능한 몸의 일부만으로 표현되는 경우도 있었다. 머리가 없거나, 팔다리 없이 몸통만 있거나, 그렇지 않으면 머리나 다리만 따로 그려지고 조각되기도 했다. 이 밖에 구멍투성이로 만들거나 선을 여러 번 긋는 경우도 있었는데, 이는 화살에 꿰뚫리거나 상처를 입고 희생된 것처럼 보이게 하려고 그랬던 것 같다.[9] 그러한 '상처 입은'

곰들 가운데 일부는 입이나 코에서 피를 흘리고 있기도 했다. 곰과 곰 위에 그어진 선들이 동시에 작업된 것인지가 문제인데, 이를 확인할 가능성은 매우 적다. 그리고 곰은 살아 있는 생물들 가운데에서 유일하게 사람처럼 뒷다리로 서 있는 형태로 표현된 동물이었다. 이 모든 주목할 만한 특징들은 곰의 특별한 지위를 뚜렷하게 드러내준다. 그리고 동굴 깊숙한 곳의 곰 형상이 어떤 기능을 했는지 묻게 한다. 하지만 동물 형상 하나만으로 모든 비밀들을 밝혀내기란 사실상 어렵다.

이 책의 목적은 동굴예술의 의의나 의미들을 밝히는 데 있지 않다. 게다가 동굴예술은 선사시대 연구자들에게 너무나도 복잡한 문제들을 가져다주었고, 19세기 말부터 계속해서 논란이 되고 있다. 하지만 주요한 견해들을 간단하게라도 정리하는 일이 필요한데, 그것이 곰 숭배를 둘러싼 논쟁들을 더 잘 이해할 수 있게 해주기 때문이다.[10]

오직 미적인 즐거움을 위한 표현이었다는, 이를테면 예술을 위한 예술이었다는 주장은 신중하게도 일찌감치 포기되었다. 하지만 그러한 이미지 형상화 작업이 사냥 의례와 관련이 있다는 학설은 앙리 브뢰유 신부와 그의 제자들의 비호를 받으며 오래 지속되었다. 그에 따르면 동물 형상들은 사냥꾼들을 돕고 보호하며, 사냥 과정에 영향을 끼치고, 초월적이고 다양한 힘을 획득하게 해준다. 그리고 바로 그런 이유 때문에 형상화 행위 자체가 결과물인 이미지보다 더 큰 의미를 지닌다. 실제로 많은 이미지들이 부주의하게 겹쳐져 있으며, 일부는 보기 어렵거나 전혀 보이지 않을 것 같은 위치에 있다. 그러나 사냥한 동물이나 죽은 동물의 이미지는 매우 드물었으며 실제 사냥 장면이라고 할 만한 것도 거의 없었다. 그래서 결국 이미지를 그리거나 새기는 일이 주술적인 행위였다는 가설도 포기되었다. 동물 이미지가 집단이나 '씨족'의 기원신화를 묘사한 것이라는 주장과 각각의 동물이 어느 특정한 시점에 특정 동굴을 자주 드나들었던 부족의 상징이나 토템을 형상화한 것이라는 토템설도 마찬가지로 포기되었다. 그 뒤 '구조주의'라고 불리기도 하는, 이미지의 빈번함과 희귀함, 조화와 대립, 동굴 안의 분포, 가까움과 멂, 동물 분류와 사회의 범주화 연구에 기반을 둔 기호학적인 해석들이 새롭게 각광을 받았다.[11] 이런 해석의 전형적인 방법론은 형상과 기호들의 목록을 정리하는 것이었으나 잘 알려진 바와 같이 대부분 결국에는 막다른 벽에 부닥쳤다.* 최근에는 (물론 그만큼 반대도 격렬하지만) 이미지들이 샤머니즘 의례와 관련 있다는 가설이 열렬한 지지를 얻고 있다. 이 이론에 따르면 동굴은 저 너머의 세계와 우주로 가는 통로이다. 방과 복도, 입구의 연속성은 다른 차원으로 들어가기 위한 일종의 길이라고 할 수 있다. 그리고 이미지들 가운데 몇몇은 바위에서 튀어나온 것 같기도 하고 몇몇은 표면에 떠 있는 것 같은데, 이는 무아無我의 상태에서 다른 차원을 겪는 샤면의 시각을 나타낸다. 일부 연구자들은[12] 곰이 사람과 신, 짐승의 한가운데에 서서 그들이 각자에게 알맞은 자리로 찾아가도록 돕는 역할을 맡았다는 매력적인 가설을 내놓기도 했다. 그러나 이것도 다른 가설들만큼이나 불확실하다. 현재 우리가 가진 지식으로 구석기시대의 동굴예술을 포괄적이고 분명하게 해석할 수는 없다. 하지만 그렇다고 해서 그 예술이 지닌 기능들과 의미들을 부정할 수는 없다.

두개골과 뼈

'동굴' 인간은 실제로는 결코 자신들이 벽을 장식했던 동굴들에서 살지 않았다. 그곳은 어둡고 음산하고 불편하며 들어가기도 어려운 장소였다.

* 프랑스의 고고학자 앙드레 르루아구랑은 동굴벽화를 혼란, 무질서, 무작위로 본 앙리 브뢰유에 반대해 거기에 어떤 질서, 곧 구조와 이원적 상징체계가 존재한다고 주장했다. 예를 들어 사슴은 동굴 입구에서, 말과 들소는 동물 안쪽의 방들에서, 육식동물은 더 안쪽에서 발견된다는 것이다. 그는 말과 염소는 남성다움을 상징하고, 들소는 여성다움을 상징한다고 보기도 했다. 그러나 남성다움과 여성다움의 상징은 연구자들에 따라 완전히 달라지기도 했으며, 모든 동굴에 일관된 기준을 적용하기도 어려웠다. 결국 앙드레 르루아구랑의 구조주의적 해석은 동굴예술의 다양성을 무시하는 획일적이고 단순한 이론이라는 비판을 받으며 퇴조했다.

천장은 낮고 바닥은 미끄러웠으며 수많은 위험들이 도사리고 있었다. 게다가 그곳은 언제나 춥고 눅눅했으며 어두웠다. 동굴 깊숙한 곳의 그림과 조각들은 치밀한 계획 아래 의도적으로 만들어진 작품들이었다. 이를 위해서 인간은 온갖 종류의 두려움을 극복해야만 했다. 하지만 두려움이나 그런 위험요인들에 그다지 영향을 받지 않았던 곰들은 수천 년 동안 주기적으로 동굴을 드나들었다. 여름에는 갈색곰이 동굴에서 더위를 피하며 휴식을 취했다. 겨울에는 동굴곰이 겨울잠과 출산, 어린 새끼를 보살피기 위해 동굴을 찾았다. 동굴에는 이러한 잦은 방문의 흔적들이 풍부하게 보존되어 있다. 진흙 바닥과 벽에 난 발자국, 체취를 남기려는 목적이나 간지러움 때문에 몸을 비벼댔던 벽에 생겨난 털 자국, 진흙에 달라붙어 있는 털, 벽과 바닥에 나 있는 갖가지 긁힌 자국 등 오랜 세월 동안 곰이 동굴을 사용했던 흔적들이 바로 그것이다. 동굴 예술가들은 이러한 곰의 자취와 흔적들을 그들이 동굴에 구현한 그림과 조각에 융합시키기도 했다. 그리고 일부 유적들에서는 곰의 물리적 존재와 곰을 묘사한 이미지 사이에 뚜렷한 연결성이 존재한다. 요컨대 곰의 체취가 유독 강하게 남아 있는 동굴이나 동굴 안의 특정한 공간이 그곳에 들어간 인간들을 매혹시켰기 때문에 인간은 자신들이 두려워하면서도 경탄하고 아마도 숭배했을지도 모를 그 거대한 동물을 묘사했을 수 있다.

일반적으로 곰들은 사람보다 먼저 동굴에 머물렀다. 하지만 〔프랑스 남서부〕 타른에가론의 브뤼니켈 동굴과 같은 반대의 사례도 있었다. 그리고 쇼베 동굴처럼 곰들이 예술가가 작업을 마치고 난 뒤에 돌아와 그 자리에 자신의 흔적을 다시 남긴 경우도 많았다. 사실 많은 동굴들이 오랫동안 곰과 인간이 계속해서, 때로는 번갈아가면서 머무르는 것을 목격했다. 그렇지만 이 동굴들에 가장 풍부하게 남아 있는 것은 그림이나 조각된 이미지, 발자국이나 발톱으로 할퀸 자국이 아니라 수천 개의 뼈이다. 그 주목할 만한 수량과 곳곳에 존재하는 뼈 더미들, 질서정연한 뼈의 나열들은 모두 그 기원에 대해 의문을 불러일으킨다. 겨울잠을 자다가 죽은 곰들의 사체가 자연스럽게 '쌓인' 것인가? 그러한 곰들의 '무덤'은 순전히 우연히 생긴 것인가, 곰 스스로 의도적으로 선택해서 만들어진 것인가, 아니면 인간이 고안해 낸 것인가? 그곳은 곰이 중심 역할을 하는 의례들이 열렸던 사실상의 성역들이었는가? 선사시대 연구자들은 이런 문제들을 놓고 3~4세기 남짓 논쟁을 벌여왔으나 도무지 결론을 끌어내지 못하고 있다.

곰이 동굴을 찾았던 유일한 동물은 아니다. 물론 곰은 다른 동물들보다 더 눈에 띄게 동굴을 드나들었다. 가장 오래된 동굴 유적들에서는 발견된 뼈의 80~90%가 곰의 것이었다. 몇몇 경우는 100%가 곰의 뼈였다. 그 중에서도 에스파냐의 쿠에바에이로스 동굴과 슬로베니아의 디제바베 동굴 두 곳에서는 유독 곰 뼈가 많이 발견되었다.[13] 프랑스 샤르트뢰즈 고산지대의 그라니에 산 기슭에 위치한 라 발므아콜롱에서는 훨씬 더 많은 뼈와 뼛조각들이 출토되었다. 1988년 이곳에서는 곰과에 속한 것으로 추정되는 동물의 두개골 잔해가 수천 개나 발견되었다. 아직 조사가 완전히 끝난 것이 아니므로 그 수가 3~4천 개를 넘길 가능성도 있다. 방사성탄소연대측정법은 기원전 4만5천년에서 기원전 2만4천년까지 약 2만년이 넘는 기간 동안 이 동굴에 곰들이 찾아왔다는 사실을 밝혀주었다.[14]

안타깝지만 모든 유적에서 곰이 동굴에 드나들었던 정확한 시기를 알아낼 수 있는 것은 아니다. 하지만 다른 경우와 마찬가지로 이 경우에도 시기가 먼저 문제로 떠오른다. 중기 홍적세 이후 수만 년이나 수십만 년 동안 계속해서 자연히 형성된 축적물을 다루거나,[15] 그보다 후대의 더 제한된 기간 동안에 형성된 축적물을 다루더라도, 연대 추정은 핵심적인 문제이다. 대다수의 유적에서 이것은 여전히 대답하기 곤란한 질문으로 남아 있다.

그래서 인간이 곰 유해를 주술이나 종교적 목적으로 쌓아올렸는지의 여부는 뼈의 양보다는 놓여 있는 장소나 배열과 관련해서 주로 검토되고 있다. 곰들의 뼈는 대개 동굴 가장 깊숙한 곳에 있었다. '신성한' 방이나 그렇다고 여겨지는 장소에 도달하기 위해서는 뼈들이 양쪽 벽 아래에 줄지어서 잇따라 놓여 있는 통로를 지나야 하는 경우도 있었다. 그리고 일종의 포장도로를 형성하고 있거나 규칙적인 간격으로 쌓여 있는 뼛조각 더미를 헤치며 지나야 하는 경우도 있었다. 어떤 방들에서는 뼈들이 모두 아치나 반원 모양으로 정렬되어 있기도 했다. 우묵하게 들어간 곳이나 특이한 돌 위에 뼈가 놓여 있는 경우도 있었다. 어떤 곳에서는 독특한 방식으로 조각되거나 맞물려 있는 뼈들도 발견되었는데, 유물이나 부적처럼 그림과 장식으로 꾸며져 있는 경우도 있었다.

두개골은 다른 뼈보다 더 특별하게 다루어졌다. 일부 두개골은 의도적으로 진흙더미에 덮여 있거나, 표면이 우묵한 돌 안에 예술적으로 쌓여 있었다. 틈이나 구멍에 놓인 두개골이 자연석으로 봉인되어 일종의 성궤나 함과 같은 모습을 하고 있기도 했다. 아래턱이 없는 두개골에 대퇴골, 경골, 음경 '뼈'*를 꿰어놓을 때도 있었다. 바닥에 원이나 반원 모양으로 두개골들을 정렬시키고 그 중앙에 더 큰 두개골을 도드라지게 놓기도 했다. 동굴 한가운데 있는 바위 꼭대기에 두개골을 놓아 제단처럼 만든 경우도 있었다. 이러한 배열들 대부분은 분명히 의례와 관련이 있었던 것 같다. 이런 특이한 배열들은 연구자들로 하여금 예배용어를 빌려서 그것들을 묘사하게 했다. 그리고 모든 점에서 곰을 동물의 세계와 신들의 세계 중간에 놓인 특별한 존재로 생각하게 했다. 다른 동물들에게서는 그와 유사한 사례를 찾을 수 없었다. 물론 여기저기서 균일한 형태로 조각난 순록의 뼈 더미들과 독특한 방식으로 배열된 매머드의 두개골과 엄니, 언뜻 보기에 마치 벽에 걸려 있는 것 같은 멧소와 들소bison의 뿔들도 발견되었다.[16] 그러나 이런 사례들은 매우 드물며 정확한 연대를 추정할 수도 없다. 그런 것은 질적으로나 양적으로 곰 두개골과 뼈의 배열과는 비교되지

* 음경뼈(os pénien) : 인간과 일부 종을 제외한 대다수 포유동물들에게 있는 음경 내부의 뼈

않는다. 정말이지 그 배열들을 곰의 것과 대등하게 취급할 수는 없다. 그렇다면 아예 한발 더 나아가 곰과 관련된 종교행위가 실제로 존재했으며, 무덤들에서 발견되는 곰의 송곳니와 발톱, 털 뭉치 부적들이 그런 사실을 암시한다고 볼 수는 없는 것일까?

곰 종교(?)

몇몇 연구자들은 아주 오래전부터[17] 한발 더 나아가 그렇게 주장했다. 그들은 앞서 언급한 증거들인 이미지, 두개골, 뼈, 위치, 배열뿐 아니라 최근까지 곰 숭배가 존재했거나 여전히 계속되고 있는 사회들에 관한 민족학적 비교연구도 주장의 근거로 삼았다. 여기에는 일본과 사할린의 아이누인과 시베리아의 다양한 원주민들인 오스탸크족·퉁구스족·야쿠트족, 스칸디나비아의 라플란드인*, 캐나다와 그린란드의 이누이트 등이 포함된다. 역사시대에 곰 숭배는 몇몇 북반구 사회에서 하나 이상의 형태로 확실하게 구현되었으며, 이는 다양한 연구와 출판의 주제가 되어왔다.[18] 그렇다고 해서 비교적 최근에 수집된 신앙과 의례들을 그보다 몇천 년을 거슬러 올라가는 구석기시대 사회에 투사投射하는 것이 옳은 일인가? 일부 선사시대 역사가들은 그렇다고 믿었다. 그들은 앞의 증거들과 비교연구를 토대로 구석기시대에 곰 숭배가 실제로 존재했다고 확신했다. 그리고 그것이 특정한 사냥기술들과 죽인 곰의 두개골이나 뼈를 쌓는 의식, 동굴곰의 뼈를 이용한 도구 제작과 관련이 있었을 것이라고 보았다. 그러나 더 조심스러웠던 연구자들도 있었다. 그들은 [프랑스의 고고학자] 앙드레 르루아구랑의 뒤를 따라서 민족학적 비교연구의 지나친 단순화는 유사한 물방울 몇 개를 보고 환희에 사로잡힌 나머지 그것이 다른 종류의 바다라는 사실을 잊어버리는 일이라고 강조했다. [스위스의 선사시대 연구자] 코비를 비

---

* 라플란드인(Lapons) : 스칸디나비아 반도와 러시아의 콜라반도 일대에 살던 원주민으로 라프족이라고도 한다. 오늘날에는 사미인(Samis)이라고 부른다.

롯한 일부 연구자들은 비교연구 가설들의 취약함과 불합리함을 더 강하게 비판했다. "구석기시대 인간과 곰의 관계는 과대평가되고 있다. 객관적인 관찰들에 입각해 전면적인 수정이 필요하다. (…) 계속 확산된 오류들은 이 주제를 무비판적으로 수용하게 만들었고 전설을 만들어냈다. 신비주의의 후광에 둘러싸인 전설은 대중들을 매혹시킬 만큼 충분히 강력했으며 전염병처럼 빠르게 퍼져갔다."[19] 맞는 말이다! 그러나 여기서도 '객관적인 관찰들'이 무엇을 뜻하는지 알고 싶다.

몇몇 주요 연구자들은 자신의 견해를 여러 차례 바꾸었다. 예컨대 앙드레 르루아구랑은 [프랑스 동부] 부르고뉴 지방의 베르제라빌[20]과 아르시쉬르퀴르에서 이루어진 젊은 고고학자들의 발견들 때문에 애를 먹었던 것 같다. 그는 인생의 말년에 가서는 곰 숭배 이론에 적대감을 보이며 그것이 날조된 숭배를 양산시키는 "고고학적 소설"이라고 거칠게 비난했다.[21] 그의 제자들 가운데 일부도 스승을 쫓아 여러 차례 자신의 견해를 바꾸었으며, 끝내는 잘 선택된 말들로 어떤 종교행위도 곰과 연결시킬 수 없다는 의견을 밝히기로 결정했다. 그 뒤 몇십 년 동안 논쟁은 더욱 격렬해졌다. 때로는 악의적이고 공격적인 성향을 띠기도 했던 그 싸움은 특히 책의 서평을 통해 도드라졌다. 오늘날에는 곰 숭배 반대자들이 다수인 듯하다.[22] 학회나 논문에서 이들과 반대의 주장을 하는 데는 상당한 용기가 필요하다. 젊은 선사시대 연구자들에게 선사시대 인간들이 한번쯤은 곰 신앙을 가졌을 것이라는 의견을 표명하는 것은 주류의 관점에 어긋나고, 연장자들의 분노를 불러일으키며, 결국에는 자신의 경력에 치명적인 타격을 입히는 일이 되었다. 오직 선사시대 연구자들의 잔인한 세계에서 떨어져 있는 몇몇 역사학자들과 민족학자들만이 감히 (조심스럽게) 그러한 가설을 내세울 뿐이다.[23]

물론 곰 숭배 반대자들이라고 해서 동굴들에서 나온 어마어마한 양의 곰 두개골과 뼈의 존재를 부정하는 것은 아니다. 그러나 그들은 그곳이 성역이 아니라 유골 매장지였을 뿐이라고 본다. 그들은 곰들이 동굴을 드나들고 끊임없이 돌아다녔음을 역설하며 곰이 스스로 뼈를 쌓아놓거나 벽 쪽으로 치우거나 틈이나 구멍 여기저기에 꽂아놓았을 것이라고 주장했다. 그리고 퇴적과정과 더불어 보존기능과 관련된 물리적 화학적 상황들이 나머지 역할을 했을 것이라고 보았다. 그래서 어떤 곳에서는 뼈가 파괴되고, 어떤 곳에서는 보존되고, 어떤 곳에서는 흙으로 덮여 감춰지게 되었다는 것이다. 그들은 인간과 동물들이 동굴을 차지하고 있던 시대 이후에 일어난 지각변동을 강조하기도 했다. 우연히 솟아난 지하수가 뼈를 옮기는 바람에 두개골이나 뼈 더미가 생겨났을 수도 있다는 것이다. 그들은 불확실하고 논란이 되고 있는 연대를 지적하며 구석기시대가 아니라 고대나 중세, 아니면 그 뒤에 누군가가 일부러 뼈 더미를 만들었을 가능성을 제기하기도 했다.[24]

어떻게 반박할 것인가? 곰들이 물건을 쥐거나 옮기거나 쌓을 수 있는 능력을 가지고 있으며 서식지를 만드는 데도 창의성을 보이는 것은 사실이다. 지질학적인 사건들과 자연재해, 기후변동이 일부 동굴의 구조를 바꿔서 고고학적 유물들이 원래 있던 곳과는 다른 자리에서 발견되게 한다는 것도 사실이다. 과거에 탐사되었던 일부 유적지들이 지금만큼 정밀하게 연구되지 않았다는 것도 옳은 말이다. 지층학은 초보적인 수준이었으며 사진은 없고 스케치들은 부정확하고 모순된 내용들이 많았다. 그리고 우리는 중기 구석기시대의 네안데르탈인들이 동굴곰을 사냥했는지의 여부를 알지 못하며, 그렇다 하더라도 그들이 어떤 방법을 사용했는지도 모른다.[25] 곰과 인간은 사냥, 낚시, 채집, 바위 은신처를 차지하는 것에서 서로 경쟁자였다. 그렇다고 해도 인간들이 (곡식, 뿌리, 말린 고기와 물고기 등) 저장해둔 음식을 훔치러 사람들의 주거지로 내려온 곰에게 싸움을 걸거나 그것을 사냥하려 했을까? 심지어 후기 구석기시대와 크로마뇽인 시대에도 곰 사냥에 관한 우리의 지식은 확실하지 않다. 그 지식은 벽화나 이

동식 예술품[26]에 표현된 가상의 사냥 장면들에 근거를 두고 있거나, 그로부터 수천 년 뒤 신석기시대와 [선사시대와 역사시대의 과도기인] 원사시대原史時代의 행위를 투사한 것일 뿐이다. 신석기시대와 원사시대의 인간은 분명히 곰을, 갈색곰을 사냥했으며 곰에게서 많은 것을 얻었다. 고기는 음식으로, 기름은 불을 밝히는 데 썼다(동물성 기름 40~50g이면 1시간 정도 불을 밝힐 수 있다). 뼈는 다양한 연장들과 무기, 도구를 제작하는 데 이용되었을 뿐 아니라 연료로도 쓰였다. 가죽과 모피는 옷이나 덮개로 만들어 늦봄부터 초겨울까지 매우 유용하게 사용했다. 1991년 이탈리아의 티롤 알프스 산의 1만5천피트의 높이에서 옷과 무기, 연장과 함께 미라 상태로 발견된 유명한 원사시대 사냥꾼 오테치Otezi는 머리에 곰 가죽으로 만든 모자를 쓰고 있었다. 하지만 그는 구석기시대가 아니라 지금으로부터 3천3백년 전에 살았던 사람이었다.

그렇다면 곰 숭배 가설은 '막다른 길목'[27]에 다다른, 단지 '공상'[28]에 지나지 않는 것일까? 최근의 발견들을 참고해 새로운 증거들을 준거로 동굴들에서 발견된 유물과 장식들을 다시 살펴보면 그렇게 말할 수는 없을 것이다. 19~20세기를 기점으로 이루어진 민족학적 비교연구에 스스로를 가두거나 유럽에서 멀리 떨어져 있는 사회들을 언급하는 대신 고대와 중세 유럽의 역사에서 인간과 곰의 관계가 어떠했는지에 대해 관심을 가져야 한다. 민족학자들의 말을 들었으니, 이제는 역사학자들이 말할 차례가 아닐까?

기묘한 연출

우선 최근에 발견된 유적지이자, 단순히 곰과 인간이 자주 드나들었다는 것 이상의 의미를 가지며 아마도 분명히 성역이었을 구석기시대 동굴들을 살펴보자.

첫 번째는 1994년 아르데슈의 발롱퐁다르크에서 발견된 쇼베 동굴이다. 이 동굴의 존재는 전문가와 대중 모두에게 큰 충격을 주었으며 이제 껏 받아들여졌던 동굴예술의 기원에 관한 학설들을 뒤흔들었다. 아직 완전히 집계되지는 않았으나 그 동굴에는 350~400마리의 동물들이 그림이나 조각으로 묘사되어 있다. 그 가운데에서도 유독 우위를 차지하고 있는 동물은 뜻밖에도 먹을거리로 사냥되었던 큰 초식동물들이 아니라 사자와 표범, 곰, 코뿔소와 같은 위험한 짐승들이었다. 쇼베 동굴의 벽화는 지금까지 알려진 가장 오래된 동물벽화이기도 하다. 방사성탄소연대측정법으로 밝힌 쇼베 동물벽화의 제작연대는 기원전 3만2천410년에서 기원전 3만240년 사이이다. 이것은 라스코와 알타미라의 동물벽화보다 1만5천년 앞선 것이다.[29] 게다가 쇼베 동물벽화는 매우 독창적이면서도 다채로운 장관을 연출하고 있다. 거기에는 다양한 기술과 통일된 양식, 강렬하면서도 절제된 (빨강 · 검정 · 갈색 · 노랑 등) 여러 가지 색상들이 동원되었다. 게다가 벽의 윤곽으로 입체감을 전달하고, 이미지들을 겹쳐서 오늘날의 원근법에 가까운 효과를 연출하였다. 이러한 쇼베 동굴의 발견은 암면미술*에 관한 모든 저작들을 되돌아보게 했고, 실제로 1995년 이전에 출판된 선사시대 관련 교과서들이 모두 그 대상이 되었다. 수천 년에 걸쳐 인간의 표현력이 '발전'했다는 학설은 폐기까지는 아니더라도 적어도 수정은 필요했다. 일반적으로 널리 받아들여지던 그 학설에 따르면 가장 오래전에 만들어진 그림과 조각일수록 더 투박하고 최근의 것일수록 더 세련되고 '사실적'이어야 했다.[30] 하지만 사실은 전혀 그렇지 않았다.

쇼베 동굴에 가장 풍부하게 표현된 동물그림은 곰이 아니라 코뿔소이다. 이제까지 47개가 집계되었다. 그 다음으로 많이 등장한 동물은 고양이와 매머드로 각각 36개이다. 하지만 벽면 여기저기에 등장한 열두 개의 곰 이미지는 지금껏 한 개의 동굴에서 나온 것으로는 가장 많은 수이다.

---

* 암면미술(art rupestre) : 암벽이나 바위에 그리거나 새겨진 그림과 조각 등을 가리킨다.

그 인상적인 크기와 뚜렷한 윤곽, 붉고 검은 색들은 탄성을 자아내기에 충분하다. 그러나 무엇보다 주목할 만한 것은 그 이미지들이 동굴에 실제로 살았던 곰들이 남긴 많은 흔적들, 예컨대 할퀸 흔적이나 털 자국, 비벼댄 흔적, (어미와 새끼의 것으로 보이는 것도 있는) 벽과 바닥에 난 발자국들, 끌린 흔적, 진흙이 움푹 꺼지거나 파인 자국, 수많은 다양한 뼈 잔해들, 적어도 150개는 되는 두개골 등과 함께 어우러지고 있다는 사실이다. 실로 쇼베 동굴은 다른 어떤 곳보다도 '곰의 체취'를 강하게 풍기고 있었다.[31]

아직 다 끝나지 않았다. 곰을 위해 마련된 쇼베 동굴의 무대는 다른 어느 곳보다도 그 동물을 숭배 받아 마땅한 존재로 보이게끔 만들었다. 원형으로 된 방 중앙에는 뼈와 뼛조각뿐 아니라 옮길 수 있는 대부분의 것들이 치워진 상태에서 커다란 곰 두개골만 제단처럼 보이는 평평한 바위 위에 놓여 있다. 그리고 이를 중심으로 주변 바닥에는 12개의 곰 두개골들이 원형으로 배열되어 있다. 이것은 명백히 연출된 무대였다. 곧, 곰이나 지각변동, 기후변화로 생긴 것이 아니라 분명히 사람의 의도적인 행위가 만들어낸 결과물이었다.[32] 그것은 크로마뇽인의 창작물이었을까, 아니면 더 후대의 인간들의 작품이었을까? 의례를 위해 고안된 것처럼 보이는 이 '두개골 방'이 그 주변을 에워싸고 있는 동물벽화와 동시에 제작된 것일까?[33] 우리의 지금 지식으로는 이런 질문들에 답을 내릴 수 없다. 쇼베 동굴은 오늘날에도 연구 중에 있다. 그리고 그 연구는 신중하고 더디게 진행되고 있다. 하지만 인간들이 개입하기 전후에 그 동굴에 곰들이 살았다는 것만큼은 확실하다.

앞으로 무엇이 더 발견될지 모르지만 쇼베 동굴은 지금까지의 많은 학설들을 다시 되돌아보게 했다. 이를테면 곰과 관련된 종교행위가 구석기 시대 인간들에게 어떤 형태로도 존재하지 않았다는 일방적인 거부와 곰 숭배가 네안데르탈인에게는 존재했을지 모르지만 그들과 함께 사라졌다는 주장은 다시 검토되어야 한다. 쇼베 동굴 연구는 다른 유적이나 증거들도 다시 살펴보게끔 했다.

　이 장의 첫머리에서 언급했던 르구르두 동굴을 예로 들 수 있다. 인공
적으로 판 구덩이 안에서 자연석으로 된 벽 하나만 사이에 두고 거대한
석판 아래 나란히 존재하는 갈색곰과 네안데르탈인의 무덤은 결코 우연
일 수 없다.[34] 그것은 의심할 여지없이 의식적인 종교적 사고의 표현이었
다. 예전 책임자들은 왜 르구르두 동굴을 훼손하고 상당수의 유물을 옮길
수 있게 허용했을까? 정부는 왜 네안데르탈인의 장례행위에 관한 중요
한 정보를 제공해 줄 르구르두 유적지를 국가 소유로 사들이지 않았을까?
훼손된 그 두 개의 무덤을 기대에 못 미치는 평범한 수준으로 복원해 놓
은 것을 보려고 왜 시카고의 필드박물관까지 가야만 할까? 1957년 그 유
적을 발견한 사람이 공공의식이 부족한 아마추어이자 그 토지의 소유자
였던 로제 콩스탕이었기 때문인가?[35] 그렇지 않으면 그 발견이 곰과 관련
된 선사시대 사람들의 의례 행위가 한번쯤은 존재했을 수도 있다는 주장
조차 완강히 거부하는 자들이 만들어놓은 신성불가침의 영역에 도전했기
때문인가? 왜 곰 숭배의 학설을 그토록 고집스럽게 공식적으로 거부하는
것일까? 왜 지나치게 일반화하여 곰과 관련된 유적 전체에 그런 불신을
나타내는 것일까?

　다른 곳의 상황도 크게 다르지 않다. 예컨대 (프랑스 남부) 가르 주 트레브
코뮌의 파 드 줄리에 동굴에서는 사람 두개골들을 에워싸고 있는 일련의
곰 두개골들이 발견되었으나, 이 유적지는 현재 거의 모든 것을 약탈당한
상태이다. 곰 열 마리가 매우 도식적인 형태로 벽면에 조각되어 있는 (프랑
스 남서부) 도르도뉴의 콩바렐 동굴도 20세기 초에 발견된 뒤 계속 훼손되어
왔다. 곰의 것으로 보이는 손을 지니고 머리에는 뿔이 난 (논란과 유명세를
모두 불러일으킨) '샤먼-신' 이미지가 있는 (프랑스 남서부) 아리에주의 트루아
프레르 동굴의 상황도 마찬가지였다. 그 동굴에는 곰의 실제 흔적들과 결
합된 곰 이미지들이 많았는데, 특히 두 개의 이미지는 곰이 죽은 장소로

추정되는 곳에 새겨져 있다. 쇼베 동굴과 그곳의 특별한 두개골 방의 운명은 과거의 유적들과는 다르기를, 증거 외면이나 선입견이 없는 실질적이고 과학적인 논의들이 오가기를 바란다.

어쨌든 지금 당장은 약간 더 후대인 마그달레니아기*까지 내려가, 1881년 발견되었으나 1922~1923년 〔프랑스의 동굴탐험가인〕 노르베르 카스트레가 탐사하기 전까지는 체계적으로 조사되지 않았던 〔프랑스 남서부〕 오트가론의 몽테스팡 동굴의 통로로 들어가 보자. 그곳의 규모는 작지만 모든 면에서 강렬한 인상을 남기는 방에서는 이제껏 사람이 만든 것 가운데 가장 오래된 조각상이 발견되었다. 그것은 지금으로부터 2만~1만5천년 전에 만들어진, 바로 곰 조각상이다![36]

이 입체적인 점토상은 벽에서 1m 정도 떨어진, 마치 조각상을 위해 특별히 디자인된 것처럼 보이는 제단에 놓여 있었다. 조각상은 길이 110㎝, 높이 60㎝의 크기로 머리가 없는 거대한 동물이 무릎을 꿇은 채 앞발을 앞으로 뻗고 있는 형상이다. 오른발은 온전히 남아 있으나 왼발은 잘렸다. 하지만 알아볼 수 있는 발가락의 형태와 발톱은 틀림없이 곰의 것이다. 둥그런 하반신과 다른 동물에게는 불가능한 자세도 그것이 곰임을 말해준다. 머리에 대해서는 많은 추론이 오갔다. 왜 머리가 존재하지 않는가? 의식에 따라 참수된 것인가, 원래부터 존재하지 않았던 것인가? 지금은 처음부터 머리가 없었다는 가설이 더 많이 지지를 받고 있는 듯하다. 매끈하며 다른 부분들처럼 윤이 나는 목의 절단면은 부러지거나 훼손된 것으로 보이지는 않는다. 오히려 목 중앙을 보면 마치 무언가를 걸어놓으려고 쐐기를 박아놓은 듯한 삼각형의 구멍이 발견된다. 동굴사자와 말을 형상화한 조각 파편들도 바닥에서 발견되었다. 그러나 곰은 들어서 옮길 수 있는 진짜 조각상이었지만, 상징적으로 파괴된 다른 동물 형상들은 벽에 얕게 돋을새김을 하는 방식으로 만들어졌다. 그 방의 벽면과 천장에는 들

---

* 마그달레니아기(Magdalénien) : 기원전 1만7천~1만2천년의 후기 구석기시대 마지막 시기

소, 말, 사슴의 이미지들과 묘사는커녕 해석하기도 어려운 다양한 형태의 기호와 점들이 있다. 그렇지만 모든 시선이 집중된 것은 곰이었다.

조각한 머리를 잃어버린 것이 아니라면(아마 처음부터 존재하지 않았을 것이다), 그 자리에 놓인 것은 노르베르 카스트레가 조각상의 앞발 사이 바닥에서 발견한 두개골이었을 것이다. 이 두개골은 발견된 며칠 뒤에 도둑맞았다. 하지만 사라진 두개골의 존재는 조각상의 역할을 추측할 수 있게 해준다. 비록 원상태로 복원할 수는 없더라도 우리는 그곳에서 열렸음직한 주술적이고 종교적이며 어쩌면 사냥과 관련되었을 의례들을 상상해 볼 수 있다. 조각상은 아마 최근에 사냥한, 머리가 붙어 있는 곰 가죽으로 덮어 놓았을 것이다. 이는 포획과 사냥을 모방하는 의식에 쓰인 것으로 보인다. 점토에는 의례가 진행되는 동안 동물을 내리친 타격의 흔적들이 남아 있다. 그들은 앞으로 행해질 실제 사냥에서 성공하기를 바라며 춤추고 울부짖고 달래는 듯한 몸짓을 취했을 것으로 보인다.[37]

르구르두 동굴의 무덤들과 몽테스팡 동굴의 조각상 사이에는 적어도 6만년의 시간차가 존재한다. 그리고 이 특별한 두 유적 사이에는 인간(네안데르탈인, 크로마뇽인)과 곰(동굴곰, 갈색곰)의 각별한 상징적 관계를 입증하고 보여주는 다량의 증거들이 존재한다. 이러한 관계를 '숭배culte'라는 단어를 써서 특징짓는 것은 전문가들 사이에 논쟁을 일으킬 것이다. 각각의 곰 형상들과 뜻밖의 장소에 놓여 있는 뼈와 두개골 하나하나에서 마법적이거나 종교적인 동기를 찾으려고 하는 것은 분명 지나친 일이다. 하지만 구석기시대 사람들이 곰을 다른 동물이 갖지 못한 힘을 지닌 특별한 존재로 여겼음을 부정하는 것은 증거를 부인하고 믿지 않는 일이다.

사람이 르구르두 동굴에 갈색곰의 유골을 의도적으로 배열해 놓은 것이 아니라면, 사람이 쇼베 동굴의 두개골 방을 상징적으로 꾸미지 않았다면, 그렇게 할 이는 곰 자신밖에 없다. 선사시대 곰들이 자신의 주검을 묻었다는 결론을 내릴 수 있을까? 곰들이 일종의 종교적 감정을 가지고 있었다고 할 수 있을까? 곰들이 동굴 깊숙한 곳에서 다양한 의식들을 치렀고, 사람들이 뒤늦게 그것을 따라했다고 할 수 있을까? 곰이 인간에게 믿음과 의례뿐 아니라 종교적 사고까지 전파했다고 생각할 수 있을까?

나는 그렇게 생각하지 않는다. 하지만 나는 곰이 스스로 곰을 숭배했다는 흔적을 구석기시대 시베리아 동굴들에서 찾을 수 있다고 생각한 어느 러시아 연구자를 알고 있다. 그에 따르면 인간은 구석기시대에는 그 동굴에 한번도 들어간 적이 없으며, 철기시대가 되어서야 그곳에 도달할 수 있었다고 한다.[38] 하지만 나는 유럽 내부의 역사 흐름을 따라가고자 한다. 그리스·로마 신화, 게르만 신화와 켈트 신화, 서구의 고대와 중세에는 곰 숭배의 존재를 입증할 만한 다채로우면서도 분명히 아주 오래전까지 거슬러 올라가는 증거들이 많이 있다. 예컨대 우리는 중세 교회가 곰과 관련된 이교 숭배를 근절하기 위해 천년 가까이 엄청난 노력을 쏟아부었음을 확인할 수 있다. 게다가 곰 숭배가 고대 초기는 물론 신석기시대까지 거슬러 올라갈 정도로 그 뿌리가 매우 깊음을 감지할 수 있다. 왜 선사시대 연구자들은 견고한 자료가 뒷받침되는 역사시대의 곰 숭배에는 도무지 관심을 갖지 않는 것일까? 왜 그들은 중세 유럽을 결코 들여다보려고 하지 않을까? 아시아나 아메리카 원주민사회의 최근 관습들에 관한 민족학적 비교연구도 물론 일리가 있으며 때로는 유익한 성과를 가져다준다. 하지만 고대와 중세의 역사를 진지하게 조사해보는 것도 그것 못지않게 유익하다. 어쩌면 이것이 더 큰 성과를 거둘 수도 있지 않을까?

곰의 여신 아르테미스

신화는 언제나 머나먼 옛날 고졸기époque archaïque*의 '황금시대'나 더 먼 과거로 거슬러 올라간다. 직관도 연구의 일부이지만, 오로지 직관에만 의

---

* 고졸기(古拙期) : 그리스 역사의 시대 구분에 쓰이는 용어로 암흑기와 고전기의 과도기를 가리킨다.

지해야 했으므로 역사가들은 좀처럼 그 시대를 탐험하려 들지 않았다. 그리스 신화도 예외는 아니었다. 하지만 그리스 신화는 선사시대의 곰과 역사시대의 곰 사이에 존재하는 연결고리를 종교와 신앙의 관점에서 재구성하고 상상할 수 있게 하는 유일한 수단이다. 물론 그리스 신화의 곰은 그 자체로는 신성을 가지지 않는다. 단지 몇몇 신들의 상징이었을 뿐이다. 하지만 곰과 관련된 일부 이야기들에는 매우 오래전 곰이 수행했던 것으로 보이는 역할들이 흔적으로 남아 있다. 그리고 이러한 신화들 대부분에서 동굴은 중요한 지위를 차지하며, 양면적인 역할을 수행하기도 한다. 동굴은 괴물들과 악령이 살고 있는 어둡고 무시무시한 장소이며, 플라톤의 『국가론Politeia』에 나온 것처럼 미지의 고통스러운 처벌의 장소이다. 그러나 거꾸로 동굴은 인간이 신들과 동맹을 맺고 마법의 힘을 이용해 새로운 기운을 끌어모으는 성역이기도 하다. 동굴에서는 수많은 영웅들이 태어났으며, 누군가는 거기서 새로워지고 강해지고 자유로워지고 변모되었다. 동굴에 들어가는 것은 언제나 하나의 단계에서 다른 단계로 넘어가는 것을 의미했다.

그리스 시대의 곰은 동굴곰이 아니었다. 동굴곰은 기원전 1만5천~1만2천년 사이에 이미 멸종했다. 그 뒤 유럽의 곰은 언제나 갈색곰이었다. 그것은 유럽의 동물들 가운데 가장 강력한 존재이자, 돼지와 더불어 인간과 생물학적으로나 상징적으로 가장 가까운 동물로 여겨졌다.[39] 그리고 곰은 몇몇 신들, 특히 위대한 사냥의 여신인 아르테미스의 상징이었다. 그녀는 아폴론의 쌍둥이 누이이자 제우스의 딸이었으며, 달과 나무와 산의 여신이자 야생동물들의 수호자였다. 길들여지지 않고 복수심이 강했던 아르테미스는 영원히 처녀로 남겠다고 맹세하고는 오직 사냥에서만 즐거움을 찾았다. 활로 무장한 아르테미스는 자신에게 도전하거나 배반하거나 뜻을 거스르는 자가 있으면 쫓아가서 죽였다. 그녀의 수많은 희생자들 가운데 오리온과 악타이온이 가장 유명하다. 오리온은 아르테미스 여신의 사랑을 받았으나 그녀에게 원반던지기 시합을 하자고 도전했다. 심지어 그가 그녀를 범하려 했다는 이야기도 있다. 아르테미스는 전갈을 시켜 오리온을 찌르게 했다. 악타이온은 자신이 아르테미스보다 더 뛰어난 사냥꾼이라고 떠벌리고 다니다 죽임을 당했다. 더 널리 알려진 이야기에 따르면 악타이온의 죽음은 그가 샘에서 벌거벗고 목욕하고 있는 아르테미스 여신을 놀라게 했기 때문이라고 한다. 아르테미스는 악타이온을 수사슴으로 만들어 개들이 뜯어먹게 했다. 그러나 가장 비극적인 이야기는 여신과 곰의 관계에 초점을 맞추고 있는 님프 칼리스토의 신화이다.

아르카디아의 왕 리카온의 딸인 칼리스토는 매우 아름다웠으나 남자들을 꺼렸다. 그녀는 아르테미스 여신과 사냥 다니기를 더 좋아했다. 아르테미스 여신을 따르는 다른 모든 처녀들처럼 칼리스토도 순결을 맹세했다. 하지만 어느 날 제우스가 칼리스토를 보고 한눈에 반했다. 그는 아르테미스의 모습으로 변장해 칼리스토에게 접근해서는 강제로 그녀를 범했다. 이 젊은 여인은 결국 임신을 했고 시간이 지나자 더 이상 그 사실을 숨길 수 없게 되었다. 격노한 아르테미스는 그녀를 향해 활을 쏘았고, 화살에 맞은 칼리스토는 곧바로 아이를 낳고는 암곰으로 변해버렸다.[40] 그 뒤 칼리스토는 곰의 모습을 한 채 산을 떠돌았다. 그녀의 아들 아르카스는 성장하여 아르카디아의 왕이 되었다. 어느 날 사냥을 하던 아르카스는 암곰의 모습을 하고 있는 자신의 어머니와 마주쳤다. 그가 그녀를 죽이려는 순간에 제우스는 그런 끔찍한 일이 벌어지는 것을 막으려고 아르카스도 곰으로, 더 정확히 말하자면 새끼 곰으로 만들었다. 제우스는 어머니와 아들을 하늘로 올라가게 했고, 그들은 각각 큰곰자리Ursa Major와 작은곰자리Ursa Minor 별자리가 되었다.[41] 칼리스토가 아르테미스가 아니라 헤라 여신의 분노 때문에 희생되었다는 전설도 있다. 제우스의 아내인 헤라가 칼리스토를 암곰으로 변하게 했고, 제우스가 그녀를 구해서 북쪽하늘의 별자리로 만들어 주었다는 것이다. 그러자 헤라는 포세이돈에게 칼리스토가 결코 바다 밑으로 가라앉지 못하게 해달라고 부탁했다. 이것이 큰곰자리와 작은곰자리가 언제나 수평선 위에 남아 있는 유일한 별자리가 된 까닭이라고 한다.[42]

칼리스토와 아르카스 전설은 곰과 인간에 관한 3개의 주요한 신화적 주제 가운데에서 '변신'을 강조하고 있다. 우리는 뒤에서 나머지 두 가지 주제, 곧 인간의 아이를 보호하고 길러주는 '어머니이자 보호자인 암곰'과 왕성한 생식력을 가져오는 '인간 여성과 수컷 곰 사이의 기괴한 육체적 사랑'에 대해서도 살펴볼 것이다. 그리스 신화에서 칼리스토는 아르테미스가 곰으로 변신시킨 유일한 인물은 아니었다. 훨씬 더 유명한 인물도 있다. 바로 아버지인 아가멤논에 의해 희생제물로 바쳐진 이피게네이아이다. 트로이를 향해 가던 아가멤논의 그리스 함대가 잠시 아울리스에 정박하고 있을 때였다. 아르테미스 여신이 바람을 막은 탓에 아가멤논 일행은 졸지에 그곳에서 발이 묶이게 되었다. 예언자 칼카스는 아르테미스 여신을 달래려면 함대 지휘관인 아가멤논의 딸을 제물로 바쳐야 한다고 말했다. 성미가 불같던 아르고스 왕 아가멤논은 처음에는 그 말을 따르지 않았다. 하지만 결국 형제인 메넬라오스의 압박을 이기지 못해 딸인 이피게네이아를 약혼시킨다는 명목으로 아킬레우스에게 보냈다. 그러자 아킬레우스는 결혼하기 위해서가 아니라 불태워 죽이기 위해 그녀를 여신의 제단으로 데려갔다. 어린 소녀를 가엾이 여긴 아르테미스 여신은 마지막 순간에 그녀를 암곰으로 변신시켰다. 곰으로 변해 사제의 칼날로부터 도망친 이피게네이아는 그 뒤 모습을 감추었다. 아르테미스가 그녀를 (오늘날 우크라이나 남부 크림 반도에 위치한) 타우리스로 데려갔다는 이야기도 있다. 그에 따르면 이피게네이아는 남동생인 오레스테스가 구해줄 때까지 그곳에서 아르테미스의 여제사장 노릇을 했다고 한다. 그녀가 곰이 아니라 암사슴이나 암소로 변했다고 하는 전설도 있다. 그러나 곰으로 변신했다는 이야기가 가장 오래되고 가장 자주 이야기되었으며, 아르테미스의 능력에도

가장 잘 부합하는 것으로 보인다.[43]

사실 아르테미스는 단순히 야생동물의 여신은 아니었다. 그녀는 무엇보다도 곰의 여신이었으며, 때로는 그녀 자신이 곰의 모습으로 변신하기도 했다. 아르테미스란 이름도 그리스어 '아르크토스(arktos)'를 비롯해 곰을 지칭하는 단어들이 대부분 뿌리를 두고 있는 (art-, arct-, ars-, ors-, urs- 등의) 인도유럽어 어근에서 비롯된 것이다.[44] 칼리스토와 그녀의 아들 아르카스의 전설도 이러한 어원과 관련이 있다. '아르카스(Arcas)'는 직접 곰을 떠올리게 하는 이름이며, 펠로폰네소스 중심부에 있는 아르카스의 풍요로운 왕국 '아르카디아(Arcadia)'는 어원상 '곰들의 땅'이라는 뜻이다.[45] 위대한 여행가 파우사니아스가 2세기 무렵에 편찬한 『그리스 이야기Graeciae Descriptio』에는 스파르타와 전쟁을 벌이던 '옛' 아르카디아 사람들이 전쟁터로 나서기 전에 곰 가죽을 뒤집어썼다고 기록되어 있다.[46]

그러나 아르카디아 지역이 곰에 대해 독점권을 가졌던 것은 아니다. 사실 고대 그리스 어디를 가더라도, 특히 산간지역에서는 곰과 관련된 지명들을 쉽게 만날 수 있었다. 일부 지역에는 아르테미스에게 바친 성소도 있었는데 그곳의 여사제는 '작은 암곰(arktoi)'이라고 불리기도 했다.[47] 그리고 그러한 성소 가운데 가장 오래된 것은 아르카디아가 아니라 (지금의 브라오나Vraona로 아테네에서 멀지 않은) 아티카의 브라우로니아Brauronia에 있었다. 그곳에서는 기원전 6세기부터 헬레니즘시대까지 5년마다 기이한 봄 제전祭典이 거행되었다. 아직 열 살이 안 된 작고 어린 소녀들은 노랗고 하얀 옷을 입고서 여사제처럼 행동하며 여신을 섬기기 위한 대규모 제의祭儀에 참가했다. 이 제의는 암곰을 제물로 바치는 것으로 끝이 났다. 이는 아마도 소녀들이 폭행을 당하고 제물로 바쳐졌을 더 오래전의 제의가 누그러진 형태일 것이다. 전설에 따르면 브라우로니아 성소는 고을사람들이 여자아이를 잡아먹은 곰을 죽인 것에 분노한 아르테미스 여신을 달래려고 만들었다고 한다. 여신은 신탁을 통해 고을사람들에게 그들의 딸들을 자신에게 바치라고 요구했다. 처음에는 제물이 된 소녀들을 불태워 죽였으나, 나중에는 여사제가 되도록 했다고 한다.[48]

아울리스에서 제물로 바쳐진 이피게네이아의 비극적인 이야기는 이러한 전통과 관련이 있어 보인다. 이피게네이아 신화와 브라우로니아 전설은 모두 야생동물의 수호자이자 순결한 사냥꾼인 아르테미스가 나오는 매우 오래된 곰 신화와 연결되어 있다. 게다가 (기원전 5세기의 그리스 비극시인) 에우리피데스는 이피게네이아가 타우리스에서 돌아온 뒤에 브라우로니아에 성소를 세웠으며, 그곳을 고대에 사람들이 가장 많이 방문하는 순례지로 만들었다고 밝히기도 했다.[49]

그리스 신화에서 켈트 신화까지

야생동물에게 보호받고 길러진 어린아이라는 주제는 영웅의 출생과 관련된 대부분의 신화와 전설들에서 나타난다. 그 가운데 로마의 암늑대 신화가 가장 유명하다. 그러나 고전고대*에는 그 밖에도 인상적인 이야기들이 더 있었다. 그리스 신화에서 이 주제와 매우 밀접히 관련되어 있는 이야기는 둘인데, 거기서는 암늑대가 아니라 암곰이 나온다. 하나는 뛰어난 운동신경을 가지고 있던 여자영웅 아탈란타에 관한 이야기이다. 일부 전설에 따르면 아탈란타는 탁월한 신체능력 덕분에 황금양털을 찾으려고 구성된 아르고나우타이 원정대에도 낄 수 있었다. 그녀는 이아손이 아르고 호에 받아들인 유일한 여성이었다. 하지만 아탈란타 이야기는 처음부터 좋지 않게 시작해서 더 나쁘게 끝난다. 아탈란타의 아버지 이아소스는 아르카디아의 왕이었다(다시 말하건대 아르카디아는 곰의 나라이다). 오로지 아들만을 원했던 그는 딸이 태어나자 파르테니온 산의 깊은 숲에 버렸다. 암곰 한 마리가 갓 태어난 아탈란타를 발견해 데려가서 젖을 먹이며 보

* 고전고대(Antiquité classique): 고전문화를 꽃피웠던 고대 그리스와 로마 시대를 함께 가리키는 말

살피고 첫 걸음마를 가르쳤다. 그 뒤 사냥꾼들이 아탈란타를 데려가 거친 사내아이처럼 키웠다. 아탈란타는 뛰어난 사냥꾼이 되었다. 그녀는 아르테미스의 다른 추종자들처럼 사랑의 유혹에 넘어가지 않고 영원히 처녀로 남겠다고 맹세했다. 하지만 많은 남성들이 이 아름다우면서도 강인한 젊은 여인에게 반해 몰려들었다. 그 가운데 일부가 그녀를 강제로 범하려고 하자 아탈란타는 그들을 모두 죽였다. 사나운 성미와 남성적인 품성은 그녀를 유명하게 만들었고 마침내 이아소스 왕도 그녀를 자식으로 인정하게 되었다. 왕은 딸을 결혼시켜 후손을 얻기로 마음먹었다. 오랫동안 거절하던 아탈란타는 조건을 하나 제시했다. 자기와 달리기시합을 해서 이기면 남편으로 맞아들이겠지만 지면 바로 목을 베겠다는 것이었다. 이 끔찍한 운명을 무릅쓰고 수많은 젊은이들이 시합에 참가했다. 하지만 그들은 모두 달리기시합에 져서 목숨을 잃었다. 그 뒤 히포메네스라는 이름을 가진 훌륭한 구혼자가 나타났다. 그는 아프로디테 여신의 추종자였다. 아프로디테는 그에게 [네 자매 요정인] 헤스페리데스가 지키는 정원에서 황금 사과 세 개를 가져다주었다. 히포메네스가 달리기시합을 하다가 그것들을 땅에 떨어뜨리자 놀랍게도 아탈란타가 사과를 줍느라 달리기를 멈췄다. 그렇게 허비한 시간 때문에 그녀는 히포메네스를 따라잡을 수 없었다. 시합의 승자는 이 자존심 강한 젊은 여인과 결혼했다(그녀도 분명히 이 결합을 바랐을 것이다). 하지만 신혼부부는 잊고서 아프로디테에게 감사의 인사를 하지 않았다. 여신은 분풀이로 그들을 사자로 만들어버렸다. 아프로디테가 아니라 제우스가 화가 나서 그들을 변신시켰다고 하는 전설도 있다. 그들이 처음 사랑을 나눈 곳이 제우스의 신전 가운데 하나였기 때문이다. 어떤 전설들은 자신의 추종자를 잃은 것에 분노한 아르테미스가 이 연인들을 동물로 변하게 했다고 전하고 있다. 물론 그들은 사자가 아니라 곰으로 변했다.[50]

두 번째 이야기는 트로이의 왕 프리아모스의 막내아들이자 그리스 신화의 가장 유명한 영웅들 가운데 하나인 파리스에 관한 것이다. 파리스가 태어나기 전에 그의 어머니 헤카베는 자신이 아기가 아니라 일종의 타오르는 횃불을 낳고 그 때문에 도시 전체가 불길에 휩싸이는 꿈을 꾸었다. 이 꿈은 트로이의 멸망을 예언하고 있었다. 두려워진 프리아모스 왕은 갓 태어난 아기를 버리기로 결심하고 자신의 부하 가운데 한 명에게 아기를 숲으로 데려가 죽이라고 명령했다. 하지만 갓난아기가 가엾어진 부하는 아기를 산 채로 이다 산에 놓고 돌아왔다. 아기는 추위와 배고픔 때문에 거의 죽기 직전이었다. 그때 암곰 한 마리가 그를 발견해 따뜻하게 감싸주고 젖을 먹여 살려주었다.[51] 그 뒤 목동들에게 맡겨진 파리스는 훌륭한 젊은이로 자라났다. 어느 날 파리스가 가축무리를 이끌고 이다 산으로 가고 있을 때였다. 헤르메스 신이 나타나 그에게 제우스의 이름으로 헤라, 아테나, 아프로디테 세 여신의 아름다움을 평가해달라고 청했다. 파리스는 자신이 선택한 여신에게 황금사과를 주기로 했다. 여신들은 제각기 그의 환심을 사려고 특별한 선물을 약속했다. 헤라는 아시아 전체에 대한 통치권을, 아테나는 모든 전쟁에서의 승리를, 아프로디테는 스파르타의 왕 메넬라오스의 아내이자 세상에서 가장 아름다운 여인인 헬레네의 사랑을 주겠노라고 제안했다. 파리스는 아프로디테를 선택해 황금사과를 건네주었고, 그 때문에 다른 두 여신에게 원한을 샀다. 그 뒤 파리스는 트로이로 돌아갔고 부모와 형제는 그를 알아보고 반갑게 맞아주었다. 그리고 머지않아 펠로폰네소스로 건너간 파리스는 아름다운 헬레네를 만나 격정적인 사랑에 빠졌다. 그는 그녀를 유혹해 데리고 도망쳤다. 그렇게 트로이 전쟁이 시작되었다.

호메로스 이래 수많은 작가들이 파리스의 심판, 헬레네 납치, 뒤이은 극적인 사건들을 되풀이해서 이야기하고 주석을 달았다. 그에 반해 극히 소수만이 세상에서 가장 아름다운 여인을 납치한 이가 평범한 남자가 아니라 잠시 동안이나마 암곰의 보살핌을 받고 양육된, 다시 말해 유아기의 경험을 통해 곰의 본성 일부를 지니게 된 남자라는 사실에 주목했다.[52] 뒤에서 다루겠지만 유럽의 구전 전통에서 수컷 곰은 인간 여성에게 끌리는 주요 동물이다. 곰은 여성을 납치하고 관계를 가지며, 거기에서 반은 인간이고 반은 곰인 존재가 태어난다. 파리스의 비극적인 이야기는 미녀와 야수, 인간 여성과 야생동물의 결합에 관한 저 오랜 과거의 곰 신화와 관련이 있는 듯하다. 또한 그것은 고대부터 지금까지 유럽 전역에서 떠도는 이야기와 전설들에 등장하는, 여성을 납치하고 겁탈하는 곰에 관한 가장 오래된 문헌 전승이기도 하다.

영웅이 갖는 곰의 본성은 파리스 이야기에도 얼마간 드러나 있기는 하지만, 그리스 신화에는 곰과 인간 여성의 성적 결합을 분명하게 드러내고 있는 잘 알려져 있지 않은 다른 이야기가 있다. 그것은 아르테미스의 명예를 걸고 순결을 맹세한 또 다른 소녀 폴리폰테에 관한 슬픈 이야기이다. 폴리폰테의 맹세는 사랑의 여신 아프로디테를 조바심 나게 만들었다. 그것이 일종의 도전이라고 생각했기 때문이다. 여신은 셀 수도 없이 온갖 방법을 동원해 폴리폰테를 회유하고 어마어마한 선물도 안겨주었다. 그러나 그녀의 마음을 돌릴 수는 없었다. 분노한 여신은 분풀이를 하고자 결국 그녀가 곰을 향해 기괴한 욕망을 품게 만들었다. 그 때문에 폴리폰테는 두 아들 아그리오스(*Agrios*, 야만인)와 오리오스(*Orios*, 산사람)를 낳았다. 매우 강한 존재였던 그들은 인간뿐 아니라 신도 두려워하지 않았다고 한다. 제우스는 이 형제를 혐오해 헤르메스에게 죽이라고 명령했다. 그러나 헤르메스는 그 명을 따르지 못했다. 폴리폰테의 조부인 아레스 신이 그들 모자에게 연민을 느껴서 세 명 모두 새로 변하게 했기 때문이다. 하지만 그들은 무서운 새로 변했는데, 폴리폰테는 올빼미로, 두 아들은 독수리로 변신했다.[53]

그리스 신화에는 곰과 육체적인 관계를 맺은 또 다른 인물이 있다. 이번에는 여자가 아니라 남자로, 뛰어난 외모를 지닌 젊은 사냥꾼 케팔로스이다. 이 영웅에 관한 신화는 전승마다 다르다. 사고로 자기 손으로 사랑하는 아내 프로크리스를 죽인 케팔로스에게는 자식이 없었다. 아들을 얻기를 바란 케팔로스는 델포이 신전으로 찾아가 신탁을 구했다. 그러자 집으로 돌아가는 길에 맨 처음 마주친 여성과 결합하라는 신탁이 내려왔다. 그가 처음 마주친 존재는 암곰이었다. 케팔로스는 신탁의 명에 따랐고, 그 결합에서 아들 아르키시오스(Arcisios)가 태어났다(이 이름은 곰이라는 단어에 뿌리를 두고 있다). 아르키시오스의 후손 가운데에는 그 유명한 오디세우스도 있다.[54]

켈트 신화에도 인간과 곰의 결합에 관한 이야기가 존재한다. 하지만 그러한 종류의 신화 대부분은 말과 관련되어 있다. 예컨대 [잉글랜드 남서부] 콘월의 왕 마크의 조상 가운데는 말과 동침한 여인이 있었다. 이 결합으로 그는 말의 갈기와 귀를 물려받아 도저히 숨길 수 없었다. 일부 영웅들은 곰의 특성을 가지고 있었지만 여기에는 다른 이유가 있었다. 그들이 암곰을 수호하는 여신이나 요정에게서 키워졌기 때문이었다. 실제로 켈트의 신전에는 그리스의 아르테미스와 유사한 여성 형상들이 가득 차 있다. 심지어 그 가운데 몇몇의 이름은 아폴론의 쌍둥이 누이인 아르테미스와 직접 관련되어 있었다. 아르두이나 여신을 예로 들 수 있다. 그녀는 자신의 이름과 비슷한 아르덴 지역에서 숭배되었다. 알프스 지방에는 사냥꾼과 야생동물의 수호자로 아르두이나 여신의 등가물等價物이라 할 수 있는 안다르타 여신이 있었다. 그러나 무엇보다 중요한 이는 위대한 여신 아르티오였다. 그녀는 진정 아르테미스의 복제품이었으며, 독일 남부와 스위스의 켈트족에게 숭배되었다.[55] 아르티오의 가장 중요한 상징은 곰이었다. 이것은 [스위스의 수도] 베른 인근의 무리라는 곳에서 1832년에 발견된 봉헌상奉獻像에서 확인된다. 이 청동상에는 풍요의 여신이 과일을 들고 곰과 마주보고 앉아 있으며 "아르티오 여신에게. 리키니아 사비닐라가(DEAE ARTIONI LICINIA SABINILLA)"라는 글귀가 새겨져 있다. 2세기 말에 나온 일련의 자료들에 따르면, 당시 스위스 지역은 이미 로마화가 철저히 진행되어 있었다.[56] 그러나 고대 곰 숭배는 로마화에 저항하며 몇 세기 동안 지속되었다.

아서 왕의 경우는 좀 남다르다. 그의 이름은 직접 곰이라는 단어와 연관되어 있으며, 나중에는 아서 왕 자체도 그러하다고 여겨졌다. 그는 신은 아니었으나 중세문학에 등장하는 가장 유명한 군주였다. 그의 이야기들은 고대 곰 신화와 일부 관련이 있는데, 그 다양한 흔적들은 몇몇 켈트 전설들을 통해 확인할 수 있다. 아서 왕의 상징도 곰과 관련이 있었다. 이것은 게르만족, 발트족, 슬라브족과 마찬가지로 켈트족에게도 곰이 동물의 왕이었으므로 왕의 동물이 되어야 마땅했기 때문이다. 이러한 사고는 중세 초기에도 계속해서 기독교화한 유럽의 상당 부분에 남아 있었으며, 심지어 교회가 곰을 적으로 선포해 다른 야생동물인 사자가 상징적인 왕좌를 차지하게 된 서기 1천년 이후까지도 지속되었다.

동물의 왕

모든 문화는 자신의 역사에서 한번쯤은 '동물의 왕'을 선택해 우화 상징체계에서 중심으로 삼는다. 그리고 선택받은 동물은 언어와 구전, 시, 휘장과 같은 모든 종류의 상징들에서 다른 동물들에 비해 우월함을 지니며 신앙체계와 숭배, 제의의 중심부에 놓인다. 사회는 매우 다양하지만 선택은 늘 같은 기준에서 이루어진다. 지명된 동물은 사실이든 아니든 무적이라는 명성 때문에 '선택'을 받은 것이다. 언제 어디서나 동물의 왕은 다른 동물들한테 지지 않는다. 매우 예외적이고 그다지 중요하지 않은 반대의 사례들도 있지만, 그것들도 그런 기준을 다시 확인시켜줄 뿐이다. 가장 약하고 여린 동물을 왕으로 뽑는 것도 근본적으로는 힘과 승리라는 관념에 의지하고 있기는 마찬가지이기 때문이다. 또한 반대의 사례들은 일회적이므로 왕이 언제나 가장 강하다는 일반적인 규칙은 좀처럼 허물어지지 않는다.[1]

이는 선택권이 한정되어 있음을 뜻한다. 아프리카에서는 사자나 코끼리가 왕의 자리를 차지하는데, 흔하지는 않지만 코뿔소가 선택될 때도 있다. 아시아에서는 사자, 호랑이, 코끼리가 왕이다. 아메리카에서는 독수리나 곰이 주로 선택을 받으며, 재규어를 볼 수 있는 지역들에서는 재규어가 왕으로 뽑히기도 한다. 유럽에서는 오랫동안 곰이 동물의 왕이었다가 나중에 사자로 대체되었다. 가끔 드물게 특이한 경우가 나타나기도 했으나 시·공간상으로 제한되었다. 하지만 '진정한' 동물의 왕들은 여러 다양한 문화권들에서 오랜 기간 번성했다. 그래서 우리는 전 세계에서 이른바 동물의 왕이라고 불렸던 동물들을 넷으로 간추려 볼 수 있다. 바로 사자, 독수리, 곰, 코끼리이다. 그들은 때때로 출신지가 아니라 다른 문화권이나 대륙에서 동물의 왕 자리를 차지하기도 했다. 특히 사자가 그러했는데, 아시아와 아프리카에서 오래전부터 왕으로 뽑혔던 이 동물은 점차 유럽에서도 곰의 자리를 대신하게 되었다.

어떤 동물보다도 강한 힘을 지니고 있다는 점에서 곰은 유럽 전역에서 오랫동안 숭배와 두려움의 대상이었다(사람이 곰의 유일한 포식자이다). 하지만 그도 왕좌를 영원히 지켜낼 수는 없었다. 외래동물인 사자가 중세 교회의 비호를 받으며 점차 유럽에서 곰을 몰아냈다. 이는 사전에 어떤 선택기준이 성립되어 있더라도 언제나 문화사가 자연사보다 우선한다는 것을 보여주는 증거이다. 더 정확히 말하자면, 내가 이 책의 서두에서 강조했듯이 자연사는 단지 문화사의 한 갈래에 지나지 않는다.

곰의 힘

유럽이 원서식지인 어떤 동물도 힘에서는 곰보다 강한 인상을 남기지 못했다. 곰에 관해 글을 쓴 옛 작가들은 인상적인 힘을 특히 강조했고, 그 때문에 그에 관한 속담이나 이미지·비유들이 많이 생겨났다. 오늘날 유럽의 모든 언어에 존재하는 "곰처럼 강하다"라는 표현은 일찍이 아리스토텔레스가 『동물의 역사*Historia animalium*』에서 썼던 곰에 대한 묘사와 맥락을 같이한다. 곰에 대한 아리스토텔레스의 관점은 플리니우스*를 비롯한

---

* 플리니우스(Gaius Plinius Secundus, 23~79) : 로마의 정치가이자 학자로 37권으로 된 『자연사』를 남겼다. 같은 이름을 가진 조카 소(小)플리니우스(Plinius Minor, 61?~113)와 구분하기 위해 대(大)플리니우

여러 모방자와 계승자들을 거쳐 후대로 전달되었으며 중세의 전통으로 자리 잡았다.[2] 곰은 유럽에서 가장 강한 동물이었다. 게스너*에서 뷔퐁** 까지 근대의 박물학자들도 곰의 힘이 무엇으로 이루어졌으며, 어디에서 오는지, 어떻게 나타나는지 설명하려 했다. 19~20세기의 동물학자들은 추가적인 설명을 덧붙이기는 했으나 르네상스 시대의 설명을 거의 바꾸 지 않았다.

갈색곰은 다른 어떤 동물보다도 강력하고 거대한 존재로 몸길이가 2.5~2.8m에 이르며 무게는 300~400㎏ 정도이다. 심지어 무게가 500㎏ 이나 되는 곰이 발견되기도 했는데, 적어도 유럽에서 이것은 기록적인 수 치였다. 하지만 고대와 중세의 곰들은 현재 그들의 후손들보다 훨씬 더 컸다. 곰은 겨울잠을 시작하는 늦가을에 살이 가장 많이 찐다. 그의 육중 한 몸집과 투박한 외모는 놀라울 정도로 강인한, 짧고 두꺼운 목과 넓은 가슴 때문에 더욱 두드러져 보인다. 그러나 이러한 목과 가슴은 작은 머 리와 수수해 보이는 하체와는 대조된다. 실제로 곰의 힘은 주로 목, 어깨, 팔, 가슴의 근육에서 나온다. 그는 불균형하게 상체가 크고 다부진 레슬 링선수와 같다. 근육에 관한 해부학적인 분석이 이런 사실을 확인시켜주 는데 곰은 팔과 등, 가슴의 근육이 가장 발달되어 있다. 덕분에 곰은 자기 보다 무거운 짐을 나르거나 끌 수 있으며, 거대한 바위덩이들을 옮기거나 커다란 나무줄기를 부러뜨릴 수 있다. 곰이 사람이나 소와 같은 큰 야생 동물들을 단 한 차례의 가격으로 죽일 수 있는 것도 이 때문이다.

가슴과 비교하면 머리는 불균형하게 작지만, 곰은 매우 잘 발달된 턱과 관자놀이 근육을 가지고 있다. 그리고 그것들은 잡식에 걸맞은 다용도의 효율적인 치아기관과 관계가 있다. 실제로 펜치와 같은 곰의 앞니는 거

스(Plinius Major)라고도 불린다.

* 게스너(Conrad Gessner, 1516~1565) : 스위스의 박물학자이자 서지학자로 근대 동물학의 효시로 여 겨지는 『동물의 역사Historiae animalium』라는 저작을 남겼다.

** 뷔퐁(Georges-Louis Leclerc Buffon, 1707~1788) : 프랑스의 수학자이자 박물학자로 44권으로 된 『자 연사Histoire Naturelle』를 썼다.

의 모든 것을 자를 수 있으며 양·염소·돼지와 같은 가축들을 한입에 물어갈 수 있게 한다. 무시무시할 정도로 날카로운 송곳니는 먹잇감을 갈기갈기 찢고 조각낸다. 거대한 어금니는 야채를 갈고 과일의 껍질을 벗기는 데 유용하다. 하지만 개구부開口部의 작은 턱은 곰이 이빨보다는 앞발, 특히 왼발을 더 자주 사용하게 했다. 곰은 상대를 공격하거나 죽이기 위해 이따금 자신의 앞발을 곤봉처럼 사용한다. 중세와 현대에 활동했던 두 작가는[3] 곰이 오른발보다 왼발을 더 자주 사용한다는 사실을 알고는 성급하게도 곰이 '왼손잡이'라는 결론을 내리기도 했다. 그리고 그러한 특성에 다른 많은 요인들이 덧붙여져서 해로운 정도는 아니지만 골치 아픈 문제를 일으킬 수 있는 강력한 힘을 갖게 되었다고 보았다. 사실 과거의 문화들, 특히 중세 기독교문화는 왼손잡이를 악한 본성의 징표나 자연스럽지 못한 것으로 여겼다.[4]

뛰어난 근육의 힘은 곰이 유럽의 어떤 동물들보다도 피로와 악천후에 잘 견딜 수 있게 해주었다. 곰은 추위, 눈, 비, 바람, 폭풍에도 끄떡없어 보인다. 오직 아주 뜨거운 열기만이 곰의 활동량을 줄이고 쉬게 만든다. 하지만 대체로 곰은 열악한 자연환경을 모두 극복할 수 있고, 어떤 종류의 위험도 그다지 개의치 않는 것 같다. 곰을 겁먹게 할 수 있는 동물은 없다. 이따금 먹잇감을 놓고 숲에서 곰과 결투를 벌이는 거대한 멧돼지도, 15~20마리씩 몰려다니며 겨울에 곰을 공격하는 늑대무리도 곰에게는 상대가 되지 않는다.[5] 곰은 아무것도 두려워하지 않는 무적의 존재와 같다.

따라서 인간이 곰에게 매료되어 그를 야성과 굴하지 않는 용기의 전형으로 삼고, 다른 모든 동물들보다 우월한 존재로 여겼다는 사실은 그리 놀랍지 않다. 유럽 북부와 북서부의 고대인들은 대부분 코끼리와 같은 아프리카나 아시아의 거대한 짐승을 본 적이 없었다. 따라서 모든 숲에 실제로 존재하고 있는 곰이 자연히 야생동물의 왕이자 지배자와 전사들의 상징이 되었다. 게르만족과 켈트족, 슬라브족, 발트족, 라플란드인은 곰을 자신들의 우화 상징체계의 중심에 두고 다양한 방법으로 숭배했다. 기원전 10세기 무렵부터 기독교화하기 이전 시대까지의 곰 숭배는 분명하게 확인된다. 역사가들에게 남겨진 문제는 그런 고대와 중세 초기의 곰 숭배를 확실치 않은 구석기시대의 곰 숭배와 어떻게 연결시키는가 하는 것이다. 신화가 그 연관성에 관해 어느 정도 단서를 제공해주지만, 그들 사이에 존재하는 3~4만년이라는 시간적 공백을 메울 만큼 충분하지는 않다.

지중해의 유럽인들은 로마 정복에 나선 뒤에야 사자와 코끼리를 본 켈트족이나 게르만족과는 사정이 달랐다. 그들은 갈기가 있는 커다란 고양이와 두꺼운 가죽의 거대한 동물 등 크기나 힘, 모습이 놀라운 이국적인 동물들이 존재한다는 사실을 오래전부터 알고 있었다. 특히 로마인들은 원형경기장에서 벌어지는 시합을 통해서 유럽의 곰보다 더 크고 사나운 갖가지 동물들을 실제로 보고 감탄할 수 있었다. 이따금 곰과 황소를 무대에 올려 싸움을 붙이기도 했으나(승자는 언제나 곰이었다), 사람들은 아프리카와 아시아에서 데려온 야생동물들이 서로 싸우거나 사람과 결투를 벌이는 광경 보기를 더 좋아했다. 하지만 가끔은 누가 더 힘이 센지 알아보려는 호기심 때문에 곰이나 황소를 먼 곳에서 온 다른 동물들과 싸우게 했다. 곰과 사자, 곰과 표범, 황소와 사자, 황소와 코끼리, 심지어는 곰과 코뿔소의 결투도 벌어졌다.[6] 황소는 단독으로 싸우든 집단으로 싸우든 결코 승자가 되지 못했으나, 곰은 사자와의 일대일 결투뿐 아니라 여러 마리의 표범무리와 벌이는 싸움에서도 언제나 승자였다. 그러나 로마인들이 보기에 곰은 동물의 왕이 되기에는 충분치 않았다. 동물들의 결투를 그다지 즐기지 않았던 그리스인들과 마찬가지로 로마인들도 사자를, 그리고 더 빈번하게는 코끼리를 왕좌에 앉히기를 좋아했다.[7] 곰과 코끼리의 결투는 열리지 않은 것 같다. 하지만 1세기 말의 로마 경기장 교전기록에 따르면 곰과 코뿔소의 결투는 있었다. 코뿔소가 쉽게 승리를 거두었는데, 뿔로 곰의 배를 찌른 다음 공중으로 들어 올려 여러 차례 던져버렸다고 한다.[8] 유럽 챔피언의 처참한 굴욕이었다!

이 결투를 빼고는 곰은 언제나 경기장의 승자였다. 곰끼리는 결코 싸우게 하지 않았다. 곰은 황소나 사자와 싸우고, 사냥개들의 도움을 받는 (사냥꾼 검투사) 베나토레스*와도 결투를 벌였다.[9] (지금의 스코틀랜드인) 칼레도니아와 (지금의 크로아티아인) 달마티아에서 온 곰들이 가장 힘이 좋았다. (프랑스 남부) 로데즈의 교외에서 발견된 3세기의 모자이크 조각에는 경기장에서 명성을 얻은 칼레도니아의 곰들이 그려져 있었는데 그들 가운데 여섯은 이름까지 있었다. 바로 암컷 페드라Fedra, 알렉산드리아Alecsandria와 수컷 닐루스Nilus, 심플리키우스Simplicius, 브라키아투스Braciatus, 챔피언 글로리수스Glorisus이다.[10] 381년에서 384년 사이 로마시 감독관Praefectus urbi을 지낸 심마쿠스가 쓴 4세기 말의 편지들은 로마 전통의 옹호자였던 이 부유하고 권세 있던 관리가 원형경기장에 가져다 놓을 곰을 구하려고 얼마나 애썼는지 보여준다. 그는 곰 '징집'을 전문적으로 맡은 달마티아의 곰 판매상들ursorum negotiatores에게서 곰을 가져왔다. 심마쿠스는 배에 싣는 일이 늦추어질까 걱정했으며, 거금을 지불하고 산 이 특별한 짐승들이 이송되는 과정에서 누군가에 의해 평범한 곰들로 바꿔치기되지는 않을까 염려했다. 하지만 그는 중개인들과 다투는 바람에 결국 그해에는 달마티아에서 크고 훌륭한 곰들을 공급받는 것을 포기해야 했다.[11]

전사의 용기

게르만족 전사들은 (1세기 말의 로마 시인) 마르티알리스에게서 곰이 코뿔소에게 패했다는 이야기를 전해 듣지 못했다. 태곳적부터 오랜 세기에 걸쳐

---

* 베나토레스(venatores) : 고대 로마의 원형경기장에서 동물과 결투를 벌이던 검투사들로 '사냥'을 뜻하는 라틴어 '베나티오(venatio)'라는 말에서 비롯되었다. 이들은 관중들 앞에서 사자, 코끼리, 곰, 표범, 황소, 사슴, 야생 염소, 토끼, 개 등 다양한 동물들을 사냥하며 볼거리를 제공했는데, 특별한 기념일에는 한꺼번에 수천마리의 동물을 죽일 때도 있었다. 맹수를 상대할 때는 위험을 줄이고자 밧줄, 창, 칼, 화살 등으로 무장한 여러 명의 베나토레스가 사냥개들의 도움을 받아 함께 사냥을 했다고 한다.

그들은 곰을 가장 존경해 왔다. 그들이 보기에 곰은 힘과 강함의 현현이자 살아 있는 무엇과도 비교할 수 없을 만큼 거의 무적에 가까운 존재였다. 따라서 그들은 스스로를 곰에 빗대거나 곰과 싸워 이겨 그 힘을 얻으려 했으며, 곰을 자신들의 상징이자 선조로 삼기도 했다. 게르만족에게 곰은 숲과 동물의 왕 이상이었다. 곰은 본질적으로 그들의 토템동물이었다.[12]

젊은이들에게 곰과 결투를 벌여 죽이는 것은 성인전사의 세계로 들어가는 필수적인 통과의례였다. 그것은 사냥의례 이상의 의미를 가진 입문의식이었으며, 사람과 동물이 가까이 맞붙어 결전을 벌이는 것으로 끝이 났다. 젊은이에게는 곰을 제압할 도구로 단도 하나만 주어졌다. 곰은 앞발을 [공작물을 조여서 고정시키는] 바이스처럼 사용해 그의 가슴을 으스러뜨리려 했다. 젊은 전사는 으스러지거나 두들겨 맞거나 찢겨질 위험에서 도망쳐야 했을 뿐 아니라, 최대한 곰에 가까이 다가가서 단도로 배를 찔러야 했다. 곰은 반격을 가하려고 젊은 전사를 향해 다가서다 단도에 더 깊숙이 찔려 죽음을 재촉하게 된다. 하지만 이 거대한 동물의 살가죽에 무기를 찔러 넣기도 전에 사람이 먼저 질식당하는 경우도 있었다.

타키투스는 게르만족에 관한 1세기 말의 저작에서 이러한 의례를 언급하지 않았다.[13] 하지만 3세기 뒤 로마 원로원 의원이자 역사가인 암미아누스 마르켈리누스는 370~380년 무렵에 편찬한 『역사Res Gestae』에서 고트족 젊은이들이 성인집단에 들어가기 전에 어떻게 곰(혹은 멧돼지)과 맞서 싸우는 의례를 치렀는지 기록하였다.[14] 그 뒤 아이슬란드와 스칸디나비아의 다양한 영웅담과 전설들에서도 유사한 형태의 의례가 등장했다. 예컨대 위대한 학자 삭소 그라마티쿠스는 태초부터 12세기 말까지 덴마크 사람들의 역사를 기술한 『덴마크인의 위업Gesta Danorum』에서 곰 사냥을 하다가 거대한 곰과 무기도 없이 맨손으로 맞선 스키욜트라는 젊은이에 관해 이야기한다. 젊은이는 불리한 상황을 무릅쓰고 자신의 허리띠로 곰을 묶어 꼼짝 못하게 한 뒤에 다른 사냥꾼들이 있는 곳까지 곰을 끌고 갔다. 이 위업은 그를 존경받는 성인전사로 만들어주었다. 그리고 그 영광스러운 행위는 뒷날 그가 덴마크의 네 번째 왕으로 오르는 데 큰 도움이 되었다.[15]

사실이든 전설이든 젊은 스키욜트의 위업은 서기 1천년 이전, 스칸디나비아가 아직 기독교화하지 않았을 때 일어난 일이다. 하지만 기독교화 이후에도 오랫동안 곰과 일대일로 싸워 승리를 거둔다는 것은 북부 게르만과 노르웨이의 귀족들에게 용기의 상징이자 남다른 전사의 자질을 보여주는 징표로 남았다. 야생동물을 상대로 거둔 승리는 그가 미래의 지배자나 왕이 될 승자임을 암시하곤 했다. 많은 연대기와 문학작품들이 곰과 싸워 이긴 뒤에 백성이나 부족의 운명을 손에 쥐고 영광을 누린 영웅들에 대해 이야기한다. 그러나 이 영웅들이 모두 허구의 인물들은 아니다. 봉건시대의 주요한 실존인물들 가운데에도 젊은 시절에 곰과 싸워 이겨서 연장자나 후원자들의 관심을 받은 사람들이 있었다. 고대와 중세 초기 게르만과 스칸디나비아 사회의 유산인 이런 이야기들은 독일, 덴마크, 아이슬란드에서 발견된다. 그것들은 스코틀랜드와 잉글랜드·프랑스를 비롯해 심지어 성지(팔레스타인)까지 퍼져갔는데, 이는 성서와 그리스·로마 세계의 자식이라는 중세 기독교문화가 오랜 기간 '야만인들'의 전통으로 가득 차 있었음을 보여준다.[16] 자주 거론되는 인물로 초대 플랑드르 백작인 무쇠팔 보두앵이 있다. 9세기 중반 아직 젊은이였을 적에 그는 (벨기에의) 브뤼즈 지방을 공포에 빠뜨린 곰을 물리쳤다. 이 업적은 카롤루스 대머리 왕의 주목을 끌었고, 무쇠팔 보두앵은 왕의 사위이자 봉신封臣이 되었다.[17] 하지만 가장 유명한 중세의 인물은 무쇠팔 보두앵이 아니라 그 뒤에 등장한 고드프루아 드 부이용이었다.

사건은 제1차 십자군 전쟁 중인 1099년 봄, 십자군이 예루살렘을 함락시키기 몇 주 전에 일어났다. 로렌 저지대와 부이용의 공작이었던 고드프루아는 처음에는 단지 십자군 지도자 가운데 하나였을 뿐이었다. 자신의 두 형제 외스타슈, 보두앵과 함께 성지로 간 고드프루아는 플랑드르, 에노,

브라반트, 뫼즈 강 유역에서 온 대규모 십자군 부대의 선봉에 섰다. 프랑크족과 이슬람교도 사이에 벌어진 전투에서 그는 2년 동안 크게 활약했으며, 특히 1097년 6월 니케아를 정복할 때 뛰어난 공적을 세웠다. 하지만 그를 십자군의 단독 지도자로 만든 결정적인 사건은 기독교적 신념으로 적들과 싸워 이뤄낸 승리들보다는 곰과 벌인 결투에서의 승리였다. 이 사건으로 그는 뒷날 [그리스도가 부활할 때까지 있었다는] 예루살렘의 성묘聖墓를 지키는 수호자가 되었으며, 죽은 뒤에도 거의 성인과 같은 전설적인 인물로 남게 되었다. 연대기 작가이자 [독일 서부] 엑스라샤펠의 참사회 의원이었던 알베르트는 고드프루아와 곰의 결투에 관해 맨 처음 자세한 기록을 남겼다. 홀로 말을 타고 숲을 지나던 고드프루아는 어마어마하게 길고 날카로운 이빨과 발톱을 가진, 엄청나게 큰 곰 한 마리가 순례자를 공격하는 것을 목격했다. 그는 즉시 불운한 희생자를 돕기 위해 달려가 거대한 야수와 맞섰다. 곰은 말을 공격해 갈기갈기 찢어 죽였다. 말에서 떨어진 고드프루아에게 남은 유일한 무기는 한 자루의 검뿐이었다. 그는 곰과 맞붙어 한동안 몸싸움을 벌이며 엎치락뒤치락했다. 마침내 고드프루아는 곰의 머리와 목에 치명적인 상처를 입히는 데 성공했다. 하지만 죽어가는 야수의 앞발이 꽉 움켜쥐고 있었기 때문에 고드프루아는 점점 힘이 빠져 거의 질식해 죽을 지경에 이르렀다. 그때 그의 동료인 위솅이 큰 소란이 벌어졌다는 것을 알고 재빨리 달려와 야수의 억센 손아귀에서 공작을 구해냈다. 두 사내는 함께 곰을 죽였는데 그들이 이제껏 본 곰 가운데 "가장 크고, 가장 사나우며, 가장 무서운 곰"이었다.[18]

엑스라샤펠의 알베르트가 1120~1130년 사이에 작성한 이 이야기는 그 뒤로도 기욤 드 티레[19]를 비롯한 12~13세기의 연대기 작가들에 의해 여러 차례 되풀이되었다. 그것은 고드프루아의 의로움과 용맹스러움을 보여주기 위한 상투적인 전설에 지나지 않았다. 고드프루아가 혼자서 그 거대한 동물을 완벽하게 무찌를 수 없었다는 사실은 이야기에 신빙성을 높이고 인간적인 색채를 가미해 영웅담을 더 믿음직하게 만들었다. 승자의 비범한 자질을 강조하려고 만들어진 결투에 관한 세심하고 상투적인 묘사는 별다른 변화 없이 계속 장황하게 덧붙여졌다. 1099년 7월 15일 예루살렘을 정복한 며칠 뒤에 십자군 지도부의 추대를 받은 고드프루아는 성지에 세워진 새로운 프랑크 왕국의 왕으로 선출되었다. 하지만 그는 자신이 그런 높은 직위를 맡을 만한 자격이 없다고 생각해 단지 '성묘의 수호자'라는 칭호만을 받아들였다. 그리고 고드프루아는 얼마 지나지 않아 1100년 봄에 죽었다. 역사가와 연대기 작가들은 십자군 전투 이전과 십자군 전투에서의 고드프루아의 공적들을 다량의 글로 쏟아내며 그의 용맹함과 너그러움, 관대함을 추앙하고, 궁극에는 그를 완벽한 그리스도의 기사로 만들었다. 14세기에 고드프루아는 '아홉 용사Neuf Preux'* 가운데 한 명이 되었다. 거기에서 그는 카롤루스대제, 아서 왕과 함께 세 명의 그리스도교 기사 가운데 하나가 되었다.[20] 집안에서 차남에 지나지 않았던 부이용의 공작이 죽은 뒤에는 서로마제국의 위대한 황제와 중세 문학에 등장하는 명망 높은 군주와 어깨를 나란히 했다는 사실은 실로 놀랍다.

역사적 사실은 전설이나 문학적 전통과는 분명히 어느 정도 차이가 있다. 실제로 고드프루아가 동정심 많고 뛰어난 체력을 가졌던 남자였을 수도 있다. 하지만 동시에 그는 우유부단한 지도자이자 야만적인 전사였으며 평범한 정치가였다. 초창기 전기 작가들과 대부분의 십자군 역사가들이 내세웠던 곰과의 영광스러운 결투는 아마 결코 일어난 적이 없었을 것이다. 그러나 고드프루아를 예루살렘의 첫 번째 왕으로 만들기 위해서는 그를 다른 프랑크족 지도자들과 구분시켜줄 사건이 필요했다. 그의 모험담은 지도자가 곰과 일대일 결투를 벌였다는 게르만족의 전통과 일치한다. 게다가 그것은 다윗 왕이 아직 양치기였던 시절에 그의 가축떼를 공격해

---

* 아홉 용사(Neuf Preux) : 중세 기사이야기에 등장하는 9명의 영웅들로 3명의 이교도와 3명의 유태인, 3명의 기독교도로 이루어져 있었다. 3명의 이교도는 헥토르, 알렉산드로스대왕, 율리우스 카이사르이고, 3명의 유대인은 여호수아, 다윗, 유다 마카비이다.

잡아먹은 무시무시한 곰과 사자를 물리쳤다는 성서구절을 반영한 것이기도 하다(사무엘상 17:34-35). 곰을 제압한 사건은 고드프루아를 새로운 다윗으로 보이게끔 했다. 14~15세기에 편찬된 나중의 연대기들에서도 그 흔적을 발견할 수 있으나 그 무렵에는 곰을 상대로 한 승리가 왕이나 그리스도교 기사가 갖추어야 할 공적이 되는 경우는 드물었다. 고드프루아의 상대는 곰에서 사자로 바뀌었다.

베르세르키르*

고드프루아의 모험담은 처음이 아니라 연대기와 무훈시, 궁정식 사랑소설에서 수십 년 동안 되풀이되던 모델이었다. 12세기 내내 문학과 전설의 영웅들은 곰이나 곰 같은 괴물들과 맞서왔다. 롤랑, 트리스탄, 란슬롯, 이웨인, 아서 왕[21] 등의 걸출한 인물들로 시작되는 그 목록은 매우 길다. 하지만 이 시기의 통과의례는 기독교화하여 게르만의 이교 전통에서 전사들이 야수와 맞설 때 보여주었던 야만적인 무아경은 더 이상 남아 있지 않았다. 〔중세 북유럽의 영웅담인〕 사가saga와 서사시, 전설과 신화, 일부 도상학적인 묘사들만이 전사들이 전투의 전후에 곰의 힘을 얻으려고 행했던 다양한 흔적들을 간직하고 있을 뿐이다. 그 행위들은 틀림없이 주교와 성직자들을 기겁하게 만들었을 것이다. 성직자들은 문제 지역들을 기독교화한 뒤에 곧이어 전사들의 그런 행위를 중단시키려고 할 수 있는 모든 방법을 동원했다.[22]

가장 야만적인 행위는 동물의 피를 마시고 살을 먹는 일이었다. 그것은 상징적으로 전사가 곰으로 바뀌는 일종의 식사의례로 그 힘을 받아서 무적이 되려는 (인류학적 용어를 빌리자면) 명백한 토테미즘 행위였다.[23] 예컨대 (아이슬란드 정착기인)『란트나우마포우크Landnàmabok』[24]의 옛 판형에 나오

---

* 베르세르키르 : 곰 가죽을 뒤집어쓰고 싸운 스칸디나비아의 사나운 전사이다. 고대 스칸디나비아어로 단수는 베르세르크(berserkr), 복수는 베르세르키르(berserkir)라고 한다.

는 오드라는 인물은 자신의 아버지와 형제를 살해한 거대한 곰을 죽인 뒤에 조각내서 그 살을 모두 먹었다. 그렇게 해서 그는 스스로를 반은 인간이고 반은 짐승인 무적의 존재로 만들었다. 그 뒤에도 오드는 복수를 위해 살아 있는 동안에 되도록 많은 곰을 죽이려고 했다.[25] 12세기 말에 편찬된 영웅담 모음집에서 삭소 그라마티쿠스는 '일부 고대 덴마크 전사들이' 야수와 같은 무시무시한 존재가 되기 위해 자신들이 죽인 곰의 피를 마시곤 했다고 설명했다. 심지어 그들은 곰의 피로 목욕을 하기도 했는데 곰의 피를 마시는 것과 함께 행해지거나 그것을 대신해 행해졌다고 한다.[26] 1200년 무렵에 최종 형태를 갖춘 『니벨룽겐의 노래Nibelugenlied』에서 지크프리트가 자신이 죽인 용의 피로 목욕을 하는 것도 이와 그리 다르지 않다. 그는 용의 피를 몸에 뒤집어써서 상처를 입지 않는 무적의 몸을 갖게 되었다. 하지만 불행하게도 라임 이파리 하나가 어깨에 떨어지는 바람에 뒷날 배신자 하겐이 휘두른 칼에 그곳을 찔려 죽게 된다.

카롤루스왕조 시대에 독일의 고위 성직자들은 이교적인 냄새를 짙게 풍긴다고 해서 곰고기를 먹는 행위도 금지했다.[27] 하지만 그러한 금지조항들이 10세기 이후에도 스칸디나비아에서까지 계속 공표되었다는 사실은 그것이 좀처럼 지켜지지 않았음을 반증한다. 12세기 말 베네딕투스 수녀회의 원장이자 신비주의, 도덕, 의학 등 다방면에 관심을 갖고 있었던 힐데가르트 폰 빙엔은 곰고기를 먹는 일이 얼마나 위험한지에 대해 이렇게 말했다. "그것은 사람을 흥분시키고 죄로 몰아가 죽음을 일으키는 불순한 고기이다."[28] 기독교 나라들에서 곰의 피를 마시는 의식은 점차 퇴색했던 것 같다. 봉건시대 독일과 덴마크에서는 곰고기를 먹는 행위가 단순한 관습 이상의 의미를 지니지 않았다. 토테미즘과 야만성, 유혈의 낭자함은 사라졌다. 중세 말기에 곰고기는 영주들의 식탁으로 옮겨갔고, 북부와 다른 몇몇 지역들에서 곰을 먹는 행위는 귀족적인 관습으로 남았다. 예컨대, 〔오스트리아와 이탈리아 북부의 알프스 산지에 위치한〕 티롤과 피에몬테 주민들은 해마다 영주에게 (가장 맛있는 부위인) 일정한 양의 곰발바닥을 바쳐야 했다. 영주는 공개적으로 곰고기를 먹었는데 그것은 일종의 상징적인 식사였다.[29] 이 관습은 본래의 의미를 일부 상실한, 아주 오래된 의례의 마지막 흔적이었다. 하지만 산간지대 영주들과 농민들에게 곰과의 결투가 여전히 계속되고 있었음을 보여주는 중요한 증거이기도 하다.

고대 스칸디나비아의 곰과 관련된 의례 가운데 가장 널리 퍼져 있었고 가장 자주 행해진 것은 곰의 고기나 피를 먹는 것이 아니라 곰의 가죽을 이용해 변장하는 것이었다. 노르웨이의 영웅담과 전설들에 나오는 영웅들은 자신들이 죽인 동물의 가죽을 입고 전쟁에 나섰다. 그들은 죽은 동물의 힘이 가득 찬 그 가죽옷이 영웅들을 위험에서 보호해주고 비할 바 없는 강력한 힘을 준다고 믿었다. 그런 자들 가운데서도 가장 무시무시했던 전사들은 베르세르키르Berserkir였다. 그들은 노르웨이 신들의 지배자인 최고신 오딘의 전사들이었다. 오딘은 잔인하고 믿을 수 없는 냉소적인 신이었으며, 동시에 은밀하고 전지전능했다. 아이슬란드의 위대한 작가 스노리 스툴루손은 1120~1230년 사이에 [노르웨이 왕들의 전설을 서사시로] 쓴 웅장한 『헤임스크링라 사가Heimskringla Saga』의 첫 부분 '윙링아 사가Ynglinga Saga'에서 베르세르키르에 관해 상세히 묘사했다. "그들은 갑옷을 입지 않고 맨몸에 곰 가죽만 걸치고 전쟁에 나갔는데 마치 야수가 미쳐 날뛰는 것 같았다. 그들은 자신들의 방패를 물어뜯고, 지나가는 길에 있는 모든 짐승과 사람들을 죽였다. 불이나 철제무기로도 그들을 막을 수 없었다. 그들은 무적이었다."[30]

스노리 스툴루손이 오딘의 젊은 전사들의 사나운 전투를 묘사한 유일한 작가는 아니었다. 베르세르키르는 일찍이 9세기부터 시작해 13세기 말까지 여러 문헌들에 등장했는데 작가들은 그들의 짐승 같은 본성과 야만적인 무아경을 특별히 강조했다. 그들은 공예품에도 등장했다. 바다코끼리 상아로 만든 유명한 체스말 가운데에서도 3명의 베르세르키르를 볼 수 있다. 이 작품은 12세기 중반 노르웨이에서 조각된 것으로, 스코틀랜드 서부 연안에 있는 루이스 섬의 모래언덕에서 발견되었으며 현재 대영박물관에 소장되어 있다. 가죽으로 만든 긴 옷을 걸치고 있는 이 세 개의 병사들은 분노에 차서 자신들의 방패를 물어뜯고 있다.[31] 베르세르키르는 모두 변신을 하는 이중적 존재였다. 하지만 그들은 후대의 궁정문학에서 발견되는 '늑대인간'이 아니라, 노르웨이와 게르만 세계에 독자적으로 존재하는 '곰 인간'이었다.[32] 몇몇 작가들은 베르세르키르가 전투에 나갈 때 곰의 걸음걸이와 으르렁거리는 소리를 따라한다고 기록했다. 그들이 사람의 살을 먹는다고 기록한 작가들도 있었다. 어떤 작가들은 그들이 마법적이고 종교적인 의식을 통해 곰으로 변한다고 보았는데, 의식에 참가한 베르세르키르는 울부짖고 노래하고 춤을 추었으며 약을 먹고 황홀경에 빠져들었다고 한다. 그들은 자신들이 곰으로 변했다고 느꼈으며 사회적인 감각을 잃어버리고 극도로 야만적이고 공격적인 상태에 다다라 두려움이나 동정심을 느끼지 않았다. 그들은 곰처럼 무적이 되었으며, 적어도 스스로 그러하다고 느꼈다. 때때로 무아 상태에서 자신들의 선조인 곰을 만났던 그들은 그 기억을 상기하며 곰에게 용기와 보호를 빌었다.[33] 이와 동일한 상태를 묘사했던 일부 작가들은 오딘의 전사들이 늑대 가죽을 쓰고 무아경에 빠지거나 전쟁에 나간다고 하면서 그들을 '곰 가죽 윗도리를 걸친 자들(Berserkir)'이 아니라 '늑대 가죽 겉옷을 걸친 자들(Ulfhednir)'이라고 불렀다.[34] 하지만 늑대로 변장하는 일은 흔치 않았다. 북유럽 이교 문화권에서 늑대는 매우 부정적인 동물임과 동시에 비겁하고 흉물스러우며 냉혹한 존재로 여겨졌기 때문이다.[35]

이 전사들의 의식은 더 후대에 아시아와 아메리카 북쪽 지방의 일부 사냥꾼들 사이에서 행해진, 잘 입증된 샤머니즘 의례들과 비교해볼 필요가 있다. 그들은 동물의 영혼을 믿었으며, 특히 곰을 자신들의 조상이자 토템으로 삼았다. 곰의 영혼과 접촉해 안녕을 빌고 복을 구하기 위해 샤먼들은 황홀경과 무아경을 수반하는 다양한 의식들을 벌였다. 그들은 곰 가죽을 걸치고 그 울음소리나 행동을 따라하며 광적으로 춤을 추고 무아경에 빠졌다. 그리고 그렇게 인간적인 자각을 모두 버린 뒤에야 마침내 영적 세계에 도달했다.[36] 저 너머의 세상으로 가는 그 여정을 통해 그들은 육체적 속박에서 벗어나 자유를 느꼈다. 마치 베르세르키르가 그랬던 것처럼 말이다.

이름이 지니는 힘

고대의 게르만과 스칸디나비아에는 곰과 전사의 유대를 강화시키는 데 쓰였던 더 평화롭고 잘 입증된 관습들도 있었다. 예컨대 곰의 이빨이나 발톱, 부적을 몸에 지니고 다니는 관습이다. 이것은 이미 구석기시대부터 있었던 전통이었다. 전투에 나갈 때 사용하는 휘장이나 무기, 갑옷을 곰의 형상으로 꾸미기도 했는데, 이것은 분명히 장식이 아니라 보호를 목적으로 한 행위였다. 물론 곰이 이러한 목적으로 쓰인 유일한 동물은 아니었다. 다른 동물들도 집단이나 씨족, 때로는 전사 개인의 정체성을 표현하는 데 사용되었다. 사람들은 토템 동물을 불러내 보호를 요청하고 그 힘을 보유하기를 바랐으며 적을 겁주고 싶어했다. 토템 동물지에 포함된 동물의 수는 제한되어 있었다. 수탉·독수리·사슴·멧돼지·곰이 주요한 토템 동물이었으며, 그보다 빈도가 낮게 사용되었던 토템 동물로는 늑대·말·황소·매·사자·표범·용·그리핀* 등이 있었다.[37] 주제와 장면의 묘사가 지극히 양식화되어 있던 마지막 네 동물(사자·표범·용·그리핀)은 중앙아시아와 시베리아에서 서구로 건너온 대초원의 예술이 로마와 비잔티움 예술에 의해 변형되지 않은 채 오래전부터 북유럽 전사들의 상징체계에 영향을 끼치고 있었다는 사실을 보여준다.

---

* 그리핀(griffin) : 사자의 몸통에 독수리의 머리와 날개를 가졌다는 전설의 동물

곰은 토템 동물지의 중심부를 차지하고 있었다. 깃발, 투구, 검, 허리띠의 버클뿐 아니라 흉갑과 갑옷을 강화하려고 사용했던 금속판에서도 곰을 발견할 수 있다. 하지만 (옷을 고정하는 데 사용한 금속 핀인) 피불라fibula에서는 자주 나타나지 않았으며, 브로치와 보석에서는 찾아보기 힘들었다. 곰은 분명히 군사적인 역할을 하고 있었다. 고고학적인 연구도 곰을 여성들의 보석이나 장신구에 사용하는 풍습이 있었는지 전혀 밝혀내지 못했다. 기독교화 이전 시대들에 관해 우리가 얻을 수 있는 정보의 대부분은 무덤에서 발견된 수많은 부장품에서 나온다. 곰은 다양한 무덤 부장품들에서 몸 전체나 상반신이 장식으로 사용되었다. 곰은 때로는 단독으로, 때로는 전사와 나란히 하거나 전사를 에워싸고 있는 모습으로 묘사되었다. 발트해의 윌란드 섬에서 발견된, 6세기 것으로 추정되는 유명한 토르슬룬다Torslunda 판처럼 말이다.[38] 거기에 나오는 곰 두 마리는 그 형체가 명확하다. 곰을 표현하는 데 사용된 공통의 특징들이 존재했는데, 바로 풍성한 털과 짧은 꼬리, 작고 둥근 귀, 공격적인 자세, 거대한 발톱이었다. 곰은 전사를 상징했다. 아니, 곰은 전사 그 자체였다. 전사들은 곰의 명성과 외양, 용기, 힘을 취하기 위해 무기나 갑옷을 곰의 이미지로 장식했다.[39] 사가Saga에는 꿈 이야기가 많은데, 지도자나 영웅들의 꿈에 곰이 나와 위험이 임박했음을 알려주는 일이 드물지 않았다. 곰은 그들을 수호해주는 조상이었다. 때로는 영웅 자신이 꿈에서 곰으로 변해 대부분 늑대로 나타나는 적들과 맞서 싸우기도 했다. 이야기들과 상징의 사용은 곰과 전사를 완벽하게 일치시키는 데 기여했다.

아마 인명학은 이 일치에 작용한 마법적 성격이 무엇이었는지를 고고학이나 도상학, 문학보다 훨씬 더 잘 보여줄 것이다. 곰에 뿌리를 둔 이름을 갖는다는 것은 곰으로 변해 그 짐승이 지닌 모든 힘을 누릴 수 있다는 것을 뜻했다. 그러나 여기서도 반드시 명심해야 할 점은 곰이 그런 방식으로 사용된 유일한 동물은 아니었다는 사실이다. 게르만과 스칸디나비아 사람들은 유럽의 다른 어떤 사회보다도 동물에서 비롯된 이름을 많이 사용했다. 특히 다음과 같은 여섯 동물이 자주 사용되었다. 우선, 노르웨이 신들의 수장인 오딘의 상징 수탉이 있다. 그 뒤를 따르는 것은 용기와 불굴의 힘을 상징하는 곰과 멧돼지이다. 그리고 그밖에 다른 여러 이유에서 사슴, 독수리, 늑대가 이름에 사용되었다. 그렇지만 북부 게르만과 스칸디나비아에서 이름에 가장 흔히 사용된 동물은 곰이었다.[40] '곰'이라는 단어에서 파생된 *(Ber, Bern, Bera, Born, Beorn, Per, Pern, Björn* 등의) 어근들을 합성하거나 단일하게 사용한 이름들이 수없이 많이 존재한다. 몇몇 경우를 빼고는 모두 남자이름이다. 전쟁의 신 '토르*(Thor)*'의 이름도 옛날 노르웨이에서 흔히 곰을 부르던 별명인 '토르비에른*(Thorbjörn)*'에서 비롯되었다. 북유럽에서 전사들과 천둥, 번개의 신은 완벽하게 곰-신이었다.[41]

기독교화 이후 그러한 이교 이름들 가운데 일부는 세례명이 되어 라틴어 형태에 맞추어 변화했다. 아달베로*(Adalbero)*, 안스페루스*(Ansperus)*, 아스보르누스*(Asbornus)*, 베르나르두스*(Bernardus)*, 베르누아르두스*(Bernuardus)*, 베른헬미스*(Bernhelmis)*, 게르베르누스*(Gerbernus)*, 오스베르누스*(Osbernus)*, 페른게루스*(Perngerus)*, 레인베르누스*(Reinbernus)*, 토르비오르누스*(Torbiornus)* 등이 그러하다. 많은 주교들이 그런 이름들에 반대했다. 독일에서는 카롤루스왕조 말기까지, 스칸디나비아에서는 12세기까지 주교들은 '맹수, 폭력, 피, 전쟁을 상기시키는'[42] 이름들을 계속 쓰기보다는 사도나 주요 성인의 이름들을 새로운 세례명으로 사용하라고 권장했다. 하지만 헛된 노력이었다. 그 이름들은 대부분 없어지지 않고 계속해서 남아 있었으며, 심지어 성직에 종사하는 위인들에게도 사용되었다. 랭스의 대주교 아달베롱(988년 사망)과 힐데스하임의 주교 베른바르트(1022년 사망)가 그 예이다. 위대한 성 베르나르(1091~1153년)도 마찬가지다. 그는 수도원과 교회에 맹수들의 그림이나 조각이 있는 것을 여러 차례 비난했으나 자신은 '곰처럼 강하다'라는 뜻의 이름을 갖고 있었다. 엄격하고 학구적이며 세심한 이 클레르보 대수도원장에게는 자신이 전사의 이름을 쓰고 있다는 사실을 받아들이기가 매우 어렵지 않았을까?

게르만어에서 곰이라는 단어(독일어 *Bär*, 오랫동안 *Beer*로 표기)는 사실 힘과 폭력의 다른 이름이었다. 그 단어는 동물 상징체계에서 곰의 사촌이자 경쟁자였던 멧돼지(*Eber*)[43]를 지칭하는 게르만어와 유사하다. 또한 고古프랑스어 '*ber*(제후)'를 파생시킨, 통치자나 전쟁지도자를 뜻하는 게르만어 '*Baro, Bero*'와도 연관이 있어 보인다. 오늘날 현대 프랑스어에는 '*ber*'의 목적격인 '*baron*'이 남아 있다. 이러한 다양한 게르만 어휘들은 틀림없이 하나의 공통된 어원을 가지고 있을 것이다. 그리고 그 어원은 '강인함', '폭력', '때리고 죽이는 자'라는 의미를 가진 게르만 조어 *의 어근 '*ghwer*' 나 '*bher*' 주변에서 찾을 수 있을 것이다. 그러나 일부 언어학자들은 더 단순하면서도 마찬가지로 흥미로운 다른 어원의 경로를 제시한다. 곰을 가리키는 게르만어 '*der Bär*'는 그 짐승의 어두운 털빛에서 비롯되어 '갈색', '검은색' '어두운 빛을 내는 자'라는 의미가 있다는 것이다. 또한 그들은 곰을 뜻하는 게르만어가 '갈색', '빛나는'이라는 의미를 가진 산스크리트어 '*par*'나 '*bar*'를 어근으로 한 인도유럽어 어휘들과도 연관이 있다고 본다. 곰과 같은 어군語群에 속해 있는 형용사 '*barun/braun*'은 여러 옛 게르만어에서 증명되듯이 '갈색'과 '빛나는'이라는 의미를 모두 가지고 있었다. 이 단어는 일찌감치 라틴어에 편입되었으며(*brunnus*), 그 뒤 로망스어에도 들어가서(*brun, bruno*) 붉은색과 검은색 사이에 자리하며 오랜 기간 빈약하고 무미건조하며 부정확했던 라틴어 어휘의 색조를 풍부하게 만들었다. 곰의 털색은 어두웠지만 반짝이고 윤이 났다. 고대의 사회들은 우리보다 훨씬 더 섬세하게 옅은 빛과 밝은 빛을 구별할 수 있었다. 곰의 털은 어두우면서도 어슴푸레 빛이 났다. 게다가 고대의 사회들에서 곰은 달의 동물이었으며 빛의 창조물이었다. 물론 그 빛은 차가운 밤의 빛이었다.

---

* 조어(祖語) : 친족관계에 있는 여러 언어들이 갈라져 나온 것으로 추정되는 근원인 언어

이름에 대한 금기

어원에 대한 가설이 어떠하든 그것들은 모두 곰의 호칭이라는 중요한 문제를 주목하게 하는 긍정적인 작용을 한다. 호칭 문제는 북유럽 문화권에서 곰이 차지하는 특별한 위상을 보여준다. 그곳에서는 곰을 다른 동물들에게 하듯 가볍거나 소홀하거나 무심하게 부르지 않았다. 오히려 곰은 매우 조심스럽게 불렸으며, 그 이름은 존경이나 그 이상의 감정을 담아서 나타냈다. 그리고 되도록 직접 부르는 대신 은유적인 말이나 완곡한 표현으로 바꿔 부르려고 했다. 내가 여러 차례 언급했듯이 사냥꾼들에게 곰은 결코 다른 동물들과 같지 않았다. 곰은 숲의 왕일 뿐 아니라, 동물과 인간과 신의 사이를 중재하는 존재였다. 바로 그 때문에 곰의 이름은 오래전부터 일정한 금기들로 둘러싸여 있었으며, 곰을 지칭하는 다양한 표현들이 만들어졌다.[44]

게르만어, 그리고 발트어와 슬라브어에서도 곰을 부를 때는 곰을 나타내는 인도유럽어 어휘들을 직접 사용하지 않았다. 인도유럽어에서는 곰을 가리키는 말들이 커다란 어군을 이루고 있었고, 이들은 'rks-, arks-, orks-'라는 어근에 토대를 두고 있었다. 이것은 곰이 끙끙거리는 소리를 떠올리게 했다. 하지만 그 어근들은 빛에 대한 사고에서 나왔을 수도 있다. 곰은 달과 연관된 동물이고, 곰의 이름을 갖는 별자리도 있기 때문이다. 이 어근에서 비롯된 다양한 단어들이 인도 북부에서 대서양에 이르는 지역의 수많은 언어들 안에 존재했다. 예컨대 곰을 가리키는 고대어로는 산스크리트어의 'rksah', 페르시아어의 'khers', 아르메니아어의 'ardch', 오세트어의 'ars', 그리스어의 'arktos', 라틴어의 'ursus', 옛 아일랜드어의 'art', 중세 웨일스어의 'arth'가 있었다. 현대어에서는 이탈리아어의 'orso', 프랑스어의 'ours', 카스티야어의 'oso', 포르투갈어의 'urso', 카탈로니아어의 'òs', 그리스어의 'arkouda', 브르타뉴어의 'arzh'가 곰을 가리킨다.

게르만어, 발트어, 슬라브어는 완전히 달랐다. 물론 이 언어들에서도 인도유럽어와 연관되어 곰을 나타내는 어휘들이 존재했다. 하지만 그 연관성은 곰을 향한 존경심이나 그 동물이 불러일으키는 두려움과 경외감 때문에 오래전에 사라졌고, 그 어휘들로 직접 곰을 부르는 것은 금지되었다. 별명이나 암시적이고 에둘러서 나타내는 단어와 어구들이 이를 대체하였다. 앞서 말했듯이 게르만인들은 털빛에서 영감을 얻어 '갈색'이란 단어를 곰의 이름으로 채택했다. 게르만 조어의 '*bher, berun*', 중세 독일어의 '*bëro*', 앵글로색슨어의 '*bera*', 옛 노르웨이와 아이슬란드어의 '*björn*', 현대 독일어의 '*Bär*', 영어의 '*bear*', 네덜란드어의 '*beer*', 스웨덴어의 '*björn*' 등이 그러하다. 심지어 이 어휘는 이따금 고유명사가 되기도 했다. 예컨대 〔중세의 동물우화인〕『여우이야기*Roman de Renart*』의 가장 오래된 판본과 갈래들에서 곰은 '브렁(*Brun*)'이라고 불린다.

　슬라브어는 훨씬 더 생동감 넘친다. 거기서 곰은 '꿀을 먹는 자', '꿀 도둑', 심지어는 '꿀 선생'이라고도 불렸다. 옛 슬라브어의 '*medvèdi*', 슬로베니아어의 '*medved*', 우크라이나어의 '*vedmid*', 폴란드어의 '*niedzwiedz*'가 그 예이다. 발트어에서 곰은 '핥는 이', '혀로 핥아먹는 자'라고 불렸다. 옛 리투아니아어의 '*loki*', 현대 리투아니아어의 '*locky*', 고ㅛ프로이센어의 '*clokis*', 라트비아어의 '*lacis*'가 그 예이다. 이것은 꿀 먹는 곰을 암시하는 것이었을까, 사산한 새끼를 핥아서 형체를 만들어 살려낸다는 암곰의 이미지에 관한 매우 오래되고 널리 퍼진 믿음이 반영된 것이었을까?

　이 언어들만 곰의 이름을 금기시한 것은 아니었다. 인도유럽어 이외의 언어에서도 곰의 진짜 이름을 변형시키거나 다른 말로 대체하는 경우가 있었다. 예컨대 곰 사냥을 중요한 사회적 의례로 여긴 라플란드인들이 사용했던 다양한 방언들에서 곰은 '할아버지', '선조', '숲의 노인', '털북숭이 노인', '겨울잠 자는 이', '경쾌하게 걷는 자', '모든 것을 듣는 자'라는 식으로 고도로 은유화한 여러 가지 이름으로 불렸다.[45] 이런 식의 회피와 대체는 시베리아와 북아메리카 곰 사냥꾼들의 언어에서도 발견된다. 거기서는 곰을 '늙은 삼촌', '꿀 묻은 발', '큰 발', '경쾌한 발', '숲의 자랑' 등으로 불렀다. 라플란드인들처럼 그들은 곰의 진짜 이름을 말하는 대신에 에두른 표현이나 별명을 사용했다. 그렇게 하지 않으면 곰이 화가 나서 그들에게 잡히지 않는다고 생각했기 때문이다. 무리나 씨족에게 그들의 사냥꾼들이 빈손으로 돌아오는 것은 커다란 재앙이었다.[46]

언어학자와 문헌학자들은 오랫동안 어떤 사회든지 특정한 개인이나 시간, 상황에 따라 직접 말하지 않는 동식물의 이름이 있다는 사실에 흥미를 보여왔다. 이러한 동물과 식물(특히 나무)들은 언제나 거대한 상징으로 가득 차 있었으며, 신앙과 전통·문화적 관습에서 중요한 역할을 해왔다. 북반구 사회들에서 이름을 직접 부르는 것이 가장 금기시되었던 동물은 곰과 뱀이다. 곰은 조상신이나 선조 등 동물 이상의 존재를 상징하고 있었기 때문에, 뱀은 모든 악한 힘을 구현하고 있다고 여겨졌기 때문에 호명이 금기시되었다. 이름을 부르면 뱀이 모습을 드러내거나 불행이 닥친다고 믿어서 사람들은 뱀을 '아첨꾼', '불쾌한 손님', '끈적끈적한 자', '푸르스름한 자'라는 말로 에둘러 나타냈다. 때로는 이러한 언어적 금기가 사물에까지 연장되었다. 예컨대 라플란드인과 사모예드족*은 곰을 죽이거나 해체할 때 쓰는 사냥 무기와 도구들의 명칭도 직접 언급하지 않으려 했다. 심지어는 곰과 관련된 장소나 사람, 신들의 이름도 다른 별칭이나 에두른 표현으로 대체되었다.[47]

곰 왕 아서

게르만족과 슬라브족에게 그러했던 것만큼이나 고대 켈트인들에게도 곰은 가장 높은 상징적 위치에 있었다. 하지만 켈트인들에게 곰이 힘이나 전쟁, 폭력과 연관된 횟수는 상대적으로 적었다. 그곳에서 곰은 권력이나

---

* 사모예드족(Samoyed) : 시베리아 북서부에 거주하는 민족으로 사모예드어를 사용하는 네네츠, 에네츠, 셀쿠프 등의 여러 종족을 통틀어 가리킨다. 사모디족(Samodii)이라고도 한다.

지배력과 더 연관되어 있었다. 물론 켈트족 전사들도 때때로 곰의 이빨과 발톱을 부적으로 지니고 전쟁에 나갔으며, 곰의 이미지로 무기와 방패를 장식했다. 그러나 켈트인들은 게르만족이나 슬라브족에 견주어 곰 이름을 드물게 사용했다. 그리고 베르세르키르가 꿈이나 격노한 상태, 무아경에서 그랬던 것과는 달리, 자신들을 이 사나운 불굴의 짐승으로 탈바꿈하려고 하지도 않았다. 켈트족 전사들도 그들만큼 용맹했지만 결코 인간과 곰 본성의 중간상태가 되려고 하지는 않았다. 독일의 몇몇 학자들은 그 상태를 나타내려고 '*Bärenhaftigkeit*(곰이 된 상태)'와 '*Bärenfähigkeit*(곰으로 변하는 능력)'라는 특이하면서도 번역하기 까다로운 두 개의 단어를 사용하기도 했다.[48]

그렇지만 고대 켈트어에서 발견되는 일부 금기와 우회적인 말하기는 켈트인에게도 곰이 매우 특별한 동물이었다는 사실을 보여준다. 그들은 곰을 두려워하면서도 숭배하고 존경했다. 그들은 곰의 이름을 직접 부르거나 쓰지 않고, 그 대신 '*math*', '*matu*'와 같은 별명을 사용했다. 이는 아일랜드어와 웨일스어에서 '남자', '남자다운', '친절한'이라는 뜻을 나타낸다. 다른 문화권들과 마찬가지로 여기에서도 곰은 실로 남성다운 동물이었다. 뒷날 중세 프랑스에서 곰을 '*masle beste*(남자다운 동물)'라고 불렀던 것처럼 말이다. 듣고 싶어하지 않는 이름을 직접 불러서 곰을 화나게 하기보다는 '친절한 자'라고 부르는 것이 이 동물의 호의를 얻기에 더 좋았다. 곰과 동일한 어원을 갖고 있는 갈리아인들의 신 마투게노스(*Matugenos*)도 동일한 맥락에 있었다(마투게노스는 '곰에게서 태어나다'라는 뜻을 담고 있다). 그는 곰처럼 강한 전사 신이었으므로, 대적하기보다는 함께하는 편이 더 나았다. 옛 아일랜드와 웨일스 사람들은 '*math*', '*matu*' 이외에도 곰을 간접적으로 지칭하기 위해 여러 가지 비유적인 표현들을 사용했다. 예컨대 ('꿀돼지'란 뜻의) '*mêlfochyn*'란 합성어가 있었는데, 꿀을 향한 곰의 유별난 애정과 곰이 돼지와 가깝다는 게르만의 전통적인 믿음에서 비롯된 말이

었다.[49)]

　게르만과 바이킹의 곰과는 달리 켈트의 곰은 전사라기보다는 군주였다. 곰은 종종 왕이었으며 때로는 신이기도 했다. 앞에서 나는 그 이름이 곰과 직접 연관되고 그리스의 아르테미스 여신과 관련이 있는 켈트 여신들인 아르티오, 아르두이나, 안다르타에 관해 말한 바 있다.[50)] 이 고대 켈트 여신들에 대한 숭배는 켈트인들의 이주를 따라 중부 유럽에서 서쪽 끝으로 퍼져나갔다. 그 다양한 형태와 흔적들이 아일랜드와 웨일스를 비롯해 보헤미아와 스위스에서도 발견된다.[51)]

　카롤루스대제와 어깨를 나란히 하는 전설적인 왕 아서는 중세 문학작품에 등장하는 인물들 가운데 가장 유명한 왕이다. 그는 의심할 여지없이 켈트 출신이며, 그의 이름은 곰과 일치한다. 아일랜드어에서 곰은 'art', 갈리아어에서는 'artos', 웨일스어에서는 'arth', 브르타뉴어에서는 'arzh'이다.[52)] 웨일스와 아일랜드 신화에서 아서는 본래 곰-왕, 어쩌면 여신 아르티오와 마찬가지로 곰-신이었을 수도 있다. 그 뒤 아서는 전설적인 군주로 바뀌면서 점차 그 본연의 성격 대부분을 잃었을 것이다.[53)] 기독교화한 중세 초기의 라틴 문헌들은 곰의 본성을 겉으로 드러내기를 사실상 포기하였다. 12~14세기에 세속어로 쓰인 궁정식 사랑소설들은 그것을 더욱 삼갔다. 작가들은 대부분 더 이상 아서 왕과 그의 기사들 이야기 주변에 존재하는 신화적인 양식이나 주제들을 이해하지 못했다. 그들은 자신들이 쓰거나 고쳐 쓴 소설들에서 신화적인 요소들을 줄이고 그것을 단지 문학적인 제재로 바꾸려 했다.

　사실 대부분의 주요 아서 왕 소설들에서 아서는 결코 곰-왕으로 나타나지 않으며, 곰-신으로도 언급되지 않는다. 심지어 아서 왕과 곰이 직접 관련을 갖는 사건도 거의 없다. 그러나 아서 왕의 여인이나 주요 기사들과 연관된 곰 이야기는 있다. 아서 왕의 이름도 그와 곰 사이의 연관성을 근원적으로 드러내준다. 이는 실제로 13세기 한 익명의 영국 학자의 주석에 분명하게 나와 있다. 이 학자는 제프리 몬모스의 『브리튼의 역사*Historia Britonum*』 필사본 여백에 '아서'라는 글자에 대해 다음과 같은 메모를 남겼다. "아서(라는 이름은), 라틴어로 표현된 무서운 곰의 이름처럼 들린다."[54] 이 주석은 당시 잉글랜드의 학자 집단이 아서 왕의 이름과 곰의 이름 사이에 존재하는 어원이나 발음의 연관성을 분명하게 인지하고 있었다는 사실을 보여준다.[55]

기사문학에서 아서 왕은 결코 곰으로 변하지 않고, 곰과 일대일 결투를 벌이지도 않는다.[56] 하지만 문학 텍스트들은 의도하지는 않았겠지만 이따금 그가 지녔던 본연의 동물적 본성에 관한 몇몇 중요한 증거들을 얼핏 제공한다. 희미해지긴 했으나 그에 관한 신화적 기원은 구전과 민속에 흔적을 남겼다. 일찍이 〔20세기의 아서 왕 문학 연구자〕 로저 셔먼 루미스와 그의·제자들의 연구는 민속이 문학적 제재나 특정 구절의 형식적 표현에 영향을 끼치곤 한다는 사실을 보여주었다.[57] 처음에는 이해하기 어렵지만 고대 켈트 신화에 나오는 아서 왕과 그의 주요 동료들의 최초의 정체성을 염두에 둔다면 해석은 더 수월해진다.

가장 확실한 사례는 왕의 죽음과 관련된 사건에서 찾을 수 있다. 여러 소설들이 그 사건을 언급했는데, 가장 유명한 작품은 익명의 작가가 1220년 무렵에 쓴 『아서 왕의 죽음*La Mort le roi Artu*』이다. 이는 프랑스어로 작성된 가장 훌륭한 중세 기사문학이다. 거의 결말에 이르러 벌어지는 문제의 사건은 다음과 같다. 아서 왕이 심한 상처를 입고 누워 있다. 그의 충실한 벗 가운데 하나인 집사 루칸이 다가와 눈물을 흘리며 마지막 작별인사를 한다. 아서가 몸을 일으켜 루칸을 끌어안는데, "가슴으로 너무 세게 안는 바람에 그를 질식시켰다. 그는 심장이 으스러져 죽었다."[58] 이는 괴이하고 극적이며 예기치 못하고 앞뒤 흐름과 동떨어진 사건이지만 아서가 태생적으로 초인적인 힘을 가진 곰-왕이었음을 상기시킨다. 아서는 적들과 직접 맞붙어 싸울 때 곰처럼 상대를 가슴으로 끌어안아 압박해 죽일 수 있었다. 왕은 자신의 동물적 힘을 깨닫지 못했다. 그러나 그는 죽어가는 상황에서도 단지 끌어안는 것만으로도 상대를 죽일 수 있는 힘을 가지고 있었다. 그 힘은 인간이 가질 수 있는 것이 아니었다.[59]

한 역사가는 이 구절을 듣거나 읽은 13세기 대중들이 얼마나 이해하거나 해석할 수 있었는지 의문을 제기했다. 왕의 집사에게 닥친 죽음은 매우 불가사의한데, 그의 묘비에는 다음과 같은 몇 줄의 글귀가 새겨졌다고 한다. "여기 아서 왕의 팔에 으스러진 집사 루칸이 누워 있다."[60] 대중은 아서가 곰의 전력前歷이 있다는 사실을 알거나 추측하고 있었을까? 일부 박식한 학자들이 필요한 설명을 제공했을까? 그랬을 것 같지는 않다. 문학은 문학일 뿐이며 이런저런 신화에 근거한 학자의 주석이 아니라는 사실을 인정해야 한다. 그러나 강렬한 기묘함을 간직한 이 구절이 다른 많은 구절들과 함께 13세기 귀족 청중을 황홀하게 만들었다는 사실을 받아들여야 한다.

방대한 범주의 아서 왕 문헌 속에서 학자들은 아서 왕이 본래 지녔던 동물적 기원에 관한 또 다른 암시들을 (조심스럽게) 찾아냈는데, 이는 특히 달력과 관련이 있었다. 대표적인 예는 왕이 '죽은' 날이다. 그 날은 아서 왕 기사단의 몰락과 원탁의 기사들의 모험이 종말을 맞았음을 알린 솔즈베리 전투 얼마 뒤에 왔다. 『아서 왕의 죽음』[61]과 몇몇 다른 작품들에 따르면, 이 전투는 만성절萬聖節*에 일어났다. 그러므로 아서는 11월초에 죽었다. 거의 모든 유럽 지역의 이교 달력에서 이 시기는 곰의 겨울잠을 기념하는 다채로운 전통축제들이 열리는 때였다. 교회는 이러한 축제들에서 행해지던 야만적인 의례들에 충격을 받았으며 일찍부터 이를 근절하려고 노력했다. 그것들을 종식시키기 위해 교회는 이교 축제일들을 당시 곰과 관련된 이름이나 전설을 가지고 있던 성인들인 우르술라(Ursula), 우르

---

* 만성절(Toussaint) : 기독교에서 모든 성인들을 기리는 날이다. 서방 기독교에서는 양력 11월 1일, 동방 기독교에서는 성령강림절 다음에 오는 첫 번째 일요일로 정해서 기념한다. 만성절 전날은 죽은 영혼이 되살아난다고 여겨 할로윈(Halloween) 축제가 열린다.

시누스(Ursinus), 마투리누스(Mathurinus) 등을 위한 축일들로 바꾸었다. 그리고 이 이교 축제들에서 가장 중요하게 여겼던 날짜인 11월 2일을 교회의 가장 명망 높은 성인들 가운데 하나인 성 마르티누스의 축일로 삼았다. 민간에서 그 성인의 이름은 점차 곰의 별칭으로 쓰이게 되었다.[62]

문학적 전통에서 아서 왕의 죽음은 대규모 가을 곰 축제가 열리는 11월 2일 무렵에 일어난다. 그러나 그러한 전통들에 따르면 아서는 진짜로 죽은 것이 아니었다. 그는 단지 심각한 부상을 입었을 뿐이었다. 아서를 치료하려고 왔던 이복누이 모르간은 그를 아발론 섬으로 데려갔다. 그곳은 다른 세계로 놓인 기다림과 휴식의 장소였다. 곰이 동면을 하듯 곰-왕 아서는 가을 중순에 잠이 든다. 그리고 다른 메시아적 영웅들처럼 그는 다시 살아 돌아와서 자신의 백성들을 다스리고 그들을 구원의 길로 이끌 날을 기다리고 있다.[63]

아서 왕 이야기의 또 다른 핵심적인 사건도 대규모 곰 축제일에 일어났다. 바로 통치권의 상징인 마법 검에 관한 시험이다. 바위에 깊숙이 박혀 있는 검을 빼내는 자는 왕이 될 자격을 얻을 수 있었다. 바위에서 검을 빼내려는 시도가 계속되었으나 그 어떤 영주나 기사도 성공하지 못했다. 그러나 젊은 아서가 그 일을 해냈고, 우서 펜드래곤 왕의 아들로 인정받아 로그레스Logres 왕국, 다시 말해 그레이트브리튼의 통치자가 되었다. 몇몇 중세 작가들은 이 사건을 크리스마스에 일어난 것으로 설정하였다. 어떤 이들은 그보다 40일 뒤인 2월 2일 성촉절聖燭節*로 잡았다. 아서가 그 일을 크리스마스와 성촉절에 모두 해냈다고 말한 작가들도 있었다.[64] 시골지역의 전통에서 2월 2일은 곰의 겨울잠이 끝나는 것을 기념하는 날이었다. 이 축제일에는 매우 야만적이고 일상의 틀에서 벗어난 의례들이 거행되었다. 이를 척결하기 위해 중세 교회는 단호한 조치를 취할 필요가 있었

---

* 성촉절(Chandeleur) : 기독교에서 성모 마리아가 유대교 율법에 따라 예수가 태어난 지 40일이 되는 날에 예루살렘 성전으로 가서 봉헌의식을 치른 것을 기념하는 날로 4세기까지는 2월 14일에 실시되었으나, 542년 유스티니아누스 1세의 칙령으로 2월 2일로 옮겼다. 5세기 중엽 촛불을 켜고 축제를 거행하는 관습이 도입되어 성촉절이라는 명칭으로 불리게 되었다.

다. 교회는 그 날을 그리스도 대축일(예수 성전봉헌 축일)이자 성모 대축일(마리아 정화 축일)로 정했으며, 민간의 축제행사를 기독교화하여 성촉제로 만들었다. 축일과 관련된 문제들과 교회가 기독교 세계에 남아 있는 다양한 곰 숭배를 근절하기 위해 맞닥뜨려야 했던 어려움은 뒤에서 다시 다룰 것이다. 지금은 [프랑스의 중세문학 연구자] 필리프 왈테르가 언급했듯이, 곰의 겨울잠이 끝나는 순간과 곰-왕인 젊은 아서가 어둠에서 나와 인정받고 빛 한가운데서 통치를 시작하는 순간 사이에 존재하는 상징적인 연결고리를 주목하는 것만으로도 충분하다.[65]

왕의 동물

고대의 신, 숭배 받는 존재, 무적의 야수, 숲의 주인, 힘과 용기의 화신인 곰은 동물의 왕일 뿐 아니라 왕의 동물이었다. 그 자신이 곰이자 왕인 아서의 사례는 북유럽 사회들, 켈트 · 게르만 · 스칸디나비아 · 발트 · 슬라브에서도 독특한 것이었으나, 북쪽 어디를 가든지 곰은 지배자의 심벌이자 권력의 상징, 통치의 표상으로 통했다. 그 지역들에 대해 기독교화가 진행된 한참 뒤에도 대부분의 서구 왕국들에서 그런 방식으로 상징을 사용한 것이 발견된다. 예컨대 엑스라샤펠에서 발견된 권력층의 다양한 유물 가운데는 카롤루스 대머리왕의 통치시기(843~877년)에 갈리아 지방에서 가져온 것으로 추정되는 거대한 청동 암곰상이 있다.[66] 카롤루스대제와 교회가 곰을 상대로 전쟁을 벌였지만, 9세기에도 곰은 왕의 동물로 남아 있었다. 또한 그로부터 3세기가 흐른 뒤에도 여전히 곰은 왕의 동물이었다.

나는 앞에서 게르만 사람들에게는 곰과 싸워 이기는 일이 젊은이를 성인전사로, 때로는 지배자나 왕으로 만들어 주었다는 이야기를 했다. 심지어 11세기말 성지에서도 곰과의 전투는 고드프루아 드 부이용이 예루살렘의 왕위에 오를 수 있게 해주었다.[67] 그 시대 다른 곳에서도 이러한 사냥의례는 계속되었는데 이교적 성향은 다소 누그러졌지만 위험한 형태는 여전했다. 곰은 멧돼지와 함께 귀족들의 대표적인 사냥감으로 남았다.

이것은 고대 켈트와 게르만, 로마의 사람들에게는 틀림없는 사실이었다. 특히 로마제국 말기의 황제와 수행원들은 곰 사냥을 좋아했다. 곰은 두려움의 대상이자 숭배 받는 동물이었으며, 도망치거나 포기하는 대신 물러나지 않고 죽을 때까지 싸우는 위험한 적이었다. 때문에 곰은 존경과 추앙을 받았다. 곰 사냥은 대부분 땅에 발을 딛고 얼굴을 마주한 채 서로의 숨결이 닿을 거리에서 벌이는 일대일 접전으로 끝이 났다. 곰을 통제하기 위해 개들을 이용하기도 했으나, 이 분노한 짐승에게 직접 마지막 일격을 가하는 것은 오직 한 명의 인간이었다. 그는 곰의 공격과 울음소리, 악취를 무시하고 창이나 칼로 목이나 목구멍, 미간을 노려서 단번에 끝내야 했다. 로마제국의 마지막 몇 세기 동안과 중세 초 내내 곰을 패배시키는 것은 늘 왕이 될 만한 자격을 갖춘 것으로 여겨졌다. (노루는 물론이고) 사슴 사냥은 꺼려졌는데, 이는 사슴이 겁 많은 동물이라고 생각했기 때문이다. 사슴은 개들이 다가오기 전에 도망쳤으며, 개들에게 포위되었을 때는 저항하지 못하고 죽었다. 이러한 사슴의 이미지 때문에 적과 마주쳤을 때 달려들 용기가 부족한 군인을 〔라틴어에서 사슴을 뜻하는〕 '케르비(cervi)'라고 부르기도 했다.[68] 사냥한 사슴고기도 물렁해서 오랫동안 건강에 좋지 않은 것으로 여겨졌다. 그래서 곰고기와는 달리 사슴고기는 황제나 왕들의 식탁에 올리지 않았다.[69] 사슴이 귀족들의 사냥터에 서식하는 경우도 드물었다. 사슴들은 더 으슥하고 거친 지형을 선호했다. 그러므로 사슴을 쫓거나 사냥하는 일은 영광스럽지도 즐겁지도 않은 일이었다. 사냥을 완전히 금지하는 데 실패한 중세 교회가 사슴 사냥을 왕실 사냥으로 추켜세우고 곰과 멧돼지 사냥을 폄하하는 데 성공하기 전까지, 곧 12~13세기까지 그런 흐름이 계속되었다.[70]

서기 1천년 무렵에도 얼마 동안은 곰 사냥과 일대일 결투로 곰을 죽이는 것이 지도자나 영웅의 용감한 행위로 남아 있었다. 이미 말했듯이 왕들은 그 업적을 성취할 의무가 있었다. 하지만 그것만으로는 충분치 않았다. 왕들은 한 마리나 여러 마리의 곰들이 있는 동물원으로 자신을 에워쌀 필요가 있었다. 그것은 힘의 상징이었다. 그렇게 해서 왕들은 야만인 수장들의 행위를 영속화하였다. 4~5세기의 로마 황제들은 곰을 전시하고, 그들이 다른 동물들과 싸우는 것을 지켜보기를 좋아했다. 몇몇 로마 작가들은 알레마니족*의 수장인 게르만의 소군주 마크리아누스가 보내온 곰들을 향한 황제 발렌티니아누스 1세(재위 364~375)의 특이하고 병적인 흥미에 대해 이야기했다. 황제는 곰들을 먹이고 키우는 데 '상당한 양'의 돈을 지출했다. 그는 곰들을 보초병처럼 그의 방 안에서 재웠으며, 곰들이 사형선고를 받은 죄인을 갈기갈기 찢는 것을 지켜보기를 즐기기도 했다.[71]

고대와 마찬가지로 중세의 동물원도 정치적 도구였다.[72] 오랜 기간 오직 왕과 군주, 세속과 교회의 대大영주만이 동물원을 소유할 수 있을 만큼 부유했다.[73] 13세기 초에는 일부 도시들과 대수도원들이 그들을 모방하였다. 그러나 이는 맹수나 특이한 동물들을 보고 싶어하는 대중들의 호기심을 만족시키기 위한 것은 아니었다. 오로지 가장 힘 있는 자만 사거나 주고받을 수 있는 살아 있는 권력의 상징물을 관리하는 것에만 목적이 있었다. 모든 동물원은 '보물', 다시 말해 통치의 도구였다.

안타깝게도 중세 동물원의 유형에 관한 분류체계를 세우기는 어렵다.[74] 그에 관해서는 소수의 사료들만 남아 정보를 빈약하게 제공하고 있으며, 동물원을 가리키는 어휘도 고정되지 않고 모호하다.[75] 특히 특정한 시대와 장소에서 특정한 군주가 소유했던 동물원의 구성을 알려주는 물품 목록이나 장부에 관한 정보가 부족하다. 동물의 상대적 비율, 토종인지 외

---

* 알레마니족(Alemanni) : 게르만족의 일파로 3세기부터 로마의 속주를 침공하여 5세기에는 알자스와 스위스 북부 지방까지 영토를 넓혔다. 그러나 496년 프랑크족의 클로도베우스에게 정복되어 프랑크 영토로 병합되었다. 프랑스어에서 독일을 가리키는 '알르마뉴(Allemagne)'라는 말은 알레마니족의 명칭에서 비롯되었다.

래종인지, 야생동물인지 '가축'인지(중세와 관련해 '가축'이라는 단어를 쓸 때는 훨씬 신중해야 한다)[76], 위험하거나 해롭지는 않았는지, 한 마리만 보유하고 있었는지 무리를 가지고 있는지에 대해서 더 알아야 한다. 동물원(그리고 수많은 새장들)이 어떻게 만들어졌는지, 동물을 어떻게 구해서 교환하고 이름을 붙였는지(몇몇 동물들은 본래의 이름이 아니라 적합하다고 생각되는 다른 이름으로 간접적으로 불렸다)[77] 아는 것도 필요하다. 한곳에 계속 있는 동물원도 있었으나 순회하는 동물원들이 더 많았다. 군주나 그 수행원들만 볼 수 있는 동물원이 있었고, 이런저런 상황에서 대중들이 접할 수 있는 동물원도 있었다. 중세 초기 동물원에서 곰은 가장 돋보이는 존재였으며 멧돼지와 사자가 그 뒤를 따랐다. 봉건시대에 들어와서는 동물원에서 멧돼지는 좀체 보기 어려워졌으나, 곰은 다수가 남아 있었다. 사자는 표범이나 흑표범과 마찬가지로 그 수가 늘고 있었다. 중세 말기에는 북쪽지방(바다코끼리, 순록, 엘크)과 아시아(코끼리, 낙타), 아프리카(코끼리, 단봉낙타, 원숭이, 영양, 야생당나귀, 기린)에서 온 이국적인 동물들에 대한 수요가 점점 더 증가했다.[78]

그러나 12세기까지도 모든 왕실과 군주의 동물원은 한 마리나 그 이상의 곰들을 보유하고 있어야 했다. 서유럽 사회에서 곰은 왕이 다른 왕에게 줄 수 있는 최고의 선물이었다. 물론 선물하는 곰은 크기나 털, 출신이 뛰어나야만 했다. 예컨대 노르웨이의 왕은 북극곰을 선물했는데 이는 아리스토텔레스조차 언급한 적이 없었던 놀라운 존재였다.[79] 유럽의 온대지역에 처음 모습을 드러낸 북극곰은 1251년 〔노르웨이의 왕〕 호콘 4세가 잉글랜드 왕에게 보낸 곰이었을 것이다. 이 북극곰에 깊은 인상을 받은 당시 사람들은 여러 기록을 남겼다. 한 연대기 작가는 북극곰이 매일 템스 강에서 어떻게 목욕을 했는지 말했다. 다른 작가는 그 곰의 별명이 〔낚시꾼이라는 뜻의〕 피스카토르Piscator였다는 사실을 알려주었다. 어떤 이들은 그 곰을 지키는 보초병들이 받은 나날의 임금과 심지어는 입마개와 멀리 헤엄

치는 곰을 묶어두려고 긴 사슬을 만드는 데 들어간 비용까지 언급했다.[80]

중세 내내 영주들 간에 평화협정이나 동맹을 맺을 때 상대의 동물원을 위해 선물을 보내는 일이 드물지 않았다.[81] 12세기까지는 그 당사자들이 왕이라면 선물은 대개 곰이어야 했다. 예컨대 『롤랑의 노래*Chanson de Roland*』에는 사라센의 마르실 왕이 카롤루스대제에게 평화를 바란다는 뜻을 전하려고 보낸 호화로운 선물꾸러미가 세 차례 언급되는데, 곰은 언제나 목록 맨 앞에 있었다.[82] 이것은 11세기 말이나 12세기 초에 쓰인 것으로 추정되는 문학작품이다. 현실에서 동방의 군주들은 곰 이외에도 사자, 표범, 흑표범, 심지어는 코끼리까지 보냈다. 바그다드의 칼리프 하룬 알라시드가 801년에 그 유명한 (코끼리) 아불아바스Abul-Abbas를 카롤루스대제에게 보낸 것처럼 말이다.[83]

2세기 뒤인 1051년 키예프 대공의 딸 안나 야로슬라브나가 프랑스 왕 앙리 1세와 결혼하려고 랭스에 도착했을 때, 그녀는 코끼리 한 마리와 서구에는 알려지지 않은 거대한 크기의 수컷 곰 두 마리를 데려왔다. 연대기 작가들은 그 동물들이 '대★타타르'에서 왔다고 이야기했다.[84] 이 경이로운 기원은 그 곰들을 진정으로 '신비롭게*(mirabilia)*' 만들었으며, 고귀한 혈통을 제공해 주었다. 당시의 일을 자세히 알 수는 없지만, 고귀한 곰의 자손을 얻기 위해 그 곰들을 왕실 동물원의 암곰과 짝지으려는 시도가 있었을 수도 있다. 몇 해 전에 안나의 언니가 노르웨이의 하랄 왕과 결혼했을 때 그러했듯이 말이다.[85] 중세와 그 뒤의 절대왕정기까지도 왕자와 공주의 결혼에는 (말, 개, 심지어는 뛰어난 소나 돼지까지) 양쪽에서 제공한 동물들의 짝짓기가 함께 이루어지곤 했다. 그것은 두 가문이나 왕조 사이의 결합을 굳건히 한다는 의미를 지닌 일종의 비유적 결혼으로, 인간과 동물 사이에 존재하는 상징적인 친족관계를 드러내준다.

봉건시대에 어떤 동물들은 인간의 조상, 부모, '친족'이라 여겨졌고, 곰은 그 가운데에서도 첫 순위를 차지하고 있었다.

인간의 친족

인간과 가장 닮은 동물은 무엇일까? 이 질문에 대한 대답은 시대와 장소에 따라 다양하게 달라질 것이다. 모든 사회는 저마다의 동물우화와 분류체계, 인간과 동물의 관계에 대한 고유한 견해를 가지고 있기 때문이다. 그러나 유럽의 역사에서는 오직 세 동물만 진정으로 인간과 닮은 가까운 친족으로 여겨졌다. 바로 곰과 돼지, 원숭이이다.

아리스토텔레스와 플리니우스는 원숭이가 인간과 가장 가깝다고 보았다.[1] 이러한 사고는 중세 초 일부 동물학자들에게서도 나타났으나 기독교적 가치와 갈등을 빚었다. 인간이 신의 형상을 본떠 창조되었다고 보는 기독교에서는 어떤 동물도 인간과 닮았다고 하기에는 불완전했다. 게다가 중세의 감성에서 원숭이는 의심할 여지없이 가장 못생기고 가장 비열하며 가장 사악하게 묘사된 동물이었다.[2] 음란하고 혐오스러운 존재인 원숭이가 인간과 닮았다는 것은 있을 수 없는 일이었다. 그렇다면 당시의 기독교적 가치와 신념은 나날이 재발견되고 존중되던 아리스토텔레스의 지식과 어떻게 조화를 이룰 수 있었을까? 스콜라 철학은 13세기 중반에 마침내 해결책을 발견했다. 원숭이는 인간의 '본질(*per naturam*)'을 닮은 것이 아니라 단지 '모방(*per imitationem*)'할 뿐이다. 원숭이는 그렇게 보이지만 실제로는 인간과 전혀 닮지 않았다.[3] 원숭이를 가리키는 라틴어 '시미우스(simius)'처럼 '시늉(simule)'을 할 뿐이다. 이렇게 속이고 기만한다고 해서 원숭이는 더욱 악마처럼 여겨졌다. 원숭이는 신의 '시늉'을 내는 존재인 '악마의 표상(figura diaboli)'이었다. 그러한 이미지는 근대까지 계속해서 강하게 남아 있었다. 18세기에 이르러서야 다윈의 학설을 기반으로 인간과 원숭이의 해부학적 친족 가설이 새롭게 설득력을 얻기 시작했다. 1859년 첫 판이 나온 다윈의 『종의 기원On the Origin of Species』은 생물변이설*과 생물 간 친족설과 관련된 모든 이론들을 뒤흔들었다.

겉모습의 유사함

중세에 모방은 크나큰 죄악이었다. 창조주가 세운 질서에 어긋나기 때문이었다. 방랑시인이나 배우처럼 변장을 하고 흉내를 내는 사람들은 도덕적으로 비난받고 사회적으로 하찮게 여겨졌다. 원숭이는 점차 도상에서 그들의 상징으로 되었다. 16세기 중반 이후에는 또 다른 모방자라 할 수 있는 화가와 조각가가 (조금 너그러운 형태였으나) 그런 취급을 받았다.

돼지의 경우는 원숭이보다 애매했다. 고대 그리스의 의학에서 돼지는 사람과 가장 가까운 동물로 취급되었다. 그 내부구조, 특히 주요 장기들의 해부학적 구조와 소화체계의 기능이 유사했기 때문이다. 이는 현대 의학에서도 분명하게 확인되었다. 오늘날 우리는 원숭이보다 돼지에게서 훨씬 더 많은 것들, 예컨대 이식용 장기와 피부, 조직, 상처 치료용품, 인슐린과 혈액응고 방지제와 같은 중요한 물질들을 얻고 있다.[4] 일부 문화

---

* 생물변이설(transformisme) : 다윈의 자연 선택설에 앞서 나타난, 하나의 종이 여러 세대에 걸쳐 완전성을 획득하기 위해 다른 종으로 변화한다는 19세기 진화이론이다. 프랑스 생물학자 라마르크(Lamarck, 1744~1829)가 1809년 처음 사용하였다. 라마르크와 다윈의 차이점은 생물 종의 진화에 있어 전자는 '획득형질의 유전'을 후자는 '생존경쟁'을 우위에 두었다는 점이다. 예컨대 라마르크는 기린이 양질의 꼭대기 나뭇잎을 먹기 위해 목을 늘이다보니 오늘날의 목이 긴 기린으로 변하게 되었다고 본 반면, 다윈은 우연히 목이 길게 태어난 기린이 목이 짧은 기린보다 양질의 나뭇잎을 섭취할 기회가 더 많아 생존과 번식에 유리한 안정된 종으로 정착할 수 있었다고 주장했다.

권에서 돼지와 관련해서 장기간 지속되어온 오랜 금기들이 이러한 돼지와 인간의 생물학적 유사성에 뿌리를 두고 있을 가능성도 있다. 아랍 의학의 관점도 고대 그리스 의학과 그다지 차이가 없었다. 그 둘의 상속자라 불리는 중세 기독교 의학도 돼지가 '내적으로' 인간과 가장 유사한 동물이라고 가르쳤다. 교회가 인간의 해부를 금지했으므로 14세기 무렵까지는 암돼지와 멧돼지를 해부해 인간의 신체구조를 익혔다.[5] 그러나 꺼리는 것이 없지는 않았다. 돼지는 어느 모로 보나 숭배 받는 동물은 아니었다. 그것은 불결한 생물이었고 '더러움(sorditas)'과 '폭식(gula)', 때로는 '게으름(pigritia)'과 '방탕함(luxuria)'의 표상이었다. 원숭이처럼 돼지는 악마의 동물지에 자리하고 있었다. 따라서 돼지가 해부학적으로 인간과 가깝다는 것을 알고 있는 의사들도 공개적으로는 그 사실을 분명히 밝히지 않았으며, 인간과 가장 닮은 동물은 돼지나 원숭이가 아니라 곰이라는 성직자들의 주장을 받아들였다.[6]

사실 언뜻 보기에는 어떤 동물도 뚜렷하게 사람의 겉모습과 같지는 않다. 그러나 훨씬 크기는 하지만 곰은 사람처럼 만들어진 동물이다. 곰은 사람과 마찬가지로 몸의 외관이 길죽하며, 대부분의 네발짐승들과 달리 직립할 수 있다. 게다가 걸을 때 뒤꿈치를 포함해 발 전체를 땅에 디딘다. 물론 중세 작가들은 그것을 '척행성蹠行性'이라는 말로 구체화하지 않았고, 그러한 용어를 들어보지도 못했다. 하지만 그들은 그것이 인간들이 공유하는 특성임을 알고 있었다. 또한 중세 작가들은 일단 가죽을 벗겨놓으면 곰의 몸이 사람과 같다고 말했다.[7] 곰으로 변장하는 의식이 다른 동물보다 훨씬 손쉬운 것도 이 때문이다. 고위 성직자들이 중세 내내 '곰 역할극(ursum facere)'이라 부르며 헐뜯었던 그 의식은 마찬가지로 금기시되었던 사슴, 나귀, 황소 '역할극'보다 훨씬 쉬웠다. 곰으로 변신하려는 사람은 단지 털옷을 입거나 어깨에 걸치고는 다리를 넓게 벌리고 걸으면 됐다.

그러나 곰이 단지 변장에서만 사람과 같았던 것은 아니다. 그 동물은 사람처럼 행동했다. 곰은 서거나 앉을 수 있으며, 옆으로 눕거나 배를 보이고 똑바로 누울 수도 있다. 그리고 달리고, 수영하고, 다이빙하고, 구르고, 기어 올라가고, 점프하고, 춤을 출 수도 있었다. 12세기에 한 익명의 작가는 육중한 겉모습과는 상반된 그 동물의 민첩성과 속도, 장애물을 빠져나가거나 피할 수 있는 능력에 주목했다. 다른 관찰자는 곰이 자주 머리를 들어서 하늘이나 별을 바라보며 명상을 한다고 감탄하였다. 독자들의 관심을 곰 털의 다양한 색상으로 이끌면서, 그것을 검정·갈색·황갈색·붉은색·금색·회색 등으로 나타나는 남자의 수염이나 머리카락 색과 비교하는 이들도 있었다.[8] 그러나 모든 작가들이 가장 중요하게 생각했던 것은 곰이 앞발로 물건을 움켜쥐거나 들거나 던질 수 있다는 사실이었다. 곰은 앞발을 사용해 우아하게 산딸기를 집어 들었으며, 흐르는 물속에서 솜씨 좋게 물고기를 잡았다. 반대로 꿀을 얻으려고 벌집을 거칠게 산산조각내기도 했다.[9] 곰은 일반적으로 분별력 있는 존재로 여겨졌으나 널리 알려진 폭식 습관은 곰을 부주의한 동물로 만들었다. 『여우이야기』에 나오는 많은 예화들처럼 곰 브렁은 꿀에 대한 과도한 사랑 때문에 봉변을 당하고, 여우의 속임수에 걸려들고, 농부들에게 맞거나 털이 깎이고, 사자에게 놀림당하고, 다른 동물들 앞에서 웃음거리가 되었다.

고대와 중세 작가들이 만들어 놓은 과도한 인격화에 대해 근대 동물학자들은 그 미묘한 차이를 분간해내고 정확성을 불어넣었다. 비록 곰이 (특히 보거나 냄새를 맡으려 할 때) 스스로 똑바로 서 있을 수 있다고 해도 두발보행이라고 보기는 어렵다. 하지만 곰이 나무를 기어오른다거나 수영을 잘한다거나 물고기를 잡을 수 있다는 것은 사실이다. 곰은 (특히 기다릴 때) 종종 앉아 있는 자세를 취하며, 뒤로 걷거나 사람처럼 등을 밖으로 한 채로 사다리를 내려올 수 있다(다른 어떤 동물도 그렇게 하지 못한다). 무엇보다도 곰은 손재주가 뛰어나다. 곰은 문을 열거나, 매듭을 풀거나, 돌을 망치처럼 사용할 수 있다. 거대한 발 크기에도 곰은 산딸기를 집어올리고, 원숭이가 바나나 껍질을 벗기듯 잡은 물고기를 조심스럽게 손질할 수 있다. 그러나 모든 박물학자들이 이러한 곰과 인간의 비교에 사로잡혔던 것은 아니다. 일부는 유사함보다는 차이를 드러내기를 선호했다. 그 유사함이 조야하고 과장되었으며 문제가 많다고 주장한 이들도 있다. 예컨대 18세기에 곰을 좋아하지 않았던 뷔퐁은 그가 생각하기에 너무 지나친 그런 비교들에 빠져들기를 거부했다(아마 자신이 세운 동물의 체계에 곰을 넣는 데 성공하지 못했기 때문일 것이다). 그는 곰을 인간의 친족처럼 여기게끔 만드는 해부학적 유사성을 자세하게 설명한 뒤 "이러한 엉성한 유사점들은 단지 더 큰 왜곡만을 불러일으킬 뿐이며, 곰을 다른 동물보다 특별하게 여길 근거도 되지 않는다"[10]고 결론을 내렸다. 그러나 고대와 중세의 작가들은 적어도 13세기까지는 곰이 다른 동물들보다 우월하다고 여겼다.

식성은 곰과 인간의 친족관계를 형성해주는 또 하나의 영역이다. 중세 작가들은 이에 대해 거의 언급하지 않았다.[11] 곰고기가 사람의 살과 같은 맛이 난다고 주장한 이가 하나 있었지만 말이다.[12] 그러나 근대 학자들은 곰의 식성에 관해 자세히 관심을 기울였다. 완전히 잡식성인 동물은 매우 드문데 곰과 인간이 거기에 포함된다. 그러나 이 짐승의 식단은 인간과 미묘한 차이가 있다. 곰의 식단은 계절과 장소에 따라 다양하며 오랜 세월에 걸쳐 변화해왔다. 선사시대의 갈색곰은 분명히 육식동물이었다. 오늘날의 갈색곰은 대부분 채식주의자다. 인간과 곰의 오랜 전쟁은 많은 지역에서 곰을 몰아내 산에서 살게 만들었다. 곰의 식단은 서서히 변화해 야생동물이나 가축의 고기를 먹다가, 점차 식물을 더 많이 먹게 되었다.[13]

12세기의 동물실험

오늘날에는 곰을 인간과 가장 가까운 동물이라고 여기지 않는다. 분명히 원숭이와 돼지가 그 역할을 맡게 되었다. 의학 실험과 연구 분야에서 그 두 동물에 대한 관심은 꾸준히 증가하고 있다. 원숭이보다는 돼지가 더 그러한데, 그 이유는 돼지의 개체수가 더 많을 뿐 아니라 사용하기에 비싸지 않고 멸종위기에 있지도 않기 때문이다. 현대 과학은 원숭이(특히 침팬지)와 인간이 공유하고 있는 유전자가 돼지와 인간이 공유하고 있는 유전자보다 약간 많은데도 돼지가 생물학적으로나 의학적으로 '여러 모로' 훨씬 더 유용하다고 인정했다.[14]

12세기에는 상황이 달랐다. [약의 조제와 효능에 관한] 약전藥典은 원숭이에게서 약재를 얻으려 하지 않았으나(그것은 상상조차 할 수 없는 일이었다), 돼지와 곰은 얼마간 이용했다. 특히 곰의 기름은 눈병이나 화상 완화와 궤양 치료, 갖가지 피부병에 인기가 많았으며 심지어는 발모제를 만드는 데 쓰이기도 했다.[15] 다른 두 동물보다 곰은 인간과 더 가깝다고 여겨졌던 것 같다. 비잔티움과 [중세 의학과 과학 연구의 중심지였던 이탈리아의 항구도시] 살레르노를 비롯한 여러 지역의 의사들이 여성의 몸을 연구하기 위해 암퇘지의 사체를 해부했으나, 그들은 가축보다 야생동물을 대상으로 더 자주 대담한 실험을 했다.[16]

예루살렘 왕 보두앵의 이야기는 특이한 사례 하나를 제공한다.[17] 우리는 몇몇 연대기 작가들을 통해 그 이야기를 알고 있는데, 그것은 앞서 언급했던 곰에 관한 고드프루아 이야기[18]의 메아리라고 할 수 있다. 사실 보두앵은 고드프루아의 손아래 남동생이었다. 고드프루아가 1100년 7월에 죽자 보두앵이 예루살렘 왕국의 첫 프랑크인 왕이 되었다. 그는 18년의 통치기간(1100~1118년) 동안 무슬림과의 전쟁과 영토 팽창에 힘을 쏟았다. 그는 정복왕이었으며, 용맹한 기사이자 모범적인 기독교인이었다.[19] 연대기 작가들은 보두앵에게 찬사를 보냈고, 그에게도 제1차 십자군의 가장 큰 영웅인 그의 형과 동일한 영예를 수여하였다. 고드프루아가 거대한 곰과 싸워 승리를 거두었듯이, 그와 완전히 대등한 후계자로 여겨진 보두앵도 곰과 관련된 전설 하나를 가지고 있어야 했다. 그러나 아마도 실제 사건에 근거했을 이 전설은 사나운 곰과 싸워서 승리를 거두는 형태가 아니라, 의학적 실험에 곰이 유용하게 쓰였다는 내용이었다.

1103년 여름에 벌어진 이집트 술탄과의 전쟁에서 보두앵은 그의 병사를 도우려고 위험을 무릅쓰다가 심각한 부상을 입었다. 몇 해 전에 그의 형이 그랬듯이 말이다. 부상은 치명적이었다. 그의 몸 속에 깊게 박힌 칼 조각을 빼낼 수 없었다. 왕은 자신이 죽어가고 있다고 느꼈다. 그는 의사들에게 물었다. 하지만 결과가 좋을 것이라고는 아무도 장담하지 못했다. 의사들은 모두 왕이 너무 피를 많이 흘렸고 감염이 계속해서 퍼져가고 있어서 죽음이 임박했다고 보았다. 하지만 그들 가운데 하나가 왕에게 나아가서 최후의 시도를 할 수 있게 허락해달라고 요청했다. 그 최후의 방법으로 그는 통상적이지 않은 위험한 치료법을 사용해야 했으며, 상처를 며칠 더 악화시켜 연구해야 했다. 하지만 사망 위험이 매우 컸다. 그는 왕에게 무슬림 죄수를 데려다가 왕과 같은 자리에 같은 방식으로 부상을 입히고 몸 깊숙이 칼 조각을 남겨 곪게 하는 방식으로 먼저 시험해보자고 제안했다. 왕은 그 죄수가 비록 기독교도는 아니었으나 무고한 사람의 목숨을 위태롭게 만들 수는 없었으므로 제안을 거절했다. 그러자 의사는 곰이 사람과 매우 유사한 동물이며, '춤추고 노는 것말고는 거의 쓸모가 없는 존재'이니 죄수 대신 왕실 동물원의 곰에게 실험을 해 보면 어떻겠냐고 물었다. 보두앵은 동의했다. 사람들은 곰에게 왕과 똑같은 상처를 내서 감염되게 했다. 이름이 알려지지 않은 그 의사는 곰에게 자신이 제조한 갖가지 연고와 가루들을 발랐으며, 다른 의사들과 상의해 더 많은 연고와 약들을 준비했다. 곰은 오랫동안 울부짖고 고통스러워하다가 결국 죽었다. 그러나 왕의 의사는 그 실험 덕분에 효과적인 치료법을 찾았고, 위험 부담을 줄여 자신의 군주에게 사용할 수 있었다. 왕은 살아났다. 상처가 완전히 아물지는 않았으나 보두앵은 그 뒤로도 15년을 더 살았다. 그는 1118년 이집트와의 전쟁 도중에 다시 병에 걸렸고, 이번에는 신속히

죽음을 맞이했다.[20]

이 이야기는 여러 가지 면에서 시사하는 바가 많다. 우선 보두앵이 보여주는 이상적인 자비로움이 눈길을 끈다. 그는 무슬림 죄수의 목숨을 자신의 목숨보다 귀하게 여겼다. 그리고 이 이야기에 나오는 의학실험의 예화는 흔히 알려진 것과는 반대로 중세 의학이 경험과 관찰을 토대로 지식을 쌓으려 했다는 사실을 보여준다. 물론 이야기는 의학실험이나 인간 신체 연구를 가로막는 교회의 영향력이 덜 미치는 동방을 무대로 하고 있다. 게다가 왕의 주치의는 불로뉴 백작의 아들 보두앵처럼 북프랑스 출신이 아니라, 그리스나 유대·시리아·아르메니아 사람이었던 것으로 보인다. 아무튼 12세기 초에는 어느 지역의 의사든지 더 이상 갈레노스*와 이븐 시나**에게서 물려받거나 약전이나 동방의 의학서에서 얻은 지식에만 만족하지 않았다. 그들은 새로운 치료법을 찾고, 실험하고, 의문을 제기하고, 발전시켜갔다. 그들은 중세 말의 거만한 의사들이 아니었을 뿐 아니라 몰리에르***의 작품에 나오는 의사들처럼 현학자나 문외한도 아니었다. 그리고 이 교훈적인 이야기에 나오는 치료법은 곰과 인간이 친족이라는 것을 강하게 전제로 깔고 있다. 끔찍한 원숭이나 저속한 돼지에게 실험을 할 수는 없었다. 동물지의 왕이자 모든 동물원의 필수요소, 경탄을 자아내는 맹수인 곰만 그런 자격을 누릴 수 있었다. 의사는 곰을 쓸모없는 존재로 간주했으나 곰 이외의 다른 어떤 동물도 생물학적으로나 상징적으로 왕을 치료하기 위한 최후의 시도에 쓰이기에 적합하다고 여겨지지 않았다. 오직 곰만이 인간을 대신해 그런 역할을 할 수 있었다. 오직 동물의 왕만

---

* 갈레노스(Claudios Galenos, 129?~199?) : 소아시아 출신의 고대 그리스 의학자. 해부학과 생리학을 발전시켜 그리스 의학의 체계를 세웠다.

** 이븐 시나(Ibn Sīnā, 980~1037) : 페르시아 제국의 철학자이자 의학자. 『치유의 서Sufficientia』와 『의학 전범Canon medicinae』을 저술하여 그리스와 아랍 철학과 의학을 집대성했다.

*** 몰리에르(Molière, 1622~1673) : 17세기 프랑스의 대표적인 극작가로 사회적인 위선, 속물근성, 탐욕 등과 같은 인간의 본성을 날카롭게 풍자하였다. 특히 『억지의사Le Médecin malgré lui』, 『날아다니는 의사Le Médecin volant』, 『상상병 환자Le Malade imaginaire』 등 그의 작품에는 의사 역의 인물이 많이 등장하는데, 이를 통해 지식인의 허위의식과 그런 지식인에게 속는 사람들의 습성을 드러낸다.

이 예루살렘의 왕을 구할 수 있었다.

거대한 곰과 싸워 승리를 거둔 고드프루아 이야기와 보두앵 왕에게 왕실 동물원의 곰을 상대로 임상실험을 하자고 제안한 의사 이야기는 같은 작가가 서술한 것이다. 그의 이름은 기베르 드 노장이다. 그는 그 이야기들을 십자군과 성지에서 첫 프랑크 왕국이 탄생한 것을 기념할 목적으로 1104년부터 1108년까지 편찬한 『프랑크족을 통해 이루신 신의 업적Gesta Dei per Francos』에 실었다.[21] 그 두 개의 곰 이야기는 되풀이되고 주석이 붙고 확장되었으며 12~13세기에 여러 연대기 작가들의 손을 거쳐 옮겨졌다. 하지만 우리는 기베르가 그 이야기를 어디서 가져왔는지에 대해서는 알지 못한다. 기베르 자신이 놀라운 인물이었다. 그는 (프랑스 북부) 피카르디의 상류층 집안에서 (1053년 무렵) 막내로 태어났으며, 그의 아버지는 그가 어렸을 때 죽었다. 청소년기에 접어들자 그는 보베 인근의 생제르메 수도원으로 보내졌다. 그는 40년 동안 그곳에서 수도사로 있으면서 연구하고 수많은 도서관들을 방문했으며 북프랑스와 잉글랜드 남부 수도원의 지식인들과 정기적으로 접촉했다. 그 뒤 1104년에 그는 노장에 있는 작은 수도원 원장이 되었으며, 1124년 눈을 감을 때까지 그곳에 머물렀다. 그는 제1차 십자군전쟁 기록, 설교, 주해, 신학논문 등 수많은 작품들을 유려한 라틴어로 남겼으나 내용은 비교적 평이했다. 그러나 거기에는 수도사들을 위한 특별한 저작 두 개가 포함되어 있었다. 하나는 지나친 성유골 숭배에 반대하는 팸플릿 『성유골에 대하여De pignoribus sanctorum』이고, 다른 하나는 성 아우구스티누스의 『고백록』에 자극을 받아서 쓴 일종의 자서전 『내 삶에 대하여De vita sua』이다.[22] 그 자서전에서 기베르는 어머니가 그의 유년시절과 수도사로서의 삶에 얼마나 크게 영향을 끼쳤는지 이야기한다(그녀는 수도원 바로 앞에 기거했으므로 기베르는 사실 50살이 넘어 노장의 수도원장이 되기 전까지 어머니와 떨어져 지낸 적이 없었다). 그는 간섭과 사랑이 지나친 어머니가 꾼 꿈을 묘사한다. 그리고 자기 자신에 대해 말하면서 그가 가진 의

심과 (악마에 대한) 두려움, (피에 대한) 공포를 드러낸다. 그는 자신의 시대에 일어난 다양한 사건들, 예컨대 그에게 오랫동안 깊은 인상을 남긴 제1차 십자군의 출범, 랑에서 주교에 반기를 들고 일어났던 끔찍한 사건, 남자가 여자처럼 치렁치렁한 옷을 입게 만든 새로운 유행의 불미스러운 확산 등을 언급한다.[23] 그리고 그는 설교 중에 언급했던 사건에 대해 넌지시 말한다. 그것은 잉글랜드의 통치자이자 노르망디 공작인 윌리엄 정복왕이 그가 후원한 (프랑스 북부) 아르드르의 영주 아르눌에게 준 곰에게 일어났던 잔혹한 사건에 관한 이야기이다.

이 이야기는 1080년 무렵을 배경으로 하고 있다. 거대한 곰과 함께 잉글랜드에서 막 돌아온 아르눌은 그 짐승을 자신의 동물원에 가져다둘 겨를이 없었다. 곰을 보려고 아르드르 주민들이 몰려들었는데, 그들 가운데 일부는 개를 데리고 왔다. 곰이 사슬에 묶여 있었던 탓에 개들은 곰을 물고 늘어질 수 있었다. 개들은 '40차례 이상' 곰을 공격해 온몸을 물어뜯어 죽였다. 이 끔찍한 살육장면을 보면서 아르드르 주민들이 매우 즐거워했기 때문에 아르눌은 이를 저지할 수 없었다. 그 뒤 아르눌은 새로운 곰을 다시 들여와 일 년에 몇 차례 장터에서 춤추고 재주를 부리게 하고 개들과도 맞서게 했는데 이번에는 곰이 승자였다. 그 볼거리의 대가로 아르드르 주민들은 그 동물을 돌보고 먹이는 데 필요한 비용을 세금으로 내겠다고 동의했다.[24]

영주의 곰이 평민의 개들에게 무력하게 죽임을 당한 이 이야기는 기베르에게 깊게 인상을 남긴 듯하다. 그가 관할하는 지방 수도원들에서 떠도는 이야기들도 섬세한 감성의 소유자였던 그를 곤혹스럽게 만들었다. 수도사나 수련수사들이 한밤중에 곰의 모습을 하고 나타난 악마를 보고 겁에 질렸다는 이야기였다. 이는 분명 곰에 대한 기베르의 관심을 촉발시켜 『프랑크족을 통해 이루신 신의 업적』에 수록한 불로뉴 백작의 명망 높은 두 아들, 부이용의 고드프루아와 예루살렘의 보두앵을 미화하는 이야기들에 곰이 등장하게 만들었을 것이다.

곰의 섹슈얼리티

연대기가 사람과 곰의 친족관계를 이야기한 유일한 봉건시대의 사료
는 아니다. 동물지와 백과사전도 앞서 언급한 것과 같은 곰과 사람의 유
사점들을 즐겨 강조했다. 그 대부분은 고대부터 알려져 왔던 것으로, 때
로는 현대 과학으로 증명되기도 했다. 그러나 중세 동물지들에는 현대 동
물학은 받아들이지 않은 매우 특이한 관점이 있었다. 바로 곰이 다른 네
발동물이 하는 방식으로 짝짓기를 하지 않는다는 믿음이었다. 그에 따르
면 곰은 사람처럼 얼굴과 배를 마주한 채 서로를 끌어안고 누워서 관계를
맺는 유일한 동물이다. 이 행위에 대해 맨 처음 언급한 것은 플리니우스
의『자연사*Naturalis Historiae*』제8권 네발동물 편에 나오는 '인간의 방식*(more
hominum)*'이다. 이 흔치 않은 행위에 대한 플리니우스의 묘사는 곰에 관한
기다란 장의 서두를 이루고 있다.

> 곰들은 초겨울에 짝짓는다. 그들은 다른 네발동물들의 일반적인 방식과는
> 달리 바닥에 누워 서로를 끌어안고 얽힌다. 그런 뒤 그들은 따로 떨어져
> 각자의 굴로 돌아간다. 거기서 암곰은 30일째 되는 날 새끼를 낳는데 대체
> 로 5마리 정도이다.[25]

이 구절은 아리스토텔레스에게서 비롯된 것은 아닌 듯하다. 아리스토
텔레스는 "곰들은 바닥에 엎드려, 수컷의 배를 암컷의 등에 대고 교미를
한다"[26]고만 주장했다. 플리니우스는 다른 출처, 아마 지금은 남아 있지
않은 어느 그리스 작가의 저작을 참고했던 것 같다. 그러나 만약 곰의 행
위를 인간의 행위에 빗댄 먼 옛날의 전승을 따른 것이 아니라면, 그는 단

지 아리스토텔레스의 글을 잘못 해석했던 것일 수도 있다.[27] 어쨌든 중세 학자들에게 플리니우스는 의심할 여지가 없는 권위자였다. 그의 저서를 축약하고 개정한 3세기 작가 솔리누스도 마찬가지의 대접을 받았다. 따라서 곰에 대해 이야기하는 모든 중세 작가들은 플리니우스의 저술에 영향을 받았다고 할 수 있다. 그들은 플리니우스의 문장을 그대로 인용하거나 때로는 말을 보태서 곰의 성행위를 인간과 더 자세히 비교했다. 예컨대 13세기 초에 라틴어로 동물지를 작성한 남부 잉글랜드의 한 작가는 다음과 같이 주장했다.

> 곰들은 다른 동물들이 짝을 짓는 것과는 달리 인간 남성과 여성이 그러하듯이 서로를 마주 바라보고 포옹하며 꼭 끌어안는다. 기쁨의 시간은 다른 종들보다 더 오래 지속되는데, 그들은 마치 연인들처럼 서로를 애무하고 희롱한다.[28]

일반적으로 생각했을 때 곰이 사람과 같은 방식으로 짝짓기를 한다는 것은 정말 놀라운, 고古프랑스어로 나타냈듯이 '경이로운' 일이라고 할 수 있다. 이는 곰을 동물의 세계보다는 인간의 세계에 더 가깝게 만들었고, 수많은 믿음과 전설 · 이미지들을 낳았다. 예컨대 중세 말의 일부 채색삽화가들은 다른 야생동물이나 동물들하고는 색다른 곰의 사랑행위를 즐겨 묘사했다.[29] 그러나 성직자와 신학자들은 채색삽화가들의 그런 행동이 문제일 뿐 아니라 극악무도한 짓이라고 생각했다. 그리하여 곰은 위신이 높아지기는커녕 이미지에 흠집을 입고 '악마의 동물지bestiaire infernal'로 편입되었다. 곰의 성교는 신이 바라고 만들어 놓은 자연의 질서에 어긋난 것으로 여겨졌다. 그것은 악한 본성, 특히 욕정의 산물일 뿐 아니라 매우 큰 죄악이었다. '7대 죄악*(septem peccata capitlia)*'이란 개념이 자리를 잡으면서 곰은 끊임없이 욕정과 연결되었다. 물론 (숫양, 나귀, 원숭이, 개를 비롯한 몇몇 동물들도 그런 역할을 했으므로) 곰이 욕정을 나타내는 유일한 동물은 아니었으며, 분노·탐식·질투·나태와 같은 다른 7대 죄악이 곰과 연결될 때도 있었다. 그러나 곰을 악마로 만든 것은 다른 무엇보다도 곰의 음탕함과 육욕을 향한 갈망, 비정상적인 성적 본능sexualité이었을 것이다.[30]

중세 기독교 문화가 그 모두를 만들어낸 것은 아니었다. 일찍이 3세기에 오피아누스가 그리스어로 써서 로마의 카라칼라 황제에게 바친 사냥에 관한 글에는 곰, 특히 암곰의 성적 욕구에 대해 나와 있다. "곰들은 육욕에 사로잡혀 있으며 절제하지 않고 그것을 탐닉한다. 암컷들은 욕망을 억제하지 못해 밤낮없이 수컷들을 찾아다니고, 한번 교미를 시작하면 중단할 줄을 모른다."[31] 이것은 15세기 말에 한 익명의 동물지 저자의 입을 거쳐 되풀이된다. "곰들은 불같은 성정을 가지고 있으며 끊임없이 사랑의 쾌락을 추구한다. 일단 교미를 시작하면 그들은 개들이 짖거나 사냥꾼들이 위협을 가해도 멈출 줄 모른다."[32] 이 두 자료 사이에도 많은 작가들이 곰의 음탕한 본성을 끌어내기 위해 고군분투했는데, 특히 암곰이 표적이 되었다. 몇몇 백과사전 작가들은 새끼 곰이 너무 작거나 눈이나 털 등의 형체를 갖추지 못하고 사산되는 것에는 암곰한테 책임이 있다고 보았다. 그들은 암곰이 정상적인 임신기간을 유지하려 않기 때문이라고 설명했다. 수컷 곰은 임신 중인 암컷과는 교미를 하지 않으므로 이를 견디지 못한 암곰이 기간을 다 채우지 않고 출산을 해버린다는 것이다. 곧 어미가 되는 기쁨보다는 육신의 쾌락을 쫓는 암곰은 이른 출산으로 거의 사산된 새끼를 낳고는 재빨리 수컷에게 돌아가 다시 정을 통한다는 것이다.[33]

그러나 이러한 나쁜 어미 이미지는 고대 전통에 더 충실한, 다른 더 많은 작가들에 의해 수정되었다. 그들은 아리스토텔레스, 플리니우스, 오비디우스, 솔리누스[34]에게서 다양한 구절들을 빌려오고, ("새끼를 잃은 곰처럼"이라는) 잘 알려진 성서구절을 인용했으며,[35] 어미 곰이 참을성 있게 계속해서 사산된 새끼들을 핥아서 생명을 불어넣고 몸을 덥혀주어 건강과 힘을 되찾게 해준다고 말했다. 그 뒤에도 암곰은 여러 달 동안 새끼들을 보살피며 다른 포식자에게서 그들을 용감하게 보호한다. 일부 교부들은 이러한 부활행위가 모범적인 어머니상을 나타낸다고 여겨 곰을 신성한 동물의 반열에 올려놓기도 했다.[36] 성 암브로시우스[37]와 같은 교부들은 암곰의 행위가 회개나 개종과 같다고 보았다. 암곰이 자신의 악행을 깨닫고는 그 사악한 본성을 버리고 본받을 만한 존재로 거듭났다는 것이다. 어떤 이들은 사산된 새끼 곰이 살아나는 것이 세례와 같다고 여겼다. 하느님의 자녀들이 세례의 도유를 받을 때 그러하듯이, 새끼 곰은 살이 형체를 갖추고 숨이 돌아오고 감겼던 눈이 열린다.[38] 심지어 일부 작가들은 혀가 잉태의 역할을 한다고까지 이야기했다. 고대 사람들에게 혀라는 기관은 삶의 원천이자 지식을 낳는 수단이었다. 초기 기독교에서 혀는 말씀과 창조, 때로는 성령의 불꽃과 함께했다. 그 뒤 스콜라 철학에서는 도덕과 관련해 '혀의 죄'라는 관념이 생겨났고, 혀는 거짓과 오만을 저지르는 믿을 수 없는 기관이 되었다.[39] 7세기 초 세비야의 주교 이시도루스는 아직 거기까지는 이르지 않았다. 성 암브로시우스처럼 그도 어미가 새끼를 핥는 것을 제2의 탄생이라고 보았다. 그는 심지어 'orsus(태어나다)'와 'ursus(곰)' 사이의 음성적 유사성에도 주목했다. "*ursus fertur dictus quod ore suo formet fetus, quasi orsus*(그 동물이 곰이라 불리는 이유는 주둥이로 갓 태어난 자기 새끼의 형태를 빚어내기 때문이다)"[40] 이러한 음성 어원론은 그 뒤의 모든 동물지와 동물학 연구서에 적용되었으며, 르네상스시대까지 이어졌다.

다시 곰이 지닌 양면적인 상징성으로 돌아가 보자. 여기서 주목해야 할 것은 암곰과 수곰이 얼굴과 배를 마주하는 인간의 방식으로 교미를 한다는 믿음이 매우 오랫동안 지속되었다는 사실이다. 17세기까지 그에 대해 실질적인 의문은 제기되지 않았다. 18세기에 뷔퐁은 그것을 믿지는 않으나 다음과 같이 보고했다. "곰들은 가을에 상대를 찾아다니는데, 암컷은 수컷보다 더 열정적이라고 한다. 암곰이 수곰을 받아들이기 위해 바닥에 등을 대고 누운 다음에 수곰을 꼭 붙들어 오랜 시간 끌어안는다는 주장이 있다. 그러나 곰들도 다른 네발짐승이 하는 방식으로 교미를 한다고 보는 것이 더 올바를 것 같다."[41] 그 뒤의 동물학자들은 곰이 인간의 방식으로 성교한다는 주장을 더 분명하게 반대했고, 암곰의 성애를 둘러싼 방탕함과 음탕함의 명성은 끝이 났다. 동물학자들이 다시 세운 이론에 따르면 암곰은 1년에 단 한 번, 늦봄이나 초여름에 열정에 사로잡힌다. 그리고 대개는 일부일처의 관계를 유지하므로 (언제나 가능한 것은 아니지만) 해마다 같은 수컷을 찾는다. 또한 다른 육상 포유동물들처럼 교미를 하는데, 차이가 있다면 교미시간이 다른 야생동물들보다 길다는 것이다. 새끼 곰들도 아리스토텔레스의 추측[42]이나 플리니우스의 주장과는 달리 30일 만에 태어나지 않으며, 8~9개월 뒤에야 세상에 나온다. 새끼들은 어른 곰에 비해 크기는 매우 작지만 어미의 아낌없는 보살핌 덕분에 빨리 자라서 어린 야생동물들이 하는 행동이라면 뭐든지 할 수 있게 된다.[43]

곰과 여성

곰과 관련된 악행들은 앞서 말했듯이 주로 암곰과 관련이 있었다. 그러나 수곰도 비난에서 완전히 자유롭지는 않았다. 중세의 많은 작가들에게 수컷 곰은 통제할 수 없는 분노, 무분별한 폭력성, 잔혹한 성정을 가진 위험한 존재였다. 그들은 인간 남자보다 여자한테 더 위협이 되었다. 곰들이 소녀나 젊은 여성들을 찾아다닌다는 고대의 신화는 다양한 경로를 거쳐 중세로 이어졌으며 현대까지 전해졌다. 곰은 때로는 연인이나 유혹자였지만 납치범이나 겁탈자일 경우가 더 많았다. 그는 여성들을 납치해 자기 굴로 데려가서 비정상적인 성관계를 갖는데, 그 결과로 반은 사람이고 반은 곰인 자손들이 태어나기도 했다. 그리스 신화에서는 그러한 납치에 관한 일화가 존재하기는 하지만 명료하지는 않다. 우회적인 방식을 선호했던 그리스인들은 곰의 여신인 아르테미스에게 어린 소녀들을 바치는 브라우로니아 제의를 묘사하는 데 그쳤다. 아니면 파리스의 헬레네 납치처럼 사실을 숨기기도 했다. 젊고 잘생긴 이 용감한 젊은이는 프리아모스 왕과 헤카베의 아들로 곰하고는 전혀 닮지 않았다. 하지만 그가 이다 산의 숲에 버려져서 곰 젖으로 양육되었다는 사실을 기억해야 한다. 곰 젖은 그에게 많든 적든 곰의 본성을 부여하였다. 성인이 되자 그는 신화에 등장하는 수컷 곰들이 그러했듯이 젊은 여성을 납치한다. 그리고 세상에서 가장 아름다운 그 여인을 자신의 짝으로 삼았다. 헬레네의 납치는 폭력적으로 이루어지지 않았으나 그것은 어쨌든 납치였고 트로이의 몰락을 가져왔다.

켈트와 게르만의 신화들은 이보다 덜 조심스럽다. 그들은 주저하지 않고 곰이 여성을 겁탈한 사건들, 그리고 그러한 비정상적인 결합에서 태어난 영웅들의 업적이나 괴물들의 악행을 이야기한다. 기독교의 철두철미한 검열에도 이러한 이야기들의 상당수가 사가saga, 서사시, 기사문학, 명망 높은 왕가의 족보를 통해 봉건시대까지 이어졌다.

예컨대 영국인인지 노르만인인지 확실치 않은 어느 익명의 작가가 12세기 말이나 13세기 초에 운문으로 쓴, 그리 널리 알려져 있지 않은 아서왕 이야기에는 이데르라는 인물이 등장한다.[44] 그는 자기 아버지가 누군지 모르는 자로 기사가 되려고 아서 왕의 궁전으로 왔다. 그보다 몇 해 일찍 쓰인 크레티앵 드 트루아의 『성배 이야기Conte du Graal』에 등장하는 기사 페르스발처럼 말이다. 귀네비어는 이데르를 몹시 다정하게 대해주었는데 이는 아서 왕과 일부 원탁의 기사들, 특히 왕의 조카인 가웨인과 악랄한 집사 케이의 질투를 불러일으켰다. 아서 왕은 이데르가 스스로를 증명하기 전까지 그에게 작위를 수여하지 않기로 했다. 이데르는 실망했지만 그의 힘과 용기를 보여줄 기회가 머지않아 극적으로 찾아왔다. 어느 날 그가 귀네비어와 가웨인, 그리고 왕비를 수행하던 몇몇 젊은 귀부인들과 함께 탑 꼭대기의 방에 있을 때였다. 거대한 곰 한 마리가 방으로 들어왔는데 '어느 누구도 지금까지 본 적이 없는 크기의 곰'이었다. 곰은 사슬을 끊고 우리를 부수어 왕실 동물원을 탈출했던 참이었다. 귀부인들은 겁에 질렸다. 가웨인이 곰에 맞설 만한 무기를 찾으려 했지만 방 안 어디에도 없었다. 그러자 이데르가 맨손으로 성난 곰에게 달려들어 격렬하게 싸우기 시작했다. 두 레슬러가 방 한가운데에서 결투를 벌이는 동안 귀부인들은 벽에 바짝 붙어 있었다. 귀네비어는 비명을 질렀고, 가웨인은 마비라도 된 듯 꼼짝하지 못했다. 결투는 매우 오래 계속되었으나 승부가 나지 않았다. 가까스로 곰의 팔과 발톱에서 빠져나온 이데르가 마침내 그 짐승의 머리와 등가죽을 움켜쥐고는 창가로 끌고 갔다. 그리고 초인적인 힘을 발휘해 곰을 번쩍 들어 허공으로 내던졌다. 곰이 해자의 바위 위에 떨어지자 그곳에 있던 개들이 알아서 달려들었다. 이 짐승의 그 뒤 운명에 대해서는 더 이상 알 길이 없다.[45] 하지만 곰은 이데르의 공훈에 결정적인 역할을 했다. 이 일로 그는 궁정에서, 특히 귀네비어와 귀부인들에게서 '높은 칭송(molt prisiez)'을 받았다. 그러나 이데르의 심장은 또 다른 여왕 권로이를 향해서만 뛰고 있었다. 그 뒤 그는 또 새로운 공을 세워 가웨인의 우정을 얻었고 기사 작위를 받는 데도 성공해 결국 그녀와 결혼했다. 그러나 (곰-왕!) 아서는 끝까지 그에게 적의를 보였다.

곰과 관련된 이 일화는 아주 오래된 전통에서 나온 다양한 소재와 제재들을 기사문학 한가운데에 담아내고 있다. 젊은 이데르가 무시무시한 곰과 벌인 결투는 분명히 기사가 되기 위한 통과의례이다. 이는 수세기 전 게르만의 이교도 젊은이들이 성인전사가 되기 위해 곰이나 멧돼지를 상대로 벌였던 결투를 상기시킨다.[46] 기독교 청중들에게는 양치기였던 다윗이 곰에 맞서 자신의 가축을 지켰다는 성서구절을 떠올리게 한다(사무엘기 상권 17:34-35). 또한 동물원의 곰은 왕이 자신의 힘을 과시하고 위엄을 보여주는 데 사용했던 상징적인 동물이다. 12세기 말, 아서도 마찬가지로 이 관습에서 자유롭지 못했다. 다른 모든 서양의 군주들처럼 아서도 곰을 가지고 있었다. 몇십 년이 지나서 동물의 왕이라는 상징적인 자리가 곰에서 사자로 완전히 바뀌었을 때는 곰이 더 이상 왕실 동물원의 필수요소는 아니었을 것이다. 그러나 이 극적인 사건에서 가장 중요한 점은 왕실 동물원에 곰이 있었다는 사실도, 젊은 이데르가 곰과 싸워 승리를 거뒀다는 사실도 아니다. 핵심은 사슬을 끊어낸 곰이 자유를 찾으려 숲으로 돌아가지 않고, 곧장 탑을 기어 올라가서 귀부인들의 방으로 돌진했다는 데 있다. 이데르 이야기의 곰은 다른 많은 수컷 곰들처럼 여인들의 위험한 연인이었다. 곰에게는 자유보다 여인의 육체가 더 중요했다. 늙고 눈까지 먼 곰이 오직 후각만으로 귀부인들의 방을 찾아냈다는 구절은 이를 더욱 분명하게 드러낸다.[47] 그것은 악의적이지만 자세히 들여다보면 매우 근대적인 불안이었다. 여인의 향기(odor di femina)*가 곰을 사로잡고 이끌었던 것이다.

비록 이데르 사건과 유사한 일화를 포함하고 있지 않으며 곰이란 단어도 언급하고 있지 않지만, 12세기의 다른 몇몇 아서 왕 전설들에도 '곰'은 어렴풋하지만 계속해서 영향을 끼치고 있었다.[48] 이는 아마도 기독교화 작업이 완전히 진행되지 않은 초기 아서 왕 전설과, 앞서 살펴보았듯이 곰이라는 명칭에서 직접 유래된 아서라는 이름에서 비롯된 것 같다. 아서는 사람이자 왕이었으나 어느 정도는 계속해서 곰의 성향을 간직하고 있었다. 그래서 아서는 곰을 무찌르고 귀부인들의 영웅이 된 이데르를 좋아하지 않았다. 그러나 아서가 이데르와 직접 맞서지는 않는다. 진짜 곰과 벌인 이데르의 전투는 의식적인 측면에서 다뤄볼 필요가 있다. 이데르는 자신에게 부재했던 아버지를 아서 왕에게서 찾고자 했다. 하지만 원탁의 기사 이야기에 나오는 다른 영웅들이 그러했듯이(이것이 이 문학작품이 칭송을 받는 점이기도 하지만) 이데르는 자신은 물론 상대에게도 잘못을 저지르

---

* Odor di femina는 '여인의 향기'를 뜻하는 이탈리아어 구절로 모차르트가 작곡한 오페라 『돈 조반니 Don Giovanni』를 통해 널리 알려졌다. 주인공 돈 조반니는 17세기 에스파냐의 호색 귀족으로 수천 명이 넘는 여성과 관계를 맺고 염문을 뿌리고 다닌다. 그는 마치 짐승처럼 향기로 여인을 감지한다.

고 있었다. 아서는 자식을 가진 적이 없으며 바라지도 않았다. 그는 곰이 자 경쟁자이자 질투심 많은 남자였으며 적이었다.[49]

트리스탄이란 인물도 적어도 옛 판본들에서는 아서 왕처럼 모호한 존 재였다. 거기에 나오는 트리스탄의 혈통은 비밀스럽다. 트리스탄의 어머 니는 콘월의 왕 마크의 누이였으나 아버지에 대해서는 알려져 있지 않다.[50] 하지만 연대를 파악하기 어려운 한 문헌은 털북숭이 우르강을 트리스탄 의 아버지라고 지목한다. 그는 친족관계까지는 밝혀지지 않았으나 트리 스탄이 죽인 털 많은 거인과 같은 종족이었다.[51] 트리스탄은 중세 청중들 에게 인기가 있던 영웅이다. 그는 격정적인 사랑에 빠져 죽음에까지 이른 왕자이자 마크 왕에게서 도망치기 위해 혼자서 혹은 이졸데 왕비와 함께 숲으로 떠난 야생인간이기도 했다. 트리스탄은 털로 덮인 자, 아마도 야 생동물과 인간 여성의 결합으로 태어난 곰-인간의 아들이었을 것이다. 곰 의 손자였던 트리스탄은 동물적 본능을 간직하고 있다. 그는 자신의 피난 처를 다른 야생동물들이 있는 깊은 숲으로 정한다. 물론 대부분의 문헌들 은 곰을 떠올리게 하는 이러한 요소들을 대충 얼버무렸다. 그러나 파편적 으로 전해지지만 초기 판본들인 12세기의 소설과 시에는 그 흔적들이 일 부 남아 있다.[52]

1170년부터 1200년 사이에 문학이 여왕이나 젊은 여인들에게 매혹된 수컷 곰이나 그들 서로의 이끌림을 상기시킨 유일한 문헌은 아니었다. 연 대기라는 자료도 있었다. 연대기들은 인간 여성과 야수 사이의 다양한 결 합에 관한 몇 가지 이야기들을 제공한다. 저명한 영국인 수도사이자 채색 삽화가인 매튜 패리스가 편찬한 연대기에는 한창 내전이 벌어지고 있던 때인 1215년 여름에 런던에서 열린 마상창시합이 나온다. 영국의 대귀족 들은 몇 해 전에 부빈 전투에서 패한 존 왕에 반기를 들었다. 귀족들은 그 를 폐위시키고 프랑스 왕의 아들인 루이 공을 왕좌에 앉히려 했다. 루이 공의 도착을 기다리는 동안 귀족들은 존 왕 지지파에 대한 적개심을 다시 분명히 하고자 런던 교외의 하운즐로우에서 일주일 동안 대규모 마상창시합을 개최했다. 문장원은 지역 전체에 이를 포고하고 시합에서 승리한 자에게 매우 귀중하고 값진 상을 수여할 것임을 알리라는 지시를 받았다. 승자에게 줄 상은 바로 관대한 귀부인의 곰이었다.[53]

　　우리는 이 귀부인의 정체에 대해 알지 못한다. 연대기에는 '어느 귀부인(*quaedam domina*)'으로만 나올 뿐이다. 마상창시합이 실제로 열렸는지에 대해서도 알지 못한다. 또한 승자에게 주어진 상이 피와 살을 가진 살아 있는 곰이었는지, 중세 프랑스어에서 종종 '곰 모형(*semblance d'ours*)'이라고 칭했던 지푸라기나 밀랍으로 만든 일종의 마네킹이었는지, 나무를 이용해 곰을 나타냈던 상징적인 기념물이었는지 알지 못한다. 당시 마상창시합에서 승리한 기사는 전사의 동물로 여겨지던 매나 강꼬치고기*를 상으로 받는 것이 일반적이었다. 그러나 이때에도 진짜 동물이 아니라 빚거나 새기거나 조각한 물건을 받았다.[54] 곰도 그와 같았는지는 알 수 없다. 매튜 패리스가 그 글을 쓴 것은 그 일이 있은 지 30~40년 뒤였다. 그의 관심은 마상창시합 자체보다는 다음과 같이 상황이 역전될 것임을 풍자하고 암시하는 데 있었다. "귀족들은 시시하고 경박한 놀이에 빠져 존 왕과 그 동맹자들이 그들을 교묘한 함정에 빠뜨릴 준비를 하고 있다는 사실을 알아채지 못했다." 승자에게 주어지는 상에 대한 그의 묘사는 두 가지 측면에서 흥미롭다. 첫째, 그것은 곰이 당시에도 여전히 힘과 용기, 승리를 상징하는 큰 가치를 지닌 선물이었음을 보여준다. 둘째, 그것은 귀부인들이 곰에 대한 상징적인 지배권을 가지고 있었음을 보여준다. 그녀들은 곰의 여주인이자 여왕이었으며 곰을 '자유롭게' 처분할 수 있었다.[55] 우리는 문헌에 신비하게 '어느 귀부인'이라고만 나온 여인의 정체를 알고 싶어한다. 하지만 그녀가 누군지는 결코 알 수 없을 것이다.

---

* 강꼬치고기(brochet) : 육식 물고기로 날카로운 주둥이는 마치 기사의 뾰족한 창과 같다. '*broche*'는 프랑스어로 꼬챙이라는 뜻이 있다.

정액 논쟁

인간 여자와 곰 사이에서 자식이 태어날 수 있을까? 신화, 동화, 전설, 문학 텍스트, 구전은 망설임 없이 '그렇다'고 대답한다. 그리고 그 결합에서 반은 인간이고 반은 짐승인 특별한 운명을 지닌 존재가 태어난다고 말한다. 이에 관한 고대와 중세의 예화들도 매우 다양하다. 그렇지만 중세 의학은, 적어도 교육받은 의학자들은 이 문제에 관해 거의 말하지 않는다. 그들은 성교와 출산에 대해 논하며 인간과 동물 사이의 결합은 드문 경우 (괴물)를 제외하고는 결실을 맺을 수 없다고 지적한다. 희한하게도 일부 신학자들의 관점은 더 모호하다.

13세기 초의 저명한 지식인 가운데 하나였던 파리의 주교 기욤 도베르뉴(재임 1228~1249)의 관점을 살펴보자.[56] 1230년과 1250년 사이에 쓰인 그의 방대한 저작들은 아우구스티누스의 정통신학과 당시 새롭게 재조명되던 아리스토텔레스의 자연철학을 접목시킨 흥미로운 작품들이다.[57] 기욤은 1240년 무렵에 집필한 『피조물의 세계에 대하여 De universo creaturarum』에서 인간과 동물의 결합에 대해 직접적으로 의문을 제기한다. 이 연구서는 피조물의 세계를 크게 물질세계와 정신세계 둘로 나눈다. 거기서 동물은 중요한 위치를 차지하고 있다. 기욤은 동물과 인간이 선천적으로 갖는 육체적 차이만이 아니라, 동물들의 영혼과 그들이 선과 악을 구별할 능력이 있는지 탐구한다. 그리고 그 일은 그로 하여금 '민속'이라는 범주로 그때까지 전해지던 몇 가지 믿음과 관습들을 기록하게 했다. 기욤의 저작은 역사가들에게 다른 어디서도 찾기 어려운 자료들을 제공한다. 그는 동물이 완전히 인간을 위해 만들어진 존재라는 말을 여러 차례 되풀이한다. 따라서 동물들은 죄악을 알지 못한다. 그러나 인간은 죄악에 물들어 있다. 인간은 죄악을 범했기 때문에 동물을 지배할 권리의 일부를 잃었다.[58]

그의 책 마지막 부분은 오롯이 악마에게 할당되어 있다. 기욤은 오랫동안 논쟁이 되어온 신학적인 문제로 돌아간다. 악마가 사람과 성관계를 가

질 수 있는가? 만약 그렇다면, 그렇게 태어난 존재는 인간인가? 그도 원
죄나 육신의 부활의 대상인가? 파리의 주교는 이 세 가지 질문에 대해 모
두 부정적이다. 하지만 그는 더 나아가서 악마가 여성과 관계를 갖는 동
물의 정액을 훔쳐내거나, 아니면 악마가 아니라 동물 자체가 사람과 관계
를 가질 때 어떤 일이 일어나는지 묻는다(이는 우리의 관심에 가장 부합하는 부
분이다).[59] 그리고 그는 이 문제에 관해 '유명한 예화(exemplum notissimum)'
하나를 제공한다.

어느 날 독일 작센 지방에서 무지무지하게 힘센 곰 한 마리가 기사의 아내
를 납치해서 자신이 동면하는 동굴에 가두는 일이 벌어졌다. 그녀는 매우
아름다운 여인이었기 때문에 곰은 그녀의 육체에 강한 욕망을 느꼈다. 곰
은 그녀를 겁탈하고 수년간 자신의 지옥 같은 굴에서 그녀와 관계를 가졌
다. 이 결합으로 세 명의 사내아이가 태어났다. 다행스럽게도 한 나무꾼이
그 여인과 그녀의 아이들은 발견하여 도망치게 해주었다. 그녀는 남편에
게 돌아갔고, 그녀의 아들들은 모든 이들이 논의한 끝에 성 근처에 머물게
되었다. 훗날 그들은 위대한 작센 남작들 앞에서 기사 작위를 수여받았다.
그들은 털이 많고 곰이 그러한 것처럼 머리를 약간 왼쪽으로 기울이는 버
릇이 있는 것을 빼고는 다른 기사들과 다르지 않았다. 그들은 자기 아버지
의 이름을 물려받아 우르시니(Ursini)라 불렸는데, 이는 곰의 아들들이란
뜻이었다.[60]

이 예화는 더 이른 시기나 같은 시대에 나타난 문학과 서사 속의 유사
한 이야기들과 비교했을 때 상대적으로 평범하다. 그렇지만 이 예화는 기
욤 도베르뉴에게 곰의 본성에 관해 논할 기회를 제공했으며, 곰이 결코
평범한 동물이 아니라는 뜻밖의 놀라운 결론을 끌어냈다. 기욤은 (겉모습,
서 있는 자세, 물건을 집는 방식, 성교행위 등) 인간과 곰의 모든 육체적인 유사

성에 대해 말한 뒤에 곰 고기가 인간의 살과 같은 맛이 나므로 많은 사람들이 그것을 먹는 것을 식인과 마찬가지로 여겨 거부한다고 주장했다. 거꾸로 곰에게 잡아먹힌 사람도 〔동족끼리 서로 잡아먹는〕 카니발리즘cannibalisme의 희생양으로 보았다.

그는 곰에게 납치되어 겁탈당한 작센의 여인 이야기로 다시 돌아가서 깜짝 놀랄 만한 추론을 더 멀리까지 끌고 간다. 기욤 도베르뉴는 곰의 정액이 사람의 정액과 거의 동일하고, 곰과 인간 여성이 관계를 가질 수 있다고 주장한다. 그 결합에서 태어난 자손들은 '괴물(monstri)'이 아니라 '완전한 인간(veri homines)'이다. 그들이 세례를 받고 다른 아이들처럼 길러져야 한다는 사실을 인정하고 받아들여야 한다. 이들은 다른 동물들과 달리 선과 악을 구분할 수 있으며, 원죄나 육신의 부활에 영향을 받는다. 그들은 감정을 가지고 있으며 두려움과 즐거움을 느낀다. 노새와 달리 곰과 인간 여성 사이에서 태어난 이들은 아이를 낳고 자손을 번식시킬 수 있다. 그리고 이 파리의 주교는 기이한 방법으로 곰에게 겁탈당한 여성과 암곰과 교미한 남성을 분명하게 구분한다. 여성이 곰에게 겁탈당하는 것은 자연에 완전히 위배되는 죄악이 아니다. 수컷 곰은 성적으로 인간 남성과 매우 가깝기 때문이다. 그러나 뒤의 것은 수간獸姦일 뿐이다. 암곰은 인간 여성과 전혀 닮지 않았으며, 다른 동물의 암컷과 다르지 않기 때문이다.[61]

곰의 후손들

이러한 매우 기이한 관점은 다른 신학자들의 저작에서는 발견되지 않는다. 그러나 기욤 도베르뉴가 인간 여성이 곰과 결합해 자손을 볼 수 있다고 생각했던 유일한 사람은 아니었다. 봉건시대의 일부 문헌들은 이러한 관점을 공유하고 있었다. 가장 놀라운 자료는 아마도 앞에서 이미 언급했던 삭소 그라마티쿠스(1150~1220년)의 연대기일 것이다. 이 위대한 스칸디나비아 학자는『덴마크인의 위업』에서 명망 높은 덴마크의 왕 스벤 2세가 곰의 자손이라고 기록했다. 야생 곰이 젊은 처녀를 납치해 동굴 안에서 그녀와 결합한다. 얼마 뒤에 어떤 사냥꾼이 곰을 죽여 그 여인을 구출해내는 데 성공한다. 당시 여인은 임신한 상태였다. 그녀는 곧 아들을 낳았고, 아이에게 토르길리스 스프라켈레그(Thurgilllus dictus Sprakeleg)라는 이름을 붙여주었다. 그는 사납고 공격적인 성격을 빼고는 여느 아이들과 다르지 않았다. 어른이 되자 그는 아버지의 복수를 위해 사냥꾼을 죽였다. 그 뒤 그는 다른 귀족 청년들과 마찬가지의 삶을 살았다. 아내를 얻고 아들을 낳았으며 손자를 보았다. 그리고 손자인 〔덴마크 동부〕 로스킬레의 군주 울포 백작이 덴마크 왕의 누이와 결혼해 아들을 낳았는데, 그가 바로 스벤 왕이다.[62]

삭소 그라마티쿠스가 이 왕조 신화를 창조해낸 것이 아니었다. 그는 더 이른 시기의 원전들에서 가져온 이야기를 자신의 후임자인 연대기 편찬자와 작가, 역사가들에게 전했을 뿐이다. 스칸디나비아 왕조의 영광스런 세기였던 13세기 내내, 덴마크 궁정에서 편찬된 공식적인 족보에서 곰은 왕의 선조로 인정되었다. 어느 누구도 곰이 덴마크 왕조의 창시자 가운데 하나라는 사실을 의심하지 않았다. 심지어 일부 작가들은 한 세대를 누락시켜서 울포 백작의 아버지, 곧 스벤의 할아버지를 곰의 자식으로 만들기까지 했다.[63] 이러한 곰의 혈통은 덴마크 왕조에 흠이 되기는커녕 스웨덴과 노르웨이 왕들의 질투를 불러일으킬 정도로 신비로운 명성을 가져다주었다. 1260년부터는 울포 백작의 조카딸이 노르웨이 왕 하랄 3세와 결혼했다는 사실을 근거로 노르웨이 왕들도 곰의 피를 물려받았다고 주장하기 시작했다. 스웨덴에서는 4세대 이상 올라가는 왕조의 족보가 없었다. 하지만 그들조차 스웨덴을 통치했던 몇몇 덴마크 왕들의 사례를 들어서 두 왕조가 밀접히 연관되어 있으므로 실질적으로 공통의 조상을 가지고 있다고 보아야 한다고 주장했다.[64]

희한하게도 중세 말 이전에는 어떤 수도사나 성직자도 곰의 혈통을 물려받았다는 덴마크, 노르웨이, 스웨덴 왕들의 주장을 비난하지 않은 듯하다. 16세기에 종교개혁으로 쫓겨나 로마로 피난을 가야했던〔스웨덴 남부〕웁살라의 마지막 대주교 올라우스 마그누스도 유구하고 매혹적인 북부인들의 역사를 다룬『북방민족의 역사*Historia de gentibus septentrionalibus*』에서 이를 암시했다. 그는 심지어 삭소 그라마티쿠스가 전하지 않은 세부적인 내용들까지 기록했는데, 특히 곰의 성욕이나 그 동물이 젊은 처녀를 잉태시킨 방법, 곰을 잡을 때 개들이 어떤 역할을 했는지 등에 관해서도 자세히 적었다.[65] 삭소와 마그누스가 새로 만들어낸 것은 없었다. 일찍이 11세기 문학과 서사문헌에서도 곰은 온갖 유명한 인물들의 선조 가운데 하나로 이야기되고 있었다. 덴마크의 시바르 공작의 업적을 기록한 라틴어 무훈담을 그 예로 들 수 있다. 그는 크누드 대왕을 도와 1020~1030년 북부 잉글랜드의 앵글로색슨족을 물리친 덴마크 사람이었다. 익명의 저자는 공작의 아버지가 곰의 귀를 가지고 있었던 것이 조상 중에 곰과 결합해 아이를 낳은 여인이 있었음을 암시하는 신체적 증거라고 설명했다.[66] 곰의 귀를 가졌다는 공작의 아버지는 베오른 베레손*(Beorn Bereson)*이라 불렸다. 베오른*(Beorn)*이나 베로*(Bero)*는 모두 직접 곰을 떠올리게 하는 이름으로 아버지에게서 물려받은 것으로 보인다. 아마 그 영향으로 곰과 관련된 전설들이 만들어졌을 것이다. 덧붙이자면 사가saga와 연대기에 곰 조상을 가졌다고 나오는 인물들은 언제나 곰과 연관된 이름을 가졌다. 이름은 상징적으로는 친족관계의 결과물이자 흔적이었으나, 역사적으로는 거의 언제나 원인이었다. 다시 말해 계보가 이름을 만들어낸 것이 아니라, 오히려 그 반대였다고 볼 수 있다.[67]

이는 유독 스칸디나비아에서만 나타난 현상은 아니었다. 13세기 말 이탈리아에서도 명망 높은 로마의 오르시니Orsini 가문의 명칭을 둘러싸고 유사한 전설이 만들어졌다. 이 명문가는 세 명의 교황과 수많은 추기경들을 배출한 집안이었다. 그 이름은 분명히 곰을 떠올리게 만들었고, 1280년 즈음부터 사람들은 오르시니 집안의 선조가 암곰과 밀접한 관계가 있다고 말하기 시작했다. 그 관계의 성격을 보여주는 두 가지 이야기가 유포되었다. 하나는 인간 남자와 결합한 곰이 출산을 했다는 충격적인 내용이었다. 다른 하나는 로마 신화를 모방해 비교적 받아들이기 쉬운 이야기로 숲에 버려진 아이를 암곰이 보살피고 젖을 먹였다는 내용이었다. 중세 말에 대대로 오르시니 가문과 적대 관계였던 콜로나Colonna 가문은 첫 번째 이야기를 담은 팸플릿을 유포시키며 오르시니 집안을 '곰의 자식들(figli dell'orsa)', 곧 사람과 동물의 결합으로 태어난 괴물 같은 존재들로 규정했다. 오르시니 가문은 자신들을 로물루스의 후손들인 로마의 왕들과 유사하게 만들어 주는 두 번째 이야기를 더 선호했다. 그들은 로물루스 전설을 모방해서 집안의 상징을 암곰으로 삼아 어디든 지니고 다니며 내보였으며, 가문의 문장도 암곰으로 바꾸었다.[68] 사실 오르시니 가문에 이름을 물려준 조상은 교황 켈레스티누스 3세의 조카로 방정맞고 야심 많았던 오르소Orso란 사내였던 것으로 보인다. 그의 집안은 12세기 말 이전에는 단지 보보니보베스치Boboni-Boveschi 씨족의 한 갈래에 지나지 않았으며, 독자적인 명칭을 갖지 않았다.[69] 게다가 봉건시대에 로마와 중부 이탈리아에서 오르소라는 세례명은 특이한 것이 아니었다. 하지만 그 이름에서 신화와 전설, 이미지, 상징들이 태어났다.

시간을 더 거슬러 올라가서 서기 1천년 이전의 북부유럽으로 가보자. 우리는 그와 유사한 전설들을 구전에서 유래한 몇몇 문학작품들에서 찾을 수 있다. 그 하나의 예가 유럽에서 세속어로 쓰인 가장 오랜 서사시인 『베오울프Beowulf』이다. 이 서사시는 고대 영어로 쓰였으나, 이야기는 잉글랜드와는 아무 관련이 없다. 이 서사시는 초자연적이고 강력한 힘을 가진 군주가 괴물 두 마리와 용 한 마리를 잇달아 죽이는 무용담이다. 베오울프라는 이름은 '벌들을 약탈하는 자'나 '벌들의 적'이라는 뜻으로 곰을 본래의 이름으로 직접 부르면 안 된다는 금기를 지키려고 게르만 사람들이 이따금 사용하던 곰의 별칭이었다. 베오울프는 곰이라기보다는 곰과 인간 여성의 자식이었다. 이러한 출생은 그가 가진 놀라운 힘과 야만적인 본성, 아울러 그가 일찍부터 지니고 있던 기독교인의 정서와 선과 악을 분별하는 능력을 설명해준다. 이 이야기는 덴마크와 스웨덴 남부 지역에서 발생한 것으로, 아마 게르만족이 그레이트브리튼을 침략했을 때 구전되어 북부유럽까지 전파되었을 것이다.[70] 고대 영어로 베오울프를 쓴 시인은 〔잉글랜드 북동부〕 요크셔나 노섬벌랜드 출신이었던 듯하다. 그는 교육을 받은 자로, 장엄하고 화려한 글쓰기 방식으로 보건대 아마 성직자였을 것이다. 게르만 전설과 고대 서사시도 잘 알고 있었던 이 작가는 아마 7세기 말이나 8세기, 아니면 9세기 초에 그 작품을 썼을 것이다.[71]

그 뒤의 사가saga들에도 반은 인간이고 반은 곰인 존재들의 무용담(혹은 악행)이 나온다. 그들은 이따금 동물과 인간 여성의 자손이 아니라 악마의 주술 때문에 곰으로 변한 영웅들로 묘사되기도 하였다. 예컨대 (작은 곰) 브아르키(Bjarki)는 자신을 유혹하려 한 계모를 거부한 일로 앙심을 사는 바람에 곰으로 변한 인물이었다. 보드바르(Bodvar)는 금기를 어기고 정의롭지 못한 방법으로 도살된 곰의 하반신을 먹었기 때문에 곰의 발을 갖게 된 젊은 사냥꾼이었다. 죽은 자들이 이승의 적을 괴롭히려고 곰으로 환생했다는 이야기도 있었다.[72]

동물의 경계

봉건시대의 성직자들이 어찌 곰과 인간이 유사한 존재이자 친족이며 자손을 둘 수 있다는 이야기가 기독교 세계에 퍼져가는 것을 용납할 수 있었을까? 그 이야기들은 교부들의 가르침과 그것에서 비롯된 모든 신학 교리들에 어긋난다. 신학은 신의 형상을 본떠 만든 인간은 열등한 하위 존재인 동물과는 다르다고 끊임없이 주장해왔다. 그에 따르면 동물과 인간 사이에는 어떤 친족관계도 성립하지 않는다. 교회는 혼란을 일으킬 만한 어떤 행위라도 엄격히 비난했다. 예컨대 교회는 동물 변장[73], 동물 행동 모방, 동물과 관련된 축제를 지탄했다. 그리고 (말, 매, 개 등) 일부 동물들에 대한 개인의 각별한 애정부터 마법이나 수간과 같은 악명 높은 범죄에 이르기까지 인간과 동물 사이에 부적절한 관계를 가져올 수 있는 모든 것들을 되풀이해서 (효과는 없었으나) 금지했다.

당시에는 그런 태도가 주류를 이루고 있었다. 그러나 일부 성직자들은 다른 길을 택했다. 그들은 더 신중했으며 어느 정도는 근대적이기도 했다. 아리스토텔레스학파와 바울학파가 대표적이다. 사실 아리스토텔레스는 생명 공동체에 관한 사상을 이끌어냈다. 이 사상은 그의 몇몇 저서들에 흩어져 나타나다가 『동물에 관하여De anima』에서 다시 확인되었다. 중세는 이 사상을 상속해서 여러 단계로 받아들였는데, 가장 늦으면서도 중요한 수용은 13세기에 일어났다.[74] 아리스토텔레스 유산의 수용은 (비록 매우 다른 이유에서 비롯된 것이었지만) 동물에 대해 그와 유사한 태도를 지닌 기독교 전통 안에서 촉진되었다. 그러한 기독교 전통의 가장 잘 알려진 예는 아시시의 프란체스코에 관한 전설[75]이다. 이것은 성 바울의 일부 표현, 특히 로마인들에게 보낸 편지에 나온 다음과 같은 구절에 그 기원을 두고 있다. "피조물도 멸망의 구속에서 해방되어, 하느님의 자녀들이 누리는 영광의 자유를 얻을 것입니다."(로마서 8:21)[76] 이 문장은 신학자들에게 큰 영향을 끼쳤고 논평을 달게 했다.[77] 그들 가운데 일부는 그 말이 지닌 의미를 찾으려고 했다. 그들은 그리스도가 정말로 '모든' 피조물들을 구원하러 오는지, 그리고 동물들도 '마찬가지로' 진짜 '하느님의 자녀들'인지 궁금해했다. 일부 작가들은 예수가 마구간에서 태어났다는 사실을 구세주가 지상으로 내려와 동물들도 구원하리라는 증거로 보았다.[78] 13세기 중반 파리대학에서는 결의론Casuistique*에 몰두해 있던 신학자들이 제기한 문제들이 논의되기도 했다. 예컨대 동물들의 내세에 관해 다음과 같은 질문들이 나왔다. '동물들도 죽은 뒤에 부활하는가? 동물들도 천국에 가는가? 천국에 동물들을 위해 마련된 특별한 공간이 있는가? 이는 모든 동물들에게 해당되는 것인가, 특정한 동물들에게만 해당되는 것인가?' 지상에서의 삶에 대한 질문들도 있었다. '동물들에게는 안식일에 일하는 것이 허락되는가, 아니면 동물들도 안식일을 지켜야 하는가?' 그리고 무엇보다 가장 중요한 질문은 동물들이 이승에서의 삶에 도덕적인 책임을 지는 존재인가의 여부였다.[79]

그러나 고위 성직자들과 신학자들이 모두 이런 질문을 던진 것은 아니었다. 그들 대다수는 동물은 노예와 같은 존재이며, 인간과 어떤 친족관계나 생물학적 · 정신적 동질성도 가지고 있지 않다고 생각했다. 그들은 그런 종류의 믿음을 불러일으키는 어떤 것이라도 투쟁의 대상으로 삼았는데, 사람과 위험할 정도로 닮은 곰과 같은 동물의 경우에는 유독 더 그러했다. 카롤루스왕조 시대부터 근대 초까지 곰이나 곰으로 변장한 사람과의 접촉을 가져오는 유희적인 축제의식들이 모두 그 대상이 되었다. 예컨대 〔프랑스 북동부〕 랭스의 대주교 힝크마르는 852~853년에 공포한 주교법령집에서 당시의 여러 관습들 중에서도 특히 '곰과 함께하는 추잡한 놀이들(turpia joca cum urso)'을 맹렬히 비난했다. 그는 자기 교구의 주교들에게 어떤 상황에서도 그런 파렴치한 행위를 용납해서는 안 된다고 당부했다.[80] 힝크마르는 '추잡한 놀이들'에 대해 자세하게 언급하고 있지는 않지만, 아마 카니발에서 행해지던 춤이나 무언극이었던 듯하다. 9세기 말까

---

* 결의론(決疑論) : 종교나 윤리의 보편적인 규범을 특수한 개별의 사례에 적용하여 실천적인 지침을 도출하려는 윤리학의 한 영역이다. 보편적인 규범을 적용하기 어려운 특수한 경우에 옳고 그른 것을 판정하기 위한 실천적인 판정법을 중심으로 한다. 처음에는 교부들에게 고해의 지침을 제공하고, 교회와 성서의 율법과 사회적 관습이 충돌하는 여러 도덕적 문제를 해결하려는 목적으로 중세 스콜라 철학에서 중시되었다. 하지만 16세기와 17세기에는 개인의 도덕적인 판단에 지침을 주기 위한 것으로 발달했다. 특히 영국의 신문에서 인생 상담의 방식으로 여러 윤리적 상황과 문제들을 다루면서 근대 소설의 탄생을 촉진했다고 여겨지기도 한다.

지도 이교의 흔적이 강하게 남아 있던 그 관습들에는 어쩌면 곰과의 성교를 모방하는 행위가 포함되어 있었을지 모른다. 몇십 년 뒤에는 (프랑스 북동부) 랑의 주교 아달베롱이 그 자신이 곰을 떠올리게 하는 이름을 가지고 있었으면서도 사람들이 곰과 함께 춤을 추거나 곰처럼 변장하고 놀이를 즐기는 것을 비난했다.[81] 하지만 헛수고였다. 곰은 변장에 사용된 가장 대표적인 동물이었다. (그 자체가 마치 사람이 변장한 것처럼 보이지 않는가?) 중세 말까지, 심지어는 그 뒤에도 많은 고위 성직자들이 좋은 기독교도들은 '곰 역할극'을 해서는 안 된다고 말했지만 실제로 지켜지지는 않았다.[82]

물론 곰이 변장을 금기시한 유일한 동물은 아니었다. 그러나 성직자들이 동물 변장의 사례를 언급할 때마다 곰은 언제나 목록의 맨 앞에 있었으며 특히 추잡하고 위험하다고 여겨졌다. 앞서 말했듯이 곰 이외에 가장 자주 언급되었던 동물은 수사슴, 거세하지 않은 황소, 수탕나귀, 수퇘지였다. 왜 이들인가? 그것은 가축과 야생동물을 대립시키는 문제는 아니었다. 목록에는 야생동물 셋과 가축 둘이 포함되어 있기 때문이다. 그보다는 이 다섯 수컷 동물들이 성욕이 강하기로 명성이 자자했다는 점에 주목해야 한다. 특히 곰과 당나귀는 비정상적인 성욕으로 유명했다. 그들은 인간 여자의 잠재적인 성적 상대이다. 오비디우스의 『변신이야기Metamorphoses』나 아풀레이우스의 『황금 당나귀Asinus aureus』의 전통을 이어받은 옛 이야기들처럼 말이다. 그리고 이 다섯 동물들의 몸은 매끄럽고 고르기보다는 털이 뻣뻣하고 공격적이며 돌출되어 튀어나온 부분이 있다. 곰에게는 털가죽과 발톱이, 수사슴에게는 가지 친 뿔과 성기가, 황소에게는 꼬리와 뿔이, 수퇘지에게는 뻣뻣한 털과 엄니가 있다. 중세 사람들의 사고와 감성에서 이런 요소들은 의심할 여지없이 가장 동물적인 특징들이었다. 그것들은 완전한 짐승이자 인간, 특히 여자에게 위험한 동물들이었다. 그 다섯 동물은 광적인 성욕뿐 아니라, 털가죽·뿔·발톱·이빨·꼬리처럼 두드러진 돌출부를 지니고 있었다. 이 모든 특징들은 나무와 금속, 헝겊만으로도 모방하기 쉬웠으므로 사람들은 축제가 열리는 동안 빠르고 수월하게 곰, 수사슴, 황소, 수탕나귀, 수퇘지로 변장할 수 있었다.

이러한 놀이와 의식들은 (카니발, 동지, 하지 등) 특별한 날에 행해졌는데, 차분하고 경건하기보다는 오히려 언제나 심하게 일탈적이었다. '곰 역할극'이나 '사슴 역할극'은 곰이나 수사슴 자체로 변장하는 것만을 의미하지 않았다. 거기에는 통제되지 않은 성적 욕망의 표출도 자리하고 있었다. 고대 로마의 루페르칼리아Lupercalia[83] 제의처럼 거기에는 동물이 젊은 여성이나 소녀들에게 달려들어 감시자의 눈을 피해 납치한 뒤에 겁탈하거나 그녀들과 함께 금지된 쾌락을 나눈다는 의미가 담겨 있었다. 동물과의 강력한 성적 결합이 등장하는 역할극에서 여성들은 실제로든 상징으로든 늘 희생자였다. 따라서 여성들을 멀찌감치 떨어뜨려 놓아야 할, 정확히 말하자면 사냥터에서 멀리 떼어놓아야 할 필요가 있었다. 사냥터에 있는 거대한 사냥감은 육체적으로든 성적으로든 여성들에게 위험했다. 중세 초의 많은 성직자와 수도사들은 거기서 한발 더 나아갔다. 그들은 야만적인 사회에서 물려받은, 기독교 가치에 조금이라도 어긋나는 모든 이교 의례들을 완전히 금지시켜야 한다고 생각했다.

교회는 카롤루스왕조 시대부터 이를 위해 노력하기 시작했는데, 인간과 가장 가까워 가장 위험하게 여겨진 동물을 먼저 공격했다. 그것은 곰이었다.

제2부

싸우는 곰

카롤루스대제에서 루이성왕까지

야수보다 강한 성인

모든 땅에 존재하는 공포와 두려움의 대상, 지배자와 전사의 표상, 극한의 야성과 강력한 성욕의 상징, 인간의 친족이거나 조상, 존경의 대상, 북유럽 전역에서 열리는 이교 제의의 주인공, 젊은 처녀와 소녀들의 연인인 동물의 왕 곰은 중세 초 교회에 위협이 될 수밖에 없었다. 교회는 곰을 토착 동물들 가운데 가장 위험한 동물로 여겼고, 심지어는 악마의 창조물로 보기도 했다. 이는 곰이 어떤 동물과 싸워도 이길 수 있는 엄청난 힘을 가진 존재였기 때문이 아니었다. 마치 사람과 같은 행동이 그 동물의 고유한 특징으로 여겨질 정도로 묘하게 사람을 닮았을 뿐 아니라, 그 동물 주변을 잔뜩 에워싸고 있는 전승과 통제되지 않은 믿음·미신들을 도무지 뿌리 뽑을 수 없었기 때문이었다.

따라서 교회는 오래전부터 이 피조물을 투쟁의 대상으로 삼았고, 왕좌에서 끌어내리고 멀리 떨어진 곳에서 온 더 통제하기 쉬운 다른 야생동물을 그 자리에 대신 앉히려 했다. 동방에서 온 동물의 왕이자 성서와 그리스·로마의 전통 한가운데에 있었던 사자가 바로 교회가 지지하는 새 후보였다. 그러나 유럽 전역에 새로운 동물의 왕을 가져다주며 마무리된 곰과의 전쟁은 수십 년이 아니라 몇 세기, 실제로는 거의 천 년이 걸렸다. 사제와 신학자들은 전쟁에서 이기려고 온갖 방법들을 차례로 잇달아서, 때로는 일제히 동원했다.

첫 번째는 몰이사냥과 대량학살로 곰 자체를 없애는 것이었는데, 주로 게르만 국가들에서 자행되었다. 두 번째 전략도 동시에 실행되었다. 바로 곰을 순종적이고 길들여진 (중세의 의미에서)[1] 거의 '가축화한' 동물로 묘사하는 것이었다. 7~8세기부터는 성인전이 그런 목적을 위해 사용되기 시작했다. 성인들의 삶 상당수가 신의 사람이 어떻게 그의 선행과 미덕, 힘으로 야수를 무찌르고 복종하게 만드는 데 성공했는지 이야기하고 있다. 뒤이어 신학자와 설교가들은 (곰이 나쁘게 묘사된) 성서구절과 자신의 가축 무리를 위협한 곰에 맞서 싸운 어린 다윗에 관한 성 아우구스티누스의 주석을 근거로 곰을 악의 화신으로 만들고, 사탄의 동물지 안의 특별한 자리에 가져다놓았다. 나아가 그들은 다윗이 때때로 위협적인 곰의 모습으로 변신해서 고통 받는 죄 많은 인간들과 신을 의심하는 사람들, 특히 사탄의 유혹에 빠져 맹세를 저버리려는 수도사들 앞에 나타난다고 주장하기도 했다. 또한 성직자와 수도사들은 곰을 길들여진 존재이자 악마로 만든 뒤에 그 동물을 모욕하고 조롱했다. 이는 대개 서기 1천년 이후에 일어난 일이었다. 교회 당국은 대체로 동물을 구경거리로 삼는 것에 반대했지만 곰을 망신시키는 것은 예외로 했으며, 전시하는 일도 더는 반대하지 않았다. 곰은 사로잡혀 재갈이 물리고 쇠사슬이 채워진 채 음유시인과 곡예사들에 의해 이곳저곳의 성과 광장, 시장으로 끌려 다녔다. 그들은 점차 동물의 왕이라는 지위를 잃었고, 숭배와 두려움의 대상에서 단지 춤추고 재주부리고 대중을 즐겁게 하는 서커스의 동물로 되어갔다.

12세기에서 13세기로 넘어가는 시점에 곰과의 전쟁은 승리를 거둔 것처럼 보였다. 곰은 동물의 왕이라는 예전의 역할을 사실상 더는 유지하지 못했다. 새로운 동물의 왕을 맞이할, '북쪽의 사자'를 남쪽의 사자로 대체할 모든 준비가 끝났다.

북쪽의 사자

몇 세기 전으로 다시 거슬러 올라가보자. 772~773년, 782~785년, 794~799년에 카롤루스대제는 게르마니아에서 곰을 학살하기 위해 대규모 군사작전을 펼쳤다. 이 살육은 이교 숭배의 근절이라는 폭넓은 정책의 일부였다. 모든 곳에서 옛 종교는 기독교로 대체되거나 적어도 덧씌워졌다. (독일 동부) 작센과 (독일 서부) 베스트팔렌의 나무 수천 그루가 베어지고, 돌들은 치워지거나 건물을 만드는 데 사용되었으며, 샘은 본래의 기능을 잃고 분수로 바뀌었다. 성소는 교회가 되었으며, 수천 마리의 곰이 대량으로 학살되었다. 게르만족에게 큰 숭배를 받았던 이 동물은 교회의 적이 되었다. 대규모 복음 전도계획의 희생자들인 북부 게르만의 곰들은 30년 동안 자신들의 숫자가 뚜렷하게 줄어드는 것을 지켜보아야만 했다. 그것은 거의 동시에 벌어진 나무와 숲에 대한 투쟁으로 더욱 가속화되었다. 그 때문에 곰은 이동해 생활터전을 바꾸고, 아직 나무가 남아 있는 산을 피난처로 삼기 위해 결국 남쪽 산악지대로 이주해야 했다.

몇십 년 뒤에 또 다른 복음 전도자들이 카롤루스대제와 그의 전도단을 모방해 곰을 죽이고 숲을 없앴다. 동쪽에서는 슬라브와 발트의 곰들이 기독교의 침략으로 유사하게 희생되었다. 북쪽 스칸디나비아 국가들의 개종은 덜 혹독했으나 곰들은 나무의 대량소비가 불러온 숲의 황폐화와 유실 때문에 고통을 겪어야 했다. 인구 증가로 서기 1천년을 지나면서 서구 전역에서는 개간이 대규모로 행해졌고, 그것은 나무로 뒤덮여 있던 전원의 풍경과 초목의 비율을 바꿔 곰의 습성까지 변화시켰다. 곰은 점차 평지에서 그 모습을 감추었다. 곰은 산에서만 볼 수 있으며 음식이 부족할 때만 평지로 내려오는 동물이 되었다.[2) 본래부터 잡식성이기는 했지만 곰의 식단에도 변화가 생겼다. 고대의 곰들은 육류가 전체 식단의 80%를 차지했다. 그러나 중세 말 유럽의 갈색곰은 식단의 40%만 육류로 섭취한 듯하다. 이러한 변화는 그 뒤에도 계속되어 오늘날 유럽의 야생에서 살고

있는 소수의 갈색곰들은 채소가 식단의 85~90%를 차지하고 있다.[3]

　프랑스는 중세를 거치며 곰의 개체수가 대폭 줄어들고 일부 지방에서는 결국 완전히 사라져버린 대표적인 사례이다. 자치 갈리아에서 곰은 해안가 부근이나 숲이 우거진 대규모 평원지대를 비롯해 어디에나 존재했다. 로마의 지배로 들어간 갈리아에서는 그렇지 않았다. 당시 프랑스 북서부와 대서양 연안에서 곰은 매우 드물게 발견되었다. 카롤루스왕조 시대가 끝나갈 무렵부터는 플랑드르에서 보르도로 이어지는 서부의 선을 따라 곰이 사라지기 시작했다. 서기 1천년을 지나며 그러한 경향이 더욱 가속화했다. 프랑크 왕국에서 곰은 산악지대인 동부와 북동부로 이동했다. 봉건시대의 개간, 그리고 이후에 진행된 삼림 벌목은 곰들을 신성로마제국과 이베리아 반도 쪽으로 더 물러나게 만들었다. 따라서 중세 말에는 사실상 아르덴에서 피레네에 이르는 서부의 선에서 곰은 존재하지 않았다. 노르망디와 베리, 일드프랑스의 여러 지역들에서 다시 나무를 심는 작업이 이루어졌으나 곰들은 돌아오지 않았다. 근대가 되자 곰들은 더 높은 산악지대로 이동했다. 곰은 프랑스 남부 산지인 마시프상트랄에서도 사라졌는데 아마 17세기에 그렇게 된 것 같다. 오늘날 곰은 오직 보주, 쥐라, 알프스, 피레네에서만 발견된다.[4] 그렇지만 곰이 존재했다는 기억은 모든 곳에 남았다. 곰이 자취를 감추었다는 것이 상상과 의례, 사회적 상징 속에서 수행했던 곰의 역할이 없어졌다는 것을 의미하지는 않았다. 오히려 반대로 이미 오래전부터 곰을 볼 수 없게 된 (브르타뉴, 베리, 아르투아 등) 프랑스의 여러 지방에서 곰과 관련된 민속이 18세기까지 오랜 기간 존속했다. 심지어 그러한 풍속들이 곰을 실제로 볼 수 있는 산간 지방보다 더 활기를 띤 경우도 있었다.[5]

　중세에 벌어진 조직적인 살육과 대규모 개간이 고대 말부터 서유럽의 곰 개체수를 줄어들게 한 유일한 원인은 아니었다. 왕실 사냥감이 곰과 멧돼지에서 사슴으로 대체된 12~13세기까지는 사냥도 한몫을 했다. 예전에는 곰 사냥이 귀족들의 필수 의례였다. 이따금 그것은 게르만의 이교 사회에서 그러했던 것처럼 사람과 곰 사이의 야만적인 일대일 결투로 끝이 났다. 사냥은 해롭고 위험한, 어떤 지방에는 지나치게 많은 곰을 없애고 그로부터 물질문화에 필요한 다양한 산물을 얻어내는 방법이었다. 얻는 것이 먹을 수는 있지만 지방이 많아 보존하기 어려운 살코기만을 뜻하지는 않았다. 가죽·지방·쓸개즙·털·이빨·발톱도 사냥에서 얻는 소득이었다. 의사들은 곰에게서 갖가지 예방약이나 치료제로 쓰일 재료를 얻는 데 매우 열중했다. 특히 곰의 쓸개즙은 불임·대머리·간질·광견병·통풍에 효과가 있다고 여겨졌다.[6] 이빨과 발톱은 그와 비슷하면서도 더 상징적인 방식으로 사용되었다. 사람들은 곰의 이빨과 발톱을 부적처럼 목에 두르거나 몸에 지니고 있으면 악마나 재앙을 막을 수 있다고 믿었다. 이런 풍습은 중세 초 내내 지속되었다. 북부의 전사와 사냥꾼들이 주로 부적으로 사용하기는 했지만, 그것들이 게르만 세계에서 부적의 구실만 했던 것은 아니다. 게르만인들은 부분이나 전체가 곰털로 된 모자와 장갑, 신발도 착용했다. 곰털은 멧돼지털보다는 덜 뻣뻣하면서도 추위와 습기를 더 잘 막아주었다.

가죽이 가장 활용도가 높았다. 이따금 곰의 전신 가죽은 교회나 영주의 보물로 여겨졌다.[7] 물론 곰 가죽을 전리품으로 벽에 걸어두거나 마루에 깔아 놓는 것은 (18세기 이후) 낭만주의시대가 되어서의 일이다. 사실 영화나 만화에 나오는, 거실 벽난로 앞에 곰 가죽을 넓게 깔아 장식한 중세의 성 이미지는 시대착오적인 묘사이다. 털을 제거했을 때 가죽은 정말 유용한 물건이었다. 두껍고 견고한 곰 가죽을 사용해 만든 신발이나 부츠는 질이 좋고 튼튼하고 방수도 잘 됐다. 하지만 곰 가죽은 너무 단단했기 때문에 모양을 잡으려면 오랫동안 무두질을 해야 했다.

곰고기는 소금으로 절여도 보관하기가 나빴다. 그리고 너무 연하고 부드럽고 기름기가 많아서 지방과 살코기를 분리해내기도 어려웠다. 19세기에 알렉상드르 뒤마는 자신의 요리사전에다 곰고기가 즙이 너무 많은 기괴한 음식이라고 적었다. 하지만 사실 그는 스위스와 러시아를 여행할 때조차 곰고기를 먹어본 적이 없었을 수 있으며, 고기 자체보다는 곰을 먹는다는 생각 때문에 그랬을 수도 있다.[8] 어쨌든 중세의 영주들과 밀렵꾼들은 곰고기를 좋아했다. 곰을 먹는 것은 맛보다는 사내다움을 획득한다는, 음식 이상의 상징적인 의미가 있었다. 그것은 단지 고기를 즐기는 행위가 아니라 곰의 힘을 받아들이는 방법이었다. 최고의 부위는 넓적다리였던 것 같은데 종종 가공해서 햄으로 만들기도 했다. 나머지는 사냥개들에게 주었는데 개들이 먹으려 하지 않을 경우에는(이와는 반대로 사냥개들은 사슴 고기에는 늘 광적으로 달려들었다), 어떤 종류의 고기라도 먹는 야생돼지나 집돼지들에게 주었다.[9] 앞서 말했듯이 중세 말과 근대 초 알프스의 일부 골짜기에서 곰의 발은 봉건 세금이었다. 마을 공동체들은 자신들의 영주에게 곰발을 바쳐야 했다.[10] 그것은 명백히 정해진 납세 품목이라기보다는 예전부터 내려온 상징적인 행위였다. 영주는 단지 일종의 식사의례에서 곰발을 먹는 시늉을 하거나, 그것을 여러 날 동안 그의 거주지 입구에 상패처럼 걸어 놓았다. 이런 풍습은 다른 지방에는 알려져 있지 않았으며,[11] 곰에게서 얻은 부산물도 상대적으로 일찍 납세 품목에서 사라졌다. 특히 동유럽 대부분의 지방과 슬라브인들 사이에서, 심지어 비잔티움에서도 곰은 숭배 받고 금기시된 동물이었으므로 그 고기를 먹는다는 것은 상상조차 할 수 없었다.[12]

앞서 언급했듯이 곰을 왕좌에서 끌어내리기 위해 교회가 사용한 전략 가운데 하나는 상징적으로 그의 강인함과 오만함을 무너뜨려서 두려움을 느끼지 않아도 될 정복하기 쉬운 동물로 만드는 것이었다. 물론 곰을 정복할 수 있는 자는 평범한 사람이나 단순한 사냥꾼이 아니었다. 왕이나 전사조차도 그럴 수 없었다. 곰의 정복자는 모든 기독교적 삶의 완벽한 모델인 '신의 사람(vir Dei)', 곧 성인聖人이었다. 따라서 카롤루스대제의 군대가 작센의 숲에서 수천마리의 곰들을 몰살시키고 있던 바로 그때 성인전의 작가들은 곰보다 더 강하고 경외할 만한 성인이 동물의 왕을 제압하고 길들이고 굴욕을 주는 이야기들을 제공하는 역할을 맡았다. 이러한 이야기들 가운데 가장 오래된 것들은 게르만 원정이 있기 전인 6~7세기의 일부 성인전들에서도 이미 발견된다. 그 이야기들은 10세기나 늦게는 12세기에 다시 나타나기도 했다. 그러나 이야기 대부분의 핵심을 구성하는 요소는 카롤루스왕조 시대에 만들어지고 발달했다.

곰이 성인과 관련된 유일한 동물은 아니었다. 중세 초의 성인전들에는 다양한 방식으로 삽입되어 있는 동물들의 이야기로 가득하다. 그들은 이따금 성인들의 도상학적 상징이 되기도 했다. 성 베네딕투스의 수탉, 성녀 마르타와 마르가리타의 용, 성 에우스타키우스의 사슴, 성 엘리기우스의 말, 성녀 제노베바의 양 등 목록은 끝이 없다.[13] 동물들에게 주어진 숙명이 무엇이었든 성인전과 기적예화집에서 그들은 언제나 교훈의 원천이었다. 그러나 사고와 감성이 명백히 모순된 두 가지 유형으로 나타났다. 성인전은 한편으로는 신의 형상대로 창조된 인간과 부수적이고 불완전하며 순수하지 못한 동물을 뚜렷하게 대립시켰다. 그러나 다른 한편으로는 동물과 사람 사이의 (단지 생물학적인 의미에서만은 아닌) 친족관계와 이들이 현실에서 실제로 결합할 수 있다는 다소 산만한 감성도 존재했다.

첫 번째 사고유형이 더 우세했다. 그것은 동물들이 왜 이야기의 소재로 자주 사용되었는지를 알려준다. 사람과 동물의 대립을 체계화하고 동물을 열등한 존재나 사람을 돋보이게 하는 수단으로 사용하는 과정에서 동물은 끊임없이 이야기되고 시시때때로 끼어들며 모든 상징과 비유에서 특별한 인기를 누리게 마련이다. 요컨대, (20세기 프랑스의 문화인류학자) 클로드 레비스트로스의 잘 알려진 공식을 적용하자면 이는 '상징적 사고penser symboliquement'이다.[14] 이 사고유형은 사람과 동물 사이의 혼란을 만들어내는 어떤 행위도 강하게 억압한다. 두 번째 사고유형은 더 신중하다. 그것은 사람과 동물의 관계에 관한 많은 의문들, 예컨대 동물의 영혼이나 야만성의 죄과 여부에 관한 물음들을 쏟아냈다.

동물에 대한 중세 신학자들의 수많은 물음과 사색들은 기독교가 동물의 지위를 눈에 띄게 개선시키는 계기가 되기도 했음을 분명히 보여준다. 성서와 고대 그리스·로마에서 동물은 무시와 천대를 받았으나, 중세 기독교는 그들을 전면으로 옮겨 놓았다. 특히 성인전 작가들이 동물들에 대해 떠들썩하게 이야기하기를 좋아했는데, 카롤루스왕조 시대와 서기 1천년 무렵에 가장 심했다. 그들은 동물과 관련된 옛 이야기들을 개작하고 더 풍성하게 만들어서 성인들의 갖가지 힘을 보여주기를 즐겼다. 예컨대 성인들은 야수들을 막아내고, 동물이 저지른 온갖 해악들을 복구시킬 수 있었다. 그리고 동물들에게 명령을 내리고, 보살피고, 공덕을 나누고, 온갖 종류의 기적과 개종을 일으킬 수 있었다. 이런저런 무서운 짐승들을 복종시킨 성인 은둔자 모델은 매우 빈번히 되풀이되었다.

성인의 동반자 곰

주교나 수도원장보다는 은둔자가 동물과 더 친밀한 관계를 맺었다. 특히 곰과의 사이가 그러했는데, 이 동물은 어떤 점에서는 일종의 은둔자 같았다. 그는 세상의 위험과 유혹에서 멀리 떨어진 숲 한가운데에서 홀로 고독하게 살았다. 기독교 수도원 제도의 창시자인 성 안토니우스(251~352년)와 그의 추종자인 성 블라시우스(316년 사망)는 황야에 머무르며 짐승들과 함께 지낸 은둔자의 모습을 가장 잘 보여주는 두 성인이다. 아르메니아의 세바스티아 주교가 되기 전에 블라시우스는 스스로 숲으로 들어가 "곰, 사자, 호랑이, 표범들 속에서"[15] 살았다. 적어도 그의 초기 전기들에서 사냥꾼들에게 발견되어 도시로 오기 전 블라시우스의 삶은 그렇게 묘사된다. 글과 도상은 그의 여러 동물 친구들 가운데에서도 곰이 가장 중

요한 위치에 있었음을 보여준다.[16]

블라시우스만 그런 것은 아니었다. 실제든 전설이든 많은 성인들이 곰과 인연이 있었다. 그러나 그것을 목록으로 만들기란 사실상 불가능하다. 그들 가운데에는 여러 지역에서 동시에 숭배 받는 '큰' 성인들도 있지만, 이름이나 삶·기적이 잘 알려져 있지 않아 불확실함·오류·중복·애매함·혼란을 불러오는 지방 단위의 성인 집단도 함께 존재하기 때문이다. 그런데 큰 성인이든 작은 성인이든 '곰과 함께한' 성인이 모두 초기 기독교 사회에서 야만을 상징했던 숲에서 홀로 살았던 은둔자는 아니었다. 그들 가운데 일부는 멀리까지 여행을 다녔다. 성 콜룸바누스와 그의 제자 성 갈루스는 곰과 관련된 사건을 하나 이상 수록하고 있는 매우 오래된 전기(vitae)의 주인공들이다. 이 두 명의 아일랜드 수도사들은 기독교화하지 않은 지역들에 전도하고 수도원을 설립하려고 대륙으로 건너가 포교 활동을 벌였다.

540년 무렵에 아일랜드에서 태어나 [아일랜드 북부] 뱅고어에서 오랜 기간 수도사로 있었던 콜룸바누스는 마흔 살 남짓이던 어느 날에 '신의 여정(peregrinatio Dei)'에 오르라는 계시를 받았다. 그는 열두 제자를 데리고 갈리아로 떠났다. 부르군드족의 왕이 그들을 맞이해주었고, 콜룸바누스는 [프랑스 북동부] 보주에 세 개의 수도원을 건립하였다. 수도원 개혁운동의 중심이 된 뤽세이유 수도원도 그 가운데 하나다. 그러나 그는 오래지 않아 [프랑크왕국의 북동부] 아우스트라시아의 무시무시한 여왕 브룬힐트와 다투고 다시 여정에 올랐다. 콜룸바누스는 우선 [독일·오스트리아·스위스 세 나라에 걸쳐 있는] 콩스탕스 호수로 가서 마지막까지 이교도로 남아 있던 알라마니족을 개종시킨 뒤에 [이탈리아 북부] 롬바르디아로 옮겨 아길룰프 왕의 허락을 받아 파비아 인근에 보비오 수도원을 세웠다. 콜룸바누스는 수도원 규율을 편찬한 이듬해인 615년에 그곳에서 죽었다. 그가 세운 수도원 규율은 매우 엄격하기로 유명했는데, 나중에 모두 성 베네딕투스의 규율로 바뀌었다

고 한다.[17]

　성 콜룸바누스가 (프랑스와 스위스의 접경에 위치한) 쥐라산맥을 건너 스위스로 갈 때의 일이다. 세찬 비바람을 만나는 바람에 그는 동굴로 피신했다. 그러나 그 동굴에 살던 곰은 자신의 보금자리를 나눌 생각이 없었다. 곰은 위협을 가하며 이 성스러운 수도사를 쫓아내려 했다. 콜룸바누스는 전혀 동요하지 않고 날뛰는 곰에 용감하게 맞섰다. 그는 신의 힘을 빌려 매우 부드러운 말로 곰을 제압한 뒤 동굴에 머물렀다. 그 뒤 그와 곰의 사이는 더 평화로워졌고, 수도사는 한동안 그곳에 머물며 곰을 동무 삼아 지냈다. 심지어 콜룸바누스는 동굴 깊숙한 곳에 샘이 솟아오르게 만들기도 했다.[18]

　콜룸바누스가 죽은 직후에 보비오의 요나스가 편찬한 가장 오래된 성 콜룸바누스 전기에 그 일화가 실려 있는데,[19] 이미 중세 초부터 성인전의 '상투적 정형(topos)'으로 자리 잡았다. 곰을 길들이는 수도사의 이미지는 가장 강한 맹수보다 더 강한 성인의 전형적인 모습이었다. 그는 무력이나 육체적인 힘이 아니라 말의 힘으로 동물들을 복종시키고 때로는 조력자로 삼았다. 콜룸바누스의 주요 제자인 성 갈루스를 비롯한 일부 '신의 사람들'은 더 괄목할 만한 성과를 냈다. 그들은 무시무시한 곰을 온순하고 유용한 동료로 바꾸었다. 돌이켜보면 이 동굴 일화는 아주 먼 옛날의 무의식적인 메아리인 듯하다. 구석기시대에는 곰과 사람이 같은 동굴을 드나들고, 그곳을 은신처로 삼으려고 서로 다투었으며, 심지어 위험한 상황이나 혹독한 날씨를 피해 자주는 아니었지만 이따금 함께 머물기도 했다.

　콜룸바누스의 길고 다사다난했던 삶의 일부분인 이 일화는 그가 유독 많은 지역을 돌아다닌 수도사였는데도 불가피하게 은둔 성인의 이미지를 적용하고 있다. 게다가 곰을 콜룸바누스의 특별한 상징으로 만들었다.[20] 그렇게 해서 콜룸바누스는 '곰과 함께한' 최초의 성인들 가운데 하나가 되었다. 사실 콜룸바누스의 전기에는 이것만큼 유명하지는 않지만 곰과 관련된 또 다른 일화도 있다. 요나스가 기록했지만 그 뒤 대부분의 작가들이 누락한 이야기는 다음과 같다. 뤽세이유의 수도원장으로 있을 때 콜룸바누스는 어느 몹시 추운 날 보주의 숲에서 사슴을 공격하는 늑대무리를 보았다. 늑대들은 사슴 사냥에 성공했으나 곰이 나타나는 바람에 만찬을 즐기지 못했다. 곰은 늑대들을 쫓아낸 뒤에 사슴의 사체를 움켜쥐고 게걸스럽게 먹어치웠다(요점은 곰이 늑대무리보다 강하다는 것이다). 성스러운 수도원장이 곰에게 다가가 수도사들의 신발과 책 표지를 만들 수 있도록 사슴 가죽을 달라고 부탁했다. 콜룸바누스의 설득에 곰은 가죽이 상하지 않도록 고기만 조심스럽게 먹었다.[21] 이 교훈적인 이야기는 야수보다 신의 사람이 우월하다는 것을 또 다시 보여준다.

성 갈루스(560~645년)도 스승을 뛰어넘는 활약을 보여준다. 갈루스는 스위스 동부에 그의 이름을 딴, 기독교 로마세계에서 가장 부유하고 영예로운 수도원 하나를 건립하고 이끌었다. 스승인 콜룸바누스와 다른 동료들과 함께 아일랜드를 떠나 여행길에 오른 갈루스는 뤽세이유에 잠시 머무른 뒤에 제자 하나를 데리고 보주의 수도원을 떠나 다시 알프스로 향했다. 콩스탕스 호수로부터 멀리 떨어지지 않은 곳에서 두 수도사는 자신들이 싸온 소박한 음식을 먹으려고 잠시 멈추었다. 그때 산에서 내려온 굶주린 절름발이 곰이 그들의 음식을 빼앗으려 했다. 갈루스는 동료 수도사와는 달리 전혀 두려워하지 않고 곰에게 불을 피울 땔나무를 가져오라고 명령했다. 뜻밖에도 곰이 그 말을 따랐다. 신의 사람은 수고의 대가로 곰에게 빵을 나누어주었고, 발바닥에 박힌 커다란 가시도 빼주었다. 그때부터 곰은 성 갈루스를 따르고 고분고분 복종했다. 곰은 성인이 은둔처를 짓는 것을 돕기도 했는데, 그곳은 뒷날 성 갈루스 수도원으로 크게 번성했다.[22] 심지어 나중에 만들어진 전설들은 곰이 그 수도원의 첫 번째 수도사가 되었다고 주장하기도 했다.

이 놀라운 일화의 여러 요소들은 다른 성인전에서 상투적으로 차용한 것들이며, 오랜 세월 존속하며 근대의 다양한 성인전에도 나타났다. 예컨대 곰과 성인의 동료의식은 명백히 성 갈루스의 모델이자 스승이었던 콜룸바누스의 이야기를 본뜬 것이다. 곰 발바닥에 박힌 가시를 빼 준 장면은[23] 성 히에로니무스가 사자 발바닥에 있는 가시를 빼 주자 사자가 동무가 되어 늘 성 히에로니무스의 책상 곁에 머물렀다는 이야기를 반영한 것이다. 동물이 건물 세우는 것을 도와주는 일화는 더 널리 유행했던 것으로 제롤드, 기셀누스, 세베리누스 등 여러 성인들의 전기나 기적예화집에도 등장한다. 수도사나 성직자로서의 곰은 12~13세기의 동물우화집『여우이야기』와 겹친다. 여우의 못된 장난의 희생자인 곰 브렁은 수도원으로 들어가거나 노블 왕의 사제가 된다.[24] 한편, 산에서 곰이 내려왔다는 부분은 아마 평지에서 동물들이 사라진 중세 초의 현실을 반영하는 듯하다.

그러나 이것들은 세부적인 사항들이다. 핵심은 신의 사람과 동물의 왕, 신의 질서와 자연·야생의 질서의 충돌이다. 이는 메로베우스왕조부터 중세 중기까지 곰과 성인의 만남을 소재로 했던 모든 이야기들에서 발견되는 사고이다. 성인은 야수보다 우세하다. 그는 야수의 폭력성을 길들이고, 명령을 내리고, 복종시키고, 일을 하게 만든다. 그는 야수를 가축으로 바꾸고 심지어 진짜 동료로 삼는다. 때로는 기독교로 개종시키기까지 한다. 성인전과 도상, 설교를 통해 널리 퍼져간 이런 이야기들의 가장 주된 역할은 게르만 세계와 산간지방에서 특히 우세했던 이교적인 곰 숭배에 맞서는 것이었다.[25]

이 때문에 오래전부터 성 갈루스 도상에는 그런 일화들이 표현되었다. 그는 스위스는 물론 서구 기독교 세계 곳곳에 큰 영향을 끼친 수도원을 세운 인물이었다. 야수보다 강한 성인 갈루스의 이미지는 끊임없이 되풀이되었다. 그것은 770년 무렵 성 갈루스 수도원에서 편찬된 성 갈루스의 초기 전기와 수도사 발라프리두스 스트라보가 833~834년 무렵에 쓴 대규모 성 갈루스 전기에도 나타났다.[26] 그 뒤 여러 세기에 걸쳐서 갈루스의 명령을 받아 일하고 복종하는 곰에 관한 이미지들이 제작되었다. 예컨대 성 갈루스 수도원에 있는 10세기 초에 제작된 유명한 상아 복음서 덮개에서도 그 장면을 볼 수 있다.[27] 그것은 이 영향력 있는 수도원의 상징적인 이미지가 되어 수도원 인장에도 나타났다. 1320년 무렵의 인장 틀에는 수도원장 차림으로 앉아 있는 성인이 나무를 나르며 서 있는 곰에게 빵조각을 건네는 모습이 새겨져 있다. 곰이 들고 있는 나무줄기는 성 갈루스 수도원의 상징적인 '대들보'였다.[28]

짐 나르기와 쟁기질

성인전과 도상에는 또 다른 일하는 곰들도 등장했다. 그러나 그들은 원해서 그 일을 하는 것이 아니었고, 성인의 친구나 동료도 아니었다. 그들은 강압에 못 이겨 성인을 따르고 복종했다. 가장 자주 등장한 소재는 여행하는 사제의 가방을 곰이 나르는 것이었다. 그 이야기의 원형은 성 코르비니아누스 전설에서 발견된다. 그는 (독일 남부) 바이에른 지방에 복음을 전한 사도이자 알프스 전역에서 이름이 널리 알려진 명망 높은 성인이었다. 675년 무렵 프랑스의 믈룅 인근에서 태어난 코르비니아누스는 교황 그레고리우스 2세에게 바이에른 지방에 전도하라는 명을 받았고, 그 일을 완벽히 수행해냈다. 그는 프라이징의 첫 번째 주교가 되었으며, 725년 죽기 전까지 그의 광대한 교구에 여러 개의 수도원을 설립했다. 어느 날 그가 노새에 짐을 싣고 로마로 가고 있을 때였다. (오스트리아와 이탈리아 접경의) 브렌네르 고개에서 멀지 않은 곳에서 그는 거대한 곰과 마주쳤다. 사제를 얕잡아본 곰은 노새를 공격해 게걸스럽게 먹어치웠다. 화가 난 성인은 희생당한 노새를 대신해 곰에게 로마까지 짐을 들고 가게 만들었다.[29] 굴복할 줄 모르던 동물의 왕은 그렇게 짐을 나르는 비천한 동물로 강등되었다. 아직 완전히 기독교화하지 않은 알프스 대부분의 골짜기에 남아 있던 곰에 대한 숭배와 찬양도 이제는 더 이상 효력을 발휘하지 못했다.

짐 나르는 곰은 다른 성인들의 기록에도 발견되는, 얼마간은 널리 유행했던 이야기이다. 그 전체적인 윤곽은 대부분 다음과 같았다. 성인이 (당나귀, 노새, 황소 등) 가축에 짐을 싣고 여행을 떠난다. 그때 굶주린 곰이 나타나 가축을 잡아먹는다. 성인은 곰에게 가축을 대신해 짐을 나르게 한다. 예컨대 647~675년에 〔네덜란드 남부〕 마스트리흐트의 주교를 지내고 플랑드르, 에노, 림뷔르흐 지방에 전도한 성 아만두스의 전기에서도 곰은 성인이 잠들어 있는 동안 당나귀를 잡아먹는다. 그 밖에도 〔프랑스 북부〕 마루아유의 수도원장이었던 성 훔베르투스(680년 사망)와 〔벨기에〕 아르덴 지방의 스타블로에 수도원을 설립한 성 레마클루스(670년 사망), 4세기의 교황 성 실베스테르, 같은 시대 〔프랑스 남부〕 피레네 생리지에의 주교였던 성 발레리우스의 전기에도 유사한 이야기가 나타난다. 그 가운데에서도 발레리우스의 전기에는 특히 흥미로운 부분이 존재한다. 당나귀는 발레리우스의 친구이자 위대하고 명망 높은 투르의 대주교 마르티누스가 보내준 선물이었다. 겸손한 사제 발레리우스는 감사의 표시로 당나귀에 〔마르티누스의 이름을 따서〕 마르탱Martin이라는 이름을 붙여주었다. 그는 산간 교구들을 방문할 때 그 당나귀를 타고 다녔다. 발레리우스가 사람들 집을 방문하며 사목활동을 하던 어느 날 밤에 당나귀가 그만 곰에게 잡아먹혔다. 다음날 이 성스러운 주교는 당나귀 대신 곰에게 산을 오르게 했다.[30]

또 다른 사제의 전기에도 유사한 이야기가 발견된다. 그는 전설에서 성 마르티누스의 친구로 나오는 4세기 〔독일 서부〕 트리에의 대주교 성 막시미누스이다. 두 성인은 당나귀 두 마리에 짐을 싣고 함께 로마로 순례를 떠났다. 그때 곰 한 마리가 나타나 막시미누스의 당나귀를 잡아먹었다. 막시미누스가 알아채기 전에 마르티누스는 위대한 권능을 사용해 곰에게 동료의 짐을 들게 했다. 5세기에 편찬된 성 막시미누스 전기 초판본[31]에 실린 이 이야기는 비록 술피키우스 세베루스가 쓴 성 마르티누스 전기에는 나오지 않지만 그 뒤 많은 성인전들의 상투적 주제가 되었다. 이 전설은 왜 중세의 많은 곰들이 마르탱이라는 이름을 갖게 되었는지를 알려준다.[32] 그러나 그 이름이 선택된 데에는 다른 이유들도 존재한다. 하나는 고유명사 '마르탱(Martin)'이 대부분의 인도유럽어, 특히 그리스어와 켈트어에서 곰을 가리키는 'art-'라는 어원을 가지고 있기 때문이며,[33] 또 다른 이유는 성 마르티누스 축일인 11월 11일이 겨울잠을 자려고 준비하는 곰을 기리는 대규모 가을축제가 열리는 날이었기 때문이다.[34]

성인의 짐을 나르는 것은 중세 초 곰에게 비교적 자주 주어진 일거리였다. 적어도 성인전들에서는 말이다. 그러나 쟁기끌기는 더욱 빈번한 주제였다. 그 모델은 성 엘리기우스의 삶과 기적에 관한 이야기에서 나왔다. 〔프랑스 북부〕누아용의 주교였던 엘리기우스(558~660년)는 다고베르투스 왕의 조언자였으며 철 제련과 금세공에도 뛰어난 기술자였다. 그는 들판에서 일을 하기도 했다. 어느 날 엘리기우스가 쟁기질을 하고 있을 때였다. 곰 한 마리가 다가와 쟁기에 매여 있던 두 마리의 소 가운데 하나를 잡아갔다. 곰은 자신의 동굴에서 소를 먹어치웠다. 성인은 소의 흔적을 따라가 굴 안에 있는 곰을 발견했다. 그는 곰에게 죽은 소를 대신하라고 명령했고, 곰은 그 말에 복종해 일하기 시작했다. 곰은 살아남은 한 마리 황소와 함께 쟁기를 끌면서 죽을 때까지 모범적인 삶을 살았다고 한다.[35] 그 뒤 기적이 일어난 그 들판에는 '우르캉(Ourscamp)' 수도원이 세워졌다. 라틴어 'ursus(곰)'와 'campus(들판)'를 연상시키는 그 수도원의 이름에는 사건에 대한 기억이 고스란히 담겨 있다.

〔프랑스 동부〕프랑슈콩테 지방의 수호성인이자 680~690년 무렵 브장송의 대주교를 지낸 성 클라디우스,[36] 〔프랑스 동중부〕타랑테즈의 첫 번째 주교인 성 야코부스, 그 밖에 수도사·수도원장·주교였던 다른 성인들의 전기에도 유사한 이야기가 나온다. 그러나 아마도 성 아레디우스의 사례가 원조인 듯하다. 그의 전설에는 마차, 쟁기, 수레가 등장하는 곰 이야기들이 한꺼번에 모여 있기 때문이다. 〔프랑스 남동부〕가프의 전설적인 최초의 주

교 아레디우스는 두 마리 소가 끄는 마차에 무거운 짐을 싣고 로마에서 돌아오는 길이었다. 곰이 따라오더니 소 한 마리를 잡아먹었다. 성인은 곧바로 곰에게 죽은 소를 대신하라고 명령했다. 곰은 그 말에 복종해 남은 소 한 마리와 함께 기꺼이 가프까지 마차를 끌었다. 그 뒤에도 곰은 아레디우스를 따라다녔고, 그를 도와 들판에서 쟁기를 끌고 양떼를 돌봤다. 그리고 아레디우스가 죽자 교회로 가서 장례미사에 참석하고 상여 앞에 서서 묘지까지 장례행렬을 이끌었다. 곰은 죽을 때까지 해마다 주교의 축일인 5월 1일이 되면 그곳을 다시 찾아왔다고 한다.[37]

양 돌보기와 수도원 세우기

곰에게 호위를 받으며 마지막 안식처로 향한 또 다른 성인은 성 빈켄키아누스(623~700)이다. 그러나 이 경우는 곰의 자발적인 의지가 아니었다. [프랑스 중부] 리무쟁 지방의 숲에서 은둔하던 빈켄키아누스가 고령으로 죽자 지역 전체가 그를 추모하였다. 리모주의 주교 성 루스티쿠스가 빈켄키아누스의 시신을 거대한 두 마리 말이 끄는 장례마차에 눕혔다. 묘지로 가던 도중 곰이 소 한 마리를 낚아채 잡아먹었다. 성 루스티쿠스와 그의 동료 성 사비니아누스는 굴에 있는 곰을 찾아내서 소를 대신해 마차를 끌라고 명령했다. 사제들의 말에 굴복당한 곰은 투덜거리며 복종했다. 튈과 리모주 교구 교회의 벽화들에는 그 사건의 기억이 부분적으로 보존되어 있다. 코레즈에 있는 성 빈켄키아누스 교회의 금고에는 13세기 초에 에나멜로 만든 아름다운 성유골함이 있는데, 소와 곰이 마차를 끄는 장면이 원형의 장식으로 새겨져 있다.[38]

곰이 양치기가 되는 일도 드물지 않았다. 예컨대 [프랑스 중서부] 소뮈르의 성 플로렌티우스 전기에는 곰이 성인의 양떼를 돌봐 다른 수도사들에게 시기를 받았다는 놀라운 이야기가 실려 있다. 플로렌티우스는 제자 에우티키우스와 함께 오스트리아에서 앙주로 건너왔다. 그들 둘은 소뮈르에서 멀지 않은 루아르 강의 기슭에서 은자가 되어 머물렀다. 그러나 에우티키우스가 인근 수도원의 원장으로 임명되는 바람에 플로렌티우스는 홀로 남게 되었다. 그는 곰과 친구가 되었다. 곰은 플로렌티우스의 오두막을 지키며 양떼를 보호하고 감시했다. 곰은 결코 양을 잡아먹겠다는 생각을 하지 않았다. 그러나 이 놀라운 일을 시기한 에우티키우스와 다른 수도사들은 곰을 죽여 버렸다. 플로렌티우스는 슬퍼하며 곰에게 교회장례를 치러주었다. 그리고 다른 수도사들을 저주하며 그들이 나병에 걸리게 해달라고 빌었다.[39)]

신의 사람에게 부름을 받아 양떼를 돌보는 곰의 이미지는 매우 교훈적이다. 그것은 구속하고 풀어줄 수 있는 자인 성인의 초자연적인 힘을 전면에 드러낸다. 이런 사고는 곰이 자연적 본능을 포기하고, 야수와 같은 행동을 그만두는 다른 이야기들에도 나타난다. 예컨대 수많은 성인들이 곰이 살인이나 살육, 폭력, 아니면 단순한 도둑질이나 절도행위를 하지 못하게 한다. 바이에른과 티롤에서 특히 숭배를 받았던 6세기의 성인 마그누스의 전기와 기적예화집에 따르면, 마그누스는 곰이 사과를 먹도록 허락하지 않았다. 대신 그는 곰을 자신과 함께 과수원에서 일하게 하고, 정원사로 바꾸어 놓았다. 덧붙이자면 (같은 이름을 가진 다른 성인들도 있지만) 이 성 마그누스는 콜룸바누스와 갈루스의 동료였다. 그들처럼 마그누스의 전설과 도상에도 곰이 등장한다. 적어도 성인전에 나오는 내용에 따르면, 580년 무렵 아일랜드 뱅고어에서 갈리아와 알프스로 이동한 12명의 수도사들은 농촌에 복음을 전하고 수도원들을 설립하고 성직자들을 개혁해야 했을 뿐 아니라, 끝까지 남은 곰 숭배를 완전히 뿌리 뽑아야 하는 의무도 지니고 있었던 듯하다.

기적예화집에는 유죄선고를 받아 원형경기장이나 구덩이에 곰의 먹이로 던져진 기독교인들을 구해준 곰에 관한 특별한 일화도 등장한다. 에우페미아, 란드라다, 테클라 등의 젊은 기독교도 여인들은 맹수형을 선고받고 곰에게 잡아먹힐 운명에 놓였다. 그러나 사형집행자로 예정되어 있던 곰이 그녀들을 구출해서 보살펴주었다.[40] 곰에게 구출된 것은 아니었으나 암곰의 보호를 받은 성녀 콜룸바도 나란히 놓을 수 있다. 곰은 그녀를 아우렐리아누스 황제가 명령한 매춘과 뒷날 감옥에서 일어난 화재에서 구해주었다(콜룸바는 끝내 참수되었다). 우리는 곰을 상징물로 갖는 두 성인 콜룸바와 콜룸바누스의 이름이 거의 비슷하다는 점에도 주목할 필요가 있다. 여기에 또 다른 콜룸바(남자, 521∼597년)를 추가할 수도 있다. 그는 아일랜드의 수도사로 스코틀랜드의 이오나 섬에 수도원을 세웠다. 이유는 밝혀지지 않았으나 곰은 그의 상징 가운데 하나이다. 아마도 (어떤 언어로?) 성인 고유의 이름과 동물의 일반적인 명칭 사이의 언어놀이Jeu de langage*가 있었던 것 같다. 그게 아니라면 정반대의 것들을 함께 놓았을 수도 있다. (콜룸바colomba는 라틴어로 비둘기를 뜻하므로) 순수한 평화의 새를 떠올리게 하는 라틴어 이름과 잔인한 야생의 짐승을 대비시켜 놓은 것일까?

성 갈루스의 곰은 은신처를 짓는 일을 도왔는데, 그곳은 뒷날 스위스 동부의 수도원 자리가 되었다.[41] 석공이나 목수 역할은 하지 못했으나 교회나 수도원의 초석을 제공한 다른 곰들도 있다. 예컨대 성 세베리누스(5세기)의 곰은 암석 아래에 있는 자신의 소박한 굴을 성인이 은신처로 사용할 수 있게 허락했다. (벨기에 서부) 몽스와 에노의 수호성인인 성 기셀누스(8세기)의 곰은 성인에게 수도원을 건립할 자리를 일러주었는데, 바로 뒷날의 우르시돈구스 수도원이다. 신이 보낸 독수리가 그 자리를 다시 확인해주었다고 한다. 성녀 리카르디스의 곰 이야기도 유명하다. 그녀는 권세가 알자스 백작의 딸로 카롤루스 뚱보왕과 결혼했다. 뒷날 간통 혐의로 고발

* 언어놀이는 루트비히 비트겐슈타인의 주요한 철학적 개념 가운데 하나이다. 그는 후기의 주요 저작인 『철학탐구』에서 언어의 의미가 외연(지시대상)과 내포(공통성질)가 아니라, 특정한 놀이에서의 기능으로 이해될 뿐이라고 주장했다. 그리고 이 언어놀이가 그 자체도 모두 공통으로 지니는 내포를 지니고 않고, 친족관계처럼 서로 중첩되고 유사한 특징들만 파악될 뿐인데, 그는 이를 '가족유사성'이라고 표현했다.

당한 리카르디스는 신명재판*으로 무고함을 증명하겠다고 자청해 불의 고난을 당당히 통과하기도 했다. 그녀가 속세를 등지고 숲으로 떠나 있을 때였다. 리카르디스의 꿈에 가문의 선조인 성녀 오딜리아가 나타나 기적을 보게 될 장소에 수도원을 세워달라고 부탁했다. 그 일이 있고 얼마 뒤에 암곰 한 마리가 새끼들을 데리고 리카르디스에게 다가왔다. 암곰은 마치 울타리를 표시하는 것처럼 발톱으로 땅을 긁었다. 황후는 그 자리에다 앙들로 수도원을 세우고 궁정을 떠나 그곳에 머물다 896년 세상을 떠났다.

이 이야기만큼 오래되지는 않았으나 더 널리 퍼진 다른 판본에서는 암곰이 울타리를 그리지 않고 계속 끙끙거리면서 땅을 긁었다고 나온다. 리카르디스는 곰이 옆에 눕혀 놓은 죽은 새끼를 묻으려고 한다는 것을 깨달았다. 성녀가 곰을 불쌍히 여겨 기도를 해주자 새끼 곰이 되살아났다. 신에 대한 감사의 표시로 리카르디스는 그 자리에 교회를 세웠는데, 뒷날 수도원이 되었다고 한다. 9세기 말에 세워진 (프랑스 동부) 앙들로의 성 피에르와 바울 교회 지하에는 그 일을 기념해 로마네스크 시대에 만들어진 것으로 추정되는 거대한 암곰 석상이 있었다. 곰은 그곳 수도원의 상징적인 동물이 되었다. 중세 말의 상황을 보여주는 일부 사료에 따르면 당시 수도원은 살아 있는 암곰의 거처이기도 했다. 앙들로 시의 제빵업자들은 매주 곰에게 줄 빵을 가져와야 했다.[42] 성녀 리카르디스가 받은 계시나 곰의 전설을 믿지 않는 고고학자들은 교회 터 아래에서 켈트 성소의 흔적들을 발견했다. 그 성소는 아마도 아르티오 여신에게 바쳐졌던 곳일 것이다.[43]

곰을 계승한 성인들

야수보다 강할 뿐 아니라(곰 이외에 늑대 · 멧돼지 · 독수리 · 까마귀도 비교대

---

* 신명재판(ordalium) : 혐의자에게 물 · 불 · 독 · 기름 · 결투 등으로 육체적 고문이나 실험을 해서 상처의 경중이나 살아남았는지의 여부 등으로 죄의 유무를 판단하는 것이다. 모든 진실은 신만이 알며 죄 없는 자는 신이 보호하고 살려줄 것이라는 사고에서 비롯되었기 때문에 '신명재판'이라고 한다.

상이었다) 야수를 복종시켜 그 힘과 능력을 이용한다는 신의 사람들에 관한 이야기는 중세 초 기독교도가 된 지 얼마 되지 않고 겉으로만 개종한 사람들이 그 동물들에게 품고 있던 존경심을 약화시키는 데 일조했다. 그러나 곰만큼은 그다지 효과가 없었다. 중세 초 교회는 성인전 전략에서 한 단계 더 나아가 고대 곰 숭배의 마지막 잔재까지 완전히 제거해야만 했다. 이를 위해 앞서 말했듯이 일부 사제들은 달력을 이용하는 방안을 일찌감치 생각해냈다. 그들은 일 년에 몇 차례 열리는 이 무적의 야수 숭배와 관련된 사냥과 의례들을 곰과 어떤 식으로든 연관된 큰 성인이나 지역 단위 성인들의 축일로 대체하려 했다.

성 마르티누스 축일은 그 대표적인 예이다. 이 축일은 처음에는 어느 정도 변동이 있었으나 점차 11월 11일로 고정되어갔다. 그 날은 397년에 이 성스러운 투르의 대주교가 사망했다고 여겨지는 날이었다. 그러나 그 축일의 날짜는 결코 우연히 결정된 것이 아니었다. 유럽의 온대지방 농민들은 대부분 그 날을 곰이 처음 겨울의 한기를 느끼고 굴로 들어가는 날로 생각했다. 사람들은 곰이 그 날부터 40일씩 두 차례 이어지는 동면을 시작한다고 믿었고, 그것을 기념해왔다. 농촌에서 그 날은 야외활동을 마무리하는 때이기도 했다. 그 무렵 사람들은 가축과 곡물, 농기구들을 겨우내 가족들이 함께 머무를 곳으로 옮겨놓았다. 동면에 들어가는 곰은 어떤 의미에서는 밖에 있는 것이 안으로 들어오고, 삶이 죽음으로 변하는 순간을 상징한다고 할 수 있다.[44] 이는 가을축제에 곰과 관련된 의례와 의식들이 많은 이유이다. 물론 춤, 변장, 가면극으로 구성되어 있는 떠들썩하고 거칠고 불법적이고 때로는 위험스럽고 성적性的이기도 했던 이 이교 의례들은 수도사와 사제들을 경악시킬 뿐이었다.

갈리아 지방 몇몇 교구들의 주교들은 이미 5세기부터 곰 축제 대신 마르티누스 축일을 기념할 것을 제안했다. 농촌에 복음을 전파하고 교구들을 여럿 설립한 성 마르티누스는 13번째 사도라고도 불렸던 위대한 성인이었다. 그는 나중에 프랑스 군주의 수호성인이 되기도 했다(중세 말 프랑스 왕국의 4천여 개의 교회가 성 마르티누스에게 봉헌되었다). 사실 마르티누스의 명성과 기적, 전설은 모두 끈질기게 지속되었던 곰 축제에 종지부를 찍기 위해서였다. 그것은 탁월한 책략이었다. 마르티누스는 곰과 어느 정도 연관을 가지고 있던 성인이었기 때문이다. 앞서 말했듯이 마르티누스는 로마로 가는 길에 당나귀를 잡아먹은 곰에게 성 막시미누스의 짐을 대신 들게 했다. 그리고 마르티누스라는 이름은 ('art-'라는 어근을 가진) 곰을 지칭하는 인도유럽어, 특히 켈트 단어들과 관련이 있다. 갈리아 주교들의 노력은 차츰 서유럽 대다수 지역으로 퍼져갔다. 곰의 동면을 기념하던 11월 11일은 거의 모든 지역에서 성 마르티누스 축일로 대체되었다. 이는 성인전, 경제, 민속달력 모두에서 중요한 날이었다. 겨울이 시작되었음을 상징적으로 나타내는 그 날에는 대규모 장이 서고 온갖 종류의 축제들이 열렸다. 사람들은 빚을 갚고, 식량을 비축하고, 잔치를 열어 거위고기를 먹고 술을 마음껏 마셨으며(중세 프랑스어에서는 '망치로 두드리다'라는 뜻의 *martiner*라는 동사에 '과음하다'라는 뜻도 있었다),[45] 성 요한 축일이라도 된 것처럼 불놀이를 했다.[46]

이교 축제에서 성인 축일로의 전환이 비교적 빠르고 순조롭게 이루어져 성공을 거두자(카롤루스왕조 시대에 전환이 완전히 이루어졌던 것 같다), 곰 숭배와 관련된 다른 지역의 축제들이나 의례들에도 유사한 조치가 취해졌다. 의례들이 행해졌던 날짜는 다양했으나 대부분 9월과 곰이 겨울잠을 자는 11월에서 2월 사이에 몰려 있었다. 따라서 교회도 곰을 길들였다거나 적대적으로든 호의적으로든 곰과 특별한 관계를 맺었다는 성인들의 축일을 그 기간 중에 택했다. 이러한 관계는 지금까지 이야기한 모든 성인들뿐 아니라 그 숭배 범위가 교구나 심지어 소규모 본당을 벗어나지 못한 많은 지역 성인들에게도 해당된다. '곰과 관련된' 크고 작은 성인들의 축일들을 9월부터 2월까지 열거하면 다음과 같다. 레마클루스 축일(9월 3일), 마그누스 축일(9월 6일), 코르비니아누스 축일(9월 8일), 에우페미아 축일(9월 16일), 람베르투스 축일(9월 17일), 리카르디스 축일(9월 18일), 플로렌티우스 축일(9월 22일), 테클라 축일(9월 23일), 기셀누스 축일(10월 9일), 갈루스 축일(10월 16일), 마르티누스 축일(11월 11일), 콜룸바누스 축일(11월 23일), 엘리기우스 축일(12월 1일), 콜룸바 축일(11월 31일), 빈켄키아누스 축일(1월 2일), 로메디우스 축일(1월 15일), 발레리우스 축일(1월 29일), 블라시우스 축일(2월 3일), 아벤티누스 축일(2월 4일), 아만두스와 베다스투스 축일(2월 6일), 발렌티누스 축일(2월 14일).

이 목록에는 곰을 뜻하는 라틴어 '우르수스(ursus)'와 직접 관련이 있는 이름을 가진 성인들도 추가되어야 할 것이다. 그들은 대부분 순전히 전설로만 존재하는, 곳곳의 교구들에 남아 있던 곰 숭배의 유산을 대체하기 위해 교회가 날조해낸 인물들이었다. 테베군단*의 일원이자 마우리티우스의 동료로 스위스 북부 전역에서 숭배 받았던 졸로투른의 성 우르수스(축일 9월 30일), 〔오스트리아와 이탈리아의 접경〕티롤 지방에서 가축의 수호자로 숭배 받았던 메라노의 성 우르시키누스(축일 10월 2일), 부르주의 첫 번째 주교이자 베리의 수호성인이었던 성 우르시누스(축일 11월 9일), 〔이탈리아 북동부〕프리울리 지방에 전도한 성 우르시케누스(축일 12월 1일), 라벤나의 전설적인 주교 성 우르시키누스(축일 12월 13일), 〔프랑스 북동부〕뤽세이유의 수도사였을 것으로 추정되는 콜룸바누스의 제자 성 우르시키누스(축일 12월 28일), 〔프랑스와 벨기에의 접경〕티에라슈 지방의 수호성인인 성 우르스마르(축일 1월 30일), 알프스 산맥을 중심으로 양쪽 지방 모두에서 숭배를 받던 아오스타의 성 우르스(축일 2월 1일), 그 밖에도 여러 성 '우르스(Urs)', 성 '우르시누스(Ursinus)', 성 '우르시키누스(Ursicinus)'들이 있다. 라인 계곡과 네덜란드, 프랑스 북부, 저 멀리 베네치아에서도 숭배 받았던 처녀 순교자이자 쾰른의 수호자인 위대한 성녀 우르술라(축일 10월 21일)도 목록에 포함시켜야 한다.

---

* 테베군단 : 마우리티우스의 지휘 아래 기독교도 군인들로 이루어진 로마의 군부대이다. 승리를 기원하는 제사를 지내라는 디오클레티아누스 황제의 명을 따르지 않아 모두 처형되었다.

새로운 달력

사실 초기 기독교 시대부터 교회는 달력을 조작하고 바꿔왔다. 그것은 로마 축제들을 없애고 기독교적인 대체물로 바꾸려고 의도적으로 이루어진 일이었다.[47] 도시에서 그 작업은 큰 어려움 없이 3~5세기 사이에 서서히 이루어졌다. 그러나 농촌에서는 상황이 달랐다. 그곳의 많은 이교 축제들은 (하지와 동지, 춘분과 추분 등) 계절의 순환, 자연의 주기, 별의 위치, 신화적 전통에서 비롯된 관습이나 믿음과 연관되어 있었다. 종교적이거나 세속적인 공식 축제들과 나란히 존재하는 이교 축제들을 없애기란 쉽지 않았다. 이교 축제들은 켈트, 게르만, 슬라브의 다양한 신화들과 연결되어 있었으며, 달력상의 분포도 광범위했다. 더군다나 이교 축제의 날짜는 고정되어 있지 않았고, 달의 주기와 위도에 따라 변했다. 뒷날 로마 기독교 세계 전체가 공통된 날짜를 사용하기 전까지 새로운 기독교 축일은 교구마다 서로 달랐다.

그러나 5세기부터 떠오르기 시작한 성인 숭배와 성인들을 기념하기 위해 만들어진 수많은 축일들은 그러한 날짜 문제에 효과적인 해결책을 제공했다. 사실 일부 각별한 존경을 받는 성인들은 축일을 여럿 가지고 있었다. 개종한 날, 수난이나 파면을 당한 날, 기적을 수행한 날, 그들의 유골이 이송된 날 등이 모두 찬양의 대상이 되었다. 교구의 수호성인인 일부 작은 성인들의 경우에도 여름 축일과 겨울 축일을 하나씩 가지고 있었다. 또한 동일한 성인이 교구에 따라 다른 날에 기념되기도 하였으며, 엄숙한 의례가 치러지는 날도 있었고 자유롭고 가벼운 축제가 열리는 날도 있었다. 그 해의 축일이 평일일 경우에는 뒤따르는 일요일로 날짜를 바꾸는 일도 흔했다. 이렇게 서서히 형성된 기독교 축일의 거대한 연결망은 옛 로마와 야만족의 달력을 완전히 잠식해 들어갔다. 이는 교회로 하여금 아예 근절하지는 못하더라도 이교 신들과 신화적 존재들, 별, 자연, 그리고 무엇보다도 동물들에게 바쳐졌던 숭배를 상당 부분 억제할 수 있게 해주었다. 점차 모든 교구들과 교회구들에서는 교회가 정하고 신성화한 축일들이 오래된 이교 축제들과 겹쳐졌으며, 결국에는 그것을 대체하였다.

신의 사람이 야수보다 얼마나 더 강한지를 이야기하는 성인전들로 채워진 이 새로운 기독교 달력은 마지막까지 남아 있던 곰 숭배와 맞서기에 효과적이었다. 성인들을 찬양하는 축일들이 오래된 곰 의례들을 계승했다. 성인들은 곰이 자신들을 따르고 존경하고 돕고 사랑하도록 만들 수 있었다. 이제 영웅은 곰이 아니라 성인이었다. 한편, 이 새로운 달력에 대한 더 꼼꼼한 연구는 곰 축제일들이 한 해 내내 고르게 분포되어 있지는 않았다는 사실을 보여준다. 특별히 집중되어 있었던 세 시기가 있었다. 바로 9월 전체와 11월 중순, 1월 말부터 2월까지였다. 교회는 바로 그 기간에 '곰과 관련된' 성인들의 축일을 되도록 많이 정해야 했다.

11월에 열리는 이교 곰 축제들과 11월 11일로 선택된 성 마르티누스 축일에 대해서는 이미 언급했다. 2월은 더 중요하지만 조금 뒤에 가서 다룰 것이다. 그렇다면 남은 것은 9월이다. 왜 많은 곰 축제들이 9월에 열린 것일까? 곰 숭배를 대체하거나 근절시키기 위해 다수의 성인들이, 거의 하루에 한 명 꼴로 9월에 배치될 필요가 있었을까? 9월은 11월과 2월처럼 '곰의 달'인가? 9월 전체인가, 아니면 추분 무렵인가? 9월 말이 이교 축제로 가득 차 있었기 때문에 교회는 가장 중요한 기독교 축제 가운데 하나인 천사군단의 우두머리 대천사 미카엘의 축일을 29일로 정한 것인가? 오늘날 우리가 알고 있는 지식으로는 이런 문제들에 답하기 어렵다. 고대의 신화 달력과 그것의 '민속적' 연속성을 연구하는 전문가들도 이 문제들에 대해서는 거의 관심을 보이지 않았기 때문이다.[48]

하지만 지리학적 문제는 비교적 수월한 편이다. 제한된 지역이나 지방 성인들로 한정해서 살펴보았을 때, 우리는 곰과 관련된 기적이나 전기를 하나 이상 가진 성인들이 대부분 유럽의 일부 지역에 몰려 있음을 확인할 수 있다. 하나는 산간지방, 특히 알프스 초승달 지역의 중앙부이고, 다른 하나는 그보다 넓은 오늘날의 〔프랑스와 벨기에 접경의 고원지대인〕 아르덴 지방과 그 경계부이다. 두 지역 모두 기독교화가 이루어지기 전에 아르테미스 여신과 사촌뻘이 되는 켈트 여신들이 숭배를 받았던 곳이다. 예컨대 아르티오 여신은 스위스·포어아를베르크·티롤에서, 아르두이나 여신은 아르덴에서 숭배를 받았다. 이는 곰과 연관된 켈트의 신들이 게르만과 슬라브의 신들보다 기독교화에 더 끈질기게 저항했다는 증거일까?

곰 축제에서 성촉절까지

중세 교회가 기독교 달력으로 대체하고 싶어했던 농촌의 전통 달력에서 곰이 겨울잠을 자러 들어가는 시점은 11월 중순이다. 이미 말했듯이 그 시기의 축제들은 서서히 성 마르티누스 축일로 대체되었다. 그러나 잠에서 깬 곰이 겨울이 끝났는지를 알아보기 위해 굴 밖으로 나오는 때를 기념하는 축제들은 더 오래 지속되었다. 동짓날로부터 40일 뒤에 열리는 그 축제들은 지역과 위도에 따라 조금씩 차이가 있었는데 대략 1월 말이나 2월 초였고, 때로는 일주일 동안 지속되기도 했다. 이 기간 동안 유럽 전역에서는 고대로부터 물려받은 주요한 곰 관련 의례들이 거행되었는데, 그것은 향후 카니발의 범람을 예고하는 것이었다.[49] 따라서 중세 초에 교회는 이 기간의 축제들을 더 심하게 간섭했으며, '곰과 관련된' 성인들의 축일도 많이 정했다. 그 가운데 블라시우스(2월 3일)와 발렌티누스(2월 14일) 같은 일부 성인들의 축일은 폭넓게 확산되었다. 지방성인들도 다수 있었는데, 〔프랑스 북동부〕 모젤과 아르투아에서는 아만두스(2월 6일)와 베다스투스(2월 6일로 같다)의 축일이 기념되었다. 더 작은 규모의 지방성인들의 축일은 훨씬 더 많았다. 예컨대 발레리우스(1월 29일), 우르시키누스(1월 31일), 아그리파누스(2월 1일), 아오스타의 우르스(1월 1일), 트루아의 아벤티우스(2월 4일)의 축일이 있었으며, 그 밖에 알프스의 계곡과 산간지방에도 여러 성인들의 축일이 존재했다.

그러나 이러한 노력으로도 충분치 않았다. 달력 한쪽에는 다른 어떤 날과도 비교될 수 없는 날이 하나 계속 남아 있었다. 바로 곰이 겨울잠을 끝내고 굴 밖으로 나와 하늘과 구름, 바람을 관찰하며 동면을 계속할 것인가를 결정하는 날이었다. 만약 하늘이 맑고 해가 빛난다면 곰은 겨울이 아직 끝나지 않았다고 판단한다. 그는 자신의 왼발을 핥고 자리에서 빙빙 돌고 나뭇가지를 분지르며 여러 차례 끙끙거린 뒤 굴로 돌아가서 다시 40일 동안 겨울잠을 잔다. 그러나 만약 하늘이 흐리고 회색빛이거나 비나 눈이 온다면 곰은 겨울이 거의 끝났다고 판단하여 다시 돌아가지 않고 밖에 머무른다. 곰은 목욕을 하고 먹을 것을 찾아다니며 침착하게 날이 좋아지길 기다린다고 한다.

이는 유럽 대부분의 온대지방에서 곰의 한해살이 중에서 가장 중요한 순간인 2월 2일이다. 때로는 2월 3일로 기념되기도 했다. 그 날 농촌에서는 곰이 굴 밖으로 나온 것을 기념하는 축제들이 열렸는데, 노래와 춤·놀이·가면극이 가장 큰 부분을 차지했다. 그러나 그 무엇보다도 수도사와 성직자들을 질색하게 한 것은 모의납치와 강간이었다. 축제날 남자들은 곰 가죽을 뒤집어쓰고 소녀나 젊은 여성들을 납치해서 짝을 이루는 시늉을 했다. 이러한 놀이와 모방극은 카롤루스왕조 시대에 랭스의 대주교구에서 확인되며[50], 14~15세기 알프스의 계곡에서 행해졌다는 기록이 문서로 남아 있다.[51] 그것은 피레네 일부 지역에서 일종의 민간풍속으로 20세기 말까지 지속되어 민족학자들을 기쁘게 했다.[52] 물론 다소 인위적이고 매스컴의 지나친 관심을 받는 이러한 놀이들에 중세 풍습 가운데 어떤 것이 남아 있는지는 의문이다. 아마 없을 것이다.[53]

이미 5세기 초부터 교회는 2월 2일을 기독교적인 날로 만들려고 노력해 왔다. 그것은 한 해 가운데 다른 어떤 날보다 가장 강력하고 통제 불가능한 이교 행사들이 열리는 날이었다. 그 날이 특히 중요했던 이유는 곰의 동면이 끝나기 때문만은 아니었다. 로마 루페르칼리아 제의를 비롯해 2월 중순에 거행되었던 풍요의식들, 그리고 2월 초에 열린 저승의 여신 프로세르피나를 기리는 대규모 제의에 대한 기억은 적어도 학문적 전통에서는 완전히 사라지지 않고 있었다.[54] 그러나 무엇보다 중요했던 것은 유럽의 북부와 북서부 전역에서 열렸던, 겨울이 끝나고 빛이 돌아오는 것을 기념하는 수많은 정화의식들이었다. 예컨대 켈트인들은 2월 1일에 임볼크Imbolc 대축제를 열었는데, 이는 다양한 이름으로 불리던 어머니 여신을 기리는 행사였다.[55] 교회는 그 날을 켈트 신화에 나오는 신들을 기독교적으로 형상화한 인물인 아일랜드의 수호성녀 브리지타의 축일로 정했다. 곰과 관련이 있거나 그렇지 않은 모든 이교 숭배와 의식들을 억압하기 위해 교회는 그 다음날인 2월 3일에 그리스도와 성모 마리아의 삶과 관련된 기독교 축일 2개를 동시에 정했다. 바로 예수성전봉헌축일과 성모정화축일이었다. 같은 날에 있는 이 두 개의 큰 축제는 곰 축제에 맞선 예배학자들과 신학자들의 격렬한 투쟁을 보여준다.[56]

그러나 이마저도 충분치 않았다. 곰의 동면이 끝나는 것을 기념하는 풍속과 믿음은 완전히 사라지지 않았으며 오히려 반대인 경우도 있었다. 빛과 태양이 돌아온 것을 기념하는 축제들은 북부 농촌지방에서 여전히 매우 활발하게 열렸다. 그 축제들의 일반적인 특징은 모닥불을 피우고 횃불 행진을 하는 것이었다. 5세기에 교황 겔라시우스는 이러한 축제들을 근절하기 위해 '성촉절(festa candelarum)'이라는 기독교 축제를 실시했다. 6세기와 7세기에 그의 계승자들은 이 새로운 축일에 더 분명한 의미를 부여하려 했다. 그리고 그렇게 하기 곤란할 때는 예수성전봉헌축일과 관련된 기독교적인 요소라도 찾으려고 노력했다. 촛불과 횃불을 들고 행진하는 것은 금지되는 대신 새로운 방향으로 나아갔다(이것들은 엄숙하게 축성되기 시작했다). 교구 교회를 떠난 촛불 행렬은 마을의 모든 집들을 거치며 어둠을 몰아내고 악령을 쫓고 악천후로부터 사람들을 보호하는 임무를 맡았다.

성촉절은 2월 2일로 자리 잡은 세 번째 기독교 축일이 되었다.

　그러나 갈리아, 더 나아가 프랑스 농촌 대부분의 지역에서는 곰에 대한 기억이 여전히 생명력을 잃지 않고 있었다. 12세기에서 18세기까지 이 축제는 종종 '성촉절(Chandeleur)'이 아니라 '촛불-곰 축제(Chandelours)'라고 불렸다. 이 민중적 용어는 불과 빛, 풍요가 되살아나는, 특히 '곰(ours)'이 겨울잠에서 돌아오는 날에 바쳐진 고대 숭배들에 관한 기억을 하나의 단어에 담고 있었다. 비록 기독교화하기는 했으나 성촉절은 많은 지역들에서 대체로 곰과 연관된 축제로 남아 있었다.[57]

악마가 된 곰

라틴 교회는 곰에 맞서 거의 천 년 동안이나 기나긴 전쟁을 벌였다. 그들은 살아 있는 곰 자체를 멸종시키려 했을 뿐 아니라, 성인을 이용해 상징적으로 곰을 패배시키려 했다. 카롤루스왕조 시대 이후 그 전쟁은 곰을 악마시하는 방식으로 전개되었다. 그러나 그 전에 이미 몇몇 초기 기독교 작가들은 곰을 해로운 동물로 분류하고, 플리니우스의 수수께끼 같은 문장을 인용하여 곰을 매우 사악한 존재로 만들었다. 일부 교부들도 곰에 관한 성서구절에 주석을 달아 곰을 늑대, 뱀, 용과 같은 무시무시한 동물들과 함께 사악한 동물의 목록에 두기를 주저하지 않았다. 곰을 악마로 만든 결정적인 움직임은 4세기에서 5세기로 넘어가는 시점에 있었다. 종종 그러했듯 성 아우구스티누스(354~430년)의 판단이 이후 몇 세기 동안 곰에 대한 기독교 상징체계에 결정적인 영향을 끼친 것이다. "곰은 악마다(ursus est diabolus)"라는 그의 말처럼 곰은 악마가 되었다.

악마는 본질적으로 기독교의 창조물은 아니었다. 사실 유대교에는 악마가 존재하지 않았다. 구약성서에 어렴풋하게 모습을 드러냈을 때도 기독교 전통에서 비롯된 형태는 아니었다. 악마의 존재가 주로 드러난 곳은 신약성서와 복음서였는데, 특히 「요한계시록」은 악마에 중요한 지위를 부여했다. 그 뒤 교부들은 악마를 신에게 도전하는 막강한 존재로 만들었다. 구약성서에서 세상을 선과 악의 대결로 보는 이원론은 완전히 낯선 것이었다. 그러나 중세 신학은 이 점에 관해 훨씬 더 모호했다. 물론 신은 계속 전지전능한 존재로 남았으나, 이제 기독교에는 신보다는 열등하면서도 일종의 자유를 누리는 사악한 존재인 사탄이 한자리를 차지하게 되었다.

사탄은 고립된 존재가 아니었다. 그는 귀신, 괴물, 동물들로 이루어진 수행원들과 함께 다녔다. 그들은 인간들을 꾀어내고 타락시키고 괴롭히기 위해 지옥의 심연에서 온 존재들이었다. 그들은 나약하고 죄 많은 인간들 앞에 때와 장소를 가리지 않고 나타났다. 특히 카롤루스왕조 말기와 서기 1천년 무렵에 사탄과 그의 수하들은 성직자와 수도사의 세계나 속인들의 세계를 가리지 않고 도처에 존재했다. 영원히 계속되는 천벌을 상징하는 이 위협적인 존재들은 기독교로의 개종을 부추겼다. 이때를 즈음해서 악마와 함께 다니거나 그의 상징이나 표상으로 사용되는 존재들 가운데서 곰이 가장 높은 지위를 차지하게 되었다. 곰은 모든 악덕과 악마의 힘을 구현하고 있었다.

성서의 기록

그러나 교부들과 그들의 봉건시대 계승자들이 곰을 악마로 만들기 위해 내세운 성서적 근거는 매우 빈약했다. 성서에서 곰은 중요한 비중을 차지하지 않았으며, 상징적으로 곰이라고 해석할 만한 구절도 매우 적었다. 성서의 어휘와 번역을 해석하는 것, 특히 구약성서를 해석하는 것은 매우 까다롭다. 다양한 히브리어 판본과 고대 그리스어 판본 성서에서 정확하게 확인할 수 있는 야생동물의 명칭은 극소수에 지나지 않는다. 오히려 '숲에서 살아가는 짐승', '기어 다니는 매우 잔혹한 짐승', '사람의 적인 야수' 등 막연하고 비유적인 표현이 자주 사용되었다. 사자를 뜻하는 말도 일반적으로 한 개의 용어를 사용한 가축과는 달리 여러 개가 있었다. 사자 전체를 가리키는 포괄적인 단어도 있었고, 수사자와 암사자·새끼 사자를 구별해 부르는 말도 있었다.[1] 대체로 최초의 라틴어 번역판과 불가타성서에서 구체적인 동물 명칭이 사용되기 시작했다. '무시무시한 짐승'이나 '거대한 존재', '물에 사는 괴물'이라고 부르는 대신에 '악어', '코끼리', '하마'라고 쓰게 된 것이다. 역사가는 반드시 개개의 중세 신학자들이 동물 상징의 근거로 삼고 논평을 붙이는 데 이용했던 다양한 성서 판본들과 번역본들을 확인하려고 노력해야 한다. 그들의 언어가 이전 판본의 단정적인 언어 선택이나 불확실한 어구의 잘못된 해석에서 영향을 받았을 수도 있기 때문이다.[2] 곰과 관련해서는 이러한 문제들이 발생하지 않은 듯하다. 곰이 언급되는 성서구절은 그 수가 매우 적으며, 혼동이나 의문을 불러일으키지도 않는다. 히브리어 '*do-b*'는 곰에게만 사용되었으며, 그리스어 '*arktos*', 라틴어 '*ursus*'와 늘 일치했다. 여기에는 늑대·자칼·하이에나·뱀·고래·매 등 위험하고 무서운 동물들이 불러일으켰던 어휘적 모호함은 존재하지 않았다.

곰이 언급된 성서구절 가운데 가장 널리 알려지고 교부들의 주석이 가장 많이 붙은 구절은 양치기였던 어린 다윗이 가축을 죽이고 양을 훔쳐가려 했던 곰과 사자에 맞서서 어떻게 용감하게 싸웠는지를 이야기한 부분이다(사무엘기 상권 17:34-37). 거기서 곰은 사자와 쌍을 이룬다. 이는 마치 동쪽과 서쪽의 두 동물의 왕이 사악한 힘을 합쳐 그리스도와 기독교도의 전형적 상징인 어린 양치기와 가축무리를 공격하는 것처럼 보인다. 그밖에 구약성서의 몇몇 사례에서도 곰과 사자는 뗄 수 없는 한 쌍이다. 악한 힘의 개입이나 커다란 위험을 표현하는 구절에서 그들의 이름은 앞서거니 뒤서거니 한다. 성서의 구문, 서술방식, 판본, 번역을 세심하게 검토하고 언어적으로 분석한 목록을 만들어 곰-사자 순인지 사자-곰 순서인지 살펴볼 필요가 있다. 단어의 순서와 목록 구조는 결코 중립적이지 않다.

특히 이 경우에 그것은 누가 가장 강하고 가장 악마적인 동물인지를 결정하는 문제이다.

다윗 이야기만큼은 아니었으나 중세에 주석이 많이 달린 곰 관련 성서 구절이 또 있다. 엘리야의 제자인 예언자 엘리사에 관한 이야기인데, 거기에는 수컷 곰만큼이나 무시무시한 암곰이 등장한다. 어느 날 엘리사는 베델로 가려고 여행을 하다가 카르멜 산 부근에서 한 무리의 어린 소년들을 만났다. 아이들은 그를 '대머리'라고 부르며 놀려댔다. 신의 사람을 조롱하는 것은 옳지 않은 일이었으므로 엘리사는 주님의 이름으로 그들을 저주했다. 그러자 곧바로 암곰 두 마리가 숲에서 나와 엘리사 앞에서 아이들을 잡아먹었다. 그는 곰들을 멈출 수 없었다(열왕기 하권 2:23-24).[3] 교부들은 이 일화가 그리스도가 십자가에서 당한 모욕과 학대를 암시한다고 설명하고는, 주저하지 않고 'calvus(대머리)'와 'Calvaria(예수가 십자가에 못 박힌 갈보리 언덕)'라는 두 라틴어 단어의 어원과 발음상의 유사성을 끌어냈다. 심지어 일부 매우 박식한 해석자들은 히브리인들이 대머리를 수치스럽게 여겼기 때문에 '대머리'라고 부르는 것은 심각한 모욕이었다고 주장했다.[4] 나중에는 털이 많은 곰을 떠올리며 그 구절을 극단 사이의 만남으로 해석하기도 했다. 곧 털이 없이 매끄러운 사제의 머리와 굵고 수북한 털이 온몸을 뒤덮고 있는 야만적인 짐승이 대조되는 것이다. 엘리사 이야기에서 가장 주목해야 할 점은 암곰이 수곰만큼이나 해롭고 악한 존재라는 것이다. 그녀는 위험과 징벌, 복수의 원천이며 죽음의 도구이다.

이따금 성서에서 곰은 야만과 난폭함, 잔인성을 상징하고 빗대어 나타내는 데 사용되었다(다니엘서 7:5, 잠언 28:15, 호세아서 13:8). 뱀처럼 예측할 수 없고 사자처럼 무자비한(아모스서 5:19) 이 동물은 굶주렸을 때면 특히 무서운 존재이다(애가 3:10). 암곰은 새끼를 빼앗겼을 때 난폭해진다(잠언 17:12). 이 무서운 동물은 성서시대에 팔레스타인과 시리아에 실제로 존재했다. 제1차 십자군 전쟁이 벌어지던 11세기 말까지도 그곳에 곰이 있었다. 그 곰들은 오늘날의 갈색곰보다는 작았으나, 종종 사람들을 공격했으며 양과 염소, 벌통을 끊임없이 습격했다. 이 때문에 곰은 악마의 동물지를 이루는 필수요소가 되었다. 예언자 다니엘은 꿈에서 이스라엘의 적인 네 왕국을 상징하는 무시무시한 네 짐승이 바다에서 올라오는 것을 보았다. 사자는 바빌론을, 표범은 페르시아를, 열 개의 뿔을 가진 기괴한 짐승은 그리스를, 곰은 메디아 왕국을 상징한다(다니엘서 7:1-8, 15-22). 이는 「요한계시록」에 반영되었다. 요한도 환상 속에서 바다에서 올라오는 소름 끼치는 짐승을 본다. 뿔이 열이고 머리가 일곱인 그 짐승은 사자의 거대한 턱과 표범의 음산한 얼룩무늬, 곰의 것과 같은 강력한 발을 가지고 있었다(요한계시록 13:1-2).

이런 성서구절들은 비록 그 수는 적었으나, 곰의 악마적인 이미지를 구축하고 조직하고 논평하려 했던 중세 신학자들에게는 좋은 근거가 되었다.

곰의 적, 플리니우스와 아우구스티누스

곰을 악한 존재로 만들고자 했던 중세 신학자들은 곰에게 성서만큼이나 호의를 보이지 않은 이교 작가들의 문헌도 사용했다. 아리스토텔레스는 곰에 대해 도덕적 판단을 내리지는 않았으나 곰의 이상한 동면 습관과 식습관을 여러 차례 묘사하며 그것이 네발짐승에게는 특이한 행태라고 언급했다.[5] 중세 기독교는 곰의 이러한 특징들을 모두 두렵고 악마적인 것이라고 해석했다.

그러나 아리스토텔레스의 동물학 관련 저작들은 뒤늦게 재발견된 것으로 그 작업 자체도 여러 단계에 걸쳐 진행되었다.[6] 따라서 (79년 베수비오 화산폭발로 사망한) 플리니우스야말로 천년 동안 지속될 곰의 부정적 이미지를 만드는 데 아리스토텔레스 이상으로 큰 공헌을 한 작가라 할 수 있다. 서기 40년대 말에 편찬되어 현재 37권이 남아 있는 플리니우스의 『자연사』는 중세 지식을 형성한 문헌 가운데 하나였다. 그것은 '권위'가 되었으며 사실상 17세기까지 도전받지 않았다. 플리니우스는 특히 동물에 대해 말하기를 좋아했다.『자연사』의 동물학[7]과 의학[8] 부문은 곳곳에서 동물과 관련된 수많은 사례와 일화, 논평, 이야기, 비유가 풍부하면서도 혼란스럽게 넘쳐난다. 중세 초와 중세 중기의 작가들, 특히 동물도감 작가들과 백과사전 집필자들이 플리니우스의 말을 빌려오길 좋아했다. 그들은 때때로 플리니우스의 저서를 직접 차용하기도 했으나, 플리니우스 저서의 축약본이라 할 수 있는 솔리누스의 작품을 더 자주 이용했다. 솔리누스는 3세기 무렵에 흥미로운 저작인『박식한 사람Polyhistor』을 편찬했다는 것 이외에는 알려진 바가 거의 없다. 그의 저작에는 플리니우스의 문헌에 나오는 내용들이 지리적으로 요약되고 분류되어 있다.[9]

　　『자연사』제7권 '육상동물' 편에 맨 처음 등장하는 동물은 곰이 아니다. "동물들 가운데 가장 크고 영리하며 … 사람에 가장 가깝다"는 코끼리에 대한 설명에서 시작한다. 뒤를 이어 나오는 동물들은 다소 유동적으로 구성된다. 뱀, 사자, 표범 등 대부분 아프리카와 아시아에서 온 동물들이 코끼리의 뒤를 잇고, 그 다음으로 유럽에서 볼 수 있는 야생동물과 가축들이 등장한다. 야생동물 부문에서는 첫 장이 사슴에게[10], 두 번째 장이 곰에게 할애된다. 플리니우스는 특히 곰에 관해 많은 정보를 제공하는데, 그 대부분은 아리스토텔레스의 작품에서 비롯된 것이다. 그러나 테오프라스투스, 베르길리우스, 바로, 오비디우스의 작품과 사냥에 관한 다양한 문헌들에서 비롯된 내용들도 있다.

　　다른 장들과 달리 곰에 대한 장은 상대적으로 잘 구성되어 있다. 플리니우스는 계절을 따라간다. 가을은 곰의 짝짓기와 임신에 관해, 겨울은 곰의 동면과 관련된 놀라운 일들에 관해 이야기한다. 봄에는 곰의 식습관과 꿀을 향한 유별난 애착에 대해 말한다. 여름에는 곰의 포획과 원형경기장에서의 곰의 결투, 곰이 사람과 얼마나 닮았는지에 대해 나온다. 곰은 사계절의 순환과 밀접한 관련을 가진 달력 같은 존재이자 사람을 가장 닮은 동물로 그려진다. 이러한 곰의 '초상'은 15세기까지 이어졌다. 그러나 『자연사』의 결말은 예상치 못한 방향으로 흘러간다. 플리니우스는 다음과 같이 공격적으로 곰에 대해 부정적인 의견을 피력했다. "곰보다 더 능숙하게 터무니없는 악행을 저지를 만한 동물은 없다"[11] 다른 출처에서 비롯된 것이 아니라 플리니우스 자신에게서 직접 나온 것으로 보이는 이 인정사정없는 문장은 중세 기독교 동물지에서의 곰의 운명을 결정지어버렸다.

실제로 『자연사』는 교부와 그들의 계승자들이 주의 깊게 읽었던 문헌이었으며, 14세기까지 여러 차례 필사되었다. 오늘날 전해지는 (300개 이상의) 중세 필사본 수는 그 작품의 성공과 영향력을 잘 보여준다.[12] 가장 오래된 필사본들은 『자연사』 37권을 모두 수록하고 있지는 않지만, 널리 알려진 여덟번째 권은 빠짐없이 포함하고 있다. 제8권은 육상동물에 관한 것으로, 이 책의 관심사인 곰에 대한 장이 실려 있다. 교부들 가운데서도 히에로니무스와 아우구스티누스는 플리니우스의 열렬한 독자였다. 『자연사』를 "경탄할 만한 작품(opus mirandum et pulcherrimum)"[13]이라고 평한 히에로니무스는 그 안에 담긴 정보와 주석을 이용해 동식물과 보석 등에 관한 성서구절들을 해석하려 했다.[14] 그는 주로 언어학자로서 그 작품을 읽었고, 그 때문에 이교적인 백과지식과 종교문헌 사이에 견고하면서도 지속적인 연결고리를 만들 수 있었다. 게다가 히에로니무스는 다른 기독교 작가들처럼 성서를 거대한 백과사전으로 생각하고 있었다. 아우구스티누스의 생각은 전혀 달랐다. 그는 성서에 쓰인 글자 자체의 의미를 탐구하는 데는 거의 시간을 기울이지 않았다.[15] 그 대신 끊임없이 그 안에 담긴 은유적이고 신비로운 의미를 찾으려 했다. 그의 해석은 늘 텍스트가 주는 '영감', 다른 곳이 아니라 오직 거기서만 찾을 수 있는 존재와 사물의 본질을 드러내는 것을 목표로 삼았다. 히에로니무스보다 세속 지식의 한계를 훨씬 분명하게 염두에 두고 있었던 아우구스티누스는 플리니우스가 얼마나 회의적이고 비관적인 작가인지를 보여주려 했다.[16] 플리니우스가 어떠한 신성도 인정하지 않으려 한다고 생각했기 때문이다.[17]

아우구스티누스는 히에로니무스는 물론이고 암브로시우스와도 달랐다. 동물에 대한 개인적인 관점에서 아우구스티누스는 의구심이나 두려움이 있었던 것 같다. 신학자로서 아우구스티누스는 성 바울에게서 유래한 기독교적 사고의 흐름과 동떨어져 있었다. 성 바울은 창조주의 작품인 자연의 위계가 필수불가결하다는 생각을 뛰어넘어 종종 살아 있는 존재들 모두를 소극적으로나마 하나의 공동체로 여기는 경향이 있었다.[18] 그러나 아우구스티누스는 신의 모습을 본떠 만들어진 인간이 불완전하고 순수하지 못한 하위존재인 동물들과 혼동되어서는 안 된다고 생각했다. 인간과 동물의 본성을 혼동하는 것은 신을 모독하는 짓이었다.[19] 아우구스티누스는 동물들에게 혐오감과 두려움을 느꼈던 것 같다. 유년기나 청년기에 동물을 향한 그의 거부감과 두려움을 설명해 줄 만한 어떤 사건이 있었던 것일까? 자서전 격으로 세세한 사항까지 담긴 『고백록』에도 아무것도 나와 있지 않다. 그러나 그의 거의 모든 저작에서 드러나 있는, 그리고 중세의 사고와 상징에 막강한 영향을 끼친 아우구스티누스의 동물공포증에 대해 의문을 갖는 것은 당연하다. 그것은 그가 끊임없이 반복했던 "창조된 세계는 무한히 선하다. 그것은 신의 작품이기 때문이다"라는 말과는 어긋난 모습이었기 때문이다.

아우구스티누스가 특별히 적대시했던 두 동물이 있었다. 바로 사자와 곰이었는데, 그는 이 둘을 거의 구분하지 않았다. 아우구스티누스가 414년이나 415년 무렵에 작성한 「이사야서」 강론에는 다윗이 곰과 사자에 맞서며 벌인 영광스러운 전투(사무엘기 상권 17:34-37)에 관한 주석이 실려 있다. 그에 따르면 두 짐승 모두 사악한 존재이며, 하느님과 정의의 적이자 악마의 도구들이다. 아우구스티누스는 곰의 힘은 발에서, 사자의 힘은 턱에서 나온다고 보았다. 그리고 자신의 가축무리를 구해낸 다윗의 업적을 지옥으로 내려간 그리스도와 비교했다. "이 두 동물은 육화한 악마 그 자체"[20]이기 때문이다. 이런 주장은 아우구스티누스의 성서 해설서들에서 여러 차례 되풀이되었으며, 중세로 확산되어 담론談論으로 형성되었다. 주요 희생자는 곰이었으나 사자도 수모를 겪었다. 아우구스티누스는 단 한 차례 사자를 악마와 동일시하였는데, 그 때문에 사자는 기독교 유럽 전체에서 동물의 왕으로 확고히 인정을 받기까지 거의 8세기를 기다려야 했다. 사자의 운명은 앞으로의 장에서 다룰 것이다. 여기서는 곰과 이 동물에 대해 히포의 주교가 가진 혐오감에 초점을 맞추고자 한다. 아우구스티누스가 북아프리카에서 곰을 보았거나, 그 자신이나 주변인 가운데 누군가가 곰에게 공격을 받았을 가능성이 분명 존재한다. 실제로 4세기와 5세기에 곰은 지금의 튀니지와 그 근방에 매우 많이 존재했다. 예컨대 솔리누스는 우리에게 친숙한 갈색곰보다 크기는 작았지만 사람에게 훨씬 위험했던, 지금은 멸종한 '누미디아의 곰들'에게 기다란 장을 할애하였다.[21] 그러나 곰에 대한 아우구스티누스의 혐오는 숲과 나무로 둘러싸인 도시 히포에서는 찾을 수 없다. 그것은 책에서 찾아야 한다. 곰을 향한 그의 혐오는 곰에 관한 부정적인 이미지를 담고 있는 성서에서 시작해, 학구적인 그가 열심히 읽었을 플리니우스의 『자연사』와 함께 지속되었다. 앞에서 언급했던 "곰보다 더 능숙하게 터무니없는 악행을 저지를 만한 동물은 없다"[22]는 곰에 관한 플리니우스의 마지막 문장도 분명히 영향을 끼쳤다. 그 때문에 아우구스티누스는 곰이 정말로 매우 해악한 존재라고 확신하게 되었다. 『자연사』의 다른 구절들, 예컨대 곰과 사람의 신체적 유사성이나 (땅에 드러누워 서로 얼굴과 배를 마주하고 끌어안고 인간의 방식more hominum[23]으로 행하는) 수컷 곰과 암컷 곰의 짝짓기 방식에 관한 플리니우스의 묘사는 아우구스티누스에게 강한 자극이 되었다. 물론 곰은 그와 같은 방식으로 짝짓기를 하지 않는다. 앞서도 말했듯이,[24] 그것은 플리니우스가 아리스토텔레스의 모호한 구절을 잘못 해석했기 때문인 것 같다. 그러나 아우구스티누스는 그 사실을 알지 못했다. 아우구스티누스는 플리니우스를 신뢰했다. 17세기까지 곰의 짝짓기 방식에 대해 그렇게 이야기한 다른 모든 작가들처럼 말이다. 신학자로서 아우구스티누스는 사람과 동물은 결코 혼동되어서는 안 되며, 그 둘의 본성은 완전히 다르다고 계속해서 주장했다. 그에게 사람과 동물을 혼동하는 것은 추문이자 범죄였으며, 창조주가 세운 질서를 거스르는 참으로 악마 같은 짓이었다. 아우구스티누스에게 "곰, 그것은 악마였다(ursus est diabolus)."[25]

카롤루스왕조 시대에 들어와서 많은 작가들이 이러한 아우구스티누스의 표현을 차용하며 곰을 악마로 만드는 데 기여했다. 그들 가운데 가장 큰 영향력을 행사한 사람은 풀다의 수도원장이자 뒷날 〔독일 서부〕 마인츠의 대주교가 된 라바누스 마우루스였다. 840년 무렵에 그는 '만물에 대하여(De universo)'나 '사물의 본성에 대하여(De rerum naturis)'라고 불리는, 백과사전이자 상징적으로 그 뒤 오랜 기간에 걸쳐 수많은 계보를 만들어낼 대작을 편찬했다. 독창성은 부족했지만 그 안에는 플리니우스의 백과사전적인 담론, 이시도루스의 어원학적 담론[26], 주요 라틴 교부들의 성서 해석학적이고 은유적이고 도덕적인 담론들[27]이 한데 어우러져서 특색을 이루고 있었다. 여기에서 그는 후대에 여러 차례 다시 사용될 자료를 풍부하게 제공했다. 이것은 11~12세기 라틴 산문작가들이 동물지를 쓸 때 특히 즐겨 사용되었다. 『만물에 대하여』에서 동물이 차지하는 비중은 매우 크다. 라바누스 마우루스와 4세기에 걸친 그의 모방자들에게 동물은 특별한 의미가 있었다. 도덕적 신학적 해석을 이끌어내고 자연과 세상의 숨겨진 진실에 도달하기 위해서는 반드시 (겉모습, 습성, 행동, 추정되는 장단점 등) 동물의 '특성들'을 연구해야만 했다.

아우구스티누스처럼 라바누스 마우루스도 곰에게서 사람을 속여 신에게 등을 돌리게 하는 악마의 모습을 보았다. 또한 플리니우스처럼 곰을 악한 짓을 잘 저지르는 무자비하고 잔인한 동물로 여겼으며, 그 사악함을 가리켜 곰을 "피에 굶주린 난폭한 군주"라고 부르기도 했다.[28] 라바누스 마우루스는 암곰 두 마리가 예언자 엘리사의 대머리를 조롱한 아이들을 죽였다는 성서구절(열왕기 하권 2:23-24)에 주석을 달며, 그 두 마리의 곰을 각각 기독교도와 유대인들의 적인 로마 황제 베스파시아누스와 티투스하고 동일시했다.[29] 이른바 교회의 사람이라고 불리는 자들은 봉건시대가 싹트는 시점에 이미 연약한 신자들의 무리를 권력자의 강탈과 잔인함에서 보호하고 있었다. 성직자들에게 곰은 사탄의 현현이자 마귀들의 왕이었다. 그러나 수십 년 뒤에 카롤루스왕조가 무너져 권력이 다수의 탐욕스럽고 잔인한 지역 유력자들에게 넘어가자, 곰은 신도 인간도 두려워하지 않는 군주, 강탈하는 봉건영주의 이미지를 갖게 되었다.

악마와 악마의 동물지

봉건시대에 악마는 어디에나 존재했다. 그는 사방에 악행을 퍼뜨리며 자신의 제국을 넓혀갔다. 물론 중세 기독교는 마니교와는 전혀 달랐다. 신학자들은 두 신이 존재한다고 믿어 사탄과 하느님을 같은 반열에 놓는 마니교야말로 진짜 심각한 이단이라고 생각했다. 사탄은 결코 신과 같을 수 없었다. 그는 타락한 존재이자 배반한 천사들의 수장이었다. 지옥에서의 그의 지위는 성 미카엘이 천사계급에서 차지하고 있는 자리에 견줄 수 있었다. 「요한계시록」은 그의 덧없는 통치는 단지 종말 직전의 일시적인 현상일 뿐이라고 예언했다. 그러나 일상의 삶에서는 보통사람들은 물론 성직자와 수도사들조차 악마에게서 벗어나지 못했다. 그들은 신에 버금가는 막강한 힘을 가진 악마가 끊임없이 배회하고 다니며, 갖가지 속임수를 사용해 나약하고 죄 많은 인간들을 자기편으로 만든다고 보았다. 또한 덕 있는 자들의 완벽한 왕국은 선과 악의 흑백대결을 통해 만들어지며, 심판의 날에 선택받은 자들은 천국으로 갈 것이고 저주받은 자들은 지옥으로 떨어진다고 믿었다.

'사탄(Satan)'이란 명칭은 성서에 기원을 두고 있다. 그것은 '적敵'이란 뜻의 히브리 단어에서 비롯된 말이다. 「욥기」에서 그는 욥을 시험하기 위해 파견된 천사였다. 교부들은 사탄을 신에 맞서서 악한 세력을 이루는 배반한 천사들의 우두머리 이름으로 만들었다. 그러나 그것은 전문적이고 잘 쓰이지 않는 용어였다. 봉건시대 라틴어와 세속 문헌에서는 '디아볼루스(diabolus)'라는 단어가 훨씬 자주 사용되었다. 그것은 그리스어 '디아볼로스(diabolos)'에서 비롯된 단어로 명사가 되기 전에는 형용사였다. 고대 그리스에서 그 단어는 증오와 무질서, 질투를 일으키는 사람을 가리키는 말로 사용되었는데, 의미가 확장되어 사기꾼이나 남을 비방하는 자를 가리키는 데 쓰이기도 했다. 게다가 사티로스*를 묘사한 고대 그리스의 도상은 중세 기독교 미술이 악마를 묘사할 때 사용할 몇 가지 요소들을 제공해주었다.

악마의 이미지는 6세기에서 11세기까지 서서히 나타났으며 오랜 기간 고정되지 않은 채 다양한 형태로 존재했다. 그러나 로마네스크 예술에서 악마의 이미지는 흉측한 짐승의 모습으로 자리 잡았다. 악마의 몸은 대개 마르고 쇠약해진 모습으로 그려졌는데, 이는 그가 죽음의 왕국에서 왔다는 것을 강조하기 위해서였다. 그의 벌거벗은 몸은 곰처럼 털로 뒤덮여 있거나 용처럼 돌기가 돋아나와 있었다. 때로는 표범처럼 얼룩덜룩한 점이나 줄무늬가 있기도 했다. 모두 혐오감을 불러일으키는 모습들이었다. 등에는 (염소나 원숭이의) 꼬리와 타락 천사임을 암시하는 (박쥐의) 날개 한 쌍이 달려 있었다. 발은 염소의 발이나 곰의 발처럼 묘사되었다. 검고 거대한 머리에는 뾰족한 뿔과 털이 나 있는데 지옥의 화염이 일어나는 것처럼 곤추서 있었다. 얼굴은 곰이나 돼지의 주둥이를 가진 찡그린 상으로 그려지곤 했는데, 입은 귀까지 찢어진 채 경련을 일으키는 것처럼 잔혹한

---

* 사티로스(Satyrus) : 그리스 신화에 등장하는 반인반수의 정령으로 긴 귀와 뿔, 염소의 발과 꼬리를 가지고 있는 모습으로 묘사되었다.

표정을 하고 있었다.

　악마의 군단을 구성하는 악령들은 그들의 지휘관 아래쪽에 더 작은 크기로 그려졌다. 그러나 그들도 악마와 마찬가지로 벌거벗고 털이 많은 흉측한 모습이었다. 그들은 짐승의 모습을 하고 있었으며, 신체 여기저기가 악마와 흡사했다. 가장 역겨운 부분은 그들의 우두머리만큼이나 혐오스러운 얼굴이었는데, 마치 가면을 쓴 것처럼 제2, 제3의 악마 얼굴이었다. 그들은 사람들을 고문하고, 몸을 빼앗아가고, 악덕과 폭력을 퍼뜨리고, 불을 지르고, 폭풍우를 일으키고, 생산성을 떨어뜨렸다. 무엇보다도 그들은 나약하고 병든 이들을 노리고 있다가 죽어가는 육신을 떠나는 죄 많은 영혼을 잡아가려고 했다. 악령들을 물리칠 수 있는 것은 기독교 신앙과 기도였다. 촛불과 종소리, 성수뿌리기도 악령들을 막아주었다. (주교나 그의 대리인이 외우는 액막이 주문이나 몸짓과 같은) 그리스도가 수차례 행했던 퇴마 의식도 사람의 몸에서 악령을 쫓아내는 하나의 방법이었다.

　악마는 그리스도의 구원과 선으로 이르는 길에서 수도사들과 신자들을 탈선시키기 위해 속임수, 위장, 유혹 등 다양한 방법을 동원했다. 안토니우스와 마르가리타와 같은 몇몇 위대한 성인들은 악마에 맞선 것으로 유명하다. 그리스도 자신도 광야에서 악마에게 세 차례 저항했으며(마태복음 4:1-11), 림보*로 내려갔을 때는 악마를 짓밟고 지옥의 문을 부수었다. 그러나 모두가 성 안토니우스나 성 마르가리타 같지는 않았다. 평범한 세속인들은 물론 사제와 수도사들도 악마를 만나는 것과 악마에게 저항할 힘을 가지고 있지 않다는 것에 끊임없이 두려움을 느끼며 살아갔다.

　더구나 악마는 사람들을 속이기 위해 자주 변장했다. 그는 유혹적인 젊

---

* 림보 : 영어로는 'Limbo', 프랑스어로는 'Limbes', 라틴어로는 'Limbus'라고 한다. '주변, 가장자리'를 뜻하는 라틴어 림부스(Limbus)에서 비롯되었으며, 중세 신학에서 예수를 미처 알지 못하고 원죄 상태를 유지한 채 죽은 사람들이 머무는 변옥(邊獄)을 가리키는 용어이다. 가톨릭 신학에서는 그리스도를 통해서 구원을 받은 사람만 하늘나라에 이를 수 있고 그렇지 못한 사람은 지옥에 간다고 여겼는데, 그리스도의 강생 이전에 살았던 의로운 이들이나 세례를 받지 못한 아이들이 지옥에서 벌을 받는 것이 불합리하다는 생각에서 림보의 개념이 도출되었다. 그래서 림보는 선조의 림보(limbus patrum)와 유아의 림보(limbus infantium)로 구분되기도 했다.

은 여성이나 잘생긴 젊은 남성(심지어 그리스도로), 그리고 그보다 더 자주 두렵고 혐오감을 일으키는 동물로 변장했다. 악마가 변장할 수 있는 동물의 목록은 매우 길었다. 그들은 이런저런 이유로 중세 문화와 감성에서 비난과 멸시를 받았던 동물들이었다. 목록 구성은 매우 다양했다. 뱀, 염소, 원숭이, 고래, 고양이, 두꺼비와 같은 현실의 동물들 뿐 아니라, 만티코라*, 바실리스크**, 용과 같은 상상의 동물들도 있었다. 그리고 사티로스, 켄타우로스***, 세이렌****과 같은 반인반수半人半獸는 물론이고, 너무 복합적인 형태라 이름 붙이기도 어려운 존재들도 있었다. 사실 사탄의 동물목록은 동물 자체보다는 동물성과 관련 있었다. 어떤 생물체의 평범한 해부학적 구조를 변화시키는 것만으로도, 예컨대 손·발·입·머리카락을 바꾸고 뿔을 다는 것만으로도 동물성은 충족되었다.

악마의 동물지가 얼마나 다양했든 간에 봉건시대에 가장 주목받았던 악마의 동물은 틀림없이 곰이었다. 사탄은 종종 곰의 모습으로 변장했는데, 특히 주둥이·머리카락·발을 즐겨 취했다. 그림과 조각 같은 물질적 이미지만이 아니라 꿈과 환상이 만들어낸 공상의 이미지 속에서도 사탄은 거의 언제나 사람들을 위협하고 괴롭히는 곰의 모습으로 나타났다. 또한 비물질적인 이미지와 물질적인 이미지의 경계는 불분명했으며, 악마와 곰 사이의 상호 투사는 쉽게 이루어졌다.[30]

---

* 만티코라(mantichora) : 아리스토텔레스의 『동물지』 등에 전해지는 전설의 동물이다. 붉은 사자의 몸에 사람의 얼굴, 전갈처럼 독침이 달린 꼬리를 가졌다고 전해진다. 페르시아어에서 '사람을 잡아먹고 사는 동물'이라는 뜻을 나타내는 'martiya khwar'에서 비롯된 것으로 여겨지며, 끝을 모르는 식욕을 가졌다고 한다.

** 바실리스크(basilisk) : 플리니우스의 『자연사』 등에 전해지는 상상의 동물이다. 그리스어로 왕을 뜻하는 'basiliskos'에서 비롯되었으며 모든 뱀의 왕으로 내뿜는 숨만으로도 모든 생물을 죽이는 맹독을 지니고 있으며, 눈으로 보는 것만으로도 상대를 죽일 수 있는 힘을 가졌다고 한다.

*** 켄타우로스(Centaurus) : 그리스 신화에 등장하는 상상의 종족으로 반은 인간, 반은 말의 형상을 지닌 존재들이다.

**** 세이렌(Seiren) : 그리스 신화에 등장하는 상상의 괴물로 몸의 반은 아름다운 인간 여성, 반은 새의 형상을 지녔다. 바다의 암초에서 아름다운 노랫소리로 선원들을 유혹하여 배를 난파시켰다고 한다.

곰 꿈

봉건시대 서양 사람들은 꿈을 많이 꾸었다. 수도원 환경은 그러한 행위에 관해 유독 풍요로운 토대를 가지고 있었다. 수도사들은 세속 사제나 일반 사람들보다 훨씬 더 꿈을 많이 꾸었다. 연대기와 문학작품에 따르면 오직 왕만이 그들과 꿈을 가지고 경쟁할 수 있었다. 꿈은 의학적이거나 심리적인 문제가 몸과 반응해 나타나는 개인적인 행위로만 볼 수는 없다. 꿈은 주어진 환경에 영향을 받는, 마치 문화와도 같은 집단적인 현상이며 그것이 속한 사회 안에서 구체적인 역할을 수행한다. 성인들의 꿈은 신에게서 비롯된 것으로 예언자들이 보는 환영과 별반 차이가 없었다. 왕들의 꿈은 경고의 기능을 했으므로 주의 깊게 해석할 필요가 있었다. 수도사들의 꿈 가운데 가장 많은 수를 차지한 것은 악마에게서 영감을 받은 어두운 환상이었다.[31]

사실 악마는 늘 존재했다. 직접 모습을 드러내기도 했으나 변장을 하고 나타나는 경우가 더 많았다. 그것이 속이거나 위협하기에 더 효과적이었기 때문이다. 악마는 유독 곰으로 변장하기를 좋아했다. 변장한 악마가 나오는 수도사들의 꿈 이야기가 몇몇 문헌을 통해 전해지고 있는데, 가장 주목할 만한 것은 클뤼니 대수도원장 가경자可敬者 피에르의 이야기이다. 1130년 무렵 교화를 목적으로 방대한 기적담들을 모아서 펴낸 그의 『기적집Liber de miraculis』에는 수도사들의 가장 커다란 적인 악마가 어떻게 부르고뉴의 명망 높은 수도원을 공격했다가 실패했는지 나온다. 피에르는 잠들었을 때는 꿈으로, 깨어 있을 때는 환영으로 클뤼니의 수도사들을 엄습했던 다양한 유령과 허깨비들에 대해 상세히 적었다. 복음사가 성 요한 축일* 전날 헤르만이라는 수련수사가 커다란 곰이 나오는 꿈을 꿨다. 날카로운 발톱과 두꺼운 가죽을 가진 그 곰은 그의 가슴에 올라앉아 숨통을

---

* 복음사가 성 요한 축일(Fête de la Saint-Jean d'hiver) : 동지는 태양의 고도가 1년 중 가장 낮은 날로 밤의 길이가 가장 길다. 하지만 낮이 다시 길어지기 시작하는 시점이기도 하므로 동양과 서양에서 모두 중요한 의미를 지녔으며 예로부터 수많은 민속·종교 축제들이 열렸다. '복음사가 성 요한 축일'은 동짓날 프랑스와 벨기에 여러 지역에서 행해지던 서유럽의 민속 축제를 기독교 성인의 축일로 대체한 것이다.

조였다. 잠에서 깨며 헤르만은 그 무시무시한 이미지가 단지 꿈이라고 생각하였다. 그러나 눈을 뜬 수사는 자기 앞에 펼쳐진 광경을 보고 겁에 질렸다. 공중에 떠 있는 것 같은 거대한 곰이 그를 위협하며 으르렁거리고 있었기 때문이다. 그의 비명이 다른 수사들과 수도사들, 그리고 마침내 수도원장까지 깨웠다. 사람들이 달려들어 어린 헤르만을 에워쌌으며 그 악마 같은 짐승을 쫓아냈다.[32]

여기서 꿈과 환영은 쌍을 이룬다. 곰으로 변장한 악마를 본 사람이 수련수사만은 아니다. 다른 많은 사람들도 악마를 목격하고는 쫓아내는 데 힘을 보탰다. 12세기 클뤼니 수도사들은 악마가 무시무시한 야수의 모습을 하고 있을 때조차 그와 어떻게 싸워야 하는지 알고 있었다. 여하튼 곰의 모습을 한 악마는 가경자 피에르가 의도적으로 보여주고 싶어했던 것이다. 피에르는 완벽히 성공했고, 다른 수도원들도 점차 그의 예화를 모방하게 되었다.

몇십 년 뒤에 이번에는 시토 수도원에서 헤르만이라는 이름의 또 다른 수도사가 곰으로 변장한 악마와 마주했다. 그러나 악마의 희생자는 헤르만이 아니었다. 악마의 함정에 빠진 사람은 다른 수도사였다. 그의 이름은 앙리였으나 동료 수도사들은 그를 '사기꾼'이란 별명으로 불렀다. 이 기묘한 이야기는 [독일 서부] 본 인근 수련수사 수도원의 책임자였던 시토회 수도사 체사리우스의 『기적들에 관한 대화*Dialogus miraculorum*』에 전해진다. 그것은 체사리우스가 가경자 피에르의 『기적집』에 자극을 받아 1220년과 1230년 사이에 편찬한 방대한 저작이었다. 교화를 목적으로 한 문헌으로 수도사와 수련수사 사이의 대화들로 구성되어 있으며 악마와 맞서 싸우는 효과적인 방법들에 대해 나온다. 무엇보다도 이 작품의 가장 흥미로운 점은 예화로 제시되고 있는 수도사와 신자들의 갖가지 삶의 양상들이 반영된 800여개의 짧은 이야기들이다. 그 가운데 일부는 체사리우스 자신의 경험에서 나온 것으로 역사가들에게 1차 사료로도 이용되고 있다.[33]

체사리우스는 '최근에 사망한' 헤르만이라는 이름의 경건하고 훈련이 잘된 수도사가 지니고 있던 환영을 보는 능력에 대해 다음과 같이 말한다. 튀링겐 지방의 헤멘로다에 있는 헤르만의 수도원에는 앙리라는 이름의 수도사가 있었다. 평판이 좋지 못했던 그는 성가대석과 수도원 식당에서 헤르만의 옆자리에 앉았다. 헤르만은 와인이 가득 담긴 [목이 좁고 양 손잡이가 달린 항아리] 암포라amphora가 앙리 주변을 떠다니는 것을 여러 차례 목격했다. 이는 술에 대한 앙리의 남다른 애착을 암시하는 것이었다. 그러던 어느 날 밤 헤르만은 훨씬 중대한 환영을 보게 되었다. 그것은 거대한 곰이 잠들어 있는 앙리의 침상 곁에 서서 앞발을 그의 가슴에 올려놓고 주둥이를 그의 귀 가까이에 대고 있는 장면이었다. 헤르만은 곰이 앙리에게 무슨 말을 하고 있는지 들을 수 없었다. 그러나 얼마 뒤 앙리는 서약을 저버리고는 수도복을 벗고 방랑시인이 되었다. 헤르만은 곰으로 변장한 악마가 여러 날 밤에 계속 앙리를 찾아와 말로 꼬드겨 그를 경건한 수도원의 삶에서 돌아서게 했다고 생각했다. 물론 앙리는 덕 있는 인물은 아니었다. 그는 술을 지나치게 마셨을 뿐 아니라 불안정하고 거짓말을 하고 다녔으며 남을 속이기를 좋아하고 포악하고 음탕했다. 그는 전에는 베네딕투스회 수도사였는데 프레몬트레 수도회Praemontratenses에 잠시 있다가 다시 시토 수도회로 옮겨왔다. 이런 경력은 신앙이 나약하고 매우 불안정하다는 징표였다. 심지어 그가 수녀로 변장하고 수녀원에 잠입해 몇몇 수녀들을 욕보이고 임신시켰다는 이야기도 있었다. 그러나 변장하고 속임수를 쓰고 비뚤어진 그런 부류의 사람은 결국에는 가장 큰 사기꾼이자 타락한 자, 곧 목적을 위해 곰으로 변하는 사탄의 희생물이 될 뿐이었다.[34]

이 두 이야기는 결코 별개의 것이 아니다. '곰 꿈'에 관한 12~13세기 초의 이야기들은 일정한 양식을 지니고 있었다. 우선 악마는 동물로 변장한다. 그렇게 하는 것이 어리고 유약한 수도사들이나 신앙이 견고하지 못한 일반인들을 위협하고 속여 그리스도의 길을 벗어나게 하기 쉬웠기 때문이다. 변장한 악마는 여러 차례 꿈이나 환영에 모습을 드러낸다. 그는 차례로 다른 동물의 형상을 하고 나타나는데, 역겨운 동물에서 무서운 동물로, 그리고 치명적인 동물의 순서로 변했다.[35] 괴물들의 습격을 받은 사막의 은수자 성 안토니우스 이야기를 시작으로, 환영과 환상으로 나타나는 악마의 동물지 목록은 길어져만 갔다. 그러나 봉건시대에 악마가 사람들을 괴롭히려고 고른 동물의 모습들에서 가장 위험하고 가장 무시무시했던 동물은 단연 곰이었다. 곰은 가장 근본적인 악마의 동물이 되어갔다.

왕의 꿈은 곰이 악마가 되었음을 보여주는 확실한 증거이다. 그 짐승이 한때는 숲의 주인이자 모든 야생동물들의 왕으로 숭배 받았더라도 말이다. 가장 인상적인 예는 카롤루스대제의 꿈에서 발견된다. 우선 이 카롤루스대제가 실제로는 알려진 바가 많지 않은 역사인물인 카롤루스대제가 아니라, 전설과 문학이 그려낸 카롤루스대제라는 점을 염두에 두어야 한다. 등장인물들의 꿈은 궁정식 사랑이야기보다는 12세기 무훈시에 더 자주 등장했으며, 그 대부분은 예지몽豫知夢이었다. 하지만 그 꿈들은 앞으로 일어날 일들을 예언하고 암시하기는 했으나 결코 방지해주지는 않았다. 그것들은 고대 서사시의 꿈처럼 어둡고 고통스러우며, 악마의 동물들은 그 꿈에서 중요한 구실을 했다.[36] 물론 카롤루스대제만 꿈을 꾼 것은 아니었으나, 그의 꿈은 그의 동료나 적의 꿈보다 더 큰 상징적 힘을 가졌다. 예컨대 『롤랑의 노래』에서 카롤루스대제는 네 차례 꿈을 꾸는데,[37] 각각의 꿈에는 한 마리 이상의 동물들이 등장한다. 배반자 가늘롱과 그가 결탁한 사라센을 상징하는 곰, 사자, 표범, 멧돼지, 용, 그리핀, 뱀[38]이다. 그 가운데 곰은 가장 자주 나오는 목록의 맨 앞을 차지하는 동물이다. 롱스보 계곡의 극적인 전투 뒤에 카롤루스대제가 꾸었던 마지막 꿈에는 엑스라샤펠의 연단에서 쇠사슬에 묶인 채 판결을 기다리고 있는 곰이 나온다. 이는 분명히 사악한 가늘롱을 상징한다. 그 곰을 돕기 위해 아르덴에서 달려온 서른 마리의 곰들은 가늘롱의 서른 명의 친척들이다. 그들은 결국

가늘롱과 함께 유죄판결을 받고 교수형에 처해졌다.[39] 여기서 곰은 위험한 적일 뿐 아니라 영주에게 반기를 든 가문 전체를[40] 상징한다. 1100년 무렵 곰은 모든 면에서 가증스러운 동물이 되었다.

갈색의 털북숭이

사탄과 그의 창조물들이 쉽게 곰의 모습으로 나타난다는 사고는 아우구스티누스와 교부들로부터 힘입은 바가 크다. 그들이 가장 먼저 곰을 악마로 만들었으며, 수세기 동안 악마의 동물지 중심부에 놓았다. 그러나 그것은 그 동물 자체의 탓이기도 했다. 곰은 나무나 숲이 있는 곳이면 어디서나 마주칠 수 있는 위험하고 해로운 동물이었다. 그것은 성서나 교부들의 문헌에 나오는 곰이 아니라 중세 초와 봉건시대에 서구 기독교사회의 전원지역에 알려져 있던, 현실에 존재하는 갈색곰이었다. 그들의 몸집과 털은 구대륙의 산림지역에 지금까지 소규모로 서식하고 있는 곰들보다 훨씬 크고 거칠었다. 실제로 중세의 곰들은 오늘날의 갈색곰보다 더 육식을 즐겼으며, 더 크고, 무게도 많이 나가고, 털가죽도 더 어둡고 뻣뻣하고, 발톱도 더 날카로웠다.[41] 그 곰들은 악마의 속성 내지는 적어도 악마가 지니고 있던 이미지를 공유하고 있었다. 몇몇 육체적 특성들, 특히 그 어둡고 두꺼운 털가죽은 사탄이 곰으로 변하는 것만이 아니라 그 짐승이 악마적인 존재로 바뀌는 것도 수월하게 해준다고 여기게끔 만들었다.[42] 언뜻 보기에도 거대한 곰의 몸집과 갈색털은 그 동물을 악마로 만들었다.

사실 중세 동물지에서 털이나 깃털의 색이 어두운 동물들은 모두 온갖 이유로 불길하고 해롭다고 생각되었다. 그들은 밤이나 죽음의 세계와 특별한 관계를 지닌다고 여겨졌다. 때때로 갈색 동물이 검은색 동물보다 더 그렇다고 여겨졌다. 갈색은 마치 검은색과 지옥의 불길 색깔이 합쳐진 것처럼 보였기 때문이다. 중세의 색상표에서 갈색은 붉은색과 검은색 가운데에 위치해 있다. 오늘날에는 갈색이 원색으로 알려져 있으나, 당시에는 다른 색들의 혼합으로 만들어진 '실재'하지 않는 색으로 여겨졌다.[43] 그래서 갈색의 가치는 낮추어질 수밖에 없었다. 상징적으로 갈색은 (분노, 폭력, 성욕 등) 붉은색의 부정적인 면과 (죄, 어둠, 죽음 등) 검은색의 부정적인 면을 모두 지닌 색이었다.[44] 게다가 갈색은 불결하고 지루하고 불순해 보였기 때문에 시각적으로도 즐거움을 주지 못했다. 화가와 염색업자들은 단색의 짙고 확실한 갈색을 만드는 데 매우 큰 어려움을 겪었다. 중세의 감성에서 갈색은 자연의 빛과 광채를 완전히 상실한 색이었다. 비록 그 단어의 기원으로 알려진 게르만어 'braun'은 그 색이 고대인들에게는 종종 다르게 받아들여졌다는 사실을 보여준다 할지라도 말이다.

어원상으로 'braun'이라는 단어는, 아니 적어도 게르만 조어에서 그 단어는 '불타오르는', '빛나는', '어두운'이라는 의미를 지닌다.[45] 그러나 이는 라틴어든 세속어든 갈색을 나타내는 중세 어휘와는 아무런 공통점이 없다. 갈색은 광택이 없었다. 오히려 그것은 생기를 잃고 음울하며 칙칙하고 더러운 것을 의미하거나 연관되었다. 심지어 라틴어에서는 갈색이라 명명하는 것도 쉬운 일이 아니었다. 갈색을 가리키는 단어들이 여러 가지 의미를 가진 부정확한 용어로 사용되었기 때문이다. 모든 용어들은 어둡고 우울한 분위기의 갈색을 뜻하는 것이었지, 환하고 매력적인 의미의 갈색은 결코 아니었다.[46] 고전 라틴어든 중세 라틴어든 세속어든 15세기 이전에는 밝은 갈색, 황토색, 베이지색을 가리키는 단어가 없었다. 이는 인식의 문제였을까, 감성의 문제였을까? 귀족사회에서는 아무도 갈색 옷을 입지 않았다. 그 색은 농노들이나 비천한 자들이 입는 추한 색이었다. 12세기부터 일부 수도원과 종교 집단들이 베네딕투스 수도회의 검은색, 시토 수도회의 흰색과 자신들을 구별하기 위해 갈색 옷을 입기 시작했다. 그렇게 해서 초기 기독교의 청빈한 생활을 다시 구현하고자 했다.[47]

전형적인 갈색 동물이었던 곰은 그 색의 희생양이 되었다. 곰 가죽의 색조를 뜻하는 라틴어 형용사 '푸스쿠스(fuscus)'는 악마나 악령들, 피부색이 어두운 아프리카와 아시아의 이교도들을 가리키는 말로 매우 빈번하게 사용되었다. 그것은 'niger(검다)'보다도 훨씬 모멸감을 주는 경멸적인 말이었다. 'suffocare(목 졸라 죽이다)'라는 동사와 짝을 이루는 언어놀이에 사용되기도 했다. 또한 선천적으로 그 색과 관련 있는 무언가의 해로운 특성을 강조하는 데도 쓰였다. 특히 곰이 그러했다. 앞서 말했듯이 곰은 그 갈색 빛깔 때문에 게르만어로 'Bär, bear, bern, brern, björn'이라고 불렸다. 12~13세기부터는 갈색이란 말이 곰 고유의 이름이 되기 시작했다. 동물 이야기와 우화들 그리고 『여우이야기』에서 곰은 독일어로는 'Braun'이나 'Bruno', 네덜란드어로는 'Bruin', 프랑스어와 앵글로노르만어로는 'Brun', 이탈리아어로는 'Bruno'라고 불렸다. 그 뒤 서구 유럽 전역에서 '브렁(Brun)'은 구전이나 문학에 등장하는 곰의 고유한 이름이 되었다. 그리고 그 이름이 멀리 퍼져가는 바람에 뒷날 로망스어에서는 일반명사로 쓰이기도 했다. 예컨대 15세기 일부 프랑스 작가들은 곰을 'un ours'라고 하지 않고 'un brun'이라고 했다.[48] 그것은 특별히 품위가 있는 이름은 아니었다. 어떤 점에서도 그 이름은 옛 동물의 왕과 그의 빛나는 털을 떠올리게 하지 않았다. 오히려 육중하고 굼뜬, 때로는 우스꽝스럽기까지 하며 구박을 받는, 스스로의 과도한 식탐과 여우·늑대·개·농부의 속임수에 희생되었던 짐승을 떠올리게 했다. 브렁이란 이름은 동물에게나 사람에게나 왕족과 존경받는 대상에게는 쓰이지 않았다. 예컨대 12~13세기 아서 왕 이야기에서 『여우이야기』에 나오는 곰처럼 브렁이라 불렸던 기사들은 전부, 아니 적어도 그들 가운데 상당수는 부정적인 인물이었다. 검은 브렁(Brun le Noir), 야만적인 브렁(Brun le Sauvage), 오만한 브렁(Brun l'Orgueilleux), 자비심 없는 브렁(Brun sans Pitie), 즐거움을 모르는 브렁(Brun sans Joie) 등[49] 때로는 이름과 함께 쓰인 형용사가 그런 점을 더욱 강조했다.

일부 작가들은 곰의 어두운 털색을 겨울잠과 연결시키기도 했다. 11

월부터 2월까지 곰은 정말로 무엇을 하는 걸까? 13세기 중반 도미니크회 수도사 뱅상 드 보베는 당시 알려진 곰에 관한 모든 지식과 믿음들을 『자연의 거울Speculum naturale』의 일부 장들에 간추려 놓으면서, 그것은 '아무도 모른다'고 단언했다.[50] 뱅상 드 보베와 동시대 작가인, 불행히도 이름은 알려져 있지 않은 누군가도 겨울잠을 잔다고 여겨지는 그 기간 동안 곰이 정말로 잠을 자는지 의심했다. 그는 곰이 동굴에 머무르지 않고 지옥으로 간다고 생각했다. 거기서 곰은 악마와 교류하고 치명적인 색깔을 얻어 입는다. 그 색은 붉은색과 검은색이 혼합된, 빛 없이 어둡게 타오르는 지옥의 불길과 같은 색이었다.[51]

짐승의 가죽

그러나 곰이 악마나 지옥처럼 단지 어둡기만 한 것은 아니었다. 그는 인간과 교회의 적인 다른 야생동물들이 그러했던 것처럼 털까지 풍성했다. 곰은 가장 전형적인 털 많은 동물이었다. "곰처럼 털이 많이 나다"라는 표현은 여러 언어들에서 나타난다. 그 말은 유명한 성서구절에서도 발견되는데, 그것은 털 많음을 빗대어 나타내는 다양한 중세 상징들의 원천이 되었다. 「창세기」에 따르면 이삭의 아내 레베카는 쌍둥이를 낳았다. 그 가운데 어미의 자궁에서 먼저 나와 장자가 된 아이는 '곰처럼 붉고 털이 많이 난 살갗'을 가지고 있었다. 그의 이름은 에사우였는데 영리하지도 지혜롭지도 않았다. 어느 날 밤 사냥에서 돌아온 에사우는 굶주린 나머지 장자의 권리를 쌍둥이 동생 야곱이 먹으려 했던 평범한 콩죽 한 접시와 바꾸었다(창세기 25:29-34). 이는 실로 불경한 짓이었다.[52] 레베카가 편애했던 영리하고 야심 많은 젊은 야곱은 에사우로 가장해 형에게 가야 할 아버지의 애정을 가로챘다. 이삭은 눈이 멀자 '곰처럼 털이 많이 난' 에사우의 살갗으로 그를 야곱과 구분하였다. 그러나 어느 날 야곱은 레베카의 충고대로 염소가죽으로 만든 튜닉을 입고 아버지가 자신을 에사우로 알도록 속여 형이 받아야 할 축복을 가로채고 재산을 상속받았다(창세기 27:1-45). 이 일로 에사우가 야곱을 원수처럼 여겼기 때문에 야곱은 도망쳐 삼촌 라반이 있는 아람인들의 땅으로 피신해야 했다.

교부들과 창세기 주석자들은 에사우를 부정적인 인물로 보았다. 그는 어리석고 식탐이 많고 잔혹하며 복수심이 강했다. 마치 털이 많은 곰 같은 생김새가 그에게 짐승의 모든 악덕을 부여한 것 같았다. 야곱은 교묘한 술수를 썼지만 더 호감 가는 인물로 비춰졌다. 두 형제 이야기에서 에사우가 나쁜 평판을 얻은 것은 그의 악의적인 행동이나 사냥꾼이란 신분(다른 모든 사냥꾼들처럼 그도 야만적이고 통제되지 않은 무언가를 지니고 있었다) 때문이 아니다. 이유는 바로 신체적 생김새였다. 중세의 감성에서 붉고 털이 많게 태어난다는 것은 악한 본성과 비극적인 운명을 암시할 뿐이었다.[53] 적갈색은 거짓과 폭력성의 상징이었으며 털은 마치 짐승처럼 거칠고 불순한 성품을 나타내는 것이었다. 털도 털 나름이었던 것은 분명하다. 멧돼지의 뻣뻣한 털은 부드럽고 야들야들한 양모와는 비교가 될 수 없다. 그러나 중세에는 인간의 몸에 난 털이 언제나 동물성과 연결되었으며 오직 악마적인 것으로만 비춰졌다.

이는 카롤루스왕조 시대부터 근대 초까지 계속해서 반복된 금지, 곧 동물 분장이나 동물행동 모방을 제재하는 근거가 되었다. 앞서 말했듯이 주교, 공의회, 신학자들은 공연이나 가면극, 계절축제 때 동물 모습을 모방하여 벌이는 모든 행위를 끊임없이 비난했다. 그들은 그러한 짓을 이성적이지 않으며, 철저히 근절해야만 하는 우상숭배 의식의 잔재라고 보았다. 또한 인간의 본성과 동물의 본성을 위험하게 혼동시키는, 다시 말해 창조주가 정해놓은 질서를 어지럽히는 용납할 수 없는 일이라 생각했다. 중세 기독교도들에게 사람은 동물이 아니었다. 사람은 신의 모습을 본떠 만들어졌으므로 불완전하고 인간에게 종속된 존재인 동물과는 거리가 멀었다.

인간을 동물과 너무 가깝게 만드는 겉모습은 모두 불쾌하게 여겨졌다. 특히 털과 꼬리, 뿔이 그러했다.[54]

이 때문에 주교들에게 가장 많이 비난을 받았으며 변장이 금지되었던 가장 주요한 동물은 13세기까지도 여전히 곰이었다. 성직자들의 눈에는 곰으로 변장하는 것, 라틴 문헌에 나오듯 '곰처럼 행동(ursum facere)'하는 것은 당나귀, 사슴, 황소로 변장하는 것보다 더 비난받아야 할 일로 보였다. 되풀이하건대 '곰, 그것은 악마'였기 때문이다. 곰으로의 변장이 유난히 더 자주 행해졌다는 점도 금지의 또 다른 이유가 되었다. 사람과 비슷한 곰의 외양은 변장을 매우 수월하게 해주었을 것이다. 결국 곰으로 변장하는 것은 가장 위험한 짓이 되었다. 봉건시대에는 여전히 곰을 인간의 동족이나 '사촌', 아니면 사람이 야생동물로 변신한 것이라고 여긴 수많은 믿음들이 존재했다. 사람들은 곰의 털가죽 아래에는 저주를 받거나 악한 마법에 걸려서 지금은 인간으로 돌아올 수 없는 불운한 희생자의 벌거벗은 몸이 감춰져 있다고 믿었다. 또한 경솔하게 '곰처럼 행동'해서 악마나 악한 주술을 끌어들이지 않는 편이 더 낫다고 보았다.[55]

도상에서 악마는 결코 털 없이 등장하지 않았다. 물론 그는 매끈하고 반드러웠을 수도 있다. 그러나 악마의 몸과 머리 여기저기에는 언제나 야만성을 드러내는 털이 한 뭉텅이씩 나 있었다. 그의 야만성을 가장 두드러지게 드러내는 것은 이빨이나 발톱, 위협적인 뿔이나 일그러진 얼굴이 아니었다. 그것은 털이었다. 중세 기독교 문화에서는 털이 짐승을 '만들었다'. 바로 그 이유 때문에 곰은 가장 야만적인 동물이 되었다. 현실에서나 꿈에서나 곰은 사자나 늑대, 표범보다 더 야만적인 형상을 부여받았다. 곰을 그리고, 곰을 꿈꾸고, 곰으로 변장하는 것 모두에서 그 짐승은 거무스름하고 털이 많은 모습으로 나타났다. 결국 곰으로의 변장이 일으키는 가장 큰 문제는 그것이 곰과 사람의 접점에 있다는 것이었다. 겉모습만 놓고 본다면 그것은 마치 다른 생물이 아니라 단지 가죽만 줄여놓은 것 같았다.

　사실 곰은 고대 전통에서 가죽과 털이란 소재와 가장 밀접한 관련을 갖는 동물이다. 앞서 이미 말했듯이 오딘 신의 사나운 전사들인 베르세르키르는 벌거벗은 채 '곰 윗도리'를 걸치고, 다시 말해 곰 가죽을 뒤집어쓰고 전쟁에 나갔다. 그들은 그렇게 해서 곰의 힘이 자신들에게 들어온다고 믿었다. 스칸디나비아와 라플란드에서는 근대까지 일부 사냥꾼들이 그 관습을 계승해서 숲에 커다란 짐승을 잡으러 가기 전에 곰 가죽을 걸쳤다.[56] 중세는 북쪽에서 전해진, 전사와 사냥꾼의 변신과 관련된 무적의 곰에 대한 기억을 간직하고 있었다. 그러나 교회의 영향력 아래에서 곰은 점차 조롱거리가 되어갔다. 예컨대 12세기 말의 시인이자 기사였던 위선자 하인리히가 펴낸『여우이야기』알자스 판본에서 노블 왕의 사제인 곰 브렁은 평화협정을 맺으려고 여우 르나르를 찾아간다. 어느 누구보다 교활했던 여우는 곰에게 '꿀로 만든 맛있는 음식'을 대접한 뒤에 그를 두 갈래로 갈라진 나무가 있는 곳으로 데려갔다. 뚱뚱한 브렁은 폭식까지 한 탓에 갈라진 나무 사이에 끼이고 말았다. 여우는 꼼짝하지 못하는 곰을 조롱하고는 그대로 자리를 떴다. 결국 브렁의 울부짖음을 들은 농부들이 그를 발견했다. 그들은 뜻밖의 횡재에 기뻐하며 곰을 때려 기절시키고는 털을 밀고 머리 가죽을 벗겼다. 털이 풍성했던 숲의 왕은 벌거벗고 털이 밀린 대머리가 됐다. 여자와 아이들은 곰을 놀리고 귀를 잘랐다.[57]

　앞에서 이미 대머리와 연관된 곰 이야기를 언급했다. 그것은 성서의「열왕기」에 나오는 잔혹한 이야기로 예언자 엘리사가 베델로 가던 길에 그의 대머리를 놀리는 아이들과 마주치면서 벌어진 일이었다.[58] 고대 전통에서 곰은 희생자라기보다는 공격자였다. 두 마리 암곰은 아이들을 잔인하게 잡아먹는다. 이 이야기는 12세기부터 도상에 자주 등장했는데,[59] 두 야수의 덥수룩한 털과 사제의 대머리는 뚜렷하게 대조되었다. 한편, 신학자들은 다소 모호한 이유를 들어 엘리사의 수난을 그리스도가 당할 모욕의 징조로 보기도 했다.

　살아 있을 때는 두려운 동물이었으나 죽은 몸뚱이를 떼어낸 곰 가죽은 부의 원천이었다. 사실 곰 가죽은 중세 내내 인기를 누렸다. 그것은 슬라브와 스칸디나비아의 나라들과 서구 사이에서 활발히 교역되던 품목이었다. 〔독일 북부〕 뤼베크, 〔노르웨이의〕 베르겐, 트론헤임, 〔러시아의〕 노브고로드는 독일, 플랑드르, 잉글랜드로 곰 가죽을 실어 나르는 큰 중심지들이었다. 곰 가죽은 두껍고 억세서 작업하는 데 어려움이 따랐으나 부츠와 신발을 만들기에 아주 좋았다. 빽빽하고 따뜻하며 방수기능이 있는 털은 옷과 모자를 만드는 데 사용되었다.[60] 문학작품이나 사냥문헌들이 멧돼지의 뻣뻣하고 날카로운 털에 대한 혐오를 그보다 부드럽고 질이 좋은 숲의 왕의 털에 투사하기도 했으나, 곰 털은 그 문헌들이 말하는 것보다 부드러웠다. 때때로 크기나 색이 독특한 곰 가죽은 이야기나 전설의 주인공이 되었으며, 그 때문에 타조 알·거인 뼈·공룡 발톱·유니콘 뿔 등 여러 '진귀한 보물들(curiosa)'과 함께 교회나 궁전의 보물창고에 보관되기도 했다.[61] 그러나 14세기 이후 그것은 드문 일이 되었다. 더 이국적이고 환상적인 다른 '경이로운 것들'이 고위 성직자와 군주들의 관심을 끌었기 때문이다. 16~17세기 초에 호기심의 방*의 인기스타는 명성이 자자한 '기름에 끓인'(박제된) 악어들이었다. 그러나 일부 산악지역의 경우에는 근대로 본격적으로 들어서기 전까지는 마을사람들이 영주에게 봉건 지대로 한 개 이상의 곰 가죽을 바치는 관습이 남아 있었다. 여전히 영주들에게 그것은 해롭고 악하다고 여겨지는 동물에 맞서 싸우는 방법이었으며, 돈을 치르지 않고도 옷과 음식으로 사용될 산물을 충당하는 수단이기도 했다.[62]

---

* 호기심의 방(cabinet de curiosités) : 호기심을 자아내는 진귀하고 다채로운 물건들을 모아놓은 일종의 수집·전시실로 16~17세기 유럽에서 왕실이나 귀족, 유력자들뿐 아니라 부유층이나 지식인들에게도 널리 유행했다. 우주와 세계를 하나의 공간 안에 축소해 놓고 질서를 부여하려는 욕망이 반영된 것으로, 부와 권력, 사회적 위상이나 지적 우월함 등을 과시하는 수단으로 인식되었다. 오늘날의 박물관과는 달리 대중들을 상대로 공개 전시를 한 것이 아니라, 소유주가 방문을 허락한 일부 인사들만 사적으로 관람할 수 있었다. 수집 품목도 유니콘의 뿔(실제로는 바다코끼리 상아로 만들어진 모조품), 신비한 힘을 가졌다는 돌과 보석, 세계 각지의 이국적인 동식물 화석, 여러 가지 치료약과 독, 예술품 등 매우 다양했다.

요컨대 "곰을 잡기도 전에 가죽부터 판다"는 표현은 봉건시대 농민들의 몰이사냥에서 비롯된 것으로 보인다. 그것은 고대와 중세 라틴어에는 없는 말이었지만, 15세기 세속어에서는 "곰을 죽이기도 전에 가죽을 흥정한다(*marchander la peau de l'ours jusques ad ce que la bête fust morte*)"[63]라는 표현으로 분명하게 나타났다. 여기서도 기대감에 현혹된 사람들은 곰과 악마의 농간에 희생당한 자들로 비춰졌다.

사자의 대관식

메로베우스왕조 시대부터 곰을 상대로 벌인 교회의 오랜 싸움은 서기 1천년이 지나면서 실질적인 결실을 맺기 시작했다. 체계적인 사냥을 통한 물리적 제거, 다수의 성인들을 내세운 상징적 정복, 문헌·이미지·설교를 동원한 악마화 작업은 중세 초에 마침내 곰을 왕위에서 끌어내려 다른 평범한 동물들의 대열에 합류하게 만들었다. 이제 곰은 사슴이나 멧돼지처럼 단지 덩치 큰 사냥감 가운데 하나일 뿐이었다. 물론 곰의 폐위는 서서히 일어났으며 결코 완전하지도 않았다. 봉건시대에도 곰은 여전히 존경과 두려움의 대상이었던 왕실동물로서의 옛 지위를 어느 정도 간직하고 있었다. 그러나 그는 더 이상 유럽의 숲들에서 숭배를 받던 위대한 야수도 전사들의 신도 아니었다. 또한 덴마크와 노르웨이의 왕들과 브란덴부르크의 후작들, 툴루즈의 백작들이 속한 명망 있는 초대 왕조들을 세운 조상도 아서 왕 자신도 아니었다. 그의 왕좌는 점점 더 위태로워졌다. 12세기에서 13세기로 넘어갈 적에 곰은 결국 폐위되었고, 교회는 목적을 이루었다.

하지만 (전적으로 상징적인 것이지만) 왕좌를 비워둘 수는 없었다. 민간신앙과 오랜 사고습관은 어김없이 곰의 자리에 또 다른 동물을 앉히려 했다.

새로운 왕은 어쩌면 곰만큼 위험하거나, 악마의 또 다른 현현이라 일컬어지는 여우처럼 곰보다 더 해롭거나, 아니면 야비해서 배신을 일삼는 뱀처럼 유독한 동물일 수도 있었다. 이 문제를 심각하게 고민한 사제들과 수도사들은 상상의 왕좌에 다른 야수를 앉히기로 결심했다. 그 동물은 곰만큼이나 무적이어서 두려움과 숭배, 존경의 대상이 되기에 마땅하지만 유럽의 숲에는 전혀 존재하지 않은 동물, 바로 사자였다.

사실 그 기초는 몇 세기에 걸쳐 다져졌다. 교회는 1150년과 1200년 사이에 갑자기 곰을 사자로 바꾸기로 결정한 것이 아니었다. 오히려 그것은 카롤루스왕조 시대부터 시작된 장기적인 책략이었다. 사자의 추대는 곰과 싸우고 길들이고 악마로 만드는, 앞서 나타냈던 다른 세 가지 전략들과 동시에 진행되었다. 그러나 그것도 마찬가지로 쉬운 일이 아니었다. 문자 전통에 속해 있는 사자는 곰보다는 다루고 통제하기 더 쉬워 보였으나, 사자도 곰처럼 동물 상징체계에서 양면적인 역할을 하고 있었다. 특히 성서를 계승한 서구 기독교 상징체계에서 더욱 그러했는데, 거기에는 좋은 사자와 나쁜 사자가 있었다. 많은 부분 악마의 동물지에 속해 있던 야수가 철저하게 기독교화한 유럽에서 동물의 왕이 되는 일이 어떻게 가능했을까? 어떻게 사자는 부정적인 성격을 벗을 수 있었을까? 그렇게 하려면 기존의 사고를 뒤집고, 경험을 축적하고, 저항을 무너뜨릴 필요가 있었다. 따라서 기회가 될 때마다 사자를 언급하고, 좋은 사자를 나쁜 사자로부터 조심스럽게 분리해내고, 종국에는 나쁜 사자의 본성 자체도 변화시켜야만 했다.

중세 문헌에 친숙한 연구자라면, 카롤루스대제 시대부터 루이 성왕 때까지 프랑스와 그 주변 국가들의 거의 모든 장소와 상황에서 사자와 마주치게 된다는 사실을 알고 있을 것이다. 피와 살과 털이 있는 진짜 사자만이 아니었다. 그림, 조각, 모형, 자수, 직물, 묘사, 이야기, 생각, 꿈속에까지 사자는 어디든 존재했다. 서기 1천년을 전후로 서구는 곰의 주기에 맞

쳐 살았던 것과 마찬가지로 사자의 주기에 맞춰 살아갔다. 그리고 사자의
꾸준한 상승은 곰의 끝없는 몰락의 원인이자 결과가 되었다.

세 가지 유산

사자의 승격을 자세히 탐구하고 중세문화에서 사자가 지니는 상징성
을 폭넓게 조명하기에 앞서, 서구 기독교 세계가 물려받은 세 가지 유산
인 성서 문화 · 그리스-로마 문화 · '이방인barbare' 문화 안에서 사자가 차
지하는 위치를 먼저 언급할 필요가 있다.

성서시대에 사자는 여전히 팔레스타인과 근동 전역의 야생에서 서식
하고 있었다. 아프리카 사자들보다 작았던 그곳 사자들은 주로 가축을 공
격했으며 사람에게 달려드는 경우는 매우 드물었다.[1] 수천 년 동안 풍부
했던 개체수는 로마의 정복시기에 줄어들었고 십자군 시기에 이르러서
는 사실상 사라졌다. 성서는 사자의 힘을 자주 강조하고 언급했다. 사자
를 무찌르는 것은 위대한 업적으로 여겨졌고, 성서에 나오는 뛰어난 힘을
가진 왕과 영웅들은 모두 사자와 비교되었다. 그러나 상징적 관점에서 사
자는 애매한 동물이었다. 사자는 길할 수도 해로울 수도 있었으나 후자일
때가 더 많았다. 잔인하고 야만적이고 교활하고 불경스런 사자는 악의 세
력, 이스라엘의 적, 폭군과 사악한 왕들의 구현이었다. 「시편」과 예언서들
은 사자에 많은 부분을 할애해서 신에게 보호를 간청하며 달아나야만 하
는 위험한 동물로 만들었다. 「시편」의 작가(다윗)는 "사자의 입에서 저를
구해주소서"(시편 22:22)라고 간청한다. 중세 초 수많은 작가들이 그 기도
를 되풀이했다. 신약성서는 더 나아가 사자를 악마의 모습으로 만든다.
"바짝 경계하십시오. 여러분의 적대자 악마가 으르렁거리는 사자처럼 누
구를 삼킬까 하고 찾아 돌아다닙니다."(베드로의 첫째 서한 5:8) 그러나 성
서에는 그보다 잘 띄지는 않지만 좋은 사자도 있다. 공익을 위해 힘을 사

용하는 이 사자의 으르렁거림은 신의 말씀을 나타낸다. 그는 가장 용감한 동물로(잠언 30:30), 유다의 부족, 가장 강력한 이스라엘을 상징한다(창세기 49:9). 이런 이유에서 사자는 다윗과 그 자손들, 심지어 그리스도와도 연관을 갖는다. "울지 마라. 보라, 유다 부족에서 난 사자, 곧 다윗의 뿌리가 승리하여 일곱 봉인을 뜯고 두루마리를 펼 수 있게 되었다."(요한계시록 5:5)

야생사자들은 유럽에서 오래전에 사라졌다. 아마 기원전 7세기부터 그랬던 것 같다. 그러나 로마인들은 원형경기장의 유희를 위해 북아프리카와 소아시아, 때로는 더 멀리서 사자를 대량으로 들여왔다. 그래서 라틴 작가들도 성서처럼 사자에 대해 즐겨 말했다. 그들은 사자에 대해 잘 알고 있었다. 그들 가운데 상당수는 사자에게 다른 동물들 위에 설 수 있는 일종의 우월함을 부여하였다. 하지만 그 누구도, 심지어 아리스토텔레스조차도 사자를 '동물의 왕'이라고 분명하게 선언하지는 않았다. 플리니우스는 코끼리에게 그 자리를 주고 싶어했던 것 같다. 그는 네발동물에 대해 쓴 『자연사』 제8권을 코끼리부터 시작했다.[2] 하지만 5세기 뒤 세비야의 이시도루스는 『어원학*Etymologies*』의 야생동물 부분을 사자로 시작했다. 그는 사자를 '모든 야수들의 우두머리'라고 부르며 '왕*(rex)*'의 지위를 분명하게 부여했다.[3] 이는 동방의 전통으로, 아마 인도보다는 페르시아에서 비롯된 듯하다.[4] 이 전통은 고대 그리스와 로마 작가들에게 알려져 있지 않았고 성서 문헌에도 거의 나타나지 않았으나 로마제국 말기에 서구에 침투했다. 이시도루스는 이를 분명하게 기술한 첫 번째 기독교 작가였던 것 같다.

켈트에는 그에 견줄 만한 것이 없었다. 켈트 신화는 오랫동안 지중해와 동방 전통의 영향을 받지 않았다. 켈트인들은 기독교화가 이루어지기 전에는 사자에 대해 무지했다. 사자는 그들의 동물 상징체계 안에서 어떤 역할도 하지 않았다. 최상층을 차지하고 있는 동물은 곰이었으며(앞서 말했듯이 아서 왕의 이름은 왕의 동물인 곰을 떠오르게 한다), 신화에 등장하는 멧돼

지·사슴·까마귀·연어와 같은 몇몇 다른 동물들이 강력한 경쟁구도를 이루고 있었다.[5]

게르만의 전통은 더 복잡하고 미묘했다. 게르만-스칸디나비아 신화의 가장 오래된 층 어디에도 사자는 존재하지 않는다. 그러나 아주 오래전, 기독교화가 진행되기 훨씬 전부터 흑해 지방의 게르만인들은 중동과 중앙아시아 사회들과 상업적 문화적으로 접촉하며 사자와 그리핀의 형상을 표현한 금속 세공품과 상아조각, 자수옷감을 서구로 수입하였다. 상징적인 차원에서 그 이미지들은 게르만 전통과 일찍부터 공존했다. 특히 갈기는 사자에게 높은 가치를 부여해 주었다. 게르만인에게 길고 풍성한 머리카락은 언제나 힘과 권력의 표시였기 때문이다. 따라서 독일에 도착한 최초의 기독교 선교사들은 성서와 함께 사자들의 긴 행렬을 동반했다. 그 동물은 이미 이교도 원주민들에게도 잘 알려져 있었다. 설령 그것이 동물 상징과 표상에서 곰과 멧돼지, 심지어 늑대, 까마귀, 사슴보다도 보잘것없는 자리를 차지하고 있었을지라도 말이다.

양면적인 상징

성서에 나오는 사자의 양면성은 중세 초 기독교 상징에도 나타난다. 사자를 비롯한 모든 야수를 적이라고 선언한 성 아우구스티누스를 따라서 대부분의 교부들도 사자를 폭력적이고 흉포하며 피에 굶주린 악마 같은 동물이라고 여겼다. 그 힘은 좀처럼 좋게 사용되지 않았으며, 그 입은 지옥의 구덩이와 같았다. 사자와 벌이는 모든 전투는 사탄과 벌이는 전투였다. 사자를 무찌르는 것은 다윗과 삼손이 그랬던 것처럼 영웅과 성인으로 축성받기 위한 통과의례였다. 그러나 암브로시우스, 오리게네스, 라바누스 마우루스[6]와 같은 몇몇 작가들은 다른 관점을 가지고 있었다. 그들은 주로 신약성서에 근거하여 사자를 '야수의 왕(dominus bestiarum)'으로 보았으며 심지어는 다소 기독교적인 존재로 여기기까지 했다. 그들의 작업은 카롤루스왕조 시대 말, 그리고 특히 11세기에 본격화한 사자의 기독교적 지위 상승의 토대가 되었다.[7]

사자의 지위가 상승하는 데 큰 영향을 끼친 것은 라틴어로 된 동물지들이다. 그 작품들은 2세기 알렉산드리아에서 그리스어로 편찬된『피지올로구스Physiologus』에서 비롯된 것들이었다.[8] 동방의 전통에서 사자는 거의 언제나 '야수들의 왕(rex omnium bestiarum)'이었으나 '동물의 왕'은 아니었다.[9] 이 표현은 토마스 드 캉탱프레, 바르텔르미 랑글레, 뱅상 드 보베가 1240년과 1260년 사이에 편찬한 13세기 대백과사전들에 처음 등장했다.[10] 세 작가 모두 사자를 '동물의 왕(rex animalium)'이라고 칭했으며, 다른 어떤 동물보다도 자세히 서술했다. 그들은 사자의 힘과 용기, 아량, 관대함을 강조했는데, 그것들은 모두 왕이 갖춰야 할 자질이었다. (1175~1180년 무렵의)『여우이야기』의 가장 오래된 판본들에 나오는 노블 왕, 곧 사자는 그러한 품성을 충분히 갖추고 있었다.

동물지의 영향력 아래 사자는 그리스도의 진정한 상징이 되었다. 동방의 전통에서 비롯된 사자의 경이로운 '특성들'이 이제는 그리스도와 연결되었다. 사냥꾼들을 속이기 위해 꼬리로 자신의 흔적을 지우는 사자, 그것은 마리아에게서 태어남으로써 자신의 신성을 숨긴 예수였다. 예수는 악마를 더 잘 속이고자 남몰래 사람이 된 것이었다. 패배한 적을 사면해주는 사자, 그것은 회개한 죄인들을 용서하는 자비로운 주님이었다. 눈을 뜨고 자는 사자, 그것은 무덤에 있는 그리스도였다. 인성이 잠들었을 때도 그의 신성은 계속 깨어 있었기 때문이다. 사산된 새끼들에게 삼일 째 되는 날 숨을 불어넣는 사자, 그것은 부활의 모습 그 자체였다.[11]

그러나 일단 사자가 기독교 동물지에 확실히 자리를 잡게 되자(심지어구세주와 동일시되기도 했다), 까다로운 질문 하나가 신학자들과 예술가들에게 제기되기 시작하였다. 이 동물의 부정적인 요소들, 나쁜 사자는 어떻게 할 것인가? 「시편」과 성 아우구스티누스, 대다수의 교부들, 그리고 그들을 따르던 이들이 언급했던, 중세 초 수도원 문화의 많은 부분을 차지한 나쁜 사자란 무엇인가? 동물지 작가들, 표장標章과 상징 제작자들, 화가들, 삽화가들은 이 핵심적인 문제를 해결하지 못해 오랫동안 머뭇거렸던 것으로 보인다. 그 뒤 11세기에서 12세기로 넘어가는 길목에서 그들은 마침내 해답을 찾았다. 바로 나쁜 사자를 완전히 별개의 동물로 만드는 것이었다. 그들은 나쁜 사자에게 별도의 이름과 특성을 부여하여 그리스도적인 사자와 혼동되지 않게 했다. 그래서 마침내 사자는 동물의 왕이 될 수 있었다. 일종의 '탈출구' 역할을 한 '나쁜 사자'는 수십 년 뒤에 별도의 종이 되었다. 바로 레오파르두스leopardus이다. 그러나 그것은 오늘날 우리가 알고 있는 흑표범panthère의 사촌격인 현실의 표범이 아니다. 수컷 흑표범의 모습으로 종종 나타나는 수수께끼 같은 동물 파르두스pardus와 암사자의 잘못된 짝짓기로 태어난 상상 속의 표범이었다. 레오파르두스는 (갈기를 제외하고는) 사자의 외양과 특성을 어느 정도 가지고 있지만, 타고난 본성이 매우 사악하다고 여겨졌다. 단지 이 하나의 미묘한 어휘적 방향전환으로 진짜 사자는 사면권을 받을 수 있었다. 그 뒤 더 이상 좋은 사자와 나쁜 사자는 존재하지 않았다. 정의롭고 관대한 사자와 악하고 잔인한 레오파르두스만 있을 뿐이었다. 동물 조각상들은 이러한 변화에 관해 풍부한 증거들을 제공한다. 로마네스크시대에는 모든 사자, 아니 거의 모든 사자가 부정적으로 묘사되었으나 고딕시대에는 그렇지 않았다. 레오파르두스가 대신 그 역할을 맡았던 것이다.

그 조각들이 나타나기 전인 12세기 중반의 문학작품들과 초창기 문장들에서도 새롭게 탄생한 레오파르두스는 몰락한 왕, 반쪽짜리 사자, 사자의 적으로 즐겨 인용되었다. 그리고 때로는 용의 사촌이나 동맹자, 심지어는 특수한 형태의 용으로 여겨지기도 했다.[12] 레오파르두스는 부정적인 동물의 전형이자 영웅들을 죽음의 길로 이끄는 존재가 되었다. 반역 기사

들, 십자군의 적인 이교도들, 그 밖에 모든 악의 세력들의 문장에 레오파르두스가 그려졌다.[13]

문장의 탄생

최초의 문장armoiries들은 그것이 실제든 상상이든 12세기 동물 상징체계의 다양한 변화들, 특히 이 책이 관심을 두고 있는 사자의 지위 상승과 레오파르두스의 '탄생', 곰의 몰락을 연구하기에 매우 좋은 기초 사료이다.

문장은 개인, 가문, 공동체 고유의 채색 상징이라고 정의할 수 있다. 그리고 그 구성은 특별한 문장 규정에 따른다. 문장의 기원에 관해서는 많은 논의들이 있었다. 중세 말의 문장 문헌들은 몇몇 가설들을 제기했으며, 그 뒤 여러 세기에 걸쳐 가설의 수는 더욱 늘었다. 아담, 알렉산드로스, 율리우스 카이사르, 아서 왕의 문장 탄생에 관한 순전히 상상에 기초한 가설들은 일찌감치 거부되었다. 진지한 논의에 기초한 가설들은 더 오래 살아남았으나, 이것들도 19세기 말과 20세기 초 문장학자들의 작업으로 점차 설득력을 잃었다.

가장 오랫동안 선호되었으나 지금은 포기된 세 가지 가설은 다음과 같다. 첫째는 고대 그리스·로마 시대에 쓰이던 (군대와 가문의) 상징이 12세기에 나타난 최초의 문장들과 직접 연관을 갖는다는 설이다. 둘째는 [고대 북유럽 게르만어권 사람들이 사용하던] 룬문자rune와 바바리안의 휘장, 초기 천년 동안의 게르만-스칸디나비아의 상징들이 봉건시대의 문장을 형성하는 데 큰 영향을 끼쳤다는 주장이다. 가장 우선시되고 가장 오랫동안 생명력을 가졌던 셋째 가설은 제1차 십자군 기간에 서구인들이 이슬람이나 비잔티움 제국의 관습을 가져온 것이라는 동방기원설이다. 이 가설은 오랫동안 유력하게 여겨졌으나 지금은 모든 전문가들이 받아들이지 않고 있다. 전문가들은 서구 유럽에서 문장이 출현한 일이 서기 1천년 이후 봉건사회로의 전환과 11세기 말과 12세기 초의 군사장비 발달과 관련이 있다는 데 생각을 같이한다. 제1차 십자군 시기(1096~1099년)에는 아직 존재하지 않았던 문장은 제2차 십자군 시기(1147~1149년)에 이르러서는 이미 상당히 중요한 위치를 차지하고 있었다.[14]

사실 그 두 십자군 기간 사이에는 서구 병사들을 쇠사슬 갑옷의 덮개나 투구의 코 부분으로 식별하기는 어려웠다. 그러나 전쟁터나 마상창시합의 아수라장 한복판에서도 알아볼 수 있도록 표식을 방패 전면에 아몬드 모양으로 넣는 것이 점차 관습으로 자리 잡아갔다. 도형이나 동물, 꽃 형상이 표식으로 사용되었다. 그 형상들은 여러 색으로 칠해졌다. 그리고 같은 주체에 의해 계속 사용되고, 단순하게 고정되고, 반복된 규칙에 따라 묘사되면서 진정한 문장으로 되어갔다. 이런 일은 12세기 중반으로 접어들기 직전에 일어났다.

그러나 군사장비의 발달과 관련된 물질적 요인이 모든 것을 설명해주지는 않는다. 문장의 출현은 봉건시대 서구사회의 새로운 통치질서와 더 깊게 연관되어 있었다. 같은 시대에 나타난 부계父系의 이름이나 그림들에서 빠르게 확산되기 시작한 도상학적 특징과 마찬가지로, 문장은 재편되고 있는 사회의 새로운 정체성을 드러내는 표식이었다. 그것은 집단 안에서의 개인들, 그리고 전체 사회체제 안에서의 집단들의 위치를 설정하는 데 기여했다. 따라서 처음에는 개인의 상징이었던 문장은 곧 친족에게도 이식되었다. 12세기 후반에는 가문 안에서 문장 사용이 세습되었다. 가문과 세습이란 특징은 문장에 부여된 최종적인 본질이었다.[15]

문장은 처음에는 군주들과 대大귀족들에게 사용되다가 점차 서구 귀족 전체로 확산되었다. 13세기 초에는 소小귀족과 중간귀족 계층이 모두 문장을 가지게 되었다. 그 뒤 수십 년 안에 문장의 사용은 비非전투원과 비非귀족, 다양한 법인personne morale에까지 확산되었다. 사실 문장의 사용을 비전투원에게까지 확산시키는 데 핵심 역할을 한 것은 인장印章이다. 영주들과 기사들은 방패에 자신들이 채택한 문장을 그리는 것만으로는 만족하지 못했다. 그들은 깃발과 마의馬衣, 갑옷 위에 입는 덧옷, 더 나아가 그들이 소유한 고정되거나 옮겨지는 온갖 자산들, 특히 그들의 법적 지위를 상징하는 인장에 문장을 사용했다. 군주와 대大귀족들의 문장을 모방하여 인장을 만드는 것이 점차 일상의 일이 되었다. 이와 관련해 주목할 만한 수치는 다음과 같다. 우리가 알고 있는 중세 유럽의 문장은 대략 천여 개이다. 그 가운데 4분의 3은 인장을 통해 알려진 것이고, 거의 절반이 귀족이외 계층의 문장이다.

문장의 지리적 기원은 확실치 않다. 문장은 서구 유럽의 다양한 지역들, 예컨대 루아르 강과 라인 강 사이, 잉글랜드 남부, 스위스, 북이탈리아 등에서 동시다발적으로 나타났다. 이 새로운 유행은 13세기 말 서유럽 전역을 휩쓸었고 동방 그리스도교 세계로까지 퍼져가기 시작했다. 지리적 사회적 전파는 물질적인 확산과도 짝을 이루었다. 문장이 새겨진 물건과 직물, 옷, 기념물들은 점점 더 많아졌다. 여기서 문장은 세 가지 구실을 했다. 그것은 정체성을 드러내는 상징이자 지배와 소유의 표식이었으며, 장식에 쓰이는 소재였다. 문장의 사용이 사회적 삶과 물질문화에 널리 퍼져서 12세기에는 소설 속의 영웅, 전설적인 인물, 신화적 존재, 의인화된 악덕과 미덕 등 가상의 존재들을 위한 문장이 만들어지기도 했다.[16]

문장의 동물들

문장은 사자에 대한 상상과 상징이 빠르게 증가한 바로 그 순간에 곰에 대한 상상과 상징은 뚜렷하게 감소했다는 사실을 보여준다. 12세기 후반 프랑스어와 앵글로노르만어로 쓰인 모든 문학작품들에서 사자가 그려진 방패는 용(혹은 레오파르두스)이 그려진 이교도 전사의 방패에 맞서는 그리스도교 기사의 전형적인 방패가 되었다.[17] 오직 게르만 지역들만이 사자의 확산에 저항하며 몇십 년 동안 고대 게르만 이교신화의 동물들과의 관계를 유지했다. 13세기 초 문학에서는 여전히 곰과 멧돼지가 영웅의 상징으로 관습적으로 사용되었으나 오래가지는 못했다. 독일과 스칸디나비아에서는 13세기 중반에, 프랑스와 영국에서는 그보다 앞서, 오스트리아와 이탈리아 북부에서는 그보다 약간 늦게, 트리스탄과 같은 유명한 영웅이 전통적인 멧돼지 방패를 포기하고 사자 방패를 사용하기 시작했다.[18]

사자는 중세의 모든 시기와 모든 사회적 영역에서 가장 빈번하게 사용된 문장 그림이다. 그것은 전체 문장 가운데 약 15%를 차지했다. 그 다음으로 자주 등장한 (수평의 띠로 기하학적인 무늬를 나타낸) 파스* 문양이 단지 6%에 그치는 것을 감안하면, 그것은 놀라운 비율이었다. 문장의 동물들 가운데 사자의 유일한 실질적 경쟁자라 할 수 있는 독수리도 3%를 넘지 않는다. 사자의 우위는 곳곳에서 발견된다. 사자는 유럽 전역에서 귀족과 비귀족, 개인과 법인을 가리지 않고 현실과 상상의 문장 모두에서 나타났다.[19] "사자 없이는 그 누구도 문장을 가질 수 없다(Qui n'a pas d'armes porte un lion)"는 유명한 격언은 13세기 문학에 등장했으며, 16~17세기의 문장 안내서에도 당연히 인용되었다. 신성로마제국의 황제와 프랑스 왕뿐 아니라 서구 기독교 세계의 모든 왕조들이 그들의 역사에서 한번쯤은 사자를 문장에 포함시킨 적이 있다는 사실도 기억해야 한다.[20]

통계상으로 사자는 문장관**의 글과 문장의 동물에 대해 이야기한 작가들의 글에서 첫 순위를 차지하고 있다. 13세기 초를 기점으로 그들은 모두 사자를 야수들의 왕이자 문장의 핵심 형상으로 만드는 데 동의했다.[21] 그리고 동물지나 백과사전과 마찬가지로 사자에게 통치자나 왕이 갖춰야 할 모든 덕목, 곧 힘과 용기·자신감·관대함·정의로움을 부여했다.

---

* 파스(fasce) : 끈이나 띠를 뜻하는 라틴어 '파쉬아(fascia)'에서 유래한 말로, 방패 모양의 문장을 가로지르는 수평의 띠를 의미한다. 위치와 개수, 모양은 다양했다. 방패의 중앙 또는 중앙의 위나 아래를 가로질렀으며, 여러 개가 함께 쓰이기도 했다. 대부분 일자 모양이었으나 물결무늬일 때도 있었다.

** 문장관(紋章官) : 왕이나 영주, 군대의 문서 전달 및 의식 수행을 위해 전문적으로 문장을 식별하는 일을 하는 직책

12세기에 동물의 상징과 표상체계로 들어온 새로운 동물인 레오파르두스는 그렇지 못했다.[22] 물론 외적 형식으로만 보자면 문장에 나타난 레오파르두스는 단지 특별한 자세로 있는, 머리는 항상 정면으로 두고 몸은 옆으로(대부분 수평으로) 하고 있는 사자일 뿐이었다. 그에 반해 사자라고 불리는 형상은 늘 머리와 몸을 옆으로 하고 있었다.[23] 중세의 동물 도상에서 머리를 정면으로 향하는 자세는 거의 대부분 경멸적인 뜻을 담고 있었다.[24] 따라서 문장에서 머리를 옆으로 하고 있는 사자와는 달리 정면을 바라보고 있는 레오파르두스는 사실상 문장에 등장한 나쁜 사자였다. 그 시대 문학과 동물학 저서들에서도 레오파르두스는 언제나 암사자와 파르두스의 간통으로 태어난 사생아로 나온다.[25] 혹자는 로마네스크 조각에 등장한, 얼굴을 정면으로 향하고 잡아먹을 것처럼 입을 크게 벌리고 있는 수많은 야수들 가운데 일부는 사자라기보다는 '레오파르두스'가 아닐까 하는 생각이 들지도 모르겠다.

문장은 사자에게는 가장 높은 자리를 허락해 다른 모든 동물들보다 우위에 두었지만, 거꾸로 곰에게는 매우 별 볼 일 없는 역할만을 부여했다. 사자의 경쟁자가 되기에 곰 문장은 영주와 기사들의 세계에 너무 늦게 도입되었다. 최초의 곰 문장이 카롤루스대제 시대쯤에, 늦어도 서기 1천년 무렵에 나타났더라면 곰은 사자에 버금가는 지위를 가졌을지도 모른다. 중세 문장에 나오는 사자의 형상이 15%에 달하는데 비해 곰의 평균 등장 빈도는 (에스파냐 북부와 독일 일부 지역들을 제외하고는) 1천분의 5를 넘지 않는다. 이는 상당히 큰 차이이다. 사실 곰 문장은 주로 이야기 속에 등장했으며, 곰이란 명칭은 문장 소유주에 대한 언어놀이로 사용되었다.[26] 곰이 들어간 최초의 문장도 그런 식이었다. 그 문장은 1190~1200년 무렵 캔터베리 지방에서 토머스 베케트 대주교 살해사건(1170년)을 표현한 영국 세밀화에서 나타났다. 암살자들의 우두머리인 그 유명하고 무시무시한 레지날드 피츠우르스는 재갈을 물린 곰이 장식된 방패로 확연히 구분된다.[27]

아마 이 생동감 넘치는 문장은 레지날드가 죽은 뒤에 성당에서 벌어진 대주교 살해사건을 묘사한 그림들에 도상학적인 표상을 제공하기 위해 만들어졌을 것이다. 그가 이 문장을 사용했는지 여부는 까다로운 문제이지만 사실 그리 중요하지 않다. 그것은 우리에게 전해지는 가장 오래된 곰문장이며, 소유주(개인, 가문, 봉토, 공동체)의 이름처럼 '소리 나는' 일련의 동물 문장들의 시발점이다. 사람들만 문장에 곰을 사용한 것은 아니었다. 베른, 베를린, 마드리드 같은 도시들과 우르캉, 생트우르산 등의 수도원, 그리고 (프랑스 중부) 부르주의 생 우르생Saint Ursin 평신도회와 같은 협회들도 곰 문장을 사용했다.

그렇더라도 문장이 오래전부터 곰이 지니고 있던 호전적인 요소를 완전히 희석시키지는 못했다. 곰은 때때로 투구 꼭대기 장식으로 사용되었는데, 이는 중세 초 게르만과 스칸디나비아의 옛 '곰 투구들'의 잔재였던 것 같다.[28] 그러나 무엇보다 강조해야 할 것은 곰이 예전처럼 왕의 위엄을 드러내고 있는 독일과 덴마크, 스웨덴의 12~13세기 문장들이다. 방패형상 안에 곰을 그려 넣은 그 문장들은 왕을 떠올리게 만드는 (*Königsberg*, *Königgut*, *Könnecke*, *Kungslena*, *Herringa* 등의) 성씨들과 함께 '거론'되었다. 이문장들은 사라져가는 구전 전통의 마지막 흔적이었다.[29] 그 밖의 다른 모든 지역들에서는 사자가 동물의 왕 노릇을 했다. 북부 독일에서도 그러했는데, 그곳은 막강한 작센 공작 하인리히 사자공과 그에 못지않게 강력했던 브란덴부르크 변경백작 알브레히트 곰공이 여러 해에 걸쳐(1164~1168년) 충돌했던 지역이었다. 이것도 하인리히 사자공의 승리로 끝났다.[30] 내생각에 이 승리는 상징적인 의미를 지닌다. 그 뒤 독일의 어떤 왕조도 '곰'을 별칭으로 사용하지 않았다. 하지만 작센과 바이에른의 공작 하인리히의 명성을 모방하려는 의도로 '사자'를 별칭으로 사용하는 경우는 많아졌다. 이것은 독일에만 한정된 이야기가 아니었다. 몇 해 뒤에는 잉글랜드왕 리처드와 스코틀랜드의 왕 윌리엄이 연대기 작가들에게서 살아생전에 곰이 아니라 사자를 별칭으로 부여받았다. 그들은 각각 '사자의 심장을 가진' 리처드, '사자처럼 관대한' 윌리엄이라 불렸다.[31]

그때부터 사자는 쭉 자신의 제국을 사방으로 넓혀갔다.

노아의 방주

사자는 도상과 예술품에서 특히 두각을 나타냈다. 순회 동물쇼와 동물 조련사들이 존재했지만 사실 살아 있는 사자는 12세기까지 여전히 희귀한 구경거리였다. 이에 비해 그림이나 조각, 자수, 모형에서는 사자를 더 흔하게 볼 수 있었다. 농민들에게도 마찬가지였다. 로마네스크시대 말기, 아니 이미 고딕시대라 부를 수 있는 시기에 상당수 교회들은 사자를 교회 안팎에 많이 진열해 놓고 있었다. 사자는 중앙홀은 물론, 성가대석, 바닥, 벽, 천장, 문, 유리창, 묘석과 묘비, 예배에 쓰이는 물건과 예복, 심지어는 성서에도 존재했다. 단독으로나 전체의 한 부분으로 등장한 사자의 형상들 가운데에는 온전한 사자도 있었고 다른 동물과 섞이거나 머리만 사자인 잡종 사자도 있었다.

일부 고위 성직자들의 적의를 불러올 정도로 교회 공간의 많은 부분이 동물들에게 할애되었다.[32] 오늘날 남아 있는 동물장식에서는 사자 조각이 그림보다 훨씬 더 많다. 그러나 사자 그림 가운데 일부가 유실되었을 수도 있으며, 사자라고 여긴 동물 조각도 실제로 그렇게 인정할 수 있을지도 확실치 않다. 때때로 그것들은 매우 모호한 고양잇과 동물, 심지어는 종을 구분할 수 없는 네발짐승처럼만 보이기도 한다. 또한 우리는 이따금 사자와 곰을 혼동하는 경향이 있다. 이 두 동물이 성서와 교부 문헌, 그리고 그와 관련된 도상들에서 하나의 쌍으로 나오기 때문이다(긴 꼬리와 갈기만이 사자를 확인시켜주는 유일한 특징이다[33]. 더구나 우리는 사람을 삼키거나 뱉으려고 입을 크게 벌리고 있는 짐승이나 괴물이라면 무엇이든 사자라고 부르고 싶은 유혹을 자주 받는다. 하지만 매우 엄밀히 따지면 몇몇 경우는 신원 확인이 잘못되어 있다.[34]

그렇지만 11~12세기부터 사자 이미지는 풍성해지기 시작했다. 그 풍성함은 조각에만 국한되지 않았다. 모든 종류의 예술품에서 사자를 볼 수 있었다. 이제 채색삽화에서 사자는 가장 자주 등장하는 동물이 되었다. 심지어 일부 수사본*에서는 사자를 거의 모든 페이지에서 발견할 수 있었다. 사자처럼 보이는 동물 형상은 주요 세밀화miniatures와 부수적인 장식, 특히 장식문자lettres ornées에 빈번하게 나타났다. 이미지의 구현 방식이나 사용된 기술이 무엇이든 간에 사자는 점차 동물 형상의 주역이 되어갔고, 다른 어떤 동물보다 훨씬 앞에 서게 되었다. 단 한 마리의 사자라도 보지 않고 지낼 수 있는 시간과 장소란 거의 존재하지 않았다. 사자 이미지는 완전히 일상의 한 부분이 되었다. 이것은 역사가들에게 오늘날 우리에게는 친숙한 '토착' 동물과 '외래' 동물의 대비가 적절한지에 대한 의문을 가져온다. 사자는 수천 년 동안 유럽에서 살아온 토착종은 아니었다. 그러나 봉건시대의 사회들에서 사자는 정말이지 외래동물이라고 할 수 없었다. 사람들은 수많은 기념비와 사물, 값비싼 직물, 예술품들을 통해 사자를 언제 어디서나 볼 수 있었다.

카롤루스왕조 시대와 13세기 사이에 사자가 도상에서 점점 더 중요한 자리를 차지할 수 있게끔 가장 크게 기여한 도상학적 주제는 노아의 방주일 것이다.[35] 이 주제는 다양한 방식으로 여러 차례 나타났다. 그것은 때로는 신중하게 선택된 동물들로 이루어진 일종의 이상적인 동물원과 같았다. 사실 「창세기」에는 방주에 태운 동물들의 종류가 언급되어 있지 않다. 단지 하느님이 노아에게 내린 다음과 같은 명령만이 나올 뿐이다.

---

* 수사본(手寫本) : 인쇄술이 발달하기 전에 필경사가 손으로 필사하여 만든 책이다. 서양 중세의 채색 수사본은 책의 가장자리나 여백, 첫 글자를 문양이나 그림, 금박, 은박 등으로 장식하고 세밀화나 판화로 글의 내용과 관련된 채색 삽화를 넣는 방식으로 만들어졌다.

온갖 생물 가운데에서, 온갖 살덩어리 가운데에서 한 쌍씩 방주에 데리고 들어가, 너와 함께 살아남게 하여라. 그것들은 수컷과 암컷이어야 한다. 새도 제 종류대로, 짐승도 제 종류대로, 땅바닥을 기어 다니는 것들도 제 종류대로, 모두 한 쌍씩 너에게로 와서 살아남게 하여라. 그리고 너는 먹을 수 있는 온갖 양식을 가져다 쌓아 두어, 너와 그들의 양식이 되게 하여라. (창세기 6:9-21)[36]

따라서 예술가와 채색삽화가들은 노아의 방주에 넣을 동물들을 비교적 자유롭게 선택할 수 있었다. 그리고 그들의 선택은 시대와 지역, 환경에 따라 달라지는 가치체계, 사고방식, 감성, 지식, 동물 분류체계를 뚜렷이 반영하고 있었다. 방주라는 제한된 공간에 넣을 수 있는 동물의 수는 한정되어 있었으나, 성서에 정확하게 언급되어 있지 않았던 탓에 선택의 여지는 넓었다.

실제로 9세기부터 13세기까지 대홍수의 물 위에 떠있는 노아의 방주 이미지들에 등장하는 동물들이 늘 똑같지는 않았다.[37] 하지만 그나마 (다섯 번 가운데 네 번 꼴로) 대부분 나타났던 동물은 곰과 사자였다. 그들은 대개 다른 몇몇 네발짐승들과 함께 나타났는데(중세적 개념을 적용했을 때의 네발짐승), 동행자 목록은 다양하지만 가장 자주 함께했던 것은 멧돼지와 사슴이었다. 노아의 방주 도상에 나오는 동물들 가운데 가장 우선시된 것은 네발짐승이다. 특히 야생의 네발짐승은 다른 동물들보다 더 '동물'처럼 보였다. 종종 정확하게 구분하기 어려웠던[38] 가축은 도상 안에서 두 번째 순위를 차지하고 있었다. 새는 대홍수 신화에서 〔노아가 홍수가 끝났는지 알아보기 위해 날려 보내서〕 핵심적인 역할을 맡은 까마귀와 비둘기를 제외하고는 잘 등장하지 않았다(새는 전체 도상의 4분의 1에서만 나타났다). 새보다 드물게 나타난 동물은 작은 설치류와 뱀이었다. 곤충(현대적 의미에서)과 물고기는 결코 등장하지 않았다. 노아의 방주가 떠 있는 물 안에 그린 물고기를 제외하고는 말이다. 전체 도상의 거의 3분의 1에서는 동물들이 쌍이 아니라 단독으로 등장하며, 성을 분간하기도 어렵다. 대형 도상들에서도 방주가 12종 이상의 동물들을 태우고 있는 경우는 드물다. 동물 종의 수는 4~5개로 국한되며 때로는 그보다도 적다. 한편, 숫자가 많지는 않지만 더 나중에 만들어진 도상들에서는 동물들이 방주로 들어가거나 나가는 장면에 더 풍부하고 다양한 동물 종류를 묘사한다. 이는 동물세계의 위계에 대해 연구할 수 있게 해준다. 맨 꼭대기에 곰과 사자가 있고, 그 뒤를 사슴이나 멧돼지와 같은 커다란 사냥감들이 뒤따른다. 그 다음으로는 가축이 나오며, 행렬의 끝은 쥐나 '벌레', 뱀 등의 작은 동물들이 차지하고 있다.[39]

이러한 위계들은 시간의 흐름에 따라 변화하므로 여러모로 유용하다. 서기 1천년 이전의 희귀한 노아의 방주 도상들에서 동물의 왕이나 동물의 지배자라 부를 만한 동물은 고대 북유럽 전통에서 나온 곰 하나뿐이었다. 그러나 봉건시대에 만들어진 노아의 방주 도상들에서 점차 곰은 방주 안 자신의 자리를 사자에게 내주고 한 단계 아래로 밀려났다. 방주에 들어가거나 나오는 행렬에서도 종종 그것을 목격할 수 있었다. 주인공은 이제 사자였다. 13세기 이후 코끼리, 낙타, 원숭이, 유니콘 등 새로운 종들이 모습을 드러냈으나, 견고해진 위계에 감히 도전장을 내밀지 못했다. 사자가 방주의 동물들 가운데 가장 높은 자리를 차지했고, 곰은 점점 더 눈에 띄지 않게 되었다. 그리고 방주의 동물들은 이국적으로 변해갔다. 그러나 현실과 환상 동물의 경계는 17세기까지 흐릿하게 남아 있었다. 중세 말에는 눈에 띄는 신인이 하나 나타났다. 오랫동안 노아의 방주에는 존재하지 않았던 동물, 바로 말이었다. 봉건시대의 정서에서 말은 동물 이상의 의미를 가지고 있었다. 말은 사람의 동료였다. 따라서 중세 문헌과 도상들은 말을 동물에 포함시키기를 꺼렸다. 말의 자리는 동물들 사이가 아니라 사람들 곁에 있었다. 그러나 14세기부터 말을 특별하게 보는 시선이 사라지기 시작했다. 말은 다시 동물이 되어 사자, 사슴, 황소, 멧돼지와 같은 동물들과 함께 노아의 방주에 자리를 잡고는 그곳에 계속 남아 있었다.

군주들의 동물원

문장과 도상이 12세기부터 시작된 사자의 상승과 곰의 몰락을 보여주는 유일한 증거는 아니다. 이 불가피한 변화, 특히 1180~1200년 사이에 진행된 급속한 변화를 확인시켜 주는 또 다른 증거가 있다. 바로 왕과 군주들의 동물원이다.[40] 앞서 말했듯이 카롤루스왕조 시대와 봉건시대 초 모든 동물원은 곰을 한 마리 이상 갖고 있었다. 왕이 다른 왕에게 줄 수 있는 최고의 선물도 곰이었는데, 크기나 털 빛깔, 출신이 특별할수록 좋았다. 12세기 후반과 13세기로 넘어가면서는 분명 그렇지 않았다. 곰은 더 이상 왕의 선물이 아니었다. 곰을 선물하는 일이 일부 문학작품들을 통해 여전히 이야기되기는 했으나, 현실에서 그것은 시대에 뒤떨어진 일이었다. 기독교 군주들 가운데 노르웨이 왕만이 계속해서 자신의 북극곰을 선물로 제공했다. 그러나 그것은 머나먼 북쪽의 빙하지대에서 잡힌 특별한 곰이었다. 우리는 연대기 작가를 통해 황제 프리드리히 2세의 〔이탈리아 시칠리아 섬 북동부〕 팔레르모 동물원에 '눈처럼 하얀 거대한 곰(ursus albus sicut nivea magnitudinis insolite)'이 있었다는 것을 알 수 있다. 그 곰은 1235년 노르웨이의 왕 호콘 4세가 프리드리히 2세와 이사벨라 잉글랜드의 결혼을 축하하는 선물로 보내온 것이었다. 이 굉장한 선물은 여러 해 동안 팔레르모의 주민들에게 흥분과 호기심의 대상이 되었다. 어떤 연대기 작가도 그 곰이 어떻게 시칠리아의 기후를 견뎌냈는지 말해주고 있지 않지만 그 동물은 꽤 오래 살았던 것으로 보인다.[41] 몇 해 뒤에 호콘 4세는 프리드리히 2세의 처남인 잉글랜드의 헨리 3세에게도 북극곰을 선물했다. 아마도 〔북극해에 위치한〕 스핏츠베르겐 섬 출신이었을 그 곰은 프리드리히 2세에게 보낸 곰보다는 크기가 작았다. 그리고 앞서 말했듯이 그 곰에게는 '낚시꾼'

이라는 뜻의 피스카토르라는 별명이 붙었다.[42]

　13세기 중반 무렵에 그 두 마리 북극곰은 일종의 '이국적이고 진귀한 보물(curiosa exotica)'이었다. 권력의 상징이란 기능을 효과적으로 수행하려면 동물원은 반드시 북극곰을 보유할 필요가 있었다. 하지만 갈색곰을 갖는다는 것은 완전히 진부한 일이 되었으며 별다른 관심도 불러일으키지 못했다. 왕과 군주들이 외면한 갈색곰은 도시나 소영주들의 동물원으로 버려졌고, 심지어는 이 마을 저 마을로 유랑하는 방랑시인, 곡예사, 동물 조련사들에게 넘겨지기도 했다. 군주의 동물원이 되려면 이제는 곰이 아니라 사자가 있어야 했다. 13세기 동물원의 구성을 세부적으로 알 수 있다면 좋겠지만 자료가 풍부하지 않기 때문에 대략으로만 파악할 수 있을 뿐이다. 서사문헌과 일부 회계문서 덕분에 우리는 동물원들이 먹이고 돌보고 감시하고 교체해야 할 사자를 많이 보유하고 있었다는 사실을 알 수 있다. 추측컨대 사자뿐 아니라 흑표범, 표범, 심지어 호랑이조차도 우리가 이름으로 알고 있는 동물은 아니었던 것 같다. 중세 도상들이 묘사한 호랑이는 결코 아시아 호랑이와 같은 고양잇과 동물이 아니었다. 그것은 어둡고 얼룩덜룩한 털을 가진 네발동물, 거대한 이빨과 발톱이 있는 커다란 늑대와 같았다.[43] 14세기가 끝나갈 무렵 프랑스 왕 샤를 6세는 여러 상징들 중에서도 유독 '호랑이'를 자신의 개인적인 상징으로 채택하였다. 그의 시대 서사문헌과 회계문서들은 자주 호랑이를 언급했으나, 그 모습은 결코 줄무늬가 있는 거대한 야생동물이 아니었다. 그것은 오히려 일종의 여우나 늑대처럼 그려졌다(늑대는 왕의 동생인 루이 오를레앙의 상징이었다).[44]

　군주의 동물원에 많은 사자들이 있었으며 도시 주민들은 언제든 그것들을 보러 올 수 있었다. 게다가 사자는 때로 군주들 간에 주고받는 선물로도 사용되었다. 더 크고 희귀한 아프리카 사자가 중동 사자보다 선호되었다. 13세기 전반에 황제 프리드리히 2세의 팔레르모 동물원은 사자를 가장 많이 보유하고 있었다. 그곳은 심지어 다른 왕실 동물원에 동물들을 배분하는 역할을 맡기도 했다. 당시 서구에 사자와 그 밖의 야생동물들을 제공했던 주요 공급자는 프리드리히 2세와 각별한 관계에 있던 이집트의 술탄이었다.[45] 베네치아와 비잔티움은 아시아와 아프리카에서 들여온 야생동물을 유럽에 공급하는 주요 시장으로 기능했다. 그곳에서 나온 회계 문서들은 사자, 표범, 흑표범에 대해 자주 언급하고 있다. 그러나 카프카스 산맥과 아나톨리아(두 지역의 곰은 거대했다), 그리고 더 먼 곳에서 데려왔을 곰에 대해서는 아무런 말이 없다. 13세기 중반 갈색곰은 여전히 특별한 동물이었으나, 예전의 명성을 잃었으므로 더 이상 시장가치를 지니지 못했다.

곰의 몰락은 문학, 이야기, 성인전 등 여러 문헌들을 통해서도 드러난다. 드물어지기는 했으나 12세기에는 여전히 기사가 되려는 포부를 품은 젊은 전사가 자신의 힘과 용기를 증명하기 위해 곰과 싸웠다. 그러나 13세기에 전사들은 더 이상 곰과 싸우지 않았다. 그 대신 사자나 가능하다면 용과 맞섰다. 아서 왕 이야기에 나오는 왕들과 왕의 아들들, 란슬롯, 트리스탄, 가웨인 같은 주요 기사들과 원탁의 기사들이 모두 그렇게 했다. 사자를 무찌르는 것은 매우 특별한 위업이 되었다. 앞서 자세히 언급했던,[46] 1190년과 1210년 사이에 쓰인 이데르 이야기는 곰에 대한 승리를 뛰어난 용맹으로 받아들인 최후의 이야기들 가운데 하나였다.

이제는 곰이 아니라 사자가 영웅의 동료가 되어 그와 함께 모험을 떠나고, 그를 보호하고, 그의 상징이 되었다. 그러한 초창기 사례 가운데 하나가 크레티앵 드 트루아가 1177~1181년 무렵에 쓴 『사자의 기사Le Chevalier au Lion』 이야기에서 발견된다. 거기서 영웅 이웨인은 사자를 그의 친구로 만든다. 유사한 상황이 성인전과 성인 언행록에서도 벌어졌다. 중세 초에 빈번했던 곰 이야기는 점차 드문 소재가 되었으며, 13세기에는 사자가 나오는 이야기로 대체되었다. 잡아먹힐 운명에 처한 성인이나 성녀를 야수가 살려주는 이야기들에서 특히 그러했다. 1230~1250년 무렵에는 곰이 목숨을 살려주는 것은 더 이상 경이롭거나 신비로운 일이 아니었다. 그러나 새로운 동물의 왕인 사자가 목숨을 살려주는 것은 성인에게 새로운 차원의 신성함을 부여하는 매우 영광스러운 일이었다.

성서에도 이러한 새로운 위계가 반영되었다. 구약성서의 맹수들에 관한 부분에서 곰과 사자는 해롭고 위험한 동물을 가장 대표하는 것으로 여러 차례 나온다. 13세기 이전 중세 그리스어와 라틴어 판본의 성서들에서는 그 두 동물이 곰-사자 순서나 사자-곰 순서로 무작위로 나타났다. 그러나 그 뒤 새로운 성서 판본과 번역본들, 특히 파리에서 간행된 성서들은 사자가 반드시 곰 앞에 와야만 한다는 듯이 사자-곰 순서를 지키려 했다.[47] 이러한 위계는 동물목록이 나오는 다른 문헌들에서도 찾아볼 수 있다. 동물 이름의 첫 글자를 따라 알파벳 순서로 장을 구성한 일부 백과사전 수사본들과 동물학 저서들도 사자(leo)만은 예외적으로 'L' 철자 밑에 두지 않았다. 사자는 알파벳 순서와 상관없이 책의 맨 앞에 놓였으며, 'A'로 시작하는 이름을 가진 동물들보다도 먼저 나왔다. 동물의 왕이 갖는 최고 수위권은 다른 모든 지식 분야의 분류체계에서도 나타났다.

살의 부활

곰에서 사자로의 동물의 왕 교체는 오랜 기간에 걸쳐 일어난 현상이었다. 그것은 적어도 서유럽에서는 분명히 12세기에 정점을 찍었다. 지금까지 언급한 증거들은 결정적이고 최종적인 변화의 시기가 12세기 말과 13세기 초의 몇십 년이었다는 사실을 보여준다. 그러나 몇몇 분야에서 나온 자료들은 역사가로 하여금 그 변화가 더 이른 11세기에서 12세기로 넘어가는 시점에 이미 일어났다고 생각하게 만든다. 신학도 그러한 분야 가운데 하나이다. 신학은 항상 동물의 세계에 대해 말하기 좋아했으며, 그에 관한 온갖 종류의 사례와 비유를 앞서 취하고 있었다. 그리고 거기에는 늘 창조적이지는 않았으나 변화를 가져오는 다양한 가치체계가 반영되어 있었다.

곰에 대한 사자의 새로운 우월성을 다룬 특별히 유용한 신학 '안내서'가 하나 있다. 바로 호노리우스 아우구스토두넨시스의 『교리문답 *Elucidarium*』이다.[48] 이 저서는 인명이나 문장, 도상이 제공하는 증거들보다 앞서는 것으로 1100년과 1105년 사이에 편찬되었다. 호노리우스가 1120년과 1130년 사이에 편찬한 또 다른 저서 『자연의 열쇠 *Clavis Physicae*』[49]도 『교리문답』을 부분적으로 인용하고 발전시킨 것이다. 유능한 신학자이자 다방면에 걸쳐 글을 쓴 이 작가에 대해서는 알려진 바가 거의 없다. 그는 (프랑스 동부) 오퇭 지방 출신의 교사라고 생각되었으나 지금은 오퇭은 물론 (독일 남부) 아우크스부르크와도 관련이 없었던 것으로 여겨진다. 중세 필경사들이 그의 이름 앞에 아우구스토두넨시스Augustodunensis라는 수식어를 붙이곤 했는데도 말이다. 그는 대륙으로 건너온 영국 출신 수도자로 (독일 남부) 레겐스부르크 인근의 수도원에서 은둔자처럼 살았을 것이다. 여하튼 호노리우스는 중요한 작가였다. 그는 뛰어난 교사이자 지식의 보급자였다. 14세기로 본격적으로 들어가기 전까지 수많은 신학자들이 자주 그의 생각을 인용했고 사실상 가로챘다.[50]

호노리우스는 살의 부활 문제를 다룬 글에서 잡아먹는 행위에 대해 언급했다(이 주제는 12세기 초 신학자들의 큰 관심사였다). 그는 특히 맹수에게 갈기갈기 찢겨도 부활의 순간에 기적적으로 그 온전함을 회복하는 인간 육신의 신비로움을 경이로워했다. 이는 사실 그리스도교 신학에서 오랫동안 논쟁거리였다.[51] 중세 초의 교부들인 테르툴리아누스, 오리게네스, 메토디우스, 니사의 주교 그레고리우스, 히에로니무스는 이미 순교와 관련해서 그에 대해 의문을 던졌다. 사형집행인의 도끼로 조각나고, 맹수들의 이빨로 뜯겨지고, 장작더미의 화염 속에서 재가 된 희생자들의 손상된 육신들이 영생의 삶으로 넘어갈 때 어떻게 그 온전함을 회복할 수 있는가?

이 복잡하고 완전히 해결될 수 없는 문제에 대해 교부들은 다양하고, 때로는 상반된 답을 내놓았다. 그 가운데 일부 주장들은 오랫동안 논쟁이 되어왔는데, 오리게네스 지지자와 히에로니무스 지지자 사이의 반목이 특히 심했다. 5세기에 아우구스티누스는 중도적인 입장을 취했으나 히에로니무스의 의견에 동조해 오롯한 '사람'(중세 신학은 이 단어에 종말론적 감성을 부여하였다)이 되기 위해서는 몸과 영혼의 완전성이 불가피하다고 강조하였다.[52] 그 뒤 카롤루스왕조 시대에는 갈등이 소강상태로 접어들었고, 관련된 논쟁들도 별로 나타나지 않았다. 9세기 무렵 요하네스 스코투스 에리우게나가 『자연 구분론De divisione naturae』에서 몇몇 새로운 가설들을 제시했는데도 말이다.[53]

12세기 초에 들어서면서 논쟁은 순교신학, 성유골 숭배, 성체성사의 신비와 관련해 다시 처음으로 되돌아갔다.[54] 호노리우스는 그것을 『교리문답』에 반영했다. 맹수에게 잡아먹힌 육신들과 관련해(로마네스크시대에는 사람을 잡아먹는 모습을 한 동물조각이 매우 많았다)[55] 그는 정교하지는 않으나 '사례 연구'로 불릴 만한 몇 가지 예를 제시했다.[56] 여기서 그는 전임자들과는 달리 특정한 세 동물, 늑대와 곰, 사자를 지명했다. 호노리우스는 우선 늑대에게 잡아먹힌 사람의 사례를 다루면서, 늑대와 사람의 살은 어쩔 수 없이 뒤섞이게 되며 최소한 부분적으로라도 그렇게 된다고 주장했다. 육신이 부활하는 순간에 어떤 일이 일어나는가? 어떻게 사람이 동물의 살과 분리되는가? 어떻게 인간의 육신이 그 완전성을 회복하는가? 호노리우스는 이 문제들에 대해 명확한 대답을 내놓고 있지는 않다. 그러나 그는 자신이 끌어낸 문제의 중요성을 납득시키고 싶은 마음에서 한발 더 나아가 만약 인간을 잡아먹은 늑대가 곰에게 잡아먹힌다면 어떻게 되는지를 묻는다. 곰의 살은 이미 인간의 살과 뒤섞인 늑대의 살과 섞이게 될 것이다. 부활의 날에 어떻게 이 세 가지 살들이 분리될 수 있는가? 인간의 육신은 늑대와 곰으로부터 분리되어 그 온전함을 회복할 수 있을까?

질문들이 갈수록 점점 더 겉만 그럴싸해지는 게 느껴진다. 그러나 호노리우스는 멈추지 않는다. 터무니없는 궤변을 향해서 한 걸음 더 나아가고픈 억누를 수 없는 충동에 휩싸인 호노리우스는 질문의 범위를 더 확장하고, 일부러 문제를 복잡하게 만든다. 그는 이번에는 매우 심각하게 곰이 사자에게 잡아먹히면 어떤 일이 일어날지 궁금해 한다.[57]

호노리우스는 거기서 멈추었다. 그는 자신이 끌어낸 문제의 복잡함에 스스로 압도되었던 듯하다. 실로 엄격한 신학적 관점에서 그 문제들은 난해하면서도 흥미진진하다. 그 뒤 몇십 년 동안 그 문제들은 스콜라철학을 극도로 미묘한 분석으로 이끌었다. 이는 해결할 수 없는 논쟁들에 묶여 기독교 교리의 덫에 갇히게 되는 것을 피하기 위해서였다. 여기서는 그것을 다룰 수 없다. 그 문제를 다룬, 일부는 매우 남다른 방식으로 접근한 연구들이 존재한다.[58] 그러나 필자가 관심을 갖는 문제에서 호노리우스가 제공한 질문들은 매우 중요한 문화적 역사적 자료이다. 그 질문들은 12세기 초에 완전히 새로워진 동물세계의 위계를 보여준다. 그 위계는 근대로 이어졌으며 심지어 지금까지도 계속되고 있다. 곰이 늑대보다 강하다는 것은 오래전부터 알려진 사실이지만,[59] 사자만큼은 강하지 않다는 것은 예전의 가치체계와 비교하면 새로운 사고였다. 호노리우스는 "만약 곰이 사자에게 잡아먹힌다면 어떻게 되는가?"[60]라는 질문을 통해서 곰에 대한 사자의 우월성을 분명하게 드러낸 최초의 작가였다. 사자는 이제 곰을 패배시키고 잡아먹을 수 있게 되었다.

고대와 중세 초, 심지어는 서기 1천년 무렵의 어떤 작가도 그러한 문장을 쓰지 않았다. 태곳적부터 곰은 무적이었다. 사자가 그랬던 것처럼 말이다. 그러나 두 동물이 동일한 지역이나 지식·상상의 영역에 존재하는 일은 흔치 않았으므로 서로가 마주칠 일은 물론이고 대결할 일은 더더욱 없었다. 그러나 기독교 신학은 다른 결정을 내렸다. 기독교는 오래전부터 곰에 대해 전쟁을 선언하고, 모든 땅에서 싸워왔으며, 모든 영역에서 그

가치를 폄하했다. 그리고 예전에는 곰만큼이나 싫어했던 짐승을 우월하다고 주장했다. 12세기 초 교회에게 곰은 더 이상 동물의 왕이 아니었다. 사자는 (몇십 년 뒤 레오파르두스가 창안되기까지는 계속) 부정적 요소들에서 완전히 벗어나지는 못했지만 곰의 왕좌에 올랐다.

제3부

폐위당한 곰

중세 말에서 현대까지

굴욕을 당하는 동물

　왕좌에서 끌어내려지고, 노아의 방주와 군주의 동물원에서 쫓겨나고, 왕들에게서 잊혀지고, 사자로 교체되거나 압도당한 1200년대의 곰은 전사들과 사냥꾼들에게 숭배를 받았던 몇 세기 전 무적의 야수가 더 이상 아니었다. 곰은 다른 야생동물들과 거의 다르지 않은 '매우 평범한 짐승'이 되었다. 1385~1388년 무렵 푸아 백작 가스통 페뷔스가 편찬한 사냥서적과 같은 문헌들이 그를 지칭했던 것처럼 말이다.[1] 많은 지역들에서 곰은 여전히 숲에 출몰하고, 마을로 내려왔으며, 꿀과 닭을 훔치고, 이따금 양도 몇 마리 해쳤다. 그러나 어느 누구도 더는 곰을 두려워하지 않았다. 심지어 재갈이 물린 채로 마을광장에서 춤추고 재주를 부리며, 성인과 영웅들이 아니라 한갓 방랑시인이나 어깨에 원숭이를 올려놓고 옷 안쪽에서 갑자기 토끼를 꺼내드는 세속의 동물 조련사들에게 복종을 강요받는 곰을 볼 수 있게 되었다.

　12세기에서 13세기로 넘어가는 시점에 빠르고 깊숙이 전개된 곰의 몰락을 증명하는 많은 사료들이 있다. 그러나 그 가운데에는 동물의 왕으로서의 곰의 예전 역할을 슬그머니 살리면서도 당시 곰이 가지게 된 악의 없고 체념적이며 둔하고 멍청한 모습을 강조한 문헌들도 있었다. 정확히 말하자면 그것은 단일한 문학작품이라기보다는 하나로 묶이면서도 독자성을 가졌던 시리즈 문학『여우이야기』이다. 동물들이 등장인물로 나오는 그 작품들에서 곰은 주연배우 가운데 하나였다.

새로운 동물우화집

동물과 중세 중기 동물에게 부여된 가치체계를 연구하는 역사가들에게『여우이야기』는 오랫동안 머무르기 좋고 잘 알려지지 않은 샛길들이 많은 풍요로운 연구토양이자 참된 '실험실'이다. 대략 1175년과 1250년 사이에 편찬된『여우이야기』의 다양한 프랑스어 판본들에 나타난 동물 집단은 야생동물과 가축이 뒤섞인 풍부하고 다채로운 무리가 아니라, 신중하게 조직되고 선택되고 위계화한 하나의 동물지였다. 동물을 직접 다루거나 관련된 다른 문헌이나 사료들과 비교해보면 이 동물우화집은 많은 부분에서 세속문화에서 비롯된 가공되지 않은 정보들을 제공하고 있다. 그리고 중세 한복판의 새로운 시선과 새로운 감성, 새로운 의미를 표현하고 있다. 아니, 더 정확히 말해서 종교적인 상징성을 띤 동물우화집이나 문장과 표장을 다룬 동물지의 그늘에 가려 드러나지 않았던 관점과 감성을 내보이고 있다. 요컨대『여우이야기』는 그 어느 쪽에도 속해 있지 않았던 독자적인 작품이었다.

그러나 안타깝게도『여우이야기』는 이런 측면에서는 전문가들의 관심을 거의 끌지 못했다. 그들은『여우이야기』의 모든 갈래들을 보여줄 수 있는 다양한 문헌들을 출판하는 고된 작업이나, 출처·수정·모방과 같은 문학사와 관련된 문제들, 그리고 언어 연구에 더 우선권을 두었다. 학자들은 세속어로 쓰이고 13세기 필경사들이 종종『여우이야기』라는 제목을 붙였던 이 동물이야기가 식자층의 산물인지, 아니면 '민중' 문화에서 나온 것인지를 두고 오랫동안 토론을 벌였다. 낭만주의 시대의 대가 야코

프 그림은 그 문헌들의 원천을 원시 게르만의 구전 전통에서 찾으려 했고, 주요 등장인물 대부분에게 붙여진 이름들이 게르만어에 기원을 두고 있다는 사실을 강조했다.[2] 첫 번째 사례는 작품의 주인공인 여우의 이름이다. 그것은 라인하르트(Reinhard)나 레긴르트(Reginhard)[3]가 프랑스어로 옮겨지면서 르나르(Renart)로 바뀐 것이었다. 그 이름이 매우 유명해지는 바람에 얼마 지나지 않아 고유명사 르나르(renard)는 라틴어 불페스(vulpes)에서 비롯된 오래된 단어 구필(goupil)을 제치고 일상어에서 여우를 가리키는 보통명사가 되었다.[4] 그 뒤 가스통 파리스는 『여우이야기』의 기원을 다시 프랑스로 되찾아왔으며, 그것의 민속적인 원천을 강조했다.[5] 그의 제자 레오폴 쉬드르는 훨씬 멀리 떨어져 있는 문화권인 슬로바키아, 스칸디나비아, 아시아의 동물이야기까지 연구를 넓혔다. 그는 구전된 전통의 역할을 새로이 강조한 나머지 그것을 '민중 집단의 창조물'로 지나치게 확대해서 해석하기도 했다.[6] 그러나 제1차 세계대전 직전에 나온 뤼시앵 푸레의 논문은 커다란 전환을 가져왔다. 그는 설득력 있는 방법들을 사용해 (이솝이야기, 우화, 수도원들에서 작성된 동물이야기 등) 『여우이야기』의 전조前兆라 할 수 있는 라틴어 문헌들과 글로 쓰인 원전들에 관심을 집중시켰다.[7] 그는 특히 [벨기에 북서부] 겐트의 한 수도사가 1150년 무렵에 라틴어로 쓴, 늑대와 여우의 불운에 대해 이야기한 긴 풍자시 『이셴그리무스Ysengrimus』가 했던 역할을 강조했다.[8]

비록 뤼시앵 푸레의 주장과는 얼마간 차이가 있으나 오늘날에는 어떤 전문가도 『여우이야기』를 '민중의' 작품으로 보지 않는다. 이는 지적일 뿐 아니라 때로는 '매우' 지적이기도 한 문학작품으로, 그것의 가장 직접적인 원천은 구전이 아니라 문헌기록들에서 발견된다. 게다가 『여우이야기』의 다양한 갈래의 작가들은 모두 성직자이다. 새로운 갈래가 생겨나고 시간이 지나면서 그들의 말이 종종 상스러워지고 풍자가 거칠어졌다고 해서 그것이 '민중에게서 나오거나' 민중을 염두에 두고 쓴 문학임을 의미하지는 않는다. 도리어 그 반대다. 『여우이야기』의 언어는 방랑시인은 물론이고 평민들이 쓰는 말과도 전혀 다른 매우 어려운 것이었다.[9] 이 작품이 의도한 청중이 누구였는지, 왜 중세 말과 근대 초 유럽 전역에 그것이 널리 퍼져갔는지, 『장미이야기Roman de la Rose』와 아서 왕 전설들에 비해 (문학뿐 아니라 도상, 상징, 속담에서도) 남아 있는 판본의 수가 매우 적은데도 어떻게 마침내 공통의 주제와 소재를 갖게 되었는지는 앞으로 풀어야 할 숙제이다.

동물로 다시 돌아가 보자. 그 수가 매우 많지만 무한하지는 않은 『여우이야기』의 모든 갈래들을 검토했을 때, 중요한 역할을 맡고 있는 동물의 수는 고작 열다섯에서 스물 사이이다. 그 목록에는 야생동물과 가축, 토착종과 외래종, 사람의 동료이거나 사람을 위협하는 동물들이 모두 섞여 있다. 그러나 현대의 분류체계를 신중하지 않게 중세의 문헌에 투사해서는 안 된다. 나는 유럽의 토착종이 아닌 사자가 봉건사회에서 어떻게 일상의 한 부분이 되었는지 말한 바 있다. 오늘날 사용되고 있는 '외래' 종이라는 개념이 12~13세기 서구 기독교 세계에도 늘 적합했던 것은 아니다. '가축'이라는 말은 훨씬 더 그러했다. 이 시기의 용어사용과 분류체계에서 '가축(domestica)'이란 '집(domus)' 주변에 살고 있는 모든 동물을 가리키는 말이었다. 개나 말·황소·돼지처럼 지금도 가축으로 여겨지는 동물들은 물론이고, 여우·족제비·까마귀·티티새·까치·쥐·두더지 등 집이나 농장·정원·닭장에서 친숙하게 볼 수 있는 동물들도 가축에 포함되었다. '낯익음'이란 말은 라틴어 어휘 'domesticus'의 알맞은 번역어 가운데 하나였다.[10] 그리고 오늘날 우리가 귀여워하는 일부 동물들이 봉건시대에는 반감을 사거나 거부되고 경멸되기도 했다. 예컨대 고양이는 중세 말까지 집으로 들어오거나 인간의 동료가 될 수 없었다. 페스트가 크게 유행한 14세기에 고양이가 쥐를 쫓아내는 데 족제비보다 효과적임이 밝혀진 뒤에야 상황이 달라졌다.[11] 그 전까지 고양이는 거의 사랑을 받지 못했다. 『여우이야기』에 나오는 고양이 티베르Tiber는 잽싸고 교활하며 매우 야생적인 동물로 때로는 르나르만큼 교활할 뿐 아니라 훨씬 더 사악했다.[12]

사실 『여우이야기』에는 농장과 들판, 숲속에 있는 동물들이 모두 포함되어 있었다. 그러나 새는 네발동물보다 그 수가 적었으며, 물고기와 파충류는 (적어도 등장인물에서는) 배제되었다. 부재不在가 가장 두드러진 것은 당시 종교와 상징에서 커다란 지위를 차지하고 있던 독수리였다. 그러나 부재의 이유가 무엇인지 설명하기는 어렵다. 독수리가 동물의 왕 자리를 놓고 사자와 경쟁할 만큼 대단했기 때문에 그랬을까? 동물의 세계에서 독수리가 차지하고 있던 정확한 위치와 기능은 무엇이었나? 독수리는 사자(왕), 곰(더러는 부왕), 늑대(총사령관), 사슴(집사), 원숭이(대사제), 멧돼지·수탉·개·고양이(모두 대귀족), 말단직인 달팽이(깃발잡이)와 비교해서 어느 위계에 있었는가?

『여우이야기』의 동물들은 단순한 동물들이 아니다. 그들은 캐릭터들이자 '유형들', 우의적이고 도덕적이면서도 무엇보다 사회적인 유형들이다.[13] 그들은 왕을 머리로, 성직자와 제후들을 몸통으로, 민중들을 손발로 삼는 봉건사회를 상징한다. 르나르는 반란을 일으키려는 소규모 영주를 구현하고 있다. 그는 매우 개인주의적이고 관습법을 따르지 않는다. 사실 그는 스스로를 모든 봉건적 위계와 맹세의 바깥에 놓는다. 그의 굴은 사촌인 오소리 그랭베르Grimbert와 나눠 쓰는 현실의 굴이기도 하고, 난공불락의 믿음직한 요새 모페르튀스 성城이기도 하다. 르나르는 위협을 느낄 때면 가족들과 함께 그곳으로 피신한다. 가면을 쓴, 다시 말해 변장한 인간처럼 여겨지는 동물들 가운데[14] 일부 주요 등장인물들은 『여우이야기』의 판본을 거듭할수록 고유명사·직위·역할·가족관계·캐릭터의 특성을 지니며 매우 독자적인 존재가 되었다. 『여우이야기』 속의 사회에서는 일어날 성싶지 않은 일들이 흔하게 발생한다. 수탉이 들소를 죽이고, 늑대와 양이 친구이며, 여우는 까마귀를 잡아먹고 싶어한다. 거기에는 (농민,

사냥꾼, 사제, 수도사 등) 실제 사람들도 등장해 어느 정도 인격화한 동물들을 상대한다. 그것이 이 작품의 매력이다. 중세 청중들은 거기에서 매우 편안함을 느꼈고, 이는 근대 독자들도 마찬가지이다.

늑대, 사자, 여우

비록 성직자들이 편찬하기는 했으나『여우이야기』의 다양한 판본들은 사제나 수도사가 아니라 세속과 농촌의 상상에서 비롯된 것이었다. 성직자들이 제공한 동물우화는 교회나 수도원의 것도, 궁정이나 도시의 것도 아니었다. 오히려 시골과 농촌의 동물우화를 식자층들이 수정하고 보완한 것에 가까웠다. 따라서『여우이야기』는 신학서, 성인전, 서사시보다 실생활이나 믿음과 밀접하게 연관된 참신한 정보들을 동물 문화사에 훨씬 더 많이 제공한다. 이에 관해서는 늑대의 사례를 주목할 만하다. 성서 주해와 종교 상징, 라틴어로 된 동물지, 백과사전에서 늑대는 사람을 위협하고 잡아먹는 무서운 동물이다. 그러나『여우이야기』에 등장하는 늑대 이장그랭Isengrin은 화와 노여움에 눈이 멀어 여우가 쳐놓은 덫에 늘 걸리고 마는 멍청하고 우스꽝스러운 동물이다. 그는 끊임없이 굴욕을 당하고 속고 상처입고 얻어맞는 희생자이지만 언제나 우스꽝스러운 처지에 있어서 동정심을 거의 불러일으키지 않는다. 늑대가 모두에게 조롱당한다는 설정은 흔히 생각하듯이 두려움에 대한 배출구를 찾기 위한 것이 아니었다. 그것은 분명히 현실의 이미지였다. 12~13세기에 적어도 서유럽의 농촌 지방에서는 늑대에 대한 두려움이 거의 존재하지 않았다. 중세 말까지도 그러한 두려움은 나타나지 않았으며, 현대에는 더욱 보기 어려웠다. 농민 감성의 주요한 부분을 차지하고 있던 늑대에 대한 두려움은 경제적 번영기나 인구 팽창기가 아니라 (기후, 농업, 사회의) 위기의 시기와 연관되어 있었다.[15] 제보당의 괴수* 이야기가 13세기가 아니라 18세기 프랑스에서 나타난 것은 우연이 아니다. 봉건시대 프랑스 농촌 사람들은 늑대가 아니라 악마와 용, 마귀무리(mesnie Hellequin)와 그들이 벌이는 밤사냥** 을 두려워했다.[16] 『여우이야기』는 이를 잘 확인시켜 준다.

한편, 『여우이야기』는 신학서와 동물학 문헌, 문학작품들에서 그때까지 그리 눈길을 끌지 못했던 동물 하나를 크게 부각시키는 계기가 되기도 했다. 바로 여우이다. 오직 고대의 우화들만이 여우를 동물이야기의 맨 앞에 놓았다. 여우를 향한 중세의 새롭거나 되살아난 관심은 개간, 새로운 영토의 정복, 마을의 탄생, 주거지 분산과 같은 농촌생활의 새로운 현실을 반영하고 있었던 듯하다. 농촌에서 여우들은 일상생활의 한 부분이었다. 그들은 농장 가까이에 머무르며 마당과 닭장을 드나들었고, 모두에게 해를 끼쳤다. 시골마을의 시각에서 보면 여우는 악마였다. 농민들은 여우의 비행에 맞서 싸우려고 노력했으며, 소小영주들도 큰 사냥감을 쫓을 여력이 되지 않을 때에는 여우 사냥을 즐겼다.

그러나 여우와 늑대보다 훨씬 더 주목할 만한 것은 사자의 역할이다. 사자에 대한 묘사는 농촌생활의 현실이 아니라 지적인 문헌에 바탕을 두

---

* 제보당의 괴수(bête du Gévaudan) : 18세기 프랑스 남부 랑그독(Languedoc) 지방 제보당의 외딴 산지 여기저기서 사람들을 공격했다는 신비한 괴수이다. 최초로 보고된 것은 1764년이고 그 뒤 희생자가 빠르게 늘어 1765년 말에는 괴수의 공격을 받았다는 사람이 60명에 달했다. 희생자 대부분은 소규모의 가축떼를 돌보는 여성과 아이들이었는데, 그들의 사체는 머리가 잘려나가거나 으깨진 참혹한 상태로 발견되었다. 그래서 프랑스 남부 산악지방은 대규모 혼란에 빠져들었으며 제보당의 괴수에 관한 이야기는 한동안 유럽 전역을 휩쓸었다. 이 민첩하고 잔혹한 괴수는 거대한 늑대처럼 생겼다고 알려져 있을 뿐 정확한 실체를 알 수 없었기 때문에 두려움과 궁금증은 더욱 커져갔다. 문제가 심각해지자 프랑스 왕 루이 15세의 명령으로 전문적인 사냥꾼 무리가 조직되어 괴수 사냥에 나서기도 했다. 몇 차례 제보당의 괴수로 추정되는 거대한 늑대를 포획하는 데 성공하기도 했으나 이를 비웃듯이 얼마 뒤 다시 희생자가 나타나는 일이 한동안 반복되었다. 하지만 1767년 이후 희생자의 수나 목격담이 줄어들면서 제보당의 괴수에 관한 소문은 점차 잠잠해지기 시작했다.

** 중세 유럽의 민간전승 가운데 하나로 마귀나 망자들로 이루어진 신원 불명의 사냥꾼 무리가 벌인다는 밤 사냥이다. 그들이 지날 때면 개 짖는 소리가 끊이지 않고 거친 비바람이 몰아쳤는데, 만약 인간이 그들을 목격하거나 행렬이 지나는 길목에 서 있으면 죽임을 당했다고 한다. 이 사냥꾼 무리의 등장은 전쟁이나 전염병과 같은 수많은 죽음을 불러오는 재앙의 조짐으로 여겨지기도 했다.

고 있었다. 『여우이야기』에서 토착종이 아닌 동물이 등장하는 경우는 드물다. 외래종은 사자, 표범, 낙타, 원숭이 정도가 전부였다.[17] 농민들이 교구 교회의 그림이나 조각에서 외래동물들을 볼 수 있었다고 해도 그것은 책이나 상상에서 비롯된 빈약한 정보만을 제공할 뿐이었다. 그러나 『여우이야기』는 외래동물인 사자를 왕으로 선택했다. 이는 그 작품 자체가 교회가 곰 대신 사자를 확실하게 동물의 왕으로 세운 12세기의 새로운 현실, 곧 지식인의 현실을 반영하고 있다는 사실을 보여준다. 네덜란드의 『여우이야기』 후기 판본들에서는 곰이 소극적이나마 부왕副王의 역할을 맡고 있기도 하지만, 사자에 비해 지위가 낮았다.[18]

그러나 사자는 언제나 왕이었다. 사자는 『여우이야기』 초기 판본들의 앞 세대라고 할 수 있는 『이센그리무스』의 라틴어판에서도 이미 왕이었다. 거기서 그의 이름은 '루피누스(Rufinus)'였는데, 이는 '불그스름한(rufus)' 황갈색인 그의 털과 관련이 있었다.[19] 그러나 사자는 『이솝우화』나 그것을 각색한 다른 오래된 속어 판본들에서는 아직 왕이 아니었다. 따라서 중세 문학이 사자를 처음 동물의 왕으로 만든 것은 12세기 중반을 향해서 가던 무렵이었다.

『여우이야기』에서 사자는 속어 이름인 '루피누스'나 '루핀(Rufin)'으로 불리지 않는다. 대신 '노블(Noble)'이라는 훨씬 더 돋보이는 이름이 사용된다. 왕권과 그에 따른 책임을 자각하고 있는 사자는 위엄과 권위로 자신의 직무를 수행했다. 그의 주된 일은 (어려운 일이었으나) 정의를 집행하고 법을 수호해 그의 백성들 사이의 평화를 유지하고 그들의 안녕을 보장하는 것이었다. 물론 사자 왕이 오롯이 긍정적인 요소만을 가지고 있었던 것은 아니다. 그는 때로는 허영을 부리고 화를 잘 냈으며 복수심도 강했다. 그러나 그는 공정하고 온화한, 대체로 타협적이고, 늘 노련한, 심지어 치밀하기까지도 한 군주였다. 그는 르나르를 좋아했던 듯하다. 비록 이 여우가 그에게 즐거움과 괴로움을 모두 가져다주는, 다루기 힘들고 뜻대로 하기 어려운 봉신이었을지라도 말이다. 노블 왕은 자신을 에워싸고 있는 대大귀족들에게 조언을 구해야만 하는, 많은 점에서 여전히 봉건적인 왕이었다. 그러나 그는 군주가 가진 힘을 증대시키고 영주들의 지나친 권력을 줄이고자 노력했던 그 시대 프랑스 왕의 이미지도 갖고 있었다. 사자는 영주들을 궁정으로 불러들여 자신의 대신으로 삼고, 자신을 모든 갈등의 중재자로 자처했으며, 사신을 지명하고 군대를 소집하고 전쟁을 일으켰다. 그리고 그는 암사자인 마담 피에르Madame Fière와 함께 존경받는 짝을 이루었다. 남편보다 어린 그녀가 오만하고 변덕스럽고 바람을 피웠을지라도 말이다(몇몇 이야기에서 그녀는 르나르를 자신의 연인으로 삼았다). 그녀는 마치 아서 왕 이야기의 귀네비어 여왕과 같았다.

일부 학자들은 노블 왕을 사자가 아니라 '개의 이상화된 형태'로 보기도 한다.[20] 그러나 이는 설득력이 거의 없는 해석으로 시대착오적으로 보이기까지 한다. 우선 『여우이야기』의 여러 등장인물들 가운데에는 궁정귀족 로넬Roonel과 같은 개들이 존재한다. 그들의 역할은 그다지 두드러지지 않았다. 그리고 노블 왕의 신체적 특징과 성격, 행동들은 모두 사자의 것이었다. 문학작품은 언제나 시대의 자식이다. 다양한 갈래의 『여우이야기』 판본들이 존재하지만 모두 사자를 동물의 왕으로 삼았다. 그는 결코 개가 아니었다. 당시의 개는 실생활에서든 상상에서든 결코 주목받는 동물이 아니었다.

왕의 몰락

『여우이야기』의 곰의 운명 역시 12세기 말부터 13세기 초 사이에 등장한 새로운 동물상징 가치체계의 일부였다. 그의 몰락은 돌이킬 수 없는 것이었다. 곰의 왕좌는 그 뒤 오랫동안 사자의 자리가 되었다. 『여우이야기』는 교회가 열망하고 이루고자 했던 곰의 지위하락에 대한 견고한 증거를 제공한다. 또한 그 자체가 곰의 몰락을 강조하고 가속화했으며, 다른 세속문학과 학문영역으로 급속히 퍼뜨려 진짜 몰락하게 만드는 데 크게 기여했다. 서구 유럽에서 곰 문화사는 『여우이야기』 이전과 이후로 나뉜다고 할 수 있다.

『여우이야기』의 모든 주요 갈래들에서 등장하며 일부 이야기들에서는 주인공으로 나오기도 하는 곰은 브렁Brun이라고 불린다. 아마도 그의 털 빛깔 때문이었을 것이다. 마찬가지로 다람쥐는 ('불그레하다'는 뜻의) 루소Rousseau, 멧돼지는 ('납빛'이라는 뜻의) 보쌍Baucent, 쥐는 ('듬성듬성하다'는 뜻의) 플레Pelé, 암여우는 ('하얗다'는 뜻의) 에르믈린Hermeline이라고 불리는데, 이름들이 모두 각각의 동물들이 가진 털을 떠올리게 한다. 그러나 브렁이란 이름은 더 고차원적인 또 다른 이유에서 선택되었을 수도 있다. 『여우이야기』의 토대가 된 게르만 언어권 나라들에서 작성된 몇몇 이야기들은 곰에게 일찌감치 브렁이란 이름을 붙여주었다. 그것은 신성로마제국에서 자주 나타났고, 가끔 오토 황제 가문에 속해 있던 대주교들에게 주어졌던 브루노(Bruno)라는 세례명의 프랑스식 이름이었다. 『여우이야기』와 그보다 선행했던 동물이야기들에서 곰은 때때로 지도신부나 고위성직자 역할을 맡았다. 이는 브루노라는 이름을 가진 어떤 주교에 대한 왜곡된 기억이나 풍자적 이미지가 아니었을까? 그렇게 생각해서는 안 될 이유는 없다.[21] 사실 『여우이야기』의 근원은 문학과 민속만이 아니었다. 그것은 역사이기도 했다.[22]

그렇지만 다양한 판본들에서 곰 브렁이 늘 지도신부나 사제였던 것은 아니다. 그는 노블 왕의 주요 봉신이었으며, 왕이 자리를 비울 때에는 종종 그 역할을 대신해서 맡기도 했다. 그러나 대부분의 경우에 브렁은 왕이 파견하는 사절단, 왕이 의견을 구하는 의회의 일원, 왕이 경솔하게 왕실의 전투부대를 맡긴 자였다. 곰은 직위와 역할은 다양했지만 성격은 판본을 거듭할수록 정형화되어 갔으며, 다른 등장인물에 비해서도 훨씬 고정적이었다. 불행히도 곰에게는 돋보이는 특성이라고는 전혀 없었다.『여우이야기』의 곰은 어리석고 우스꽝스럽고 창피를 당하는 동물이었다. 그는 끊임없이 여우에게 골탕을 먹었으며, 다른 동물들에게 경멸과 비웃음을 샀다. 그 어떤 판본도 곰의 명성 높은 힘과 전설적인 용기, 굽힐 줄 모르는 본성을 전면에 두지 않았다.[23] 모든 것은 사라졌다. 그의 캐릭터는 순전히 부정적인 요소만으로 채워졌다. 이러한 경향은 후대로 이어져 준엄한 왕과도 같았던 곰의 옛 특성들을 완전히 가려버렸다. 그 뒤 속담과 도상뿐 아니라 이야기와 우화들에서도 곰은 대개 거칠고 외톨이이며 성미가 급한 멍청한 존재가 되었다.

『여우이야기』의 브렁이 가진 유일한 장점은 노블 왕에 대한 충성심이다. 그것을 제외하면 그는 마치 결점과 악덕을 모아놓은 것처럼 그려졌다. 그 중에서도 언제나 가장 먼저 언급된 악덕은 식탐이라고 부를 만한 음식을 향한 그의 열정이었다. 브렁은 약간의 꿀을 얻으려고 무슨 일이든 기꺼이 했다. 식탐 때문에 겪은 고난은 브렁이 치른 삶의 모든 역경에서 큰 부분을 차지했다. 게다가 그는 세상물정을 모르고 어리석기까지 했다. 곰은 사자의 신하와 백성들 가운데 가장 어리석은 자였다. 곰은 육중한 몸과 둔한 머리 때문에 여우의 교활함이나 고양이의 영리함, 사슴의 지혜를 이길 수 없었다. 심지어 그는 고집도 센 외골수였다. 그것은 그를 늑대와 마찬가지로 분쟁을 일으키고 복수심에 불타 강박증에 사로잡히게 만들었다. 르나르가 처벌받지 않을 때면 곰의 그러한 성향은 갑절로 커졌다. 그리고 『여우이야기』가 곰에게 부여한 가장 특이한 자질 가운데 하나는 겁이 많고 예민하다는 것이다. 브렁은 지나치게 끔찍한 소식을 들을 때면 기절해 버렸다. 그리고 모든 것에 겁을 냈는데, 특히 농부나 사냥꾼이 오면 달아나 숨기 바빴다. 예전의 문학작품들과 구전 전통에서 곰은 결코 달아나지도 두려워하지도 않았으며 죽을 때까지 상대와 맞서 싸웠다.『여우이야기』는 두려워하는 곰이란 주제를 창조해냈다. 그 곰은 사냥꾼과 농부, 개, 그

밖의 다른 여러 동물들을 피해서 달아났다.

일부 이야기 갈래들은 그러한 부정적인 정신적 특성들에다 그리 아름답게 묘사되지 않은 신체적 특징들까지 덧붙였다. 브렁은 비대하고 서투르고 어설펐다. 그는 힘들게 움직였으며 뛰지도 못했다. 몇몇 이야기에서 그는 갈라진 나무기둥 사이에 끼이거나 구덩이에 빠져 옴짝달싹 못하는 처지에 놓인다. 빠져나올 수 없다거나 묶인다거나 꼼짝 못한다는 것은 중세 감성에서는 웃기는 상황, 유별나게 우스꽝스러운 일이었다. 죄인 공시대pilori에 세워지듯 구경거리로 전락할 때면 체면은 더 구겨졌다. 이런 상황은 곰이 도망치고 있거나 여우가 꾸민 속임수에 희생될 때 여러 차례 발생했다. 『여우이야기』의 후기 갈래들 가운데에서 유일하게 보존된 필사본인 「마법사 르나르Renart magicien」는 곰을 향한 조롱을 치욕으로 바꾸어 지저분하게 만들기도 했다. 왕과 여왕이 개최한 연회에서 동물들이 서로 장기를 겨루는 시합이 벌어졌다. 브렁은 춤을 추고 재주를 넘었다. 그러나 그의 첫 번째 재주넘기는 커다란 방구소리 때문에 완전히 엉망이 되었다. 브렁은 궁정의 모든 이들 앞에서 창피를 당했다. 그러나 여왕 피에르가 "재주를 넘는 자가 엉덩이로 트럼펫까지 연주하다니, 참으로 놀라운 공중제비로구나!"라며 반어적인 평을 하자 상황파악도 못하고 그녀를 유혹하려 하기도 했다.[24] 곰의 완전한 치욕이었다.

곰의 죽음

일부 이야기들은 모욕에 절단까지 추가했는데, 그것은 『여우이야기』 계열의 이야기들에 자주 등장하는 소재였다. 곰이 유일한 희생자는 아니었다. 이장그랭, 르나르, 티베르는 꼬리를, 로넬은 귀를, 브리쉐메르Brichemer는 뿔을 잃었다. 그들은 종종 개와 농부들에게 심각한 부상을 입었다. 여우가 직접 자신과 적대관계에 있던 그들의 팔다리를 절단하기도 했다. 이장그랭은 르나르 때문에 얼어버린 호수에 자기 꼬리를 놓고 와야 했다. 티베르는 상자에 들어가 있을 때 르나르가 뚜껑을 갑자기 닫는 바람에 꼬리를 잃었다. 가짜 의사 행세를 한 르나르가 사자 왕의 치료에 쓴다며 늑대와 사슴의 가죽을 벗긴 일도 있었다.[25] 그러나 곰이 겪은 절단은 더욱 잔인했다. 곰은 '머리가죽이 벗겨진' 유일한 동물이었다.

그 일은 르나르의 재판을 다룬, 가장 널리 알려진 첫 번째 계열의 이야기들을 통해 다음과 같이 전해진다. 수탉 샹트클레르Chantecler는 노블 왕과 재판관들에게 르나르가 자신의 여동생인 암탉 쿠페Coupée와 그녀의 가족 전부를 어떻게 도살했는지 말했다. 브렁은 여우를 데려와 법정에 출두시키라는 명을 받고 모페르튀스로 파견되었다. 그러나 곰이 찾아오자 르나르는 그에게 자신이 꿀이 있는 장소를 알고 있다고 말했다. 그러자 식탐 많은 브렁은 서둘러 그곳으로 가려고 했다. 여우는 그를 떡갈나무로 데려갔다. 그 나무는 나무꾼이 쐐기로 고정시킨 탓에 줄기가 둘로 갈라져 있었다. 르나르는 나무 뒤에 꿀이 있다고 말한 뒤 브렁이 코와 앞발을 갈라진 틈에 넣자마자 쐐기를 뽑아버렸다. 갈라져 있던 나무줄기가 좁혀져 곰은 꼼짝 못하게 되었다. 곰은 헛되이 울부짖다가 지쳐 잠이 들었다. 하지만 그를 죽이려는 농부들 때문에 깜짝 놀라 깨서는 자신이 곤란하고 우스꽝스러운 처지에 놓여 있다는 사실을 깨달았다. 필사적으로 노력한 끝에 브렁은 가까스로 탈출에 성공했지만 나무에 그의 머리가죽과 앞발을 놓고 와야 했다. 브렁은 달아나는 도중에도 고초를 겪었다. 그는 성직자에게 얻어맞고 르나르의 비아냥거림을 들었다. 르나르는 머리가죽이 벗겨진 브렁에게 어떤 수도회 소속이기에 '빨간 두건'을 쓰고 있느냐고 묻는다. 이 비아냥거림은 곰과 사제의 연관관계를 다시 잘 보여준다. 마침내 곰은 기진맥진한 상태로 창피를 당하고 발이 잘린 채 궁정에 도착했고, 곧바로 기절했다. 동물들은 그를 놀려댔다. 그들 가운데 어느 누구도 그때까지 그런 끔찍한 몰골의 동물을 본 적이 없었다.[26]

이장그랭은 이보다 더 지독한 절단인 거세를 겪은 유일한 자이다. 그 장면은 직접 묘사되지 않고 르나르가 자신의 아내 에르믈린에게 이야기를 하는 방식으로 서술된다. 르나르 때문에 생식기를 잃어버린 늑대는 더 이상 암늑대와 결합할 수 없게 되었다(문헌은 어떻게 그렇게 되었는지는 말하고 있지 않다). 에르믈린은 그 이야기를 듣고 웃음을 터뜨렸다.[27] 『여우이야기』는 결코 브렁을 그러한 운명에 빠뜨리지는 않았다. 그러나 『여우이야기』 후기 계열 가운데 하나에서 영감을 받은, 잘 알려지지 않은 어느 음탕한 이야기에는 곰이 '황소처럼 힘이 세지기 위해' 농부로 하여금 어떻게 자신을 거세하게 했는지에 대해 나온다. 다음날에는 곰이 농부에게 똑같이 해주기로 했다. 농부는 곰을 쫓아버리려고 짐짓 동의하는 척했다. 다음날 농부의 아내가 나타나 곰에게 증거를 보여주며 그(또는 그녀)가 이미 거세되었다고 말했다.[28] 곰은 그 말을 믿는다. 이 이야기에서 곰은 더 이상 두려운 동물이 아니다. 그는 『여우이야기』의 브렁과 닮아 있다. 이 순진하고 어리석은 동물은 어느 누구에게도 겁을 주지 못한다. 그는 전설적인 힘을 잃어버린 채 '황소처럼 힘이 세지기를' 원한다. 13세기 중반을 향해 가던 시기 『여우이야기』의 곰은 몸과 머리가 둔하고 느리며 식탐과 어리석음을 벗어나지 못하는, 인간과 다른 동물들의 놀림거리였다. 그런 그의 모습은 곰을 다루었던 다른 문헌들이 빈번하게 모방했던 일종의 원형이나 모델이 되었다.

그러나 굴욕과 거세는 약과였다. 그것들은 「르나르와 농부 리에타르 *Renart et le vilain Liétard*」[29]라는 제목의 『여우이야기』의 전통적인 판본에서 브렁에게 닥친 일에 비하면 아무것도 아니었다. 그 이야기는 1200년 무렵에 스스로 '라 크루아상브리 출신의 사제'라고 칭했던 인물이 쓴 것이다. 문학적인 관점에서 그것은 가장 잘 쓰인 최초의 판본들 가운데 하나로, 등장인물은 곰과 여우, 부유한 농부와 그의 아내 이렇게 넷뿐이다.

어느 날 밭에서 일하던 농부 리에타르는 그의 여덟 마리 소 가운데 하나인 루젤Rougel에게 게으름을 피운다고 화를 냈다. 농부는 소에게 욕설을 퍼붓고는 곰에게나 잡아먹혔으면 좋겠다고 말했다. 브렁은 인근에 숨어 있다가 리에타르가 하는 말을 들었다. 그 말을 곧이곧대로 받아들인 브렁은 즉시 농부가 원하는 대로 우두머리 소 루젤을 잡아먹으려 했다. 겁에 질린 리에타르는 시간을 끌려고 곰과 입씨름을 하며 핑계를 대다가 다음날 루젤을 넘겨주겠다고 약속했다. 농부는 불쌍한 루젤에게 닥칠 운명을 슬퍼하다가 여우 르나르가 다가오는 것을 보았다. 덤불숲에 숨어 있던 르나르는 모든 것을 보고 들은 상태였다. 그는 리에타르에게 만일 자신에게 수탉 블랑샤르Blanchard를 넘겨주면 곰을 속일 수 있는 방법을 가르쳐주겠다고 제안했다. 계약이 성사되자 르나르는 다음과 같은 계획을 설명했다. 브렁이 소에게 다가가려 할 때, 르나르가 인근 숲에 숨어 있다가 사냥꾼 소리를 흉내 낸다. 이를 듣고 곰이 겁에 질리면 그 틈을 타서 리에타르가 무기를 가지고 있다가 곰을 죽이라는 것이었다. 계획은 다음날 그대로 실행되었다. 브렁이 소를 받으러 오자 르나르는 '능숙하게 나팔을 불고 고함을 질러대며' 부근의 숲에서 떠들썩하게 소란을 피웠다. 리에타르는 브렁에게 '무시무시한 티보Thibaud 백작'이 수많은 사냥꾼 무리와 곰의 적들을 이끌고 곰 사냥을 하고 있는 소리라고 말했다. 그는 브렁에게 새로 쟁기질을 한 폭이 넓은 밭고랑에 숨으라고 충고했다. 몹시 불안해진 곰은 그렇게 했다. 그러자 즉시 리에타르가 그를 도끼로 내려쳤고 커다란 칼로 목을 잘랐다. 밤이 되자 농부는 아내와 자식들의 도움을 받아 곰의 시체를 집까지 옮겨서 조각내고 소금에 절였다. 농부에게는 꿩 먹고 알 먹기였다. 소도 안전해졌고, 위협이 되었던 곰은 도리어 겨울을 나기 위한 풍족한 식량이 되었기 때문이다. 게다가 리에타르는 그의 수탉도 구했다. 르나르가 보상을 요구하기 위해 찾아오자 농부는 그 약속을 잊은 척했다. 그리고 그보다도 더 신의가 없었던 아내의 부추김을 받아 개들을 풀어 여우를 쫓게 했다. 자기보다 더 교활한 리에타르에게 속아서 상처를 입은

르나르는 모페르튀스로 도망치며 복수를 결심한다.[30]

언뜻 보기에는 르나르의 복수와 승리가 끊임없이 되풀이되는 이 이야기는 가볍고 우습고 익살스러운 『여우이야기』 초기 판본들의 정신과 구성에 비교적 충실한 것처럼 보인다. 그러나 이 이야기에서는 특이하게도 중요한 등장인물 하나가 죽어버린다. 브렁은 노블 왕의 신하들 가운데 가장 충성스러웠던 자로 왕의 첫 번째 봉신이자 고문이었다. 그는 때로는 왕의 전속 사제였으며, 사신 역할을 맡기도 했다. 모든 『여우이야기』 작품을 통틀어 곰은 죽음을 맞이한 유일한 주인공이다. 그의 죽음은 전혀 왕족답거나 영주다운 방식으로 일어나지 않았다. 한때는 찬양과 숭배를 받았으며, '곰처럼 강한' 가장 용감한 왕이나 전사들과 일대일로 결투를 벌였던 곰에게 그것은 비참한 최후였다.

12세기에서 13세기로 넘어갈 무렵의 『여우이야기』에 언급된 곰의 죽음은 단순하거나 무의미한 일이 아니었다. 그것은 동물의 왕인 곰의 상징적인 소멸을 의미했다. 예전의 곰은 완전히 사라지고, 그 자리에는 분별없고 잘 속아 넘어가는 우스꽝스러운 곰이 대신해서 들어섰다. 라 크루아상브리에서 온 하위 성직자가 전한 브렁의 죽음은 과거의 곰을 의도적으로 왜곡시키려고 했던 최초의 문학적 증거들 가운데 하나이다. 곰은 한때는 인간의 선조이거나 친족이었다. 그는 왕조를 세우기 위해 젊은 여성을 납치해 겁탈하는 자였고, 태곳적부터 숭배와 신앙의 대상이었다. 그러나 이제 그는 영웅적인 전투에서 죽음을 맞이하는 대신 밭고랑에서 목이 잘린 비참한 모습으로 죽는다. 그리고 고깃덩어리로 조각나고 소금에 절여져서 교양 없고 교활한 농부의 탐욕스러운 식솔들을 위한 겨울식량으로 사용된다.

동물의 왕이던 예전에는 상상조차 할 수 없었던 매우 비참한 최후였다.

서커스의 동물

13세기 초로 들어서면서 곰의 위풍당당함은 끝이 났다. 그 야수는 우화와 동물이야기만이 아니라 다른 문학작품들과 속담, 도상, 심지어는 일상생활 속에서도 굴욕을 당했다. 곰은 축제나 장터에서 볼 수 있는 동물이 되었다. 곰은 사슬에 묶이고 재갈이 물린 채 음유시인이나 곡예사들과 동행했다. 곰은 그들의 명령에 따라 마치 슬프고 순종적인 어릿광대처럼 춤을 추고 볼품없는 곡예를 부렸다. 이제 모두가 두려움 없이 곰에 다가설 수 있게 되었다. 목줄과 사슬은 곰이 도망치는 것을 막았다. 재갈 때문에 사람을 물 수도 없었다. 개들도 더 이상 곰을 두려워하지 않았다. 아이들조차 곰을 만만하게 여겨 만지거나 놀려댔으며, 매우 드문 경우이기는 했으나 곰의 처지를 불쌍히 여겨 먹이를 주기도 했다. 오직 젊은 여성들만이 곰과 거리를 두어야 했다. 이는 실제로 곰이 사슬을 부수고 여성들을 납치해 유린하거나 데리고 달아날 위험이 있었기 때문은 아니었다. 그보다는 오히려 곰이 여성에게 성적으로 끌리는 것을 서로의 욕망으로 바라보는 전통적인 사고의 영향이 더 컸다. 수컷 곰을 너무 가까이 보는 것은 비록 곰이 사슬에 묶여 있다고는 해도 소녀들이나 여성들에게 일종의 동물적이고 억압된 본능을 일깨울 염려가 있었다. 그녀들은 이 짐승과 거리를 두는 편이 좋았다. 곰이 비천한 서커스 조련사의 쇼에 쓰이는 위험하지 않은 도구가 되었을지라도 말이다.

다시 되풀이해서 말하건대 곰이 서커스 동물로 몰락한 것은 어느 정도 교회에 책임이 있다. 교회는 언제나 동물쇼에 적대감을 나타냈고, 신학자들은 초기 기독교 시대부터 인간과 동물이 하나의 의례로 결합하는 모든 놀이와 관습들을 규탄했으며, 더 나아가 일부 주교와 수도원장들은 동물의 세계에서 차용한 이름이나 휘장·옷·분장을 사용하는 것조차 맹렬히 비난했다. 그런데도 곰 조련사들에 대한 교회의 관용 수위는 점차 높아져만 갔다. 그 거대한 토착짐승을 탈신성화하고 여전히 남아 있는 곰 숭배를 끝내는 데 도움이 된다면 어떤 일도 허용되었다. 교회는 신도들이 사슬에 단단히 묶여 있는 곰을 보도록 내버려두었다. 우스꽝스러운 인물들에게 몸을 맡긴 채 조잡한 곡예를 부리기도 하고, 같은 자리를 빙글빙글 돌며 팔로 걸으려다가 넘어져 끙끙거리는 곰의 모습은 청중들의 웃음과 조롱을 불러왔다. 분명히 이 모든 것은 한때 숭배되던 곰의 가치를 떨어뜨리고 우스꽝스럽게 만드는 데 도움이 되었다. 따라서 교회는 그러한 구경거리들을 용인했다. 뜻밖의 관용을 틈타 12세기에는 곰 조련사들이 급증하기 시작했다. 처음에는 새끼 곰들을 포획하기 쉬운 산악지방에서, 그 뒤 중세 말과 근대 초에는 곰이 더 이상 자연상태로는 서식하지 않는 지역까지 포함한 모든 곳에서 곰 조련사가 등장했다.

　그러나 동물 조련사들은 매우 멸시와 경멸을 받는 사회계층에 속해 있었다. 그들은 어릿광대jocularores나 익살광대histriones와 구분되지 않는, 곧 쇼를 보여주고 그에 대한 대가를 받는 음유시인·곡예사·마술사·방랑자들이었다. 그들은 잘 속아 넘어가는 대중들의 속성과 새로운 소식을 전달해주고 즐겁게 해주는 대가로 소小영주들에게 기대할 수 있었던 너그러움에서 모두 이득을 취했다. 그들의 모습은 매우 다양했으므로 유형을 나누거나 간단한 목록을 작성하는 것조차 불가능하다. 몇몇은 단지 광대나 재주꾼이었다. 그들은 익살을 떨고, 재담을 늘어놓고, 유명인사들을 흉내 냈으며, 자신을 포함한 모든 사람들과 사물들을 모두 희화했다. 어떤 이들은 춤을 추고 곡예와 기예를 부렸다. 그들은 '막대기(bâton)'를 가지고 재주를 부렸기 때문에 ('곡예사'라는 뜻의) '바틀뢰르(bateleur)'라고 불렸다. 그 밖에 악기를 연주하고 노래를 부르거나 우화나 이야기를 낭송하는 이들도 있었는데, 그들이 풀어놓은 이야기들 가운데 몇몇은 성인전이나 서사시에서 비롯된 것이었다. 묘기와 마술을 동시에 부리는 이들도 많았다. 그들은 물건을 사라지게 하거나, 모자나 옷에서 동물을 꺼내 청중들을 속이고 즐겁게 해주었으며, 때로는 그 순간을 도둑질의 기회로 삼기도 했다.[31]

그리고 어떤 이들은 이상하고 우스꽝스럽거나 훈련을 받은 동물들을 전시했다. 이들 가운데에서는 곰 조련사들이 어느 정도 위신이 있었다. 적어도 원숭이나 개를 데리고 다니는 이들이나 산토끼와 다람쥐로 마술을 부리는 이들에 비해서는 훨씬 더 그러했다.

조련사들이 데리고 다녔던 동물들이 동물지와 백과사전들에서 부정적인 상징성을 부여 받고 매우 배척되었던 존재들이었다는 사실에도 주목할 필요가 있다. 개는 인간의 충직한 동료라기보다는 비천하고 불순한 존재였다. 산토끼는 중세에 암수가 한몸이라고 생각되어 극단적이다 못해 비정상적이기도 한 성적 상징으로 여겨졌다. 원숭이는 마치 악마와 같은 더 고약한 본성을 가진 동물로 그려졌다. 그는 위선자이자 흉내쟁이였으며 외설스럽고 끔찍할 정도로 추했다. 다람쥐도 오늘날 우리가 알고 있듯이 호감이 가는 즐겁고 유쾌한 동물이 아니었다. 중세 문화는 다람쥐를 '숲속의 원숭이'[32]로 여겼으며 게으르고 음흉하고 멍청하고 탐욕스럽다고 보았다. 다람쥐는 대부분의 시간을 잠을 자거나 동료들을 괴롭히거나 나무에서 놀거나 뛰어다니면서 보냈다. 그리고 필요 이상으로 음식들을 많이 저장했는데 그것은 큰 죄였다. 그리고 다람쥐는 자신이 음식을 숨겨놓은 장소를 잊어버릴 정도로 어리석은 동물이기도 했다. 그의 붉은색 털은 악마적 본성이 외부로 표출된 것으로 해석되었다.[33]

그 동물들과 함께 이 장터에서 저 장터로 옮겨 다니는 광대들도 해롭고 악한 존재들로 여겨졌다. 고위성직자와 사제들은 광대들을 거짓말·속임수·도둑질·나태함·과음으로 고발했는데, 그것은 사실상 소외계층이나 일반인들에게는 비교적 평범한 비행이었다. 게다가 그들은 정착하거나 구속받지 않고 유랑하며 살아간다는 이유에서 일은 하지 않고 몸짓이나 흉내 내기, 장난이나 농담, 특히 불순한 동물들을 전시해 쉽게 돈을 번다고 고발당하기도 했다. 일종의 상호침투도 있었다. 곰과 광대는 서로를 연상시켰는데, 그것은 곰의 가치를 떨어뜨리는 데 도움을 준 동시에 곰의 모든 악덕들을 불운한 곰의 동료와 주인에게 투사하는 계기가 되었다. 곰을 특별하게 한 것은 그의 거대한 크기와 사람을 닮은 외모뿐이었다. 사실 13~14세기에는 다소 '영리'했을지라도 원숭이, 산토끼, 다람쥐를 보려는 청중은 많지 않았다. 그 동물들에 대한 호기심은 이미 빛이 바랜 상태였다. 그러나 대중들은 적어도 곰에게만은 여전히 큰 관심을 보였다. 서 있거나, 들보에 기어오르거나, 재주를 넘거나, 알파벳을 배우려 애쓰는 곰은 끊임없이 사람들의 호기심을 끌었다.

이미지는 역사가들로 하여금 기록문헌보다 더, 문학작품이나 연대기보다는 훨씬 더, 숲의 왕이었던 자가 축제나 장터의 동물로 변해가는 다양한 단계들을 잘 파악할 수 있게 한다. 특히 채색수사본livres enluminés 안의 장식문자와 세밀화는 그러한 가치하락이 서기 1천년 이전에는 드물다가, 11세기 말 무렵에 빈번히 나타났고,[34] 그 다음 세기에는 더 일반적인 것이 되었음을 보여준다. 목줄과 쇠사슬, 입마개를 하지 않은 곰을 보는 것은 드문 일이 되었다. 물론 곰이 언제나 재주나 곡예를 부렸던 것은 아니지만, 그렇다고 해서 자유로운 야생의 상태도 아니었다. 곰은 조련사, 음유시인, 곡예사에게 복종했고, 결국 그들은 도상圖像에서 하나로 묶이게 되었다. 조각은 채색수사본과 더불어 곰의 가치하락을 다시 확인시켜주는 증거였다. 12세기에 들어서면서 곰은 무서운 야수가 되기를 그만두고 점차 서커스의 동물이 되어갔다. 그는 몸을 세우거나 뒤튼 모습으로, 물구나무를 서서 머리는 아래로 하고 앞발은 땅을 지탱하고 뒷발은 공중에 둔 자세로 등장하기 시작했다. 때때로 그는 눈가리개를 해서 장님처럼 보이기도 했다. 그러나 당나귀나 돼지와는 달리 곰은 결코 동물 음악가로는 등장하지 않는다. 설령 곰의 청각이 놀랄 만큼 예민하다 할지라도 그는 음악과는 단절되어 있었다. 곰이 악기 소리에 춤을 출 때는 언제나 사람이 연주할 때였지 다른 곰이나 다른 동물들이 연주할 때가 결코 아니었다.

13세기에 들어서면서 도상들에 비교적 자주 등장했던 소재는 '곰 긁기기ours bête'이다. 이 낯선 표현은 문학에도 등장하지만 이해하기가 쉽지 않다. 도상으로 이해하는 편이 훨씬 더 쉽다. 도상에 나오는 곰은 단단한 말뚝에 연결된 사슬에 묶인 채 머리에는 재갈을 쓰고 있다. 여러 마리의 개들이 곰을 공격해 상처를 입히는데, 때로는 개들이 반복적으로 물어뜯는 바람에 치명상을 입기도 한다. 이 폭력적인 이미지는 실제로 일어난 사건이자 대중들이 좋아했던 광경을 묘사한 듯하다. 나는 앞서 11세기 말 잉글랜드의 윌리엄 왕이 아드르드의 영주에게 준 곰의 운명에 대해 말했다.[35] 그 곰은 시민들이 데려온 개들에게 물려 죽었다. 이는 장터나 마을광장, 성벽 안 어디에선가 행해졌을 잔혹한 관습의 가장 오래된 증거이다. 13세기 후반에 쓰인 무훈시『르노 드 몽토방Renaut de Montauban』의 작가는 아이메드 도르돈 백작이 어떻게 "그의 곰들을 싸우게 하고 그의 거대한 곰들이 괴롭힘을 당하게(ses urs combattre et ses grans ors beter)"[36] 했는지 말하고 있다. 곯림을 당하는 가련한 곰들은 그 뒤에도 오랫동안 나타났다. 14세기 말 프루아사르도 곰 곯리기에 대해 언급했다.[37] 14~15세기 프랑스와 영국의 몇몇 채색수사본들은 곰 곯리기 장면을 주변 장식으로 그려 넣었다.[38]

우둔함에서 우울함으로

중세가 곰을 이용한 유희나 구경거리를 창조한 것은 아니었다. 그것은 고대 로마에서부터 빈번하게 행해졌으며, 특히 공화국 말기에 성행했다. 실제로 원형경기장에서 곰들은 무적이었다. 칼레도니아, 달마티아, 카르파티아산맥에서 들여온 거대한 곰들은 특히 그러했다. 그들은 자기들끼리는 싸우지 않았고, 그 대신 황소나 사자, 아니면 개들의 도움을 받는 전문적인 검투사들과 결투를 벌였다. 경기장 밖에서는 단순한 전시가 결투를 대체했다. 하지만 로마시대의 곰들은 춤을 추거나 곡예를 부리지는 않았다. 그렇게 되기 시작한 것은 12~13세기였다. 곰을 단상이나 의자에서 일으켜 세우는 일은 없었다. 그 대신 창살 뒤에 단단히 묶어놓거나 구덩이 바닥에 가두어 놓았다. 이 위험한 야수를 보러 온 로마의 관객들은 그 크기와 힘, 털에 놀랐다. 곡예를 부리는 장터의 곰은 중세 기독교세계의 창조물이었다.

실제로 기독교 황제들은 처음에는 원형경기장에서의 시합을 제한하거나 금지했다. 테르툴리아누스의 다소 과장된 기록에 따르면, 원형경기장에서는 누구나 "사람과 동물의 살로 포식하는 곰"[39]을 볼 수 있었다고 한다. 326년 콘스탄티누스 황제는 맹수형을 금지하는 칙령을 내렸고, 404년 호노리우스 황제는 모든 검투경기를 폐지했다. 구경거리였던 동물 결투를 폐지한 것은 중세 교회였다.[40] 9세기에 들어서면서 교회는 군주들의 동물원에는 마지못해 관용을 베풀었으나, '곰으로 하는 놀이'[41]는 모두 금지시켰다. 이러한 금지 명령들은 제대로 지켜지지 않아 여러 차례 반복되었다. 하지만 곰은 그 금지들 때문에 위신을 손상당했다. 시간이 흐르면서 곰이 자신의 힘과 다른 동물들보다 우월함을 보여줄 기회는 점차 줄어들었다. 고대 원형경기장에서 그는 다른 야수들을 제압한 승자였다. 일대일 결투에서는 사자도 곰을 당해낼 수 없었다. 그러나 중세 교회와 수도원들에서 곰과 사자의 경쟁은 육체적 경쟁이 아니었다. 그것은 학문적이고 책과 도상에 나오는 상징적인 경쟁이었다. 거기서는 곰이 이길 수 없었다. 사자의 승리를 바라는 성직자들이 할 수 있는 모든 방법을 동원했기 때문이다. 봉건시대 민중들이 곰과 사자의 육체적 대결을 목격할 기회가 있었더라면 곰이 승자가 되었을 것이다. 그랬다면 『여우이야기』에서 브렁이 노블의 자리를 차지했을 것이고, 사자가 아니라 곰이 동물 문장에서 최고의 자리에 올랐을 것이다. 또한 어떤 작가도 호노리우스가 『교리문답』에서 했던 것처럼 사자가 곰을 잡아먹는다고 감히 가정조차 할 수 없었을 것이다. 그러나 그런 기회는 오지 않았다. 일부 무훈시와 기사문학이 12세기 말까지 '곰과 사자의'[42] 수수께끼 같은 결투에 대해 언급했을지라도 말이다. 그 결투는 몇몇 학자들이 생각하는 것처럼 곰과 사자의 실제 대결, 곧 귀족층의 열망을 경기장에서 동물의 피와 살점을 보는 방향으로 돌리려고 만든 볼거리는 아니었을 것이다. 그 결투는 기사들이 두 진영으로 나뉘어 벌인 시합이었던 것으로 보인다. 이 폭력적인 혼전에서 두 진영의 기사들은 각각 곰과 사자의 이름이나 휘장을 사용해 서로를 구분했을 것이다. 이로써 동물의 야성적 실재는 표상과 상징의 연출에 그 자리를 넘기게 되었다.

몇십 년 뒤에 곰은 더 이상 왕은 물론이고 영주와도 아무런 관련을 갖지 않게 된다. 살아 있는 거대한 곰은 장터나 시장에 전시되는 신세로 전락했다. 거기서 곰은 강하고 용감한 존재가 아니라 우둔하고 서투른 자였다. 곰은 본성을 거스르는 행위들, 예컨대 빙글빙글 돌기, 춤추기, 몸을 좌우로 흔들며 걷기, 물구나무서기, 공과 판자 위에서 균형 잡기 등을 강요받았다. 곰에게 그러한 행동들은 선천적인 것이 아니었으므로 그 자체가 분별없고 꼴사나워보였다. 곰은 자주 넘어지고 항상 끙끙거렸는데 이는 웃음과 야유를 유발했다. 굼뜨고 서툴러 보이는 이미지는 곰에게 상당한 해를 끼쳤다. 결국 13~14세기에 곰의 이미지는 그렇게 정형화되었다. 그 뒤 곰은 오로지 우둔하고 부자연스럽고 서툰 존재로만 여겨졌다. 그들이 더 크고, 더 강하고, 더 사람을 따라하려고 할수록 청중들의 즐거움과 곰의 우스꽝스러움은 더욱 강렬해졌다.

서투름과 멍청함은 한끗 차이이다. 12세기 말에 그 차이는 빠르게 사라져 갔다.『여우이야기』의 가장 오랜 갈래들과 그로부터 몇십 년 뒤 유행한 우화, 속담, 도상이 보여주는 것처럼 말이다. 자주 되풀이되는 주제가 하나 있는데, 곰이 알파벳 철자를 배우려 하거나 읽기 연습을 하는 것이었다. 이 불가능한 임무는 무의미하거나 불합리한 행위를 표현하는 속담에 쓰였다. 중세 말의 풍자 이미지들에서 '곰에게 읽기를 가르치는 것'은 '거위 발의 편자'나 '다리가 하나밖에 없는 자가 산토끼를 쫓는 것'과 마찬가지로 상식을 벗어난 일이었다. 이 세 이미지는 채색수사본의 주변 장식에 함께 그려지거나 교회 성가대석의 등받침대misericorde에 새겨졌다. 또한 '까마귀 키우기', '당나귀 속바지 입히기' 등 분별없는 행동을 조롱하는 다른 속담들과 함께 언급되었다. 곰은 몸이 무겁고 어눌하기 때문에 머리도 둔하고 느리다고 여겨졌다. 곰은 결코 읽기를 배울 수 없었다.

육중함과 비대함에서 비롯된 곰에 대한 폄하가 인간 신체에 관한 가치 체계에서 비만이 죄악이 된 시점인 12~13세기에 함께 일어났다는 사실은 매우 인상적이다. 성직자를 제외한 왕과 군주들은 그러한 가치체계에 크게 영향을 받았다.[43] 한 세기 전까지는 군주나 대大영주는 몸집이 거대하고 뚱뚱할 때 더 큰 존경을 받았다. 서양의 많은 왕들이 비대했다. 프랑스에서는 앙리 1세 · 필리프 1세 · 루이 6세 뚱보왕이, 영국에서는 윌리엄 정복왕 · 붉은 얼굴 윌리엄 · 헨리 1세가, 독일에서는 신성로마제국 황제 하인리히 4세와 하인리히 5세가 그러했다. 그러나 뚱뚱한 왕이 누리던 영광은 1200년대 초에 끝났다. 이때부터 날씬함과 호리호리함, 음식과 술이 주는 쾌락에 대한 절제가 군주의 덕목이 되었다. 13세기 루이 성왕은 가장 완벽한 모델이었다. 비만은 몸과 마음의 고결함은 물론이고 귀족 정신과 윤리에도 부합되지 않았다. 이러한 경향은 그 뒤 몇 세기 동안 지속되었다. 서구에서는 적어도 이 시기에 일종의 '반反비만anti-gros'주의가 뿌리내렸다. 이때부터 뚱뚱하다는 것은 추하고 저속하고 게으르고 교양 없고 아둔한 것이 되었다. 얼마 되지 않는 반대 사례는 오히려 이러한 규칙의 엄격함만 확인시켜주는 매우 드문 예외일 뿐이다. 가장 잘 알려진 반대 사례는 성 토마스 아퀴나스이다. 그의 전기 가운데 하나에 따르면 토마스 아퀴나스는 "역사에서 가장 뚱뚱한 사람"이었다.[44] 그러나 그는 역사에서 가장 위대한 신학자 가운데 한 명이기도 했다.

대략 1180년과 1200년 사이 어디쯤에서 곰의 비대함이 해롭게 작용해 곰에게서 동물의 왕 자리를 빼앗는 데 일조했을 가능성이 있다. 왕의 자리에는 사자의 유연하고 민첩한 몸이 더 잘 들어맞았다. 같은 이유로 코끼리도 왕으로는 고려되지 않았다. 코끼리가 동물지와 상징에서 순결함·충직함·관대함·영리함·지혜·기억력 등 거의 모든 미덕을 부여받았을지라도 말이다. 곰의 서투름은 특히 사람 '시늉을 할 때' 더욱 두드러졌다. 기껏해야 곰은 『여우이야기』에 종종 등장하는 먹을 것을 좋아하는 사제였으며, 최악의 경우에는 (더 빈번히) 광대가 되었다. 사실 '광대(bouffon)'의 어원은 '부어오르다, 쓸데없이 부풀리다, 과장하다'라는 뜻의 'bouffi'이다.[45] 적어도 13세기부터 곰을 붙잡아 사슬로 묶어놓은 사람들의 관점에서는 곰이 그렇게 보이기 시작했다. 그러나 옛 동물의 왕을 서커스 동물이나 우스꽝스러운 오락거리로 만드는 데 죄책감이 없었던 것은 아니다. 사실 중세 말과 근대의 많은 작가와 예술가들이 곰을 웃음거리로 만들었지만, 그러면서도 동시에 그 동물의 체념·괴로움·슬픔에 주목했다.

곰을 폐위시키고 탈신성화하면서 중세 기독교 문화는 그를 우울한 동물, 어쩌면 '가장' 우울한 동물로까지 만들었던 것 같다. 바로 그 때문에 시대착오적인 존재로 등한시되던 곰은 일종의 낭만적인 영웅이 되었다. 우리는 뒤에서 장 드 베리 공작의 곰들을 그 거대한 짐승이 갖는 우수mélancolie와 매발톱꽃ancolie과의 연관성에서 살펴볼 것이다. 그러나 아직은 계속 13세기에 머무르면서 교회가 왕좌에서 내려온 곰을 어떻게 가차 없이 공격했으며, 비록 다 죄는 아닐지라도 어떻게 악덕이란 악덕은 모두 곰에게 덮어씌웠는지 살펴볼 것이다.

악덕한 존재

중세 신학의 윤리는 악덕과 죄를 조심스럽게 구분한다. 악덕은 본성에 뿌리를 두고 있다. 인간이 그것은 억누르거나 제어하기란 쉽지 않으며, 거기에서 벗어나기는 더욱 어렵다. 하지만 죄는 (비록 때때로 악마의 부추김을 받기는 하지만) 스스로 선택한 자발적인 행위이자 신에 대한 거역이다. 신은 인간에게 자유의지를 주어 죄를 짓지 않고, 스스로의 허물을 고치고, 잘못을 저질렀을 경우에는 고백하게 했다. 따라서 죄를 짓는다는 것은 본성에서 비롯된 그 어떤 심각한 악덕보다도 훨씬 나빴다. 비록 두 영역 사이의 경계가 언제나 분명했던 것은 아니며, 죄가 악덕의 산물로 여겨지는 경우도 종종 있었지만 말이다.

오랫동안 죄는 사람에게만 한정된 것이었다. 동물들은 원죄에서 벗어나 있으므로 죄를 짓거나 신을 거역하지 않는다. 그들은 단지 종에 따라 악덕이 많거나 적은, 곧 성 아우구스티누스가 말한 것처럼 정도의 차이는 있을 수 있지만 '동물은 악덕 속에서 살아가는(animalia vitiis contenta)'[46] 불완전한 존재들이었다. 그러나 13세기부터 신학은 법률의 뒤를 이어 일부 동물들을 도덕적이고 완전할 수 있는 더 '우월한' 존재로 보기 시작했다. 그 동물들은 선과 악을 알고 있었으므로 상황에 따라서는 그들을 법정으로 데려와 감옥에 가두고, 재판을 해서 저지른 죄만큼 처벌할 수도 있었다. 1254년에 프랑스 북부 생마르탱데샹 지방의 어느 마을에서는 암퇘지가 어린아이를 넘어뜨려 죽이고 시신의 절반 가까이를 먹어치운 죄로 재판을 받아 교수형을 당하고 불태워졌다. 이 범죄에는 신과 교회의 법을 어겼다는 죄목도 추가되었다. 곧 암퇘지는 유아 살해를 저질렀을 뿐 아니라, 금식의 날인 금요일에 끔찍한 식사를 한 것이다![47]

교부들과 중세 초 신학자들에게 곰은 많은 악덕 속에서 살아가는, 다른 어떤 동물보다 훨씬 더 악덕을 많이 지닌 존재였던 듯하다. 곰은 게르만, 켈트, 슬라브, 스칸디나비아 같은 유럽 이교도들에게 동물의 왕이자 숲의 왕이었다. 따라서 교회는 곰을 왕좌에서 끌어내려 그에게 모든 악덕을 덮어씌울 필요가 있었다. 실제로 교부들의 문헌과 참회규정서, 동물학 서적들은 곰에게 많은 악덕들을 덮어씌웠다. 그것은 폭력(violtentia), 분노(ira), 격노(furor), 잔인함(saevitia), 탐식(voracitas), 탐욕(rapacitas)이라는 개념들을 중심으로 구성되어 있었다. 곰은 모든 동물을 통틀어 가장 강력했으나, 그의 악한 힘은 그를 두렵고 위험하고 폭력적이며 예측할 수 없는 존재로 만들었다. 모든 사람들에게 곰은 두려워하거나 달아나거나 죽여야만 하는 존재였다.

　서기 1천년 무렵 곰은 악마와 더 직접 연관되었다. 곰은 악마의 상징 내지는 도구가 되어갔으며, 심지어 변장한 악마로 여겨지기도 했다. 수도사와 성직자들은 곰에게 신체적인 악덕뿐 아니라 도덕적인 악덕들, 예컨대 거짓*(fraus)*, 성욕*(libido)*, 탐식*(gula)*, 게으름*(acedia)*, 무절제*(intemperantia)* 와 같은 것들을 부여했다. 기독교적인 의미에서 곰은 죄를 짓지는 않았으나, 그의 악덕들은 그가 되풀이해서 거의 의식적으로 악행을 저지르고 있는 것처럼 보이게 했다. 옛 악덕과 새 악덕의 이중나열을 차용한 가장 놀라운 예는 11세기 중반 교회 대개혁의 선구자 가운데 하나인 피에르 다미앙의 저서이다. 1060년에 편찬한 『바람직한 종교적 삶을 위하여*De bono religiosi status*』에서 그는 인간 존재를 타락시키는 41가지의 악덕들을 비난하고, 그 악덕들 하나하나를 각각의 동물들과 연관시켰다. 곰은 수컷과 암컷으로 구분된다. 수컷은 '푸로르*(furor)*', 곧 폭력 · 분노 · 야성 · 제어되지 않는 힘을 나타낸다. 암컷은 '리비도*(libido)*', 곧 성적인 욕망을 상징한다.

　다른 작가들처럼 피에르 다미앙도 암곰이 때 이른 출산으로 형체가 완성되기도 전에 거의 죽은 새끼를 낳는 이유에 대해 다음과 같이 설명한다. 수컷 곰은 임신한 암컷과는 교미를 하지 않는다. 그래서 성교를 무엇보다 좋아하는 암곰은 서둘러 새끼를 낳고 다시 수컷에게 돌아가고 싶어한다. 그녀는 나쁜 엄마이다. 그러나 태어난 새끼들의 상태를 본 암곰은 잘못을 뉘우치고 성적 욕망을 잊는다. 그녀는 새끼들을 핥아 따뜻하게 해주어 형체를 만들고 살려낸다.[48)]

　마찬가지의 생각이 한 세기 뒤 힐데가르트 폰 빙엔한테도 나타났다. 이 위대한 베네딕투스회 수녀는 다양한 저술들, 특히 『자연학*Physica*』[49)]에서 동물들의 속성과 습성, 의미에 관해 폭넓게 이야기했다. 곰은 그녀의 저술에서 가장 중요한 동물 가운데 하나였다. 그녀는 곰을 양면적인 동물로 보았다. 암곰은 날짜가 되지 않았는데도 새끼들을 자궁에서 내보내고 그 뒤 다시 살려낸다. 수곰은 고독한 존재이다. 조용하고 말수가 적은가 하면 폭력적이고 맹렬히 분노하기도 한다. 이것은 새끼였을 적에 어미 곰이 얼마나 그를 잘 핥아주었는가에 따라 달라질 수 있다. 하지만 당신이 소녀나 젊은 여성이라면 그에게서 멀리 떨어져 있는 편이 더 낫다. 수곰은 예측할 수 없는 존재로 여성의 육체를 사랑한다. 힐데가르트는 곰을 해롭고 위험한 야수로 보았다. 그리고 곰의 주요 악덕을 분노(ira)와 성욕(libido), 배신(perfidia)이라고 적었는데, 마지막 것은 전임자들에게게서 물려받은 것이 아니라 그녀가 새롭게 추가한 것으로 보인다.[50]

그 하나만으로도 곰의 명예를 실추시킨 배신이란 악덕은 1235년과 1240년 사이에 위옹 드 메리가 작성한 흥미로운 우화시 『적敵그리스도와의 마상창시합Li Tournoiemenz Anticrit』에 등장한다.[51] 시를 통해 전해지는 내용을 빼고는 우리가 작가에 관해 아는 것은 없다. 위옹은 자신을 보베 출신의 가난한 기사라고 소개했다. 봉건 의무를 수행하기 위해 그는 브르타뉴 공작 피에르 모클레르와 전쟁 중이던 왕실 군대에 합류해야 했다. 크레티앙 드 트루아의 작품들을 꽤 많이 읽었던 위옹은 원정 중에 크레티앙 드 트루아의 이야기에 등장하는 유명한 신비의 숲 브로셀리앙드Brocéliande을 통과하고 바랑통Barenton의 샘물을 마셔야 한다고 주장했다. 그리고 바랑통의 샘물을 마신 위옹은 엄청난 비바람 속에서 환상을 보았다. 두 군대가 막 맞붙으려 하고 있었다. 하나는 신의 군대였고 다른 하나는 적그리스도의 군대였다. 신의 군대에는 천사들과 대천사들, 미덕들, 몇몇 원탁의 기사들이 있었다(그들이 매우 형편없이 싸우는 바람에 신의 군대는 거의 패배할 지경이었다). 적그리스도의 군대는 이교의 신들(주로 그리스·로마의 신들), 수많은 악덕들, 반은 짐승인 농민들, '부르고뉴 사람들(Bourguignons)'로 이루어져 있었다. 전체적으로 이는 선과 악, 미덕과 악덕의 싸움을 그린 서사시 『영혼의 전투*Psychomachia*』*와 흡사하다. 이 주제는 13세기 전반 문학과 도상에서 즐겨 애호되었다.

위옹은 전쟁 자체보다도 전사들이 가진 무기, 그 중에서도 특히 방패, 휘장, 깃발, 말 덮개 등을 자세히 묘사했다. 그는 자신이 가진 문장학 지식으로 악덕과 미덕에 각각의 상징적인 형태나 색을 부여한다.[52] 악덕의 방패가 유독 흥미롭다. 폭식은 '집어삼키는 입처럼' 전체가 붉은색으로 된 방패를 치켜든다. 자만심도 똑같은 방패를 들고 있으나 '오만한 꼬리를 가진' 사나운 사자로 장식되어 있다. 간통의 방패에는 매음굴의 문이 그려져 있다. 게으름은 여섯 마리의 잠자는 들쥐가 그려진 방패를, 비겁함은 사시나무와 산토끼의 그림이 있는 방패를 들고 있다. 위옹 드 메리는 악보와 문장 용어의 다의성을 이용하여 새로운 형식의 문장 상징을 창조해낸다. 곰은 딱 한 번만 나오는데 매우 나쁜 역할이다. 『여우이야기』에서 나온 브렁이라 불리는 곰은 사나운 개와 함께 배신의 문장을 구성하고 있다. "배신, 충성을 증오하는 그는 부르고뉴 폭도들의 호위를 받고 있고 있다. 그의 들쑥날쑥한 선으로 분할된 방패에는 위협적인 붉은 개와 반역을 상징하는 동정심 없는 브렁이 그려져 있다."[53] 부정적인 색과 불안한 분할선(들쑥날쑥한 문장의 선이란 톱니모양을 뜻한다), 두 마리의 무시무시한 짐승으로 이루어진 배신의 방패는 극악무도한 군대에서 볼 수 있는 최악의 것 가운데 하나이다. 다행히도 신의 군대가 승리하고 시인은 깨어난다. 이 종말의 광경이 위옹의 마음과 영혼에 동요를 불러일으켰으므로 그는 기사 신분을 버리고 종교에 귀의하기로 결심한다.

위옹 드 메리의 시가 13세기 초에 그런 식의 비유를 사용한 유일한 문학작품은 아니다. 다른 비유적이고 서사적인 작품들도 동물들을 등장시켜 다양한 측면에서 악마를 구현해냈다. 예컨대 라울 드 우당이 썼다고

---

* 영혼의 전투(Psychomachia) : 로마의 기독교 시인 프루텐티우스(Prudentius, 348~405 이후)가 쓴 시이다. 그림과 이야기로 미덕과 악덕을 의인화하여 인간 내면에서 벌어지는 갈등을 묘사했다.

여겨지기도 하는 13세기 초의 기사문학『라디겔의 복수*Vengeance Radiguel*』에는 마법무기와 악을 행하도록 훈련된 곰을 소유한 어떤 충성스럽지 못한 기사가 나온다. 그는 곰을 이용해 상대편을 기습하여 자신의 명령에 따르게 만든다.[54] 이 악랄한 기사 귀엥가수앵*Guengasouain*의 곰은 몇 년 뒤『적그리스도와의 마상창시합』에서 배신의 방패에 보란 듯이 그려지게 될 곰의 직접적인 조상이나 사촌이었다.

7대 죄악 가운데 5가지

교부들의 저서에서 비롯된 중세 초의 유동적이고 다양했던 악덕의 동물지는 수십 년 뒤에 더 견고하게 조직화되고 훨씬 기계적이고 근대화한 7대 죄악이라는 체계를 향해 나아갔다. 제4차 라테란 공의회(1215년)가 시행을 명령한 새로운 개별적 고해방식의 확산은 새로운 질문 유형들을 양산했고, 그 때문에 고해신부들이 사용할 새로운 지침서들도 생겨났다. 고해신부들은 지나치게 길고 상세한 질문을 피하려고 신도들의 위반행위를 모두 일곱 개의 범주로 나누어 놓은 지침서의 틀을 활용했는데, 죄의 범주는 처음에는 변동이 컸으나 13세기 중반이 되면서 고정되어가는 경향을 보였다.[55] 스콜라적 분류원칙에 따라 7개의 큰 죄는 각각 7개의 하위 죄로 나뉘었고, 그것들은 다시 각각 7개의 최하위 죄들로 나뉘었다. 실로 그 전체는 큰 가지에서 잔가지들이 갈라져 나온 한 그루의 '죄의 나무*(arbor peccatorum)*'를 이루고 있었다. 1260~1270년 무렵 7대 죄악의 기본목록은 오랜 기간에 걸쳐 형성되어온 7대 기본덕목과 뚜렷한 대립雙對立雙을 이루고 있었다. 그리고 그것 대부분은 사실상 영적인 죄라기보다는 평신도와 세속의 죄였다. 그것은 자만*(superbia)*, 탐욕*(avaritia)*, 음욕*(luxuria)*, 분노*(ira)*, 탐식*(gula)*, 시기*(invidia)*, 게으름*(acedia)*이다.[56] 이 목록을 기억하기 위해 각각의 죄의 라틴어 첫 글자를 따서 '살리기아*(saligia)*'라는 낱말이 만들어졌다. 기억하게 쉽게 하려는 것이었으므로 낱말 자체에는 아무런 뜻도 없었다. 그러나 그것은 죄의 위계를 나타낸 것이기도 해서, 가장 큰 죄는 첫 글자를 제공한 자만이었다. 아무튼 고해신부들은 그 단어의 순서대로 신도들에게 질문할 것을 권고 받았다.[57]

악덕의 동물지는 점차 이 새로운 체계와 접목되었다. 7가지 중요한 죄들(아직은 7가지 '대죄'나 7가지 '중죄'라고 불리지는 않았다) 각각은 몇몇 특정한 동물들과 연결되었다. 동물들은 그 죄들의 상징이자 구현이었다. 다음과 같은 다양한 중세 말의 자료들이 각각의 죄와 연결되었던 동물들의 목록을 작성할 수 있게 해준다. 우선 동물지와 백과사전, 우의적이고 교훈적인 문학작품들, 참회지침서, 고해신부 지침서, 예화집(exempla), 악덕들에 관한 '전집들(sommes)'과 연구문헌들, 의학과 관상학에 관한 서적들을 들 수 있다. 추가적으로 속담과 격언, 관용어, 말장난, 이름과 별칭, 상상의 문장들도 도움이 된다. 그려지거나 조각되고, 수놓아지거나 주조되고 새겨진 도상들은 말할 나위도 없다.[58]

예컨대 게르만어 권역의 나라들에서 나온 『영혼의 전투』와 『정신의 전투-etymachia』 문헌들은 잘 알려지지 않은 참신한 정보들을 제공해준다. 이것은 7개의 미덕(3개는 신앙덕목, 4개는 기본덕목)과 7개의 주요 죄악 사이에 벌어진 상징적인 마상창시합을 그려낸 우의적이고 교훈적인 작품들이다.[59] 이것들은 도상을 꽤 풍부하게 만들어냈는데, 특히 채색수사본과 〔직물에 다양한 색실로 그림을 짜 넣은〕 태피스트리tapestry에 많은 도상을 제공하였다. 사육제 기간에는 마상창시합이 실제로 재현되기도 했다.[60] 각각의 미덕과 악덕은 동물에 올라타고 동물 문장이 들어간 옷과 방패, 깃발, 투구를 착용한 모습으로 묘사되었다. 그들은 각각 네 가지 동물과 연관을 가지고 있었다. 곧, 타고 있는 동물과 들고 있는 방패에 그려진 동물, 투구 장식에 있는 동물, 깃발에 있는 동물이었다.[61] 그것 모두는 일종의 교훈적인 동물지를 구성하고 있었다. 사자, 독수리, 말과 같은 일부 동물들은 미덕과 악덕 모두에서 나타났다. 하지만 여우, 원숭이, 곰, 돼지, 개와 같은 동물들은 언제나 부정적인 편에서만 나타났다.

비록 독일어 사용 국가들에 한정된 것이기는 하지만, 『영혼의 전투』의 동물지는 중세 말 대다수의 문헌과 도상에 나타난 것과 그리 차이가 없다. 각각의 죄에 초점을 맞추어 모든 자료들을 총괄해 대략의 밑그림을 그려본 대차대조표는 다음과 같다. 자만과 가장 자주 연결되는 동물은 사자, 독수리, 수컷 공작새, 말, 낙타이다. 탐욕은 다람쥐, 두더지, 원숭이, 개미와 연관되어 있다. 음욕과 관련된 동물들은 무척 많지만 수컷 염소, 곰, 돼지, 산토끼, 개가 특히 자주 등장한다. 분노는 멧돼지, 곰, 사자, 황소와 연관이 있다. 탐식은 곰, 돼지, 여우, 늑대, 콘도르, 까마귀와 관련이 있다. 시기는 개, 여우, 원숭이, 곰, 까치와 연관을 갖는다. 게으름은 당나귀, 곰, 돼지, 고양이, 다람쥐와 주로 연결된다. 더 길어질 수도 있는[62] 이 목록에서 사자, 원숭이, 다람쥐, 개, 여우와 같은 동물들은 두 번 나타난다. 세 번 언급되는 것은 돼지가 유일하다. 그러나 곰은 다른 어떤 동물과도 비교할 수 없다. 그는 7대 죄악 가운데 5가지인 음욕, 분노, 탐식, 시기, 게으름과 연관되어 있다. 13세기부터 곰은 이 혐오스런 동물지의 스타였다. 그는 어리석고 굴욕을 당하는 동물이었을 뿐 아니라, 분노에 차 있고, 음탕하고, 식탐이 많으며, 질투가 심하고, 게으른 동물이기도 했다. 교회는 격렬한 싸움을 통해서 숭배 받던 두려운 동물을 기괴하고 혐오스런 존재로 바꾸는 데 성공했다.

이 7대 주요 죄악 동물지에서 흔히 사람과 가장 가깝다고 여겨지던 두 동물, 곰과 돼지가 가장 폄하되고 있었다는 사실에 주목해야 한다. 마치 동물과의 친족관계를 참을 수 없으므로 극단적인 경멸로 그 대가를 치르게 해야 한다는 듯이 말이다. 곰의 경우에는 이 책 첫머리에서 이미 언급한 것처럼 전멸을 위한 조치들이 행해졌다. 돼지의 경우에는 다양한 형태의 금기로 그 대가를 치렀다. 중세 기독교 사회들에서 돼지와 관련된 금기는 유대교와 이슬람 사회보다는 덜 극단적이었으나 흔히 존재하고 있었다.[63] 주요한 유일신 종교들은 자연적으로든 문화적으로든 인간의 '사촌'이나 '친척'으로 선언된 동물들을 좋아하지 않는다. 돼지는 고대 성서 시대의 희생양이다. 곰은 중세 기독교의 중심부에서 고통을 겪었다. 유인원은 몇 세기 뒤에 같은 운명을 겪었다. 인간과 너무 닮아서 좋을 일은 결단코 없었다!

군주들의 욕망, 여인들의 환상

중세 말 교회는 바라던 바를 이루었다. 물론 악마는 아직 정복하지 못했으나 악마와 한패로 여겨졌던 가장 위험한 동물인 곰은 확실히 쓰러뜨렸다. 이 위대한 숲의 동물은 권좌에서 끌어내려져 쫓기고 멸시되었다. 그는 산간지역으로 피신했다. 곰은 이제 아무도 놀라게 하지 못했다. 오히려 곰이 사람과의 접촉을 두려워하고 피했다. 그는 더 이상 마을과 농장에 내려오지 않았으며 가축무리에도 좀처럼 접근하지 않았다. 길에서 우연히 곰과 마주치는 일이 드물게 되었다. 곰을 몰아내려고 몰이사냥을 계획하는 것은 더욱 희귀한 일이었다. 심지어 문헌과 도상에서도 곰의 존재는 갈수록 눈에 띄지 않았다. 그는 곳곳에서 다른 동물들에게 자리를 내주었다. 사슴이 곰 대신 가장 인기 있는 사냥감이 되었다. 늑대는 봉건시대에는 사람들에게 거의 위협이 되지 않았으나 이제는 곰을 대신해 전원에서 남들과 떨어져 지내는 사람들의 적이 되었으며 19세기까지 계속 그렇게 남았다. 지옥의 동물지에서도 곰은 더 이상 맨 앞에 서지 못했다. 사탄은 염소, 늑대, 개, 올빼미와 같은 동물로 변장하기를 더 좋아하게 되었으며, 새로운 마녀집회에서도 곰은 매우 보잘 것 없는 역할만을 맡았다.

그러나 이러한 후퇴가 상상의 세계에서 곰이 완전히 사라졌다는 것을 의미하지는 않았다. 오히려 정반대였다. 군주들의 동물원과 귀족들의 사냥터, 전원의 삶에서 입지가 줄어들수록 표상과 상상의 영역에서 곰의 자리는 더 커진 듯하다. 많은 지역들에서 사라지고, 왕과 군주들에게 외면당하고, 관찰이나 연구되지 않은 곰은 서서히 허구의 동물, 이국적인 존재, 꿈과 환상의 대상으로 되어갔다. 거기서 일부 곰은 왕조의 상징이나 표장으로 기능했고, 일부는 공상적이거나 유희적인 존재가 되었다. 그리고 때로는 매우 에로틱하기도 했다.

14세기 사냥과 정신분석

곰 꿈 가운데 가장 걱정스럽게 여겨졌던 것은 피에르 드 베아른이란 어느 사냥꾼의 꿈이었다. 그는 푸아 백작이자 베아른의 자작인 가스통 페뷔스의 이복형제였다. 그의 비통한 이야기는 14세기 귀족사회의 정보를 가장 잘 전달해주는 문헌 가운데 하나라고 할 수 있는 장 프루아사르의 장편 연대기를 통해 전해진다. 그는 [프랑스와 에스파냐의 접경] 오르테즈에 있는 가스통의 궁정에서 3개월(1388년 11월~1389년 2월)을 머물렀고, 그곳에 관해 자세한 이야기를 남겼다. 이는 현대 독자들이 보기에는 적어도 그의 작품 가운데 가장 뛰어나며 진부한 내용이 적은 이야기일 것이다. 프랑스 북부 발랑시엔 출신의 장 프루아사르에게 푸아 백작과 그의 측근들의 '예절gentil'은 놀랍고도 매력적인 것이었다. 그 누구보다도 군주가 그를 매료시켰다. 가스통 페뷔스는 모순으로 가득 차 있었다. 그는 예의바르면서도 야만적이었고, 매력적이면서도 복수심이 강했으며, 시와 음악을 사랑하면서도 잔인한 행위를 서슴지 않았다. 훌륭한 도서관을 가지고 있었으나 멧돼지를 기르는 사육장도 여럿 소유하고 있었으며, 아무 이유 없이 말을 타고 숲을 내달렸고, 밤에 일하고 낮에는 잠을 잤다. 그리고 애첩들로 둘러싸여 있었지만 자주 그들을 바꿨다.[1] 장 프루아사르는 궁정에서의 식사,

구경거리, 춤과 함께 특히 사냥의 중요성에 주목했다. 가스통을 비롯한 남부지방 군주들에게 사냥은 마상창시합보다 더 관심을 끄는 대상이었다. 가스통은 그 시대 가장 위대한 사냥꾼들 가운데 하나였다. 그는 호화로운 채색수사본의 일부가 지금도 전해지는『사냥서』의 저자이기도 하다. 궁정을 떠나며 프루아사르는 호의의 대한 보답으로 가스통에게 그레이하운드 품종의 사냥개 네 마리를 선물했다. 가스통은 직접 그 개들에게 트리스탄, 롤랑, 헥토르, 브렁이라는 이름을 붙여주었다. 둘은 영웅이고, 한명은 고대의 용사이며. 그리고 마지막은『여우이야기』에 나오는 곰이다. 언뜻 보기에 여우에게 끊임없이 골탕을 먹는 곰 브렁이 앞의 세 인물과 동일한 위상의 명성을 가지고 있는 것 같지는 않다. 그리고 그레이하운드에게 브렁이라는 이름을 붙이는 것이 그다지 타당해 보이지도 않는다. 하지만 14세기 말 남부의 산악지역에서 곰의 명성은 아직 북부 평지만큼 쇠락하지 않았던 것 같다. 가스통 페뷔스의 사냥문헌들에서 호전적이고 위험한 사냥감인 곰에 관한 장들은 곰의 명성을 어렴풋하게나마 드러내고 있다.[2]

　바깥 사회에서 온 손님이었던 프루아사르는 모든 것에 관심을 보였는데, 특히 혈통과 귀족의 신분 문제를 궁금해 했다. 그의 관심은 대부분 친족관계와 가계도에 있었다. 프루아사르는 '늙은 시종'에게 푸아 백작의 이복형제인 사생아 피에르 베아른의 신분과 인격에 관해 길게 질문한다. 프루아사르가 보기에 피에르의 행동은 기이했다. 피에르에게 아내와 아이들이 없다는 사실도 프루아사르에게는 놀라웠다. 시종은 아내가 떠나고 이상한 병으로 고통을 받고 있는 한 남자의 슬픈 운명에 대해 프루아사르에게 말해주었다.[3]

　피에르는 푸아 백작 가스통 2세(재위 1308~1343년)와 '이름이 밝혀지지 않은' 여인 사이에서 태어난 서자였다. 루르드의 젊은 성주였던 피에르는 푸아 백작의 이웃이자 동맹이었던 장 드 비스케이 백작의 딸인 플로랑스Dame Florence와 결혼했다. 열광적인 사냥꾼이었던 피에르는 바로 몇 해

전에 위업 하나를 이루었는데, 이는 그의 명성의 원천이자 불행의 근원이 되었다. 그는 산에서 거대한 곰과 홀로 마주쳤다. 끝날 것 같지 않던 전대 미문의 난폭한 일대일 격투 끝에 그는 자신의 훌륭한 '보르도산 검épée de Bordeaux' 하나만으로 야수를 제압하는 데 성공했다. 그러나 인상 깊은 그날 이후 그는 줄곧 매일 밤마다 모두 깊이 잠들었을 때 홀로 일어나 검으로 텅 빈 허공을 찌르며 마치 누군가와 싸움을 하는 것처럼 '소란과 소동(un tel terribouris et un tel tempestement)'을 벌였다. 마치 지옥의 모든 악마들이 그와 함께 방 안에 있는 것만 같았다. 사실 피에르는 몽유병 환자였다. 그는 매일 밤마다 곰과의 결투를 다시 겪고 있다고 생각했다. 그러나 그의 고통은 거기에서 끝나지 않았다. 그가 거대한 곰을 죽이고 아내와 주변 사람들에게 보여주기 위해 비스케이의 성까지 그 시체를 가지고 온 날, 그의 아내는 그것을 보자마자 혼절했다. 그녀는 방으로 옮겨졌고 거기서 이틀 동안 거의 인사불성 상태로 있었다. 정신을 차린 그녀는 남편에게 어린 두 자식들과 함께 되도록 빨리 산티아고 데 콤포스텔라로 순례를 가겠다며 허락해 달라고 요청했다. 그러한 상황에서는 이상한 요청이었으나 그는 허락했다. 그녀는 아이들을 데리고 곧바로 떠났는데 '다시는 돌아오지 않으려 했기 때문에 금, 은, 보석 같은 그녀의 모든 보물들도 함께 가지고 갔다.' 그 뒤 그녀를 비스케이는 물론이고 베아른이나 푸아 백작령 어디서도 볼 수 없었다. 몽유병으로 고통 받는 것에 더해 버림까지 받은 피에르는 우울함에 빠져들었고, 이복형제인 가스통 페뷔스한테 와서 함께 살게 되었다.

'늙은 시종'이 해준 이야기는 아마 고의로 그랬는지 몰라도 상당히 혼란스럽다. 프루아사르도 그것을 상세히 파악하려 하지 않는다. 피에르 드 베아른은 악마에 홀린 것인가? 그가 자신을 곰이라고 생각했을까, 아니면 밤에 그가 '환상'(프루아사르가 사용한 용어)에 사로잡혀 있을 때마다 곰과 싸운다고 생각했을까? 그의 아내 플로랑스의 행동은 어떻게 설명할 수 있을까? 진짜든 꾸며낸 것이든 그녀는 왜 혼절했을까? 그녀는 왜 달아났을까? 그녀는 왜 남편에게 돌아오기를 거부했을까? 마지막 문제에 대해 시종은 더 자세하지만 여전히 미심쩍으며 모호한 정보를 제공한다. 어느 날 플로랑스의 아버지 비스케이 백작이 산에서 사냥을 하고 있을 때였다. 그는 곰과 매우 가까이 마주쳤다. 그가 막 곰과 싸우려 할 때 곰이 말을 하기 시작했다. 곰은 그에게 "내가 너에게 아무런 해를 끼치려 하지 않는데도 너는 나를 사냥하려 한다. 너는 비참한 죽음을 맞이하게 될 것이다."[4] 실제 얼마 뒤에 비스케이 백작은 배반을 당해 감옥에 갇혔고, 그의 가장 위험한 적이었던 카스티야의 왕 잔인한 피에르에게 참수되었다.

시종의 설명은 플로랑스가 몽유병에 걸린 난폭한 남편을 두려워했는지, 아니면 피에르가 죽인 곰이 아버지의 부당한 죽음을 예언했던 다른 곰을 생각나게 해서 겁에 질렸는지 분명하게 밝히고 있지 않다. 그러나 그들 둘, 곧 그녀의 남편과 곰은 미셸 젱크가 현명하게 제안했듯이 하나가 아니었을까?[5] 프루아사르가 계속해서 '피에르 드 베아른'이라고 부른, 아마 오르테즈 궁정에 있는 모두가 그렇게 불렀을 피에르 드 베아른이란 이름은 곰에게서 비롯된 것이 아니었을까? 물론 곰의 게르만 이름인 '베른(Berne)'과 '베르(Bär)'를 사용한 언어놀이는 오직 독일어로만 이해될 수 있었을 것이다. 그러나 북쪽에서 왔으며 네덜란드어와 독일어를 알고 있던 연대기 작가에게 그것은 매우 분명했다. 피에르는 그 자신이 일종의 곰이었다. 적어도 그는 스스로를 그가 죽인 곰이나 아내 아버지의 죽음을 예언한 곰이라 여겼을 것이다. 프루아사르는 플로랑스나 그녀 아버지의 운명보다 곰에게 훨씬 더 많은 관심을 보인다. 시종과 대화가 끝나갈 무렵 프루아사르는 피레네의 곰들이 원래는 고대 이교도 시대의 기사들이었는데 숲에서 사냥을 하다가 신이나 여신에게 상처를 입혀 그 벌로 곰으로 변한 것이 아닌지 궁금해졌다. 프루아사르는 이 기회에 시종에게 샘에서 목욕하고 있는 디아나(아르테미스) 여신의 나체를 우연히 보는 바람에 수사슴으로 변해버린 사냥꾼 악타이온의 이야기를 했다. 그렇게 해서 프루아사르는 (자신의 시 작품들에 자주 사용했던) 학식과 고대 신화에 대한 지식을 드러냈으나, 사슴으로 변한 악타이온이 자신이 키우던 사냥개들에게 찢겨져 죽임을 당한 일은 분명하게 말하지 않았다.[6]

몽유병과 윤회, 적어도 중세 말 그것들의 자리를 대신하고 있던 무엇인가를 그려낸 이 사건은 아마도 『연대기』에서 가장 특이한 일화일 것이다. (시대착오를 무릅쓰고) 꿈과 정신분석적 측면을 제외한다면, 그것은 앞서 언급했던 게르만 이교도 젊은 전사들과 사냥꾼들의 통과의례를 반영하고 있다. 곰과 일대일로 맞서 싸워서 이기는 것은 성인이 되는 필수 의례이다.[7] 물론 피에르 드 베아른은 그 무서운 짐승과 결투를 벌일 당시 이미 성인이었다. 그러나 가문 승계의 관점에서 그는 아직 미성년자였다. 그는 단지 앞 대 푸아 백작의 사생아였기 때문이다. 프루아사르가 오르테즈 궁정에 도착했을 당시 가스통 페뷔스는 외아들을 막 잃은 비극적 상황에 처해 있었으나,[8] 피에르가 가스통의 뒤를 이을 가능성은 전혀 없었다. 따라서 피에르는 오히려 아내의 수위권을 내세워 비스케이에 대한 권리 일부를 주장하는 편이 더 나았다.[9] 그러나 그렇게 하려면 그는 남자다운 힘을 드러낼 수 있는, 곧 곰을 죽이는 일과 같은 업적을 세워 자신이 진정한 영주임을 증명해야만 했다. 그는 그렇게 했으나 그것은 그를 미치게 했다. 아마도 용맹스런 그 경험이 사냥꾼으로서의 그의 능력과 정신력, 가문 승계와 정치적 능력을 넘어섰기 때문일 것이다.

더구나 피에르가 매일 밤마다 꿈에서 맞서 싸운 곰은 몇 년 전 비스케이 백작의 비참한 죽음을 예언한 곰과 같은 부류였다. 그 곰은 수도사, 기사, 왕들을 괴롭히기 위해 그들의 꿈에 나타나는 변장한 악마, 곧 봉건시대의 곰과 같은 맥락에 있다. 많은 작가들에게 한밤중 방 안에서, 아니면 낮이라도 숲 한가운데에서 마주치는 곰은 모두 유령이나 다름없었다. 그들은 대부분 그 야수 뒤에 혼령이나 유령이 숨어 있다고 보았다. 인간과 곰은 그 '외양'부터 너무나 유사했기 때문에 곰은 심판을 기다리며 떠돌고 있는 영혼들이 자신에게 들어오는 것을 막을 수 없었다. 이런 사실을 놓고 보았을 때, 고대 신들이 지나치게 방자하고 오만한 기사들에게 벌을 내린 것이라는 프루아사르의 추론은 오비디우스의 전통에 묶여 있어서 약간 구식이기는 하지만 전혀 엉뚱하다고는 할 수 없다. 만약 그렇지 않다면 약간의 빈정거림이 가미된 것일 수도 있다. 이 연대기 시인은 이따금 대화상대나 청중, 그리고 자신을 조롱하기를 즐겼다.

사슴의 명성

곰에서 사슴으로의 직접적인 교체는 사냥과 함께 살펴볼 필요가 있다. 중세 말 곰의 몰락은 사슴의 가치상승에 크게 기여했는데, 여기에는 마치 두 짐승이 분담해야 하는 어떤 공통의 상징적 잠재력이 있는 듯했다. 곰의 가치가 떨어지고 존재가 희미해질수록 사슴은 무대의 전면에 설 수 있었다. 그 시작은 사냥이었다.

사슴은 겁이 많고 재빨리 도망쳤기 때문에 중세 초에는 내내 무시 받는 사냥감이었다. 그러나 13세기부터는 왕실의 사냥동물이 된 것으로 보인다. 사슴이 곰과 멧돼지를 대체했다는 사실은 사냥에 관한 모든 서적들이 증명하고 있다. 작가들은 이제 사슴 사냥에 대해 쓰기 시작했다. 그들은 다른 어떤 사냥보다도 사슴 사냥에 더 많은 시간을 할애했다. 어느 익명의 작가가 13세기 후반에 편찬한『사슴 사냥*Chace dou cerf*』[10] 같은 일부 작품들은 그 전체가 사슴에게 바치는 시이거나 오직 사슴과에 속하는 동물들만을 다룬 서적이었다. 곰과 멧돼지는 더 이상 그런 대접을 기대할 수 없었다. 무엇보다 중요한 것은 그 서적들에서 사슴이 결코 나쁘게 묘사되지 않았다는 데 있다. 사슴 사냥도 모든 면에서 높이 평가되었다. 가스통 페뷔스는 1387년과 1389년 사이에 저술한『사냥서』에 다음과 같이 썼다.

사슴 사냥은 멋진 일이다. 사슴을 찾는 것은 멋진 일이고, 사슴을 속이는 것도 멋진 일이고, 사슴이 달아나도록 내버려 두는 것도 멋진 일이고, 사슴을 사냥하고 다시 또 사냥하는 것도 멋진 일이고 (…), 사슴의 가죽을 벗기고 토막 내서 손질하는 것도 멋진 일이다. (…) 사슴은 멋지고 즐거운 동물이다. 나는 사슴 사냥이야말로 가장 귀족다운 사냥이라고 본다.[11]

이와 같거나 유사한 말들이 14세기 다른 사냥서 작가들의 글에서도 발견된다. 특히 앙리 드 페리에르의 글이 그러하다. 그는 노르망디의 귀족이라는 사실 말고는 거의 알려지지 않았지만, 1360년과 1379년 사이에 그 유명한『모두스 왕과 라티오 여왕의 책들Les Livres du roy Modus et de la royne Ratio』을 쓴 작가이기도 하다. 이 책은 근대 초까지 상당히 인기를 누리던 작품이다. 비록 정교한 연표를 세우지는 못했지만, 프랑스와 잉글랜드에서는 12세기 말과 13세기 중반에 사슴 사냥이 곰과 멧돼지 사냥보다 명성이 더 높았던 것 같다. 하지만 다른 지역에서는 이러한 전환이 뒤늦게 이루어져서, 이탈리아와 독일에서는 14세기 말과 15세기 초에, 에스파냐와 포르투갈에서는 그보다 더 늦은 근대 초에 일어난 듯하다.[12]

사슴이 귀족의 사냥감으로 격상된 데에는 성직자가 핵심적인 구실을 했다. 교회는 모든 사냥에 반대했지만,[13] 사슴 사냥은 덜 악하게 보았다. 그것은 곰 사냥이나 멧돼지 사냥보다 덜 야만적이었으며, 사람과 짐승 간의 일대일 유혈 격투로 끝나지도 않았다. 사람이나 개가 죽는 경우도 훨씬 드물었고, 울부짖음이나 동물의 악취도 덜 했다. 사냥이 언제 끝나는지는 인간과 개, 사냥감이 얼마나 지쳤는지에 달려 있었다. 물론 사슴 사냥은 새 사냥만큼 평화롭지는 않았다. 다 자란 수사슴들이 성적으로 가장 흥분해 있을 때인 가을에는 발정난 사슴의 큰 울음소리 때문에 사냥이 격해지는 경우도 가끔 있었다. 그러나 일 년 어느 때나 사슴을 추격하는 일이 곰이나 멧돼지와 가까이 붙어서 싸울 때처럼 사냥꾼을 무아경이나 격렬한 상태에 빠지게 만들지는 않았다. 요컨대 사슴 사냥은 더 문명화하고 잘 통제될 수 있는 것처럼 여겨졌다.

게다가 무엇보다도 사슴의 상징성이 사슴 사냥에 기독교적인 성격을 부여할 수 있게 해주었다. 교부들과 뒤이어 나타난 라틴 동물지들은 사슴을 태양의 동물이나 빛의 창조물, 하늘과 지상의 중재자로 보는 다양한 고대 전통들을 근거로 삼았다. 여기에서 사냥꾼과 마주친 금빛 사슴, 흰 사슴, 날개달린 사슴, 신비로운 사슴, 뿔 사이에 빛나는 십자가를 지니고 있는 사슴을 중심으로 한 성인 전설들과 문학작품들이 탄생했다. 중세 이야기들에서 성인은 언제나 사냥꾼과 정반대의 존재였다. 그러나 사슴과 함께라면 사냥꾼도 성인이 될 수 있었다. 예컨대 로마의 장군이자 열정적인 사냥꾼이었던 에우스타키우스의 전설에 따르면, 어느 날 그는 쫓고 있던 사슴의 뿔 사이에서 십자가를 보았다. 그 환영을 본 뒤에 그는 모든 가족과 함께 개종하였다.[14] 후대의 전설로는 아키텐 공작의 아들 위베르의 이야기가 있다. 위베르는 성스런 금요일에 사냥을 하다가 마찬가지로 십자가 환영을 보았다. 그는 자신의 삶을 반성하고 선교하러 아르덴으로 가서 리에주의 첫 주교가 되었다.[15]

중세 신학자들은 의도적으로 사슴의 부정적이고 성적인 상징들을 무시했다.[16] 그들은 사슴을 순결하고 고결한 동물로 바꾸고, (사슴의 뿔이 해마다 새로 자라나는 것에서?) 부활의 이미지를 부여했으며, 새끼양과 유니콘처럼 그리스도의 표상이자 대체물로 만들었다. 이런 작업을 수행하면서 그들은 발음의 유사성을 근거로 망설이지 않고 ('하느님의 종'이라는 뜻으로 그리스도의 특성 가운데 하나인) 'servus'와 ('사슴'을 뜻하는) 'cervus'를 연결시켰다. 또한 그들은 사슴을 뱀의 적, 곧 악마의 적이라고 한 플리니우스의 말을 다시 불러들였으며,[17] 인간의 영혼이 주님을 찾는 것은 목마른 사슴이 샘에서 물을 찾는 것과 같다고 한 「시편」 42편의 구절에 주석을 달았다.[18] 이 신학자들에게 사슴은 구세주였다. 사냥 서적들도 쉽게 그 비유를 받아들였다. 사슴은 희생하는 동물이자 명확한 규범과 관습에 따라 의례에서 신성시했던 사냥감이었다. 사슴의 죽음은 그리스도의 수난과 나란히 놓였다. 문학작품들도 'servus(종)'와 'cervus(사슴)' 사이의 언어놀이를 이용해 사슴 사냥을 구세주의 사랑을 은유하는 것으로 만들거나, 사슴을 귀부인의 종(servus), 곧 연인을 상징하는 사랑의 동물로 바꾸었다.[19]

이러한 사슴의 긍정적인 상징성은 성인전과 문학, 예술에만 한정되지 않았다. 그것은 표상의 영역으로도 퍼져갔다. 예컨대 14세기 말의 두 군주에게 사슴은 가장 애호하는 동물 상징이었다. 그들은 궁정 생활과 의식에 관련된 옷과 휘장에 사슴을 즐겨 사용했다. 잉글랜드의 왕 리처드는 사슬이 채워진 채 앉아 있는 사슴을 자신의 상징으로 삼았다. 프랑스 왕 샤를 6세의 동물 상징은 날개가 달린 사슴이었다. 전설에 따르면 샤를 6세는 대관식 다음날 상리스Senlis 숲에서 사냥을 하다가 날개달린 사슴과 마주쳤다고 한다.[20] 샤를 6세의 아들이었으나 적법성을 의심 받았던 샤를 7세는 1422년 왕이 되자마자 아버지의 동물 상징을 서둘러 자신의 것으로 만들었다. 날개달린 사슴은 샤를 7세가 가장 선호했던 휘장이었으며, 거의 십년 동안 그의 지지자들의 표식으로 사용되었다. 잔 다르크 덕분에 1429년 랭스에서 왕위에 오른 샤를 7세는 날개달린 사슴을 프랑스의 상징으로 만들었다. 날개달린 사슴은 백합 문장과 함께 왕관 양쪽에 하나씩 등장했는데 마치 사슴이 백합을 지키고 수호하는 듯한 모습이었다. 사슴에게 주어진 그 자리는 예전에는 두 천사가 했던 역할이었으므로 더 중요했다. 그 뒤 루이 6세와 샤를 8세도 계속해서, 그러나 더 조심스럽게 사슴을 프랑스의 상징으로 사용했다.[21]

교황들도 사슴의 강한 기독교적 상징성에 무관심하지 않았다. 가장 대표적인 예는 14세기의 전제교황이며 영리한 정치가이자 교회의 사치스러운 군주였던 교황 클레멘스 6세이다. 그가 부분적으로 재건축한 아비뇽 궁에는 그의 개인 거처인 일종의 [작은 서재] 스투디올로studiolo가 있었다.

낚시와 사냥 장면과 같은 세속적인 장식으로 꾸며져 있는 그곳은 '사슴 홀'이라 불렸다. 거기에는 마테오 조바네티가 그린, 지금은 심하게 훼손된 사슴 사냥 프레스코 벽화가 있다. 그 그림은 교황의 궁전 정원 한 부분을 차지하고 있던 '사슴 사냥터'에서 영감을 받은 듯하다. 사슴들은 '사슴 관리인(custos cervorum)'의 감독 하에 있었는데, 회계장부에 따르면 관리인들은 후한 보수를 받은 것 같다.[22] 클레멘스 6세와 사슴의 관계는 무엇보다도 그의 장례식에서 상징적으로 긴밀하게 나타났다.[23] 알몸으로 묻어줄 것을 유언한 교황의 '시신은 사슴가죽에 넣어 봉해졌다'. 이는 교황이 죽은 1352년 12월 6일 이후 9일째 되던 날에 행해진 일이었다. 그는 이듬해 4월 그 마지막 옷을 입은 채로 라 셰즈듀 수도원 교회에 묻혔다. 비록 종교전쟁 당시 훼손되었지만 그의 화려한 무덤은 여전히 남아 있다. 당시로서는 독특한 이 놀라운 선택은 사슴가죽의 수축성과 전염 예방성(클레멘스 6세는 흑사병 시대의 교황이었다), 겸허함을 향한 진실한 열망으로도 충분히 설명되지 않는다. 그보다는 오히려 사슴이 가진 기독교적인 측면, 곧 구원자로서의 이미지와 부활에 대한 상징성을 살펴볼 필요가 있을 것이다.[24]

새로운 상징

사슴의 명성이 높아져갔으나 14세기의 일부 유명인사들은 여전히 곰에 충실했다. 그들은 그 동물이 한때 누렸던 옛 영광 언저리에 자신들의 상징 세계를 구축했다. 그들 가운데 하나는 프루아사르를 비롯한 동시대 연대기 작가들이 모두 잘 알고 있던 인물이었다. 그는 피에르 드 베아른과는 달리 남부 출신의 영주도, 취약하고 불완전한 출신도 아니었으며, 소유재산이 보잘 것 없지도 않았다. 그는 유명한 '흰 백합가문(프랑스 왕가)의 왕족'으로 왕의 아들이자 형제이자 삼촌인 베리 공작 장 드 프랑스였다. 그는 선량왕 장의 아들이었고, 샤를 5세의 동생이자 샤를 6세의 삼촌이었다. 역사가 프랑수아 오트랑의 뛰어난 표현을 빌리자면, 그는 여러 차례 '왕좌로 향하는 두 번째 계단'에 서 있었고,[25] 기록과 문서에 수많은 흔적을 남겨 우리에게 친숙한 인물이다. 그는 물론 오랫동안 역사가들에게 주목을 받았다. 그의 강렬한 개성은 60년 이상 왕국 역사에 두드러진 자취를 남겼는데, 당시 프랑스는 정치 · 왕조 · 군사 · 사회 · 경제는 물론이고 기후에서도 심각한 위기를 겪고 있었다. 장은 위대한 정치가가 아니었으며 뛰어난 전쟁지도자는 더욱 아니었다. 하지만 그는 영리한 외교관이자 심미안을 가진 후원자였다. 사실 그는 예술 분야에서 가장 중요한 역할을 수행했다. 장은 당대 최고의 예술 후원자였으며, 그것으로 후세에 이름을 남겼다. 1340년에 태어나 1461년에 세상을 떠난 장은 대부분의 그의 동년배들보다 오래 살았다. 성인이 된 뒤 그는 줄곧 돈과 권력을 가진 열정적이고 욕심 많은 남자로, 아름다움과 새로움의 연인으로, 예술가와 문인들의 보호자이자 후원자로, 건축업자로, 수집가로, 애서가로 살아갔다.[26]

그리고 그는 알려져 있지는 않지만 곰의 벗이었다. 곰은 한때는 숲의 위대한 맹수이자 동물의 왕이었으나 당시에는 더 이상 사람들의 마음을 사로잡지 못했다. 특히 왕과 대大영주들은 자신들의 말과 개, 매에 빠져 있었다. 그들은 사자 · 표범과 더불어 치타와 사향고양이를 소유하기도 했으며, 불가사의한 인도나 신비로운 아프리카에 서식하는 화려한 색상의 재잘거리는 새들을 구하려고도 했다. 새 사육장과 앵무새가 유행했고, 군주들의 동물원에서 곰은 더 이상 인기를 끌지 못했다. 그러나 장 드 베리만은 예외였다.

무시당하거나 심지어 경멸당하기까지 했던 곰에 대한 장 드 베리의 관심은 그가 잉글랜드에 있을 때 시작한 듯하다. 장은 1360년부터 1364년까지 청년시절에 4년 이상을 잉글랜드 왕 에드워드 3세의 궁전에 머물렀다. 그를 비롯한 프랑스의 왕자들은 1356년 푸아티에 전투에서 포로가 된 선량왕 장이 석방되는 대가로 잉글랜드의 인질이 되었다. 그들은 선량왕

장이 엄청난 양의 돈을 지불할 때까지 런던에서 살아야 했다. 하지만 장 드 베리가 갇힌 잉글랜드의 감옥은 황금우리와 같았다. 그는 자신을 위해 특별히 마련된 거처에서 살았으며 움직임과 활동도 자유로웠다. 그는 런던 외곽을 방문할 수도 있었는데, 단 '해지기 전(dedans le soleil couchant)'까지는 반드시 돌아와야 했다. 사실상 그것은 가택연금이었다. 전설에 따르면 런던에 머무는 동안 장 드 베리는 '우르신(Urcine)'이나 '데 우르신(des Ursines)'이라고 불린 수수께끼 같은 어느 잉글랜드 귀부인과 사랑에 빠졌다. 그녀에 대한 사랑으로 그는 강제 유배된 이 기간에 두 개의 동물 상징을 채택했고, 죽을 때까지 그것을 유지했다고 한다. 발음을 합쳐서 '우르신(Urcine=ours+cygne)'이라는 이름을 만들 수 있는 동물은 '곰(ours)'과 '백조(cygne)'이다. 두 개의 상징, 언어놀이, 포로가 된 젊은 왕자, 아름다운 귀부인과의 추억, 그녀의 이름. 이야기는 매력적이다. 하지만 실제의 역사 자료는 이를 반박하고 있다.

1360년 무렵 제후들은 그들 가문의 문장과 관련이 있든 없든 가리지 않고 개인의 상징을 자유롭게 선택해서 마음껏 사용했다. 이 새로운 유행은 잉글랜드 궁정에서 조금 먼저 나타났다. 이는 전통적인 문장체계의 엄격함을 보상하는 것이었다. 12세기 중반에 나타나 13세기 초에 성문화된 전통적인 문장체계는 왕과 제후, 영주들로 하여금 더 이상 그들 가문의 문장을 제멋대로 선택하거나 수정할 수 없게 했다. 문장은 세습되는 것으로 친족관계에 묶여 있었다. 귀족들은 이름, 봉토, 작위와 마찬가지로 문장을 유산으로 물려받았다. 그들은 문장을 사용하고 그 규칙들을 존중해야 했다. 그리고 장남이 아니라면 (장자와 혈통을 구분하기 위해) 방패에 '변형brisure', 곧 가문에서 그들이 차지하는 지위나 신분이 드러나게끔 수정을 가해야 했다(보통 작은 형상이 첨가되었다). 따라서 막내아들이었던 장 드 베리는 '푸른색 바탕에 금색 백합이 흩뿌려져 있는(d'azur semé de fleurs de lis d'or)' 프랑스 왕실의 문장에 '톱니 모양의 붉은 선을 테두리(a bordure engrelée de gueules)'

로 두르는 변형을 가했다. 그는 결코 그것을 바꿀 수 없었다.

군주들의 문장은 매우 엄격하게 규제되고 통제되었기 때문에 그에 대한 보상이 필요했다. 초기 문장에서는 가능했으나 이제는 개성을 드러내기 위해 가문의 문장을 바꾸는 것이 허락되지 않았기 때문이다. 그들은 자신의 포부 · 계획 · 위업 · 사랑, 소중히 여기거나 상징적인 '원동력'이 된 이상들을 다른 방식으로 표현해야만 했다. 그 첫 번째 대안은 '개인표장(devise)'*이었다. 이는 아마 영국에서 1340년과 1360년 사이에 나타났던 것 같다. 앵글로노르만어와 중기 프랑스어에서 나온 이 단어가 그 시대에 쓰인 의미는 오늘날과 결코 같지 않았다. 〔오늘날 현대 프랑스어에서 'devise'는 이미지보다는 표어, 격언, 경구, 신조, 좌우명 등을 뜻하는 데 비해〕 상징적인 포고문을 뒷받침하기 위해 쓰이는 격언이나 문장, 단어들의 단편이 아니라 오직 이미지만을 가리켰다. 개인표장은 상징으로 기능하는 (동물, 식물, 사물 등의) 양식화된 이미지를 되풀이해서 사용하는 것에서 출발했는데, 문장과는 달리 그 구성이 세습 규칙에 얽매여 있지 않았다. 그러나 14세기 후반에는 그것도 관습화해갔다. 이미지는 '단어'나 어구, 완성된 문구와 함께 등장하다가 결국 ('이미지+글'의 형태로) 함께 나타나는 것으로 정착하였다. 그러나 17세기부터는 이미지와 글이 함께 들어가는 이중표장이 덜 빈번하게 사용되었고, 가문의 문장과 함께 사용하거나 단독으로 단어나 격언만 사용하는 것이 일반화되었다.

장 드 베리는 영국 궁정의 다른 젊은 군주들처럼 이런 새로운 경향에 금세 굴복했다. 사실 그는 그 유행을 가장 먼저 받아들인 인물들 가운데 하나였다. 친구이자 보호자였던 다른 군주가 그에게 그것을 제안했을 수도 있다. 아무튼 장 드 베리가 1360년 만성절에 런던에 도착했을 때에는 그의 상징은 가문의 문장이 유일했다. 하지만 1364년 12월 영국을 영원

---

* 개인표장 : 이미지와 짧은 글로 이루어진 개인의 상징물이다. 일종의 준문장(parahéraldique)으로 기능했으며 일부 경우에는 세습되기도 했다. 제약이 많아진 가문의 문장에 비해 선택의 폭이 넓어 사용자의 개성을 드러낼 수 있었다.

히 떠나는 순간에 그는 여전히 가문의 문장을 가지고 있었으나 개인표장도 가지고 있었다. 그것은 대부분 서 있는 모습으로 묘사되고, 때로는 깃발을 든 모습으로 묘사되기도 했던 곰이었다. 이 곰은 장 드 베리와 마지막 순간까지 함께했으며, 그와 관련된 문헌·기념물·예술품·일상용품에 끊임없이 나타났다.

그가 곰을 표장으로 삼은 이유는 쉽게 이해할 수 있다. 그것은 상징적인 고찰보다는 단순한 언어놀이에서 비롯되었을 것이다. 1360년 10월 중순 이후 장은 베리 지방을 영지로 받았다. 그 땅은 그가 전에 수여받았다가 곧바로 빼앗긴 마콩과 푸아티에 백작령을 대신해서 주어진 것이었다. 잉글랜드로 떠나기 직전에 왕에게서 베리 공작령을 수여받은 장은 자신의 봉토를 다시는 잃고 싶지 않았다. 그의 새로운 표장은 그 영지가 자신에게 귀속된다는 사실을 모두 볼 수 있도록 선언하기 위한 방법이었다(에드워드 3세의 궁전에서 이 젊은 영주는 베리라 불렸다). 영어에서 베리(Berry)의 첫 음절은 곰(bear)이라는 단어와 유사하다. 발음의 유사함에서 이미지의 선택까지의 짧은 틈새를 장은 재빨리 뛰어넘었을 것이다. 아마도 그는 1360~1361년 무렵에 이미 개인표장을 소유하고 있던 잉글랜드의 젊은 왕자들을 모방하려고 했던 것 같다. 그 중에는 잉글랜드 왕의 차남 이하의 아들들인 클라렌스 공작 리오넬Lionel, 랭커스터 백작(뒤에 공작으로 된) 존John, 캠브리지 백작(뒤에 요크 공작이 된) 에드먼드Edmund도 있었다. 장 드 베리가 30~40년 일찍 런던에 인질로 있었더라면 그는 아마 곰을 표장으로 선택하지 않았을 것이다. 그 당시의 궁정과 귀족사회에서는 프랑스어를 사용했기 때문이다. 영어는 평민들이 쓰는 일상의 언어였으므로 '베리(Berry)'와 '곰(Bear)'을 소재로 한 언어놀이는 공감을 얻지 못하거나 경멸되었을 것이다. 하지만 1360년 무렵에는 더 이상 그렇지 않았다. 에드워드 3세의 명에 따라 정치적인 이유로 잉글랜드 왕실에서는 영어를 사용하기 시작했고, 귀족들도 예전에는 깔보았던 그 언어를 즐겨 사용하게 되었다. 이

제 젊은 왕자의 이름과 위대한 짐승의 이름을 가지고 하는 언어놀이가 가능해졌으며, 심지어 최신식으로 여겨지기까지 했다.[27]

'언어놀이' 개념은 지극히 문화적이다. 그것은 언어, 지역, 사회적 환경에 따라 다양해질 수 있다. 오늘날 그것은 거의 인정받지 못하고 있으며 실없는 짓으로 여겨지기 일쑤이다. 개인과 집단들은 언어놀이에서 비롯된 이미지를 상징으로 삼기를 주저한다. 특히 그것이 약간 '억지스럽게' 보일 때는 더욱 그러하다. 그러나 중세 말에는 상황이 달랐다. 언어놀이로 단일한 문구, 이름, 상징을 얻는 것은 의도된 행위이자 매우 뜻있는 선택이었으며 조금도 폄하되지 않았다. 오히려 상징과 표장으로서의 측면은 더 강화되었다. 게다가 수십 년을 거치면서 '말하는' 이미지, 곧 그것을 사용하는 이와 직접적이나 간접적으로 발음이 연결되는 이미지를 문장으로 사용하는 것은 귀족과 평민, 개인과 집단 모두에게 익숙한 일이 되었다. 중세 문장의 4분의 1이 대부분 이런 식의 '말하는' 이미지였으며, 그 위상도 결코 다른 문장들보다 떨어지지 않았다. 말하는 이미지의 위신 추락은 그런 방식이 남용되고, 언어 표현에 대한 감성이 중대한 변화를 겪는 17세기에나 일어났다.[28]

곰과 백조

장 드 베리와 그의 표장으로 다시 돌아가 보자. 우리에게 알려진 장 드 베리 표장의 가장 오래된 증거는 그가 잉글랜드에서 돌아온 몇 주 뒤인 1365년 2월 작성된 문서에 찍힌 인장이다. 거기에는 깃발을 들고 목에는 베리 지방의 문장이 새겨진 방패를 걸치고 서 있는 곰의 형상이 묘사되어 있다.[29] 그 곰은 1370년대에 사용된 공작의 다른 인장들에도 여러 차례 등장했다. 공작의 전신이 묘사된, 1374년 말이나 1375년 초에 처음 주조된 것으로 보이는 대형 인장에서 그 곰은 상처 입은 백조와 짝을 이루기도 했다. 거기에서 공작은 홀笏을 손에 쥔 채 정면을 바라보고 서 있다. 그의 오른편에는 백합으로 장식된 투구를 쓴 곰이 앉아 있고, 왼편에는 목에 베리 공작의 방패를 두른 백조가 있다.[30] 그 뒤에도 장 드 베리가 가장 즐겨 사용한 두 표장인 곰과 백조는 자주 함께 나타났다. 그러나 곰만 단독으로 사용된 경우도 많았다. 곰은 가장 먼저 나타났고 가장 즐겨 사용된 공작의 표장이었다.

백조는 1375년 이전에는 나타나지 않았다. 이는 공작이 런던에 포로로 잡혀 있는 동안 매혹되었다는 잉글랜드 귀부인 우르신에 관한 전설을 무너뜨리기에 충분하다. 사실 그 전설은 14세기 중반 이전의 사료에서는 확인할 수 없으며, 장 드 베리가 죽은 때(1416년)로부터 거의 40년 뒤의 기록에 나타나는 이야기이다. 그 전설을 넌지시 언급한 첫 번째 작가는 장 드 베리의 조카의 아들이었던 앙주의 르네이다. 대군이자 자유분방한 시인이었던 르네는 자신의 유명한 저서 『사랑에 사로잡힌 마음에 관한 책*Livre du coeur d'amour épris*』(1457년)에 이를 남겼다.[31] 르네는 언어놀이를 사용해 그의 증조부가 즐겨 사용했던 두 개의 상징에서 귀부인 우르신을 만들어낸 듯하다. 단언컨대 장 드 베리는 그 가상의 연인에 대한 사랑이나 추억 때문에 자신의 표장을 택한 것이 아니다. 곰과 백조는 그 귀부인보다 몇십 년은 앞서 있었으며, 사실 그녀는 존재한 적도 없었다.

그렇다면 곰과 백조는 왜 함께 나타나는가? 나는 앞에서 곰이 선택된 이유가 그것이 영어에서 베리의 '말하는' 이미지였기 때문이라고 보았다. 그러나 백조가 덧붙여진 것은 어떻게 설명할 수 있는가? 그것은 늦어도 12세기부터는 백조를 자신들의 신화적이고 토테미즘적인 상징으로 사용했던 불로뉴 백작 가문을 암시하는 것일까? 실제로 홀아비가 된 장 드 베리는 1389년 불로뉴와 오베르뉴의 명망 높은 백작 집안의 상속녀인 어린 잔 드 불로뉴와 결혼했다.[32] 그러나 장은 백조 표장을 그녀와 결혼하기 15년 전부터 이미 사용하고 있었다. 해답은 다른 데서 찾을 수 있을 것이다. 아마 또 다시 단어로부터 말이다. 사실 베리의 수호성인은 부르주의 첫 번째 주교인 우르생(Ursin)이었다. 공작은 그에게 각별한 애착을 갖고 있었다. 성 우르생의 라틴어 이름 우르시누스(Ursinus)는 당시의 어휘적 추론으로 보면 곰과 백조를 뜻하는 'ursus'와 'cygnus'라는 단어가 합쳐진 이름일 수 있었다. 따라서 베리의 수호성인에 대한 존경심으로 공작이 곰을 먼저 표장으로 소유하다가 나중에 백조를 보조 표장으로 택했을 가능성이 있다. 그것이 아니라면 다른 곳에서 답을 찾아봐야 할 것이다. 장 드 베리의 백조 표장은 '백조의 기사' 전설에서 비롯된 것일 수도 있다. 그 신비로운 전설은 14세기 내내 일부 유럽 귀족들의 마음을 사로잡았으며 많은 상징들을 만들어냈다.[33] 그 유래를 곰과 거위로 이루어진 쌍에서 찾을 수도 있다(거위는 형태나 상징으로나 백조의 사촌이다). 곰과 거위는 매우 오래 전부터 성 마르티누스 축제와 관련되어 있었으며, 필경사들은 종종 그들의 프랑스 이름 'ours'와 'oie'를 혼동했다.[34]

어쨌든 장 드 베리는 자신의 두 표장을 모두 즐겨 사용했다. 그것들은 그의 정체성의 상징이자 소유의 표시, 힘과 위엄을 드러내는 표장으로 기능했다. 특히 곰은 곳곳에 등장했다. 곰은 부르주, 푸아티에, 리옴, 므앙쉬르예브르 등지에 있는 공작의 여러 궁정과 성들의 조각에서 흔하게 찾아볼 수 있었다. 그 조각들 가운데 일부는 오늘날에도 여전히 남아 있다. 장 드 베리 소유의 수많은 책과 문서, 예술품에는 그려지고, 색칠되고, 직물로 짜이고, 에나멜이 입혀지고, 새겨지고, 주조된 곰들이 더 많이 존재했다. 인장, 헌장, 채색수사본, 성유골함, 금으로 된 식기, 채색 화판, 태피스트리, 보석, 목걸이, 〔돋을새김으로 조각한 장신구나 그림인〕 카메오cameo, 다양한 종류의 원석들이 그 예이다. 공작의 회계장부와 재산목록은 이 동물이 가구, 덮개, 고급 옷감, 옷, 허리띠, 모자에도 사용되었음을 보여준다. 그 물건들은 모두 '곰이 수놓인', '곰이 새겨진', '곰으로 장식된', '곰 모양으로 만들어진' 것들이었다.[35] 곰은 온몸이 표현되기도 했고 하반신만 표현된 것도 있다.

한 마리만 홀로 나타난 것도 있고 여러 마리가 나타난 것도 있으며, 주인공으로 나타난 것도 있고 배경으로 나타난 것도 있다. 어떤 경우에는 곰이 실제의 모습에 가깝게 표현되기도 했으며, 때로는 양식화되어 묘사되기도 했다. 특히 곰이 공작 문장의 일부이거나 문장을 들고 있을 때 양식화가 더욱 두드러졌다. 마치 영어에서 명사 '*bear*(곰)'와 동사 '*to bear*(지니다, 들다)' 사이의 언어놀이가 있는 것처럼, 곰이 가문 문장을 떠받치는 역할을 맡는 경우가 매우 흔했다. 곰은 가문 문장이 들어간 방패와 깃발, 투구, 목걸이, 무기, 물건 등을 들거나 받치고 있었다.

때때로 곰의 역할은 단순히 문장 받침대나 통치권과 소유권에 대한 표시로 끝나지는 않았다. 그것은 거의 '토테미즘적'인 의미를 지닌 기호였다. 1400년대 초에 곰은 공작을 사방에서 둘러싸고 있었다. 곰은 그의 수호동물, 아니 거의 수호'성인'처럼 보이기도 했다. 그의 말년에 이는 더욱 분명해졌다. 장 드 베리는 호사스러운 곰 털가죽 모자를 결코 벗지 않았다(그중 여러 개가 1410~1411년에 그의 명령으로 만들어진 것들이었다).[36] 그리고 나이가 들어 불어나고 무거워진 몸은 동그란 머리, 눈에 띄는 귀와 함께 그를 마치 곰처럼 보이게 만들었다. 곰을 닮아간 그의 노년 모습은 랭부르 형제*가 그린 채색삽화들에 잘 드러나 있다. 『작은 시도서*Petites Heures*』[37]에 추가된 그림 한 장, 그리고 『매우 호화로운 시도서*Très Riches Heures*』[38]의 그림 세 장은 공작이 총애했던 그 형제 화가들로 하여금 그리게 한 자신의 초상화였다.** 당시는 프랑스 왕국이 매우 어려움을 겪고 있던 때였고, 정계에서

---

* 랭부르(Limbourg) 형제 : 폴(Pol), 장(Jean), 에르망(Herman)이란 이름으로 알려져 있는 플랑드르 출신의 화가 3형제이다. 1380년 무렵에 태어나 1416년 무렵에 모두 사망한 것으로 추정된다. 15세기 초반 프랑스 궁정화가로 활약하며 고딕양식의 정교하고 우아한 화풍을 구현해 냈다. 특히 1412~1416년 무렵에 장 드 베리 공작의 주문을 받아 제작한 『매우 호화로운 시도서』는 그들에게 큰 명성을 가져다주었다.

** 시도서(時禱書, Livre d'heures) : 그리스도교 평신도를 위해 만들어진 개인용 기도서이다. 정해진 시간이나 날짜별로 의무적으로 읊어야하는 기도문구, 성서구절, 찬송가, 찬양문을 기독교 축일이 기재된 달력, 황도대, 그리스도교와 관련된 세밀화 등과 함께 수록하고 있다. 그러나 보통 민간의 공방에서 제작되었기 때문에 세속의 행사나 놀이, 계절별로 농가에서 하는 일, 동물우화, 풍자 등 여러 다양한 소재들을 세밀화의 주제로 삼을 때도 있었다. 『작은 시도서』는 랭부르 형제가 장 드 베리 공작의 궁정화가가 되기 전인 14세기 말 장 르 누아르(Jean Le Noir, 1335~1380)를 비롯한 여러 채색공들이 완성한 작품이다. 이후

물러난 장은 체념 상태였다. 그의 깊은 우울함이 수호동물인 곰의 이미지에도 깃들었던 것 같다. 게다가 다양한 회계장부는 우리들에게 그가 때때로 옷과 보석에 곰의 이미지와 함께 매발톱꽃 이미지를 사용했다는 사실을 알려준다. 그 아담한 푸른 꽃은 제라르 드 네르발*보다 훨씬 앞선 15세기 초에 이미 군주와 시인들의 '상처 입은 마음'을 달래주고 있었다.[39]

그러나 장 드 베리의 물품 목록에서 곰이 이미지와 표상으로만 있었던 것은 아니다. 곰은 유골 상태로도 존재했다. 동물계에서 비롯되었다는 수많은 물건들이 장 드 베리의 '호기심의 방'에 보관되고 있었다. 우선 타조의 알·유니콘의 뿔·산호의 가지·뱀의 혀·그리핀의 발톱 등이 있었는데, 이런 것들은 당시 군주들의 보물들로는 비교적 평범한 축에 속한 것이었다. 장은 더 참신한 보물이라고 할 수 있는 거인의 턱 한 개·'나일강 말(하마)'의 이빨 두 개·'바다 고슴도치(성게)' 여러 개·'기름에 삶은 도마뱀(박제된 악어)' 큰 것 하나·'기이한 짐승들'의 다양한 뼈와 가죽들, 예컨대 대형 '늑대 사슴' 가죽과 '머리가 남아 있는' 거대한 북극곰의 가죽을 소유하고 있었다.[40] 1400년대에 비록 갈색곰은 더 이상 진귀한 존재가 아니었으나 놀랍도록 하얀 가죽을 가지고 있으며 북쪽에서 온 그의 사촌은 여전히 매력적이었다.

곰들의 군주

그러나 책, 물건, 보석, 호기심의 방에 소장된 '진귀한 보물(curiosa)'들보다 공작의 개성과 곰에 대한 열정을 있는 그대로 잘 드러내주었던 것은 그의 동물원이었다. 곰이 더 이상 왕의 선물이나 왕실 동물원의 소장품으로 여겨지지 않았을 때도 장 드 베리는 여러 마리의 곰을 소유하고 있었

1410년 무렵, 공작은 랭부르 형제를 시켜 여기에 순례를 떠나는 그의 모습을 추가로 그리게 했다.

* 19세기 프랑스 시인인 제라르 드 네르발(Gérard de Nerval, 1808~1855)은 '불운한 자(El Desdichado)'라는 시에서 그 꽃이 황폐해진 그의 마음에 위안을 가져다준다고 적었다.

으며 그들에게 큰 애착을 가졌다. 이제는 가치가 떨어져 버린, 오직 시장 바닥에서 춤을 추거나 우스꽝스러운 짓을 하는 데에만 능한 동물이 되어 버린 곰을 향한 이러한 퇴행적인 이끌림은 오늘날의 '현대 미술'에 해당하는 그 시대 최신 예술품을 향한 그의 예술적 취향과는 매우 상반된 것처럼 보인다. 물론 다른 대大영주들처럼 공작도 그의 새장에 있는 이국적인 새들과 그의 연못을 헤엄치는 많은 백조와 물새들을 자랑스러워했다. 또한 므앙쉬르예브르의 방문자들에게 아라곤 왕에게서 선물로 받았으며 프랑스의 다른 영주들한테는 없었던 동물인 단봉낙타와 [벨기에 서부] 투르네의 주교가 바친 거대하고 변화무쌍한 타조를 구경시키기를 좋아했다. 타조한테는 기유맹 메를랭이라는 이름을 가진 공식 관리인도 한 명 있었다고 전해진다.[41] 그러나 공작은 언제나 곰을 더 선호했다. 그는 성 아래쪽 므앙 동물원과 공작궁의 남쪽에 있는 부르주 동물원에 모두 곰을 보유하고 있었다. 그 곰들은 문헌 기록에 종종 등장하는데, 심지어 그들 가운데 셋은 이름도 전해진다. 바로 샤플랭(Chapelain), 마르탱(Martin), 발랑탱(Valentin)이다. 이제 그 이름들이 어떻게 생겨나게 되었는지 하나씩 살펴보겠다.

그 세 이름은 무작위로 선택된 것이 아니다. 동일한 마지막 음절을 제외하면 그 이름들은 곰과 특별한 인연을 가지고 있는 세 인물을 떠올리게 한다. 마르탱에 대해서는 이미 여러 차례 언급했다. 그는 곰과 관련된 위대한 성인으로 그의 축일인 11월 11일은 가을 중순에 열렸던 이교의 곰 축제를 대신했다. 발랑탱은 곰과의 인연이 두드러진 성인은 아니었다. 하지만 그의 축일 2월 14일은 곰과 연관된 오래된 계절제를 가리키는 데 사용되었다. 끝으로 [프랑스어에서 기관의 전속 신부를 가리키는] 샤플랭은 고유명사이기 전에 보통명사였다. 그것은 『여우이야기』의 사자 왕 궁전에서 곰이 수행하던 하나의 역할과 관련이 있었다. 이 계통의 이야기들에서 곰 브렁은 때에 따라 부왕副王, 봉건영주, 사절, 노블 왕의 전속 신부 등으로 나온다.

특히 마지막 역할은 후대 판본으로 갈수록 더욱 빈번해진다. 이는 곰의 둔하고 느릿해 보이는 외양이 뚱뚱하고 늘 배부른 것 같은 성직자의 모습과 비슷해 보였기 때문일 것이다. 그리고 초기 판본부터 전해지는 이야기에 따르면 브렁은 여우에게 속는 바람에 농부들에게 붙잡혀 머리가죽이 벗겨진다. 민머리가 된 곰은 성직자 역할에 어울렸을 것이다. 장 드 베리는 아마 『여우이야기』에는 거의 관심을 두지 않았을지 모른다. 그러나 '전속 신부'라는 곰의 전통적인 역할은 분명히 14세기 말까지 생생하게 살아 있었다.

회계장부에는 그 짐승들이 이십년 동안 공작을 위해 일한 '곰 조련의 달인' 콜랭 드 블르롱에게 복종했다고 나온다.[42] 우리는 회계장부를 통해 곰들을 지키고 재우고 먹이며 목줄·사슬·입마개 등을 만드는 데 해마다 상당한 양의 돈을 지출했다는 사실을 알 수 있다.[43] 일상적인 지출에 추가적인 특별지출까지 더해졌을 때는 더욱 그러했다. 때마다 선호했던 곰(처음에는 마르탱, 이후에는 발랑탱)을 수레로 실어 나르는 데 든 추가비용이 그 예이다. 곰은 므앙에서 부르주로, 부르주에서 푸아티에로, 심지어는 파리까지 옮겨졌다가 다시 므앙으로 되돌아왔다. 곰에게 너무 가까이 다가갔다가 부상을 입은 하인이나 방문객에게 지불하는 보상금도 추가지출 사항이었다. 기록에는 1398년 7월 로랭 라르쉐라는 사람이 "영주님의 곰에게 상처를 입어 … 그의 치료를 위해"[44] 투르에서 주조된 45수^{sous}를 지불했다고 나온다. 금액이 큰 것으로 미루어보건대 상처가 꽤 심각했음이 분명하다. 관리인의 명령에 잘 복종하고 군주의 거처에 자주 드나들었던 길들여진 곰이라 할지라도 곰은 여전히 예측할 수 없고 위험한 동물이었다. 아마 그 때문에 장 드 베리가 곰에게 애착을 가졌을 수도 있다. 그는 자신이 좋아하는 곰을 곁에 두었으며 여행할 때도 데리고 다니기를 원했다. 이는 중세 말 다른 영주들에게서는 찾아보기 어려운 취향이었다.

저세상으로 떠나는 마지막 여행에도 공작은 그가 가장 좋아했던 곰인 발랑탱과 동행하기를 원했다. 발랑탱은 암담했던 그의 말년에 활기를 불어넣어준 곰이었다. 물론 공작의 무덤에 들어간 것은 살아 있는 발랑탱도, 그의 유해도 아니었다. 그것은 매우 이단적인 행위였다. 그 대신 발랑탱은 돌로 조각되어 공작의 발 아래에 놓였다. 그렇게 곰은 하얀 대리석으로 된 공작의 와상臥像을 곁에서 지켰다. 장의 발밑에 놓인 곰은 매우 독특한 장례조각이었다. 예전에는 오직 용·사자·개, 이 세 동물만 그 자리에 놓일 수 있었다. 고위성직자들의 발밑에 놓인 용은 그들이 악의 세력에 맞서 승리함을 상징했다. 왕과 영주들의 발밑에 놓인 사자는 그들의 권력에 대한 찬미이자 부활에 대한 징표였다. 귀부인들의 발밑에 놓인 개는 그들의 충실함을 증언하는 것이었다. 사실 이러한 삼중 분류는 봉건시대 이후 종종 흔들리기도 했다. 고위 성직자의 발밑에 사자가 놓이기도 했고, 일부 영주들의 발밑에 개나 용이 머무르기도 했다. 그러나 성직자든 속인이든, 남자든 여자든 간에 망자의 발밑을 지키는 장례조각으로 곰이 선택되지는 않았다.

장 드 베리의 곰은 지금도 부르주 성당 지하묘지에 남아 있다. 그는 자기 주인의 발밑에 엎드려 영원한 잠을 자고 있다. 입마개는 차고 있으나 곰의 온순한 표정은 군주의 평온해 보이는 얼굴과 비슷하다. 다시 강조하건대 공작은 그의 토템인 곰과 닮아 있다. 눈에 띄는 광대뼈, 작고 감긴 눈, 밖으로 튀어나온 둥근 귀 등. 장 드 베리는 그의 삶 마지막 순간에 의식적이었든 무의식적이었든 곰의 외양을 하고 있었다. 그리고 곰과 같은 그의 모습은 대리석 와상에 그대로 보존되어 있다.

공작의 화려한 무덤은 1438년에 죽은 위대한 예술가 장 드 캉브레[45]가 조각한 것이다. 그러나 공작의 와상이 완성되었을 때 아직 무덤 기념물 전체가 완공되지 않았다. 조각가들은 공작의 후계자인 샤를 7세의 요청을 받아 1450년에 전체 작업을 마무리했다. 문상객들을 묘사한 조각상이 완성되고, 하얀 대리석으로 된 육중한 와상이 거대한 검은 대리석 판 위에 놓였다. 공작 생전에 무덤 공사가 시작되었는지는 알 수 없다. 1405년 장드 베리는 공작궁 가까이에 있는 부르주의 생트샤펠에 묻히기로 결심했다. 1416년 5월 죽기 한 달 전에 그는 이런 소망을 다시 확인했으며, 어떤 일이 있더라도 리옴·푸아티에·생드니 등 여러 장소에 묻으려고 그의 몸을 나누지 말라고 당부했다(당시에는 관습에 따라 심장과 내장을 나누기도 했다). 그는 자신의 몸이 온전히 그가 사랑하는 베리 공작령의 수도 부르주에 묻히기를 원했다.[46] 그러나 곰 조각상에 대해서는 어떤 말도 남기지 않았다. 그것은 공작의 명령이나 희망사항이었을까, 아니면 공작의 친구나 장 드 캉브레와 그의 동료들 가운데 하나의 생각이었을까? 사실을 말하자면 그 선택은 너무나 독특한 것으로 장 드 베리 자신이 결정한 것임이 분명하다. 스무 살 무렵 잉글랜드에 억류되었을 때부터 평생을 그는 곰과 연결되어 있었다. 곰은 그가 가장 좋아한 상징이었으므로 죽음까지 동행한 진정한 '토템'이 된 것도 당연한 일이었다.

부르주의 생트샤펠은 폭풍의 심각한 피해로 1757년에 파괴되었다. 공작의 시신과 무덤은 생에티엔 대성당으로 옮겨졌다. 그것들은 지금도 지하묘지에 보존되어 있으나, 그 규모는 공작의 와상 하나로 축소되었다. 와상을 둘러쌌던 웅장한 문상객 조각상들은 혁명 당시 (문화와 예술을 파괴하려는 경향인) 반달리즘vandalism에 희생되었고, 그 잔해는 구대륙(유럽)과 신대륙(미국) 여기저기로 흩어졌다.[47]

불과 털

장 드 베리의 사례는 중세 말 군주들의 세계와는 동떨어져 있다. 사부아 백작 아메데 7세와 같은 소수의 영주들은 여전히 자신의 동물원에 곰을 가지고 있었으나, 다른 대부분의 군주나 대大영주들은 곰한테 흥미를 보이지 않았다.[48] 그러나 여성에 대해서는 사정이 달랐다. 당시의 다양한 사료들은 거대한 야수가 여전히 은밀한 매력을 간직하고 있다고 적고 있다. 남성작가들이 쓴 몇몇 문학과 서사작품들에 따르면, 수컷 곰의 사내다운 외모와 야만적인 힘, 무성한 털은 여전히 여성들에게 신비로운 매력을 발휘했다. 특히 곰의 털은 성적인 흥분을 불러일으킨다고 여겨졌다. 때문에 궁정과 마을의 혈기왕성한 젊은 남성들은 주요 계절제든 단순한 기념일이든 가리지 않고 곰과 악마, 야생인간 사이 어딘가에 존재하는 털북숭이로 변장했다. 그들은 곰 분장을 한 채로 젊은 여성에게 다가가 그 앞에서 도발적인 춤을 추고 그녀들을 놀라게 했으며 유괴하거나 겁탈하는 시늉을 하기도 했다. 때때로 그런 일이 실제로 벌어지기도 했다. 이런 종류의 의식들은 이미 고대 그리스·로마에서도 나타난 것으로 중세 내내 계속되었고 절대왕정 시대까지 이어졌다. 그것은 19~20세기에도 유럽의 민속에 꾸준히 존재했는데, 특히 사육제 기간에 산간지방에서 찾아볼 수 있었다.

14세기 말 사순절四旬節 직전에 행해진 그러한 성격의 왕실 축하행사 하나는 비극적인 결말로 유명하다. 바로 ('불붙은 자들의 연회'라는 뜻의) '발 데 아르당(Bal des Ardents)'이다. 그것은 1393년 1월, 당시에는 대부분 전원지대였던 생마르셀 인근의 왕실 저택에서 열렸다. 그때는 정치적으로 불안정한 시기였다. 그해 여름이 되기 전부터 프랑스 왕 샤를 6세는 정신병으로 고통을 겪었으며, 우울함에 빠져 몇 주 동안 '두문불출'하고 있었다.[49] 그리고 그의 삼촌과 형제가 임시방편으로 통치를 해가던 상황이었다. 왕에게 활기를 주려고 많은 연회와 오락거리, 궁정 축제들이 열렸다. 이것들은 모두 여인들에게 큰 기쁨을 선사했다. 여왕의 시녀였던 젊은 미망인의 재혼은 일종의 샤리바리*를 연회에 집어넣는 구실이 되었다. 다섯 명의 젊은 영주들은 여자들을 놀라게 할(혹은 유혹할) 목적으로 직접 야생인간으로 변장해 무도회장으로 뛰어들기로 결심했다. 그들은 왕의 기운을 북돋

---

* 샤리바리(Charivari) : 공동체의 규범, 특히 성적 규범을 일탈한 자를 공개적으로 처벌하기 위해 젊은이를 주축으로 여럿이 모여 떠들썩하게 소란을 피우거나 외설적인 춤이나 몸짓으로 야유하던 민간 풍습.

을 심산으로 왕에게도 직접 변장을 하고 이 유쾌한 행렬에 참여하는 것이 어떻겠냐고 제안했다. 샤를 6세는 그 제안을 받아들였다. 이리하여 총 여섯 명의 야인들이 무도회장에 난입했다. 그들이 걸친 단순한 형태의 〔가운과 같은 웃옷인〕 튜닉tunic은 송진을 바르고 그 위에 솜과 삼베 부스러기를 뿌려서 마치 동물의 털 같았다. 궁정에서 이 가장행렬에 대해 미리 전해들은 사람은 거의 없었다. 아마 몇몇 신하들과 시종장, 왕의 손아래 형제인 오를레앙 공작 루이 정도만 그 계획을 알고 있었을 것이다. 그곳은 성 내부의 빛이 잘 들지 않았던 커다란 홀이었기에 놀라움은 더욱 커졌다. 여인들은 두려움에 휩싸였다. 그러나 그것은 공포와 흥분이 함께 존재한 모호한 두려움이었다. 발정난 곰처럼 여성들 앞에서 울부짖고 발버둥치는 털북숭이 야인들이 원하는 것은 무엇이었을까? 그녀들을 납치해 희롱하고 겁탈하려는 것인가? 그러나 참극은 갑자기 일어났다. 이 두려운 존재들을 더 자세히 보기를 원했던 오를레앙 공작은 들고 있던 횃불을 그들 가운데 한 명에게 가까이, '너무나도' 가까이 들이댔다. 털 뭉치에 불이 붙었다. 불길은 겁에 질리고 속수무책인 구경꾼들 한복판에 있던 다른 5명의 옷으로도 순식간에 옮겨갔다. 완전히 공황상태였다. 야인 가운데 넷은 끔찍한 고통 속에 죽었고, 두 명은 탈출했다. 낭투이에 경은 침착하게 물이 가득 차 있는 통으로 뛰어들었다. 샤를 6세는 베리의 젊은 공작부인 잔이 가운으로 재빨리 덮어주는 바람에 목숨을 구할 수 있었다.[50]

뒷날 '발 데 아르당'이라는 이름으로 알려진 이 비극적인 사건은 수많은 해석과 의문을 불러일으켰다(고古프랑스어와 중기프랑스어로 'ardre'는 '불타다'라는 뜻이다). 화재를 일으킨 오를레앙 공작이 했던 역할은 정확히 무엇이었는가? 그가 의도적으로 변장한 사람에게 불을 붙인 것인가, 아니면 정말 사고였는가? 그는 가장행렬에 대해 알고 있었는가? 그는 왕이 죽기를 원했던 것인가? 사실 루이 오를레앙은 낭만주의시대의 역사 자료와 일화들이 묘사하고 있는 것처럼 상냥하고 덕 있는 젊은 군주가 아니다.[51]

그러나 1407년 부르고뉴 공작의 루이 오를레앙 암살은 그를 거의 순교자로 바꾸어놓았다. 사실 그는 야망에 불타고 있던 의뭉스럽고 계산적이며 냉소적인 인물이었다.[52] 참극이 일어날 당시 샤를 6세의 슬하에는 여러 명의 딸들과 귀엔의 공작duc de Guyenne이자 프랑스의 황태자dauphin de Viennois*로 건강이 좋지 않은 한 살 된 외아들 샤를만 있었다(그는 1409년 사망했다). 이 아기가 죽고 미친 왕이 사고로 죽는다면 왕의 형제인 루이 오를레앙이 왕위를 물려받게 되어 있었다. 이를 노리고 한 짓이었을까? 증명하기는 불가능하지만 그 시대의 몇몇 연대기 작가들은 그럴 수도 있다고 보았다. 오늘날의 일부 역사가들도 마찬가지로 왕의 동생이 유죄라고 믿고 있다.

하지만 내가 여기서 관심을 갖는 것은 루이 오를레앙의 범죄가 아니라 궁중 연회장 한복판에서 야인으로 변장한 사람들의 모습이다. 14세기 말은 야생인간이 한참 유행하던 때이다. 어디에서나 그려지고 조각으로 새겨지고 실로 짜고 수놓아진 야인들을 볼 수 있었다. 벽, 가구, 스테인드글라스, 벽걸이, 태피스트리, 채색수사본의 여백, 심지어는 교회 성가대석 장식에서도 말이다. 축제와 공연에도 등장했으며 문장과 표장으로도 자주 사용되었다. 야인이 들어간 문장은 수많은 방패들과 투구 꼭대기 장식, 표장에도 나타났다. 오직 머리카락으로만 몸을 가리고 있는 벌거벗은 야만인 여인도 등장했다. 이러한 소재는 도상과 예술작품들에서 흑사병 직후인 14세기 중반부터 유행하기 시작했다(1346~1350년). 그 인기는 1400년대에 정점에 달했고 그 뒤 16세기 초까지 지속되었다.[53] 그것은 무엇보다도 동물과의 경계에 있는 낯선 존재들에 대한 새롭거나 되살아난 호기심과 관련되어 있었다. 그리고 아시아와 아프리카에 대한 서구 여행가들의 이야기로 미지의 사람들을 발견하게 되면서 예전에 알고 있던 세계의 한계가 넓혀진 것과도 관련이 있었다. 더 나아가 그것은 때때로 어떤 도덕적 담론을 수반하기도 했다. 얼마간은 환상의 존재들이었던 이들 야인

---

* 도팽 드 비에누아(dauphin de Viennois)는 샤를 5세 이후 프랑스에서 제1왕자를 뜻하는 말이 되었다.

들은 반드시 부정적이거나 악마적이지는 않았다. 사막의 초기 기독교 은 둔자들처럼 그들은 자연상태에서 살았고, 방탕함이나 부의 추구 때문에 타락하지 않았다. 장 자크 루소와 '고귀한 야인'* 신화는 분명히 훨씬 나 중의 일이었다. 그러나 중세 말에 이미 일부 도덕주의자들은 야인들이 방 종과 불행, 절망에 빠진 기독교 사회를 위한 모델이 될 수 있다는 생각을 피력했다. 이것이 야인의 인기 요인이었다.

도상에서 야인을 충분히 야성적으로 만든 것은 알몸과 무성한 털이었 다. 옷 입은 야인이란 존재하지 않았다. 피부가 매끈하고 털이 없는 야인 도 존재하지 않았다. 모든 야인들은 선천적으로 반은 사람이고 반은 동물 이었다. 그들의 동물성을 가장 강력하게 드러내는 것은 앞서 변장을 다루 면서 언급했듯이 돌출된 신체부위이다. 뿔・이빨・발톱・꼬리・성기・ 털을 예로 들 수 있는데, 특히 털이 중요했다. 바로 그런 이유로 모든 동물 들 가운데 가장 '동물적'이고 가장 야인에 가까웠던 것은 털이 유독 많은 동물인 곰이었다. 털은 곰과 야인 사이에 일종의 친족관계를 만들어주었 다. 그리고 둘 다 모두 털이 많았을 뿐 아니라 숲에서 살아가는 존재, 고古 프랑스어로 멋지게 말하면 '*enforestés*(산사람들)'이었다. 그들은 '숲*(silva)*' 에서 숨어 살았으므로 단어의 어원적 의미 그대로 완전히 '야생*(silvatici)*' 이었다.

중세의 감성은 남성의 몸에 난 털들을 차별하였다. 오직 턱과 팔, 다리, 가슴의 털만 긍정적이고 이롭게 여겨졌다. 그것은 힘과 생식능력의 상징 으로 어떤 시대에는 매력으로 받아들여지기도 했다. 그러나 털이 몸 전 체를 덮고 있는 것은 대체로 악하거나 자연을 거스르는 것, 무질서한 본 능과 육욕肉慾에 얽매인 삶을 상징하는 것으로 여겨졌다. 이는 사람을 짐 승에 가깝게 만들었다. 상상과 상징 세계에서 이 지나친 털은 분명 여성 들의 흥미를 끌거나 매혹시키는 것으로 여겨졌다. 그것은 기이하고 범상

---

* 고귀한 야인(bon sauvage) : 문명에 오염되지 않은 순수한 인간을 뜻하는 말로 루소의 자연으로의 복 귀에 자극을 받아 18~19세기에 유행했던 개념이다

치 않은 정력을 나타내는 것으로 여겨졌기 때문이다. 여기에서 여성과 곰, 여성과 야인이라는 대립쌍이나 그와 연관된 다양한 문학적 예술적 주제들이 생겨났다. 한쪽에는 매끄럽고 부드러운 하얀 아름다움이 있었다. 반대쪽에는 두껍고 덥수룩하고 짙은 털이 있었다. 요컨대 미녀와 야수였다.

여성이 동물의 털에 대해 느낀다는 그 매력이 발 데 아르당에서 프랑스 왕을 구해냈는지도 모른다. 베리의 젊은 공작부인은 불이 옮겨 붙으려는 찰나에 변장한 샤를 6세를 그녀의 드레스로 덮어 주었다. 그 자리에 함께 있던 다른 여인들 가운데 어느 누구도 다른 '야인'들에게 그렇게 하지 못하고 있을 때, 그녀는 어떻게 그토록 재빨리 행동할 수 있는 능력과 침착함을 가지고 있었을까? 이 젊은 여인이 무도회장에 난입한 여섯 야인들에 대해 반감을 가지기는커녕 오히려 생명과 힘으로 가득 찬 털북숭이 존재들에게 어느 정도는 의식적으로 매혹되었기 때문일 수도 있을 것이다. 그녀는 불이 붙기 전에 왕인 줄 모르고 그들 가운데 한 명에게 다가갔다. 바로 옆에 있었기에 그녀는 타오르기 전에 불길을 차단할 수 있었다. 그리고 그녀는 이 불운한 남자를 돕기 위해 망설이지 않고 자신의 드레스를 들어 올리는 정숙치 못한 행동을 했다. 우연과 호기심, 용기, 과감함이 샤를 6세를 구했던 것 같다.

성적 욕망도 작용했을 것이다. 1393년 1월 베리 공작부인 잔 드 불로뉴는 아직 열다섯 살이 되지 않았다. 3년 전 곰들의 군주인 장 드 베리 공작과 결혼했을 때 그녀는 겨우 12살이었다. 50세가 넘은 공작은 이미 손자도 여럿 있었다. 궁정 신하들은 물론 왕까지 나서서 앳된 어린애와 결혼하는 나이 많은 군주를 조롱했다. 샤를 6세는 다음과 같이 비꼬았다. "친애하는 삼촌, 그런 어린 소녀에게 무엇을 하시려고요? 그녀는 12살밖에 안됐어요. 그런 생각을 하는 것은 맹세컨대 완전히 미친 짓입니다."[54] 그렇지만 1390년 6월에 결혼식은 거행되었다. 언제 결혼이 완성되었는지는 분명하게 알려져 있지 않다. 1393년 1월이었을까? 만약 그랬다면 잔은

늙은 남편보다 젊고 원기가 왕성한 야인들에게 더 흔들렸음이 분명하다. 만약 그렇지 않았다면 털북숭이를 향한 욕망과 끌림을 그녀가 자각한 것일 수도 있다. 그것이 어린애다운 천진난만함과 합쳐져 그녀를 성적으로 끌리는 위험한 존재들에게 다가서게 만들었을 것이다.

야인 오르송

이 가설이 약간 외설스러워 보일지라도 결코 시대착오적이지는 않다. 미녀와 야수가 등장하는 14~15세기의 글과 도상들은 매우 많다. 그 가운데 일부는 여성들이 남성이든 곰이든 털이 많은 야성적인 존재에게 끌린다는 점을 강조했다. 가장 인상적인 사례는 매우 널리 퍼진 문학작품『발랑탱과 오르송*Valentin et Orson*』에서 찾을 수 있다. 이는 중세 말기의 무훈시로 다양한 판본들이 전해지고 있다. 그 가운데 운문으로 된 가장 오래된 판본은 14세기 중반 익명의 작가가 쓴 작품인 듯하다. 현재 원본은 소실되었으나 그로부터 몇십 년 뒤에 나온 것으로 보이는 독일어 각색본『발렌틴과 이름 없는 자*Valentin und Namelos*』가 남아 있다. 산문 형식의 프랑스어 판본도 1486년 파리에서 출판되었으며, 16세기에는 영어 · 에스파냐어 · 네덜란드어 · 스웨덴어로도 번역되었다. 야인, 쌍둥이, 부당하게 고발당한 아내라는 소재들로 구성된 이 이야기는 예상치 못한 사건들로 가득 차 있고, 유럽 전역에서 읽혔다.[55] 산문으로 된 판본들을 기초로 축약한 내용은 다음과 같다.

모든 것은 콘스탄티노플, '상상의' 콘스탄티노플에서 시작되었다. 그곳의 황후 벨리상*Bélissant*은 대주교의 구애를 거절했다. 그러자 그는 그녀가 황제를 놓아두고 간통을 저질렀다는 거짓말로 고발했다. 황제가 자기 아내보다 대주교의 말을 믿었으므로 황후는 피신해야 했다. 그녀는 시종 하나만 데리고 몸을 피할 곳을 찾아 오빠인 페팽*Pépin* 왕이 있는 갈리아로 떠났다. 벨리상은 임신한 상태였으므로 여행이 매우 고달팠다. 여정이 거의 끝나갈 무렵에 그녀는 오를레앙 숲의 떡갈나무 아래에서 홀로 쌍둥이 사내아이들을 낳았다. 그러나 불행히도 그 순간 거대한 암곰이 갑자기 나타나 한 아이를 물어갔다. 벨리상은 다른 아이를 놓아둔 채 그 짐승을 뒤쫓았으나 소용없었다. 그녀가 떡갈나무 아래로 다시 돌아왔을 때 나머지 아이도 사라져버렸다. 벨리상은 절망했고, 도움을 청하러 다녀온 시종에게는 황제 편에 선 오빠 페팽 왕이 그녀를 받아들이기를 거절했다는 소식마저 들었다. 낙심한 벨리상은 갈리아 지방을 떠나 포르투갈로 망명했다.

한편, 암곰이 데려간 것은 쌍둥이 가운데 먼저 태어난 아이였다. 암곰은 그 아기를 잡아먹지 않고 오히려 보살피고 핥아주고 따뜻하게 해주었다. 암곰은 갓난아기의 양어머니가 되었고, 그녀의 다른 자식들인 새끼곰들은 그와 형제가 되었다. 아이는 숲에서 야생동물들과 함께 자랐다. 그는 벌거벗은 채 살았고, 말을 할 줄 몰랐으며, 인간과 접촉한 적도 없었다. 그리고 그가 먹은 '어미'의 젖은 그에게 털로 뒤덮인 몸과 놀라운 힘을 주었다. 그는 반은 인간이고 반은 곰이었다. 청년이 된 그는 매우 공격적이었다. 그는 사냥꾼들과 여행자들을 공격하고, 벌집을 파괴하고, 가축을 잡아먹고, 나무꾼들을 죽여서 오를레앙 숲 전역을 공포에 떨게 했다. 그는 지역 전체의 재앙이 되었으며, 외모와 행동 때문에 '야인'이라는 별명으로 불렸다. 어느 누구도 그를 무찌를 수 없었다.

숲에서 사라진 또 다른 아이는 오를레앙 근처에서 사냥을 하던 페팽 왕과 그의 신하들에게 발견되었다. 그 날이 성 발랑탱의 축일이었으므로 왕은 아이에게 발랑탱이라는 이름을 붙여주었다. 발랑탱은 왕의 사랑과 보호를 받으며 궁정에서 자랐다. 왕은 그 아이가 자신의 조카라는 것을 알지 못했다. 그는 자라서 갈리아 최고의 기사 가운데 하나가 되었다. 그는 길러준 양아버지에게 은혜를 갚고자 자신의 손으로 오를레앙 숲의 재앙을 없애버리겠다고 결심했다. 그는 야인과 맞서기 위해 길을 떠났는데, 동료들이 죽을 수도 있다는 생각에 혼자서 그 일을 감행했다. 형제의 재회와 싸움은 극적이었다. 발랑탱은 장검을 가지고 싸웠다. 야인은 처음에는 맨손으로, 나중에는 나무를 뽑아 싸웠다. 발랑탱은 말하고 저주하고 기도하고 애원했다. 야인은 오직 으르렁거릴 뿐이었다. 발랑탱의 목소리가 야인을 동요시켰다. 결국 발랑탱의 검에 상처를 입은 야인이 많은 피를 흘리면서 싸움은 끝이 났다. 승리한 방랑탱은 야인을 단단히 묶어 왕의 궁정으로 데려왔고 영웅으로 환영받았다.

비록 패배했지만 야인도 영웅 대접을 받았다. 그의 야만적인 외모, 알 수 없는 정체, 불확실한 본성은 호기심뿐 아니라 환상, 심지어는 욕망까지 불러일으켰다. 그는 남자, 곰처럼 털이 온 몸을 뒤덮고 있는 야만적이고 벌거벗은 남성이었다. 여성들은 그에게 매우 동요되었다. 몇 주 뒤 야인이 그녀들 가운데 하나와 육체관계를 가졌다는 사실이 드러났다. 다른 여성들은 질투심에, 기사들은 분노에 사로잡혔다. 그 뒤 야인의 정사情事는 급증했다. 그것은 성욕, 경쟁, 무질서를 불러일으켰다. 왕은 야인을 '야생적이지 않게' 만들어 인간의 모습을 회복시키고 사회적인 지위를 주기로 결심했다. 그렇게 하기 위해 우선 그의 털을 완전히 밀었다. 그 다음에는 옷을 입히고, 말하는 법을 익히게 하고, 예절과 무기 다루는 법을 가르쳤다. 마침내 그는 세례까지 받았으며, 그의 예전 모습을 추억케 하는 오르송Orson이라는 이름까지 부여받았다. 그는 잘생긴 젊은이가 되어 용감하게 싸웠으며 경건함과 예절, 미덕을 많이 드러냈다.

발랑탱과 오르송 이야기는 그 뒤 로맨틱하고 신기한 내용으로 바뀐다. 이야기는 본래의 웅장함과 신화적인 힘을 잃는다. 형제는 함께 수많은 위업을 이루었다. 그들은 마법에 걸린 말하는 청동머리의 입을 통해서 자신들이 쌍둥이며 어머니는 포르투갈로 망명했고 아버지는 콘스탄티노플의 황제라는 사실을 알게 되었다. 황제가 죽자 계승을 둘러싼 문제가 불거졌다. 그러나 시간이 많이 흘러 벨리상조차 자기가 낳은 쌍둥이 가운데 누가 왕위를 물려받을 형인지 알지 못했다.[56) 해마다 번갈아가며 통치하는 것과 같은 여러 방안들이 고려되었으나, 결국에는 발랑탱이 죽고 오르송이 콘스탄티노플의 황제가 되었다. 7년 뒤 권력과 궁정생활에 싫증난 오르송은 홀로 깊은 숲속으로 들어갔다. 그리고 이번에는 곰이 아니라 은둔자와 같은 삶을 살았다. 오르송이 죽자 (성인으로 추대하는) 시성諡聖이 논의되었다.[57)

뒷날 소설로 바뀐 이 무훈시는 우리가 관심을 갖는 주제와 관련해 몇 가지 흥미로운 요소를 담고 있다. 그것은 인간과 곰 사이의 생물학적이고 상징적인 친족관계를 다시 강조한다. 그러나 이 경우 여성과 관계를 갖고 아이를 갖는 자는 동물이 아니다. 암곰이 갓난아기를 자기 새끼처럼 기르고, 그녀가 가진 곰의 본성을 약간 전해주기는 했지만 말이다. 이것은 분명히 그리스 신화에 나오는 파리스 이야기와 유사하다. 이다 산의 암곰은 파리스를 구해서 양육하고 보호해주었다. 성인이 되었을 때 오를레앙 숲의 곰 인간은 파리스처럼 뛰어난 유혹자가 되었다. 그러나 그는 다른 수컷 곰들처럼 여성들을 겁탈하는 자는 아니었다. 그는 세상에서 가장 아름다운 여인을 유혹하지는 않았으나, 그 대신 페팽 왕의 궁정에 있는 수많은 여인들을 정복했다. 그의 행동은 트로이의 전설처럼 몰락을 가져오지는 않았다. 그러나 무질서함을 불러온 것은 분명하다.

또 눈여겨 두어야 할 것은 두 영웅의 이름이다. 털로 덮인 젊은이의 외모와 야생에서의 어린 시절을 염두에 두면 오르송이란 이름은 쉽게 이해된다.[58) 하지만 그 이름이 프랑스의 산문 판본들에서 나왔다는 사실에 주목해야 한다. 최초의 운문 무훈시에서 그는 매우 단순하게 ('이름 없는 자'라는 의미로) '산스놈Sansnom'이라고만 불렸다. 15세기 전반 독일어 번역본에 나오는 ('이름 없는 자'라는 의미의) '나멜로스Namelos'처럼 말이다. 사회 체제 바깥에 있는 존재는 이름을 가질 수 없었고 오직 별명으로만 불릴 뿐이었다. 그에게 주어진 산스놈이라는 기묘한 별명은 그 자체가 이미 이름의 시초이자 미래의 사회화에 대한 어렴풋한 암시였다. 한편, 발랑탱이란 이름은 알프스 중앙산지의 주요 이교 곰 축제와 같은 날인 2월 14일을 축일로 가진 성 발랑탱에게서 따온 것이다. 이 성인은 라이티아*의 초기 주교 가운데 하나였으며, 스위스·바이에른·티롤에서 특히 숭배되었다. 성 발랑탱의 삶과 전설에서 곰과 연관시킬 만한 것은 거의 없다. 단지 2월 14일로 정해진 그의 축일이 곰의 첫 번째 동면이 끝나는 것을 기념했던 축제를 '덮어버렸을' 뿐이다.[59] 더 서쪽에서는 이 이교 축제를 2월 2일이나 3일에 열었지만, 바이에른과 오스트리아에서는 14일에 행했다. 후대에 그 날은 연인들의 축제가 되었는데, 이는 농촌의 달력에서 14일이 새들이 재잘거리고 끌어안고 짝짓기를 하는 날로 여겨졌기 때문이다. 무훈시에서 발랑탱이 그의 형제에게 더 어울렸을 법한 곰 이름을 뚜렷하게 부여받은 것은 일종의 상호침투였다고 할 수 있다(발랑탱은 15세기에 장 드 베리가 가장 좋아했던 곰 이름이었다는 사실을 떠올려보자).

그리고 이 쌍둥이와 숲속 인간 이야기에서 털은 동물성의 표시이자 모든 문명화한 삶과 대립하고 있다는 사실에 주목해야 한다. 야인을 사람으로 만들기 위한 첫 번째 조처는 그의 털을 완전히 밀어버리는 것이었다. 그리고 나서야 그는 옷을 입고, 교육을 받고, 세례를 받고, 마침내 이름도 얻었다. 이러한 진행순서는 매우 중요하다. 알몸(이는 오직 다른 사람의 눈에만 의미가 있다), 언어에 대한 무지와 교육의 부족(이는 드문 일이 아니었다), 이교 사상과 이름의 결핍(이는 기독교 세계 밖에서도 발견된다)보다도 훨씬 더 인간을 동물처럼 만드는 것은 털, 지나치게 많은 털이었다. 그리고 중세 말에 그것을 상징하는 것은 여느 평범한 동물이 아니라, 동물들 가운데에서도 가장 짐승 같은 동물, 바로 곰이었다.

---

* 라이티아(Raetia) : 로마 제국의 속주로 그 영역은 오늘날의 스위스 동부 및 중부, 독일 바이에른 주의 남부, 오스트리아와 이탈리아의 접경 지역과 이탈리아의 롬바르디아 주의 일부 등이었다.

산에서 박물관으로

근대가 밝아오는 시점에 점차 새로워졌던 동물 상징체계 안에서 곰의 자리는 더 좁아져만 갔다. 그리스·로마 신화와 고대의 저작들에 관한 지식의 증대는 중세에는 제한된 관심만 받았던 (돌고래·황소·원숭이·코끼리 등의) 동물들을 다시 무대 전면에 세웠다. 그리고 이러한 관심은 동물에 관한 인쇄물, 조각, 전설과 믿음을 통해 더욱 확산되어갔다. 수십 년 뒤에 머나먼 세계이기만 했던 아프리카와 아메리카가 발견되었고, 그것은 지금까지는 부분적으로만 알고 있었거나 잘못 알고 있었던, 또는 전혀 알지 못했던 (코뿔소, 기린 등의) 동물들에 관한 지식과 상상을 공급해주었다. 거의 모든 영역에서 동물지는 재구성되었으며 가치체계도 새롭게 수정되었다. 오직 사자만이 신참들의 지위 상승에 저항했다(아마도 그 이국적인 요소 때문이었을 것이다). 그에 반해 곰은 자주 방치되었다. 이는 더 풍부한 상징성을 부여받거나 새로운 호기심과 감성에 부합한 동물들 때문이었다. 곰은 상징의 세계에서 매우 별 볼 일 없는 역할을 했다. 그는 우화와 속담에서도 열악한 상황에 놓인 엑스트라일 뿐이었다.

그러나 가장 명백한 쇠퇴는 악마의 동물지에서 찾을 수 있었다. 과거 그곳에서 곰은 스타였다. 그는 악마 자체가 육화한 존재이며 수많은 악덕들의 전달자로 여겨졌다. 하지만 이제 그의 존재는 희미해졌다. 중세 한복판에서 통용되던 것과는 달리 자연과 초자연의 교차점에서 간신히 그의 자리를 찾을 수 있을 뿐이었다. 마녀집회는 악마의 동물지 안에서 벌어진 이러한 변화들과 유럽의 위대한 야수의 몰락을 보여주는 대표적인 사례이다.

마녀의 동물지

15세기 이래 서구는 교회와 기독교 세계를 위협하기 위해 마녀들이 음모를 꾸미고 있다는 강박관념에 휩싸여 살아왔다. 물론 그런 강박관념을 드러낸 최초의 사건은 일찌감치 존재해왔다. 첫 번째 마녀재판은 13세기나 그 이전에 열렸던 것으로 보인다. 그러나 18세기까지 유럽을 완전히 휩쓸었던 본격적인 대규모 마녀사냥은 1430년 무렵에 시작되었다. 이 현상은 처음에는 산간지역이나 특별한 경우들에 제한된 것처럼 보였다. 그러나 사방으로 빠르게 퍼져가서 근대 유럽의 가톨릭과 프로테스탄트에 모두 영향을 끼쳤다. 재판은 개인만이 아니라 공동체 전체를 대상으로도 행해졌다. 정통을 향한 과도한 집착은 교회와 세속권력으로 하여금 모든 곳에서 마녀를 색출해내고, 신학·제도·법 기준에서 조금이라도 벗어나 있는 어떤 집단이라도 사탄의 종파로 몰아가게 했다.[1]

재판기록들과 귀신 연구문헌들을 살펴보면, 마녀들의 짓이라고 여겨진 범죄들은 시대와 지역마다 다양한 형태로 나타났다. 하지만 대체로 시간이 지날수록 더 무거운 혐의가 씌어졌다. 우선, 변장과 변신, 저주와 주술, 약과 사랑의 묘약, 질병과 죽음을 일으키는 사악한 마법 행위들이 있었다. 그리고 한밤의 여행이나 회합, 사탄 숭배의식들, 신성을 모독하는 갖가지 언행들도 있었다. 끝으로 시끌벅적한 술잔치나 집단난교, 악마와의 성관계, 동물과 인간을 제물로 바치는 희생제의, 유아살해, 식인도 있었다. 마녀집회는 거의 모든 악마숭배 행위들을 한자리에 모은 중요한 의례로 등장했다. 그것은 매우 위험하게 여겨졌다. 현실로든 환상으로든 악마의 의지를 실현시킬 수 있으며, 판사・퇴마사・종교재판관의 조처를 모두 쓸모없게 만들 수도 있다고 보았기 때문이다.

15세기 마녀집회는 뒤집힌 미사, 곧 반反미사였다. 이 '검은' 미사는 기독교 의식의 말과 몸짓을 서투르게 모방해서 희화하고 폄훼하였다. 특히 새끼 양에 대한 숭배는 염소를 향한 매우 육체적이고 자극적인 숭배로 대체되었다. 중세의 상징에서 염소는 지독한 냄새와 공격적인 뿔, 과도한 털, 넘치는 성욕 때문에 매우 비하되던 동물이었다. 많은 사료들이 마녀집회의 열기가 절정에 달할 때면 참석자들이 악마가 육화한, 눈을 희번덕거리는 거대한 검은 염소의 항문이나 생식기에 입을 맞춘다고 묘사했다. 때때로 염소가 고양이나 원숭이, 드물게는 개로 바뀔 때도 있었지만 그 동물들은 하나같이 검은색으로 묘사되었다.

곰이 사탄의 동물이 되어 그러한 외설적인 방식으로 숭배 받은 (내가 알고 있기에는 유일한) 사례가 하나 있다. 바로 [스위스 서부] 로잔 교구에서 1462년이나 1463년에 벌어진 마녀집회였다. 그 이야기는 1464년 1~2월에 열린 페리손 가피의 재판 덕분에 알려졌으며, 관련된 기록들이 일부 보존되어 있다. 처음에는 이단으로, 나중에는 마녀로 의심받은 이 '사랑받지 못한' 50살의 여인은 재판관들에게 여러 해 전에 마녀 종파에 들어갔으며, 그 동안 목요일에서 금요일로 넘어가는 밤에 열린 '발도파'*의 집회에 6번 참석했다고 말했다. 처음 입회했을 때 그녀는 기독교 신앙을 포기하고 악마에게 충성할 것을 맹세했다고 한다. 그 뒤 그녀는 악마를 자신의

---

* 발도파(vauderie) : 12세기 프랑스에서 발생한 기독교 분파로 창시자인 피에르 발도(Pierre Valdo)의 이름에서 명칭이 비롯되었다. 발도파는 초기 기독교를 이상으로 삼은 청빈주의자들로 가난하고 소박하게 살면서 그리스도를 본받으려고 노력했다. 이들은 당시 교회의 부패상에 대한 비판에 근거하여 성서주의와 엄격한 도덕을 강조했다. 그러나 7성사 가운데 일부와 연옥 개념을 대척하여 1184년 교황 루키우스 3세에 의해 활동이 금지되었다. 가톨릭교회는 발도파와 마녀를 매한가지로 보기도 했다. 그래서 중세 법률용어에서 'vauderie'라는 어휘는 마법사, 마녀, 발도파 모두를 가리키는 말로 사용되기도 했다.

주인으로 받아들였다. 악마는 처음에는 그녀 앞에 사람의 모습으로 나타났으나, 갑자기 형체를 바꾸어 '거대하고 더럽고 털이 많은' 곰으로 변했다. 그리고 그녀에게 자신의 '엉덩이에 입을 맞추라'고 요구했다. 충성 맹세를 하는 것에서 더 나아가 그녀는 자신의 오른쪽 새끼손가락을 새 주인에게 바치겠다고 약속해야 했다. 손톱은 즉시(이것은 재판에서 검증되고 확인되었다), 새끼손가락의 나머지 부분은 그녀가 죽은 뒤에 바치기로 했다. '엉덩이'를 향한 맹세 의식이 끝난 뒤에는 어린이의 살을 먹는 신성모독적인 식사와 난교 파티가 벌어졌는데, 그녀는 거기에서 악마와 네 번 결합했다고 한다. '곰의 모습을 한' 존재의 정액은 어떤 특색이 있었느냐는 질문에 대해 그녀는 '인간 남자의 것처럼 따뜻하거나 유쾌하지' 않고 '차갑고 끔찍했다'고 대답했다. 그 뒤 페리손 가피는 다른 범죄와 악행에 대해서도 고백했다. 그녀는 이단과 마녀로 판결되어 사형선고를 받았으며, 1464년 2월 장작더미 위에서 화형을 당했다.[2]

가정불화와 상당히 극단적인 증오와 원한에서 비롯된 것으로 보이는[3] 이 사건은 15세기 후반 산간지방에서 열린 다른 재판들과 별다른 차이가 없다. 특히 그녀가 진술한 집회는 거의 원형 그대로라고 할 만큼 다른 마녀집회들과 같은 형태를 되풀이하고 있다. 빠진 것이라고는 빗자루를 타고 온 마녀, 광란의 춤, 주최자의 신성모독, 미사의 와인을 피로 교체하는 행위뿐이었다.[4] 페리손 가피 이야기의 특별한 점은 악마가 염소나 고양이, 개가 아니라 곰의 모습을 하고 있었다는 사실이다. 이는 명백히 봉건시대 수도원 문화에서 물려받은 구시대적 요소였다. 그것은 왜 알프스의 깊은 계곡도 아닌, (레만 호 연안의 휴양지로 널리 알려진) 리비에라 보두아즈에서 그리 멀지 않은 브베 항구의 배후지에 잔존하고 있었을까? 이유는 밝혀지지 않았다. 곰을 악마의 동물에 포함시키는 그 시대의 사료는 거의 없으며, 새로운 마녀 신화가 곰과 연관을 갖는 경우는 훨씬 더 드물다. 집회에서 가장 중요한 역할을 했던 염소를 제외하면 마녀의 동물지는 주로 (고양이, 늑대, 여우, 올빼미처럼) 야행성이거나 (까마귀와 개처럼) 검은색이거나 (개구리와 뱀처럼) 미끈거리거나 (바실리스크, 용, 사티로스처럼) 잡종인 동물들로 구성되어 있었다. 대체로 곰은 빠져 있었다.

사랑에 빠진 곰

그러나 곰은 여성들에게는 근대에도 그 자리를 온전히 유지했다. 수컷 곰을 소녀들과 젊은 여성들의 유혹자나 납치범으로 보는 전설이나 전승은 여전히 많았다. 여러 측면에서 이 전설들은 저 멀리 그리스·로마 신화로 거슬러 올라가고 중세 전체를 관통하는 전설들과도 별반 차이가 없었다. 17세기까지도 곰은 반은 사람이고 반은 동물인 존재이며 여성의 육신을 갈망한다고 그려졌다. 이러한 전승들은 주로 입에서 입으로 전해졌다. 그러나 이따금 글로도 쓰여 독창적인 문학 창작물을 탄생시키기도 했다. 19세기에도 그런 전승에 영향을 받은 문학작품들이 나타났다. 그렇지만 그것들은 어떤 경우에 '진짜' 이야기들, 또는 적어도 진짜라고 여겨졌던 이야기들에 기초하고 있었으므로 어느 정도의 기간 동안 시골마을이나 산간지방 사람들을 불안하게 했으며, 그 기억은 세대에서 세대로 전해 내려왔다. 예컨대 곰의 기괴한 욕정의 희생양이 된 젊은 여자 양치기 앙투아네트 퀼레의 비극적인 이야기가 있다. 물론 그녀의 이야기는 특이한 것이 아니었다. 하지만 그것은 절대왕정 시기 유럽의 다양한 지역들에서 (언제나 산간지역이었다) 유행했던 유사한 이야기들 가운데서도 가장 기록이 잘된 일화이다.

비극은 17세기 초 [프랑스 동부] 타랑테즈 계곡 한복판의 사부아 공작령에서 일어났다. 비교적 부유한 농부였던 피에르 퀼레는 가족들과 함께 무티에 교구에 속한 나브의 한 마을에 살고 있었다. 그의 맏딸인 앙투아네트는 16살로 눈에 띄게 아름다웠다. 결혼하기 전까지 그녀는 가족들을 도와 농장일을 했는데, 봄에는 종종 양떼를 마을에서 멀리 떨어진 언덕으로 몰고 가서 방목하고는 했다. 1602년 4월 1일 〔예수 승천일 전 3일의〕 기도일Jours des Rogations 저녁에 그녀는 집에 돌아오지 않았다. 그녀를 찾으려고 모든 방법이 동원되었으나 허사였다. 사람들은 그녀가 늑대의 먹이가 되었을지 모른다고 생각했다. 하지만 양은 한 마리도 잡아먹히지 않고 모두 돌아왔다. 훨씬 나중이 되어서야 그녀가 끔찍한 연애사건에 희생되었음이 밝혀졌다.

그녀의 실종에 연관된 동물은 늑대가 아니라 밝은 갈색 털을 가지고 있는 거대한 곰이었다. 해질녘에 그 곰은 양떼 한복판으로 쳐들어왔다. 하지만 곰은 한두 마리의 양을 잡아가는 대신에 예쁘고 젊은 양치기를 납치했다. 그는 그녀를 자신의 동굴로 데려갔으며, 거대한 돌을 굴려 동굴 입구를 막아버렸다. 그는 동굴 안에 그녀를 감금하고는 자연의 법칙에 어긋난 성적 욕망에 휩싸여 어린 소녀를 겁탈하고 '육체적 쾌락을 누렸다'. 그녀는 기절했다. 그는 그녀를 밤새 돌보고 감싸 안고 핥으며 그녀를 향해 진실한 사랑을 내보였다. 그러나 이 기괴한 사랑은 훨씬 더 기괴한 성적 결합을 동반한 것이었고, 어린 소녀는 감금되어 있는 오랜 기간 동안 거의 매일 그것을 견뎌내야만 했다. 곰은 매일 밤 그녀에게 다가왔다. 낮 동안 곰은 동굴을 떠나 이웃마을로 가서 소녀에게 필요할 듯한 물건들을 훔쳐왔다. 빵, 치즈, 과일, 심지어 옷가지를 훔쳐오기도 했다.

그녀는 거의 3년이나 동굴에 갇혀 있었다. 그러다 1605년 초의 어느 날 마을사람 셋이 큰 소나무를 베려고 평소보다 더 멀리까지 갔다. 거대한 돌이 입구를 막고 있었지만 앙투아네트는 매우 오랜만에 도끼질 소리와 사람 말소리를 들을 수 있었다. 그녀는 소리를 질렀다. 그녀가 울부짖는 소리를 듣고 나무꾼들이 다가왔다. 그녀는 그들에게 자신이 누구인지 밝히고 동굴 밖으로 꺼내달라고 간청했다. 그들 가운데 하나가 도움을 요청하려고 마을로 내려갔다. 머지않아 그는 많은 사람들을 데리고 돌아왔다. 동굴 입구를 막고 있던 돌이 제거되자 끔찍할 정도로 야만적인 모습을 한 소녀가 있었다. 사람들은 그녀를 아버지의 집으로 데려다 주었다. 거기서 우선 그녀는 몸을 씻고, 머리카락을 자르고, 휴식을 취하고, 옷을 입었다. 그러고 난 뒤에 자신에게 닥친 끔찍한 사건을 자세히 말했다. 특히 그녀는 자신이 반은 사람이고 반은 곰인 괴물 같은 아이를 낳았으나, 아비인 곰이 아이를 너무 세게 끌어안는 바람에 태어난 지 몇 주 되지 않아 질식해 죽었다고 밝혔다.

나브 사람들은 대부분 앙투아네트의 이야기를 믿지 않고 그녀가 미쳤다고 생각했다. 어떤 이들은 그녀가 거짓말을 하고 있으며 단지 가출했던 일이 잘 되지 않은 것이라고 생각했다. 그녀가 뭔가에 홀린 것은 아닌지 의심하는 이들도 있었다. 교구 사제는 퇴마사를 불러야 한다고 생각했다. 하지만 그에게는 그럴 기회가 없었다. 앙투아네트가 아버지의 집으로 돌아온 그날 밤에 곰이 산에서 내려와 퀼레의 집 주변에서 울부짖으며 자신의 '작은 아내'를 돌려달라고 요구했기 때문이다. 마을 전체가 공포에 휩싸였다. 곰은 다음날 밤에도, 그 다음날에도 찾아왔다. 3일째 되던 날에 마을사람들은 기다렸다가 총으로 곰을 쏘아 죽였다. 곰이 격렬하게 저항하는 바람에 사람도 둘이나 죽었다. 사람들은 곰의 시신을 불태우고 재는 계곡에 뿌렸다. 젊은 앙투아네트는 원래의 삶으로 돌아가지 못하고 마을은 물론 그녀의 교구에서도 멀리 떨어진 도피네의 계곡 깊숙한 곳에 있는 수녀원으로 보내졌다.

오늘날 사랑에 빠진 곰은 완전히 잊혀졌다. 그러나 사부아 공작령과 그 주변지역들에서 그 일은 오랫동안 이야기되었다. 사건이 있은 직후에 주교의 요청으로 무티에의 한 사제가 앙투아네트 퀼레의 이야기를 기록으로 남겼다. 그 일화는 1605년 리옹에서 출판되었다. 그리고 1620년 샹베리에서는 '곰에게 납치되어 겁탈당하고 거의 3년 동안 굴에 갇혀 있던 소녀에 관한 끔찍한 이야기(*Discours effroyable d'une fille enlevée, violée et tenue prés de trois ans par un ours dans sa caverne*)'라는 제목으로 출간되었다.[5] 이 책은 오랜 세월 도서관 선반에 방치되어 있다가 3세기 반이 지나서야 도피네와 사부아의 학자들에게 다시 발견되었다. 그것은 민족학자들의 금광이었으며,[6] 미확인동물* 연구가들의 상상력에 활기를 불어넣었다.[7] 이는 그 이야기가 다른 시대, 다른 지역, 다른 문화에 존재하는 다른 이야기들과 밀착되어 있었기 때문이다. 그 범주를 유럽으로 제한했을 때 확인되는 사례는 발트와 스칸디나비아 국가들의 전승들인데, 거기에서 곰은 여성의 납치범이나 강간범으로 나온다. 일부 민속학자들이 수집한 그 전승은 풍부한 구전 문학을 탄생시켰으며, 오늘날까지도 뿌리 깊게 남아 있다.

1868년에 출간된 프로스페 메리메의 유명한 마지막 작품 『로키스*Lokis*』는 발트와 스칸디나비아의 전승에서 영감을 받아서 쓴 것이었을까?[8] 그럴지도 모른다. 비록 그가 이베리아 반도의 문화에 더 흥미가 많았고 친숙했더라도 말이다. 말년에 그는 러시아에 흥미를 가져 푸슈킨과 고골리의 작품을 번역했으며 러시아와 발트 해 국가들을 여행했다. 『로키스』의 배경은 리투아니아이다. 여전히 신비로운 그 나라에는 18세기까지 사람 손이 닿지 않은 거대한 숲이 있었는데 유럽에서 가장 위험한 곳으로 이름이 높았다. 게다가 『로키스』는 그냥 소설이 아니었다. 그것은 검은 설화였다. 그 책의 첫 판본은 메리메가 자주 방문했던 콩피에뉴와 생클로드 황실 궁정의 숙녀들을 즐겁게 해주려고(혹은 놀라게 해주려고) 쓰였다. 두 번째 판본은 비록 출판을 위해 수정이 가해지기는 했으나, 비바람이 몰아치는 밤에 고립된 소규모 청중들에게 낭독해줄 목적으로 쓰였던 원본의 야성적이고 낯선 무언가를 여전히 간직하고 있었다. 궁정의 숙녀들이 그 이야기의 내막을 완전히 이해하고 있었는지는 알 수 없다. 이야기 속의 이야기 양식으로 구성되어 있는 이 소설에서 기괴한 진실은 결코 밖으로 뚜렷하게 드러나지 않는다. 그것들은 단지 암시될 뿐이다.[9]

이야기 속의 화자는 프로이센의 문헌학 교수인 쿠르트 비텐바흐라는

---

* 미확인동물(Cryptide) : 존재의 가능성이 있고, 소문 등으로 알려져 있으면서 생물학으로 확인되지 않은 미지의 동물

인물이다. 그는 신비롭고 불가사의한 미셸 세미오트 백작의 성에 머무른 적이 있었다. 이 학자는 매우 오래된 발트 문헌들을 보유하고 있는 큰 도서관에서 작업을 하고 있었다. 성에 머무르는 동안 그는 한 해 전에 사라졌다는 성주에 관한 놀랍고 무시무시한 이야기를 조금씩 전해 들었다. 사십 년 전의 일이었다. 백작의 어머니는 결혼식을 치른 지 이틀 만에 숲속 사냥터에서 곰에게 납치당했다. 그 짐승은 그녀를 은밀한 장소로 데려갔다. 다음날 그녀는 풀려났지만 그 사건 때문에 평생 고통을 겪다가 결국 거의 미쳐버리고 말았다. 결혼식과 숲속 깊은 곳에서의 실종사건을 겪은 지 9개월째 되던 어느 날 그녀는 아들 하나를 낳았다. 아이는 정상인 듯 보였다. 하지만 그녀는 자신이 낳은 아이를 혐오했다. 심지어 그녀는 아이를 죽이라고 여러 차례 명령하기도 했다. 하지만 그녀의 명령은 이행되지 않았다. 아이는 비록 어미에게는 거부당했으나 평범하게 자라서 매력적이고 교양 있는 지적인 남자가 되었다. 그러나 그는 종종 생각에 골똘히 빠져들곤 했다. 세월이 지나며 그의 이상한 성격은 점차 오해를 불러일으켰고 나중에는 걱정거리가 되었다. 그는 더욱더 염세적으로 변했으며 오직 숲과 나무꾼들, 야생동물들 사이에서만 기쁨을 느꼈다. 특이하게도 그는 결코 사냥을 하지 않았으며 개들은 그를 두려워했다. 하지만 그는 마침내 매력적이고 젊은 폴란드 여인과 결혼하게 되었다. 삶과 영혼에 충실한 여인이었으므로 그녀가 그를 우울증에서 벗어날 수 있게 해주리라고 기대되었다. 하지만 결혼식이 열리고, 그 날 밤에 무슨 일이 있었는지는 알 수 없지만 백작은 다음날 아침 일찍 자취를 감추었고 여인은 침대에서 죽은 채로 발견되었다. 그녀의 몸에는 인간이 아닌 존재가 낸 거대한 이빨자국이 나 있었다.

미셸 백작의 이야기는 모든 것을 단번에 들려주지 않는다. 그 대신 이야기 속의 화자가 조각들을 하나씩 차례로 모아들이는 방식을 취하고 있는데, 그에 따라 독자의 거북함도 점점 커진다. 이야기는 문헌학자의 여담

으로 흐름이 막히기도 한다. 하지만 그것은 이야기가 주는 낯설음을 약화
시키기는커녕 오히려 더 강렬하게 만든다. 미셸 백작이 반은 사람이고 반
은 곰이며, 그의 어머니가 결혼식 이틀 뒤에 곰에게 끌려가 겁탈을 당했
다는 말은 어디에도 나오지 않는다. 그러나 독자는 결국 그런 사실을 깨
닫게 된다. 그리고 교양이 있는 독자라면 러시아 문화에서 '미하일(Mikhail)'
이 전통적으로 곰에게 부여되었던 이름이라는 사실, 그리고 이 소설의 제
목인 ('핥는 자'라는 뜻의) '로키스(Lokis)'가 리투아니아에서 일반적으로 곰을
가리키는 말로 쓰였다는 사실을 인식하게 된다. 메리메는 황후 외제니*를
수행했던 여인들을 놀라게 할 목적으로 미셸 백작의 이야기를 늘어놓았
던 것 같다. 그러나 그의 이야기는 슬라브와 발트 사회의 곰 이야기들에
관한 폭넓은 이해와 견고한 지식을 바탕에 두고 있었다. 게다가 그는 암
시되고 있는 기괴한 무언가와 중립에 가까운 문체를 의도적으로 대비시
키는 데 자신의 모든 것을 쏟아부었다.[10] 분명히 이 이야기는 19세기 프
랑스의 가장 뛰어난 단편소설 가운데 하나이다. 그러나 그것은 젊은 여성
을 향한 기괴한 욕망에 사로잡힌 수컷 곰이 등장하는 모든 오래된 이야기
들과 같은 맥락에 있는 잔인한 소설이기도 하다.

상징화집에서 우화집으로

앞에서 나는 중세 유럽이 독일과 스칸디나비아의 이교적인 구전 전통
에서 비롯된 그 이야기들을 이미 알고 있었음을 밝혔다. 그리고 어떻게
그 이야기들이 중세의 다양한 연대기들에 끼어들어갔으며, 그 가운데 일
부가 어떻게 실제 문학작품으로 바뀌게 되었는지에 대해서도 설명했다.[11]
소녀와 젊은 여성들을 사랑하는 곰은 르네상스 초기에도 사라지지 않았
다. 그러나 그는 폭력성과 야성을 대부분 상실했다. 그는 더 이상 여인의

---

* 외제니(Eugénie de Montijo, 1826~1920) : 스페인 귀족으로 프랑스의 나폴레옹 3세와 결혼했다.

생기발랄한 육체나 생리혈에 열광하는 짐승이 아니었다. 곰은 온순하고 예의바른 동물이었으며 자신이 사랑하는 여인에게 상처 입히지 않으려고 세심하게 주의를 기울이는 연인과도 같았다. 때로는 야인 오르송 이야기나 미녀와 야수 계통의 이야기들에서처럼 그 사랑은 쌍방의 것으로 나타나기도 했다.

15세기와 16세기에 널리 유행했던 프랑스의 언어놀이 가운데 하나는 야수와 미녀 사이의 새로운 관계를 보여준다. 그것은 'd'amour(사랑의)'의 통어적統語的 결합을 허물어 'dame(여인)'과 'ours(곰)'으로 나눈다. 이는 일종의 상징화된 수수께끼로 속담이나 널리 알려진 글귀에 자주 나타났을 뿐 아니라 이미지로도 일부 표현되었다.[12] 실제로 1450년 무렵부터 곰과 춤을 추거나 대화를 하거나 끌어안고 있는, 그리고 그 상황을 즐거워하는 것처럼 여인이 묘사된 그림이 다양한 목판화들과 기념물, 메달, 일부 세밀화들과 2개의 태피스트리에 나타났다.[13] 얼핏 보기에는 서로 매우 동떨어진 것처럼 보이는 이 한 쌍의 어휘들은 한 쌍의 연인을 만들어냈고 그것을 도상으로까지 확산시켰다. 장 드 베리 공작의 사랑을 받았을 것으로 추정되는 신비로운 귀부인 우르신은[14] 그 자체가 그런 수수께끼의 산물이었을지 모른다. 그녀는 공작이 살아 있는 동안의 기록이 아니라 그가 죽은 지(1416년) 수십 년 뒤에 장 드 베리 조카의 아들인 앙주의 르네가 쓴 글에서 나왔다. 예컨대 르네의 『사랑에 사로잡힌 마음에 관한 책』은 여인과 곰을 한 쌍의 연인으로 만들었다(dame+ours=d'amours).[15] 이어서 얼마 뒤에는 일부 상징화집*들과 수수께끼 모음집들도 곰과 사랑에 빠진 여인들을 글과 그림으로 나타냈다. 그것들은 때로는 무자비한 교훈을 담고 있었으며, 이를 본보기로 삼아 모든 형태의 육체적 사랑을 비난하려고도 했다. 16세기 말 무렵에 피카르디에서 작성된 한 수수께끼 모음집 필사본에서 그러한 사례를 하나 찾을 수 있다. 그 책에는 (여자와 곰) 한 쌍의 이미지가

---

* 상징화집(livre d'emblème) : 상징적인 그림들과 해설을 모아 놓은 책

다음과 같은 격언과 함께 실려 있다. "*Mal est qui se mesle d'amours*(육체적 관계를 갖는 자는 부도덕하다)"[16] ('부도덕하다'는 뜻의 'mal'과 '수컷'이라는 뜻의 'mâle'은 발음이 같아서 이 말은 "육체적 관계를 갖는 자는 수컷이다"라는 뜻으로도 받아들여졌다.) 동음이의어의 언어놀이를 이용한 이 격언은 인간과 동물의 사랑을 모두 비난하면서, 독자에게 선의 길로 이끌어줄 유일한 사랑인 신의 사랑을 추구하라고 독려한다.

그러나 16세기에 인쇄된 상징화집들에서 곰의 형상은 성욕이나 사랑보다는 분노와 더 자주 연관되었다.[17] '온전한 곰'으로 만들기 위해 새끼를 핥아 그 형상을 빚어내는 암곰의 경우를 제외하면(이는 '자연보다는 문명의 힘이 강함'을 상징하는 에라스무스의 유명한 말 "사람은 태어나는 것이 아니라 만들어지는 것이다"와 비슷한 의미를 지닌),[18] 일반적으로 그 동물은 수많은 악덕을 지닌 부정적인 존재로 남았다. '탐식'이란 악덕은 언제나 성난 벌들의 공격을 받으면서도 꿀을 훔치려하는 곰의 이미지로 나타났다. 벌은 르네상스시대의 동물 상징에서 특별히 높은 가치를 부여받았기 때문에 벌들의 적인 곰은 악한 존재일 수밖에 없었다. 실제로 곰에 대한 비난은 이밖에도 많았다. 중세 말에 이미 이 거대한 야수는 다양한 악덕들과 7대 죄악 가운데 (분노, 음욕, 게으름, 시기, 탐식) 다섯 가지를 부여받았다. 16세기의 상징은 거기에 새로운 악덕들을 추가하는 데 성공했는데, 특히 '속임수(*astutia*)'와 관련이 있었다. 속임수는 중세의 가치체계에서 매우 부정적으로 여겨졌다. 목적을 위해 술수를 사용한다는 것은 분명 사악한 행위였다. 그러나 인쇄본 상징화집들에서는 더 양면적인 관점에서 그것을 바라보았던 것 같다. 그 가운데 하나는 마테우스 메리안이 조각한 판화를 수록해 1562년에 하이델베르크에서 출판된 책이다. 거기에는 황소와 곰의 결투가 묘사되어 있는데, 황소는 뿔로 직접 돌격하지만 곰은 땅바닥을 굴러다닌다. 그 이야기의 표제는 "두려워하지 말고 속임수를 써라(*astu haud formidine*)"로 곰의 영리함을 강조하고 있었다. 곰은 황소에 대한 두려움에

굴복하기보다는 황소의 뿔을 피하며 그를 지치게 만들었던 것이다.[19]

그러나 속담과 우화들에서 영리한 곰의 이미지는 전혀 존재하지 않는다. 오히려 『여우이야기』의 전통 때문에 곰은 계속해서 멍청하고 어설픈 존재로 나타났다. 이따금 곰의 우스꽝스러움과 불운은 특별히 강조되기도 했다. 우리는 1668년과 1694년 사이에 출판된 장 드 라퐁텐의 세 권짜리 우화집에서 그 예를 찾을 수 있다. 라퐁텐은 동물들을 묘사할 때 어떤 특별한 동물학 지식을 사용하지 않았다. 등장인물들은 대개 '낯익은'(이는 인간과 동물의 관계에 관한 문화사 연구에 필수적인 개념이다) 동물들이었다. 일부는 가축이고 일부는 야생동물이었는데 대부분 토착종이었고 외래종도 약간 있었다. 그것은 고대부터 내려온 서구 문화의 가장 일반적인 동물지였다. 거기에는 사자나 코끼리처럼 유럽 땅에서는 볼 수 없는 동물들도 포함되어 있었다.

제한된 동물지 안에 머물렀던 라퐁텐은 독창성을 거의 발휘하지 않았다. 전임자들에게서 소재를 빌려오지 않은 우화의 수는 매우 적었을 뿐 아니라, 시인 자신도 동물들 각각의 가장 일반적인 특성들을 유지하려고 했기 때문이다. 그 일반적 특성이란 자연적 특성이 아니라 문화적인 특성이었다. 라퐁텐이 프랑스 전원지역의 동물을 매우 오랫동안 주의 깊게 관찰했다고 생각하는 것은 실로 터무니없는 짓이다. 이는 그가 샤토티에리의 산림감독관을 20년 가까이 맡았기 때문에 자연학자처럼 동물을 연구할 수 있었다고 믿는 것에 견줄 만한 착각이다(실제로 그가 샹파뉴 숲에서 많은 시간을 보냈을까). 17세기 문학작품, 특히 우화라는 매우 지적인 장르는 그런 방식으로 만들어지지 않았다. 게다가 통념과는 달리 라퐁텐은 결코 진짜 시골사람이 아니었고 제대로 된 산림감독관이라고도 할 수 없었다. 그는 기껏해야 정원을 자주 방문하는 '정원사'에 지나지 않았다.[20] 흔히 이야기되는 것처럼 라퐁텐 우화집의 동물들이 그의 전원생활의 여유로움에서 비롯되었다고 보아서도 안 된다. 그 대부분은 고대와 중세의 우화, 동양의 전설, 『여우이야기』, 그 밖에 전통적인 우화와 동물 시詩에서 이미 묘사되었던 것들이었다. 들판과 숲을 사랑하고, 시원한 물줄기와 나무그늘을 찾고, 양치기들과 양의 친구가 되고, 하늘과 새를 관찰하고, 자연의 흐름과 날씨·계절에서 조화로움을 느끼는 그 모든 것들은 시적 전통에서 나왔다. 베르길리우스 이래로 시인들은 자연에 대해 말하고 노래하고 주장하기를 즐겼다. 그들은 비가 와서 진창이 되거나 가시덤불과 벌레들에 둘러싸여 있어도 가리지 않고 그렇게 했다. 이런 태도는 책상머리에서 형성된 것으로 그 대상은 자연이 아니라 자연에 대한 관념이라고 할 수 있다.[21] 따라서 그 최초의 기원은 서재에서 찾아야 할 것이다.[22]

라퐁텐은 수많은 불필요한 세부사항들에 빠져들지 않으려고 전승과 책, 이미지에 의존했다. 존재와 사물의 진실은 파악하기 어려운 자연이 아니라 책 속에서 찾을 수 있다고 생각했기 때문이다. 그것은 우화의 첫 줄부터 쉽게 독자들을 동조자로 만들 수 있게 해 주었다. 독자들은 자신이 이미 알고 있는 것을 발견하는 것에서 기꺼이 기쁨을 느꼈다. 동물의 왕 사자는 자만심이 강하고 권위적이다. 여우는 잘 빠져나가 잡기 어렵다. 늑대는 굶주려 있고 잔혹하다. 당나귀는 멍청하고 게으르다. 까마귀는 수다스럽고 식욕이 왕성하다. 하나의 우화에서 다른 우화로 넘어갈 때도 동물들은 자신의 속성과 특징을 유지했다. 특히 곰은 계속해서 우스꽝스러운 존재로 그려졌다. 물론 곰은 라퐁텐 동물지의 주요 등장인물은 아니다. 그의 배역은 사자, 늑대, 여우, 당나귀, 심지어는 개로도 대체되었다. 그렇지만 곰은 라퐁텐의 여섯 개 우화에서 똑같이 게으르고 멍청하고 탐욕스럽고 서투른 존재로 등장한다. 그런 특성들은 모두 전통적인 동물 설화들과 『여우이야기』에서 비롯된 것이었다.

「곰과 정원 애호가L'Ours et l'Amateur de jardins」[23]는 곰이 주인공으로 등장하는 가장 잘 알려진 라퐁텐 우화이다. 여기서도 곰은 무식하고 위험하고 우울한 존재이다. 이야기는 숲속 거주지를 벗어나 산에서 내려온 곰이 어떤 노인과 만나면서 시작한다. 곰과 노인은 모두 삶이 따분했으므로 서로 친구가 되기로 했다. 곰은 노인에게 사냥한 음식을 가져다주었고 낮잠을 잘 때는 '파리채' 노릇도 했다. 노인이 잠에 빠져 있을 때면 곰은 거대한 발로 노인의 잠을 방해하는 파리를 쫓았다. 그러던 어느 날 파리 한 마리가 그 선량한 노인의 콧잔등에 앉았다. 곰은 그래야 한다고 생각해서 〔길을 포장하려고 깔아놓은〕 커다란 포장석鋪裝石을 가져다 친구의 얼굴에 던졌고 노인은 그 자리에서 죽었다. 여기에서 라퐁텐은 다음과 같은 냉정한 결말을 끌어낸다. "무식한 친구만큼 위험한 것은 없다. 영리한 적이 차라리 더 낫다(Rien n'est si dangereux qu'un ignorant ami. Mieux vaudrait un sage ennemi)." 다른 곳과 마찬가지로 여기에서도 곰은 어리석고 사리분별을 하지 못하는 해로운 동물로 나온다.

속담의 잔혹함

라퐁텐이 '곰의 포장석pavé de l'ours'이라는 소재를 창안해 낸 것은 아니다. 그것은 이미 16세기에 여러 작품들에서 나타났으며, 15세기의 몇몇 유럽 속담에도 등장했다.[24] "곰의 포장석을 던지다"나 "곰처럼 호의를 베풀다"라는 말은 도와주려다가 도리어 어리석은 짓을 하고 실수를 저지르고 해를 끼치는 것을 의미했다. 이 소재는 성인전에도 나타났다. 11세기와 13세기 사이의 어느 시점에 편찬된 성 제롤드의 전기에는 〔전설과도 같은 인물인〕 그 성인이 상처 입은 곰을 콩스탕스 호수에서 멀지 않은 곳에 있는 그의 새 은신처에 머물게 해주었다고 나온다. 곰은 성인의 친구가 되어 집안일을 도왔으며 산적과 야생동물에게서 그를 보호했다. 어느 날 제롤드가 낮잠을 자고 있을 때 곰은 뱀 한 마리가 성인의 침대로 기어가는 것을 보았다. 곰은 즉시 커다란 돌을 들어서 뱀을 향해 던졌다. 그러나 곰의 미숙함 때문에 뱀이 아니라 성인이 치명적인 부상을 입고 죽었다. '곰의 포

장석에 맞아 죽은(lapide ursi interfectus)' 라퐁텐 우화의 노인처럼 말이다.[25]

16~17세기의 격언집과 속담집에서 "곰처럼 호의를 베풀다"라는 말은 빈번하고 폭넓게 등장했다. 특히 독일어 출판물에 "곰처럼 호의를 베풀다(Jemandem einen Bärendienst erweisen)"라는 말이 자주 나왔다. 게다가 곰은 격언집에 빈번히 등장하는 동물 가운데 하나였다. 프로테스탄트 신학자이자 루터와 가까웠던 요하네스 아그리콜라가 편찬한 한 격언집에는 모두 750개의 속담이 실려 있는데, 그 가운데 16개가 곰과 관련이 있었다.[26] 다음과 같은 곰과 관련된 유명한 속담들은 근(현)대식으로 약간 수정되어 그 뒤로도 여러 격언집에서 계속해 인용되었다. "곰이 죽기 전에 곰 가죽부터 팔지 말라(Man soll die Bärenhaut nicht verkaufen, ehe der Bär getötet ist)",[27] ('게으름을 피우다'라는 뜻으로, 아마도 고대 게르만과 메로베우스왕조의 왕들이 취했던 행동으로 보이는) "곰 가죽에 드러눕다(sich auf die Bärenhaut legen)", "바로 앞에 서 있는 곰을 찾는다(Du suchst den Bären und stehst vor ihm)", "곰과 늑대를 제외한 모든 동물들이 평화롭다(Allen Tieren Friede gesetzt, ausser Bären und Wolfen)",[28] "곰을 잡기보다는 놓아주는 게 낫다(Es ist besser einen Bären loszulassen als einen Bären anzubinden)", "곰과 물소는 여우를 잡을 수 없다(Bär und Büffel können keinen Fuchs fangen)." 다음과 같은 16~17세기의 일부 속담은 프랑스어 판본에만 나온다. "곰과 꿀을 나누려는 자의 몫은 적다", "묶여 있지 않은 곰은 춤추지 않는다", "곰을 할퀴려는 자는 쇠발톱이 필요하다", "곰은 나뭇가지가 떨어지면 끙끙대지만, 나무가 떨어지면 침묵한다."

곰이 나오는 표현 가운데 가장 흔히 쓰이는 것은 "시원치 않게 핥아진 곰(un ours mal léché)"이라는 말이다. 유럽의 모든 언어권에 존재하는 이 말은 세련되지 못하고 천박하고 난폭하고 불평이 많은 자, 곧 '심술궂고 까다로운 사람'을 나타내는 데 쓰인다. 이 표현은 어미 곰이 형태를 갖추지 못하고 태어난 새끼 곰들을 충분히 핥아주어야 그들이 정상의 모습을 띠고 곰 사회로 편입될 수 있다는 전설을 암시하고 있음이 분명하다. 때때로 이 표현은 '곰'이란 말로 간단히 축약되기도 했는데, 이는 그 동물을 주로 주변과 잘 어울리지 못하는 거친 존재로 보았다는 증거이다. 다른 표현들도 이 부정적인 캐릭터를 다시 확인시켜 준다. "곰이 되다"는 "악마가 되다"와 동일한 말이었고, "곰에 올라타다"는 '두려움이 없음'을, "아무개에게 곰을 주다"는 없애고 싶은 일이나 책임을 누군가에게 떠넘기는 것을 의미했다. 비교는 훨씬 더 굴욕적이었다. "곰 같다"는 말은 어리석고 불쾌하고 거칠고 분별없고 더럽고 어둡고 추하고 심술궂고 잔인하고 털이 많다는 것을 뜻했다. 16~17세기 프랑스어와 인접 언어들 모두에서 이 최초의 동물의 왕과 연관된 경멸적인 형용사들은 아주 긴 목록을 이루고 있었다. 오직 "곰처럼 강하다"라는 표현만이 그의 예전 지위를 상기시키고, 이 동물을 호의적인 시선으로 바라보게 했다.

매력적이지 않은 용어와 어휘들로 묘사되었지만 근대에도 곰은 여전히 가문과 집단의 문장에 충실히 사용되었다. 곰은 중세보다 훨씬 드물게 문장에 모습을 드러냈으나, 일부 유명한 방패와 깃발들은 다른 곳에서 비하된 이 위대한 동물의 힘과 위용을 여전히 공공연하게 드러냈다. 예컨대 곰은 유럽의 세 수도, 곧 (스위스의 수도) 베른, (독일의 수도) 베를린, (에스파냐의 수도) 마드리드의 문장이 되었다. 거기서 곰은 '말하는' 형상이자 위풍당당한 표장이다.

베른의 문장이 가장 오래되었다. 그리고 그것은 가장 뚜렷이 '말하는' 문장이었다. '베른(Bern)'이라는 도시 이름과 '곰(Bär)'이라는 주요 상징 사이에 존재하는 독일어 언어놀이는 매우 분명하다. 베른의 곰은 1224년 문서에 찍힌 도시 인장에서 처음 등장했다. 그것은 재갈을 물리지 않은 '자유로운' 곰으로, 오른쪽 앞발을 들고 머리는 정면으로 향한 채 왼쪽으로 걸어가는 옆모습passant이었다. 이러한 모습의 곰은 그 뒤 잇달아 (문장의 장식이나 단독으로) 베른의 모든 인장과 깃발, 문장,[29] 동전과 메달, 휘장과 제복, 공공 기념비, 베른 시나 시 관할 하에 있는 문서와 물품들에도 나타났다. 심지어 오늘날에도 기념품 가게든 과자 가게든 베른 시 어디에서나 곰이 들어간 문장을 볼 수 있다. 그 문장은 스위스에서 가장 큰 베른 주와 베른 시의 상징적인 이미지이다. 때때로 그 상징은 나라 전체로도 확장되었다. 그 곰은 베른 시민만이 아니라 스위스 전체의 것이기도 했다. 베른 시가 스위스연방의 수도이며 베른 주가 오랫동안 다른 주들보다 우위에 서 있었기 때문이다. 이 '스위스'의 곰은 16~17세기의 정치 선전물에도 나타났다. 프랑스, 신성로마제국, 에스파냐, 이탈리아는 뛰어난 군인을 용병으로 지원받을 수 있는 스위스와 동맹을 맺으려 했다. 이 시대의 정치적 동물지에서 신성로마제국의 독수리와 영국의 표범, 에스파냐와 네덜란드 · 베네치아 · 플로렌스의 사자들, 밀라노의 뱀, 갈리아의 수탉, 스위스의 곰은 나란히 있거나 마주보고 있었다. 그 뒤 19~20세기에는 러시아(나중에는 소비에트연방)의 곰이 중심부를 차지했는데, 그것은 서유럽 국가들의 독수리와 사자들과 동맹이나 적대 관계를 이루고 있었다.

말하는 이미지

베른은 고대 도시가 아니다. 그 도시는 독일 남부와 스위스 북부에 넓은 영지를 소유하고 있던 유력자 체링겐 공작 베르톨트 5세에 의해 1191년 아르 강 연안에 세워졌다. 도시의 건립 당시로 거슬러 올라가는 오래된 전설에 따르면, 공작은 그의 새로운 도시 이름을 고심하다가 인근 숲으로 나무를 하러 간 그의 신하들이 맨 처음 마주친 동물의 이름을 도시 이름으로 하겠다고 결심했다. 그 동물은 (독일어로 '베르(Bär)'인) 곰이었다. 그래서 도시 이름은 베른이 되었다. 더 영예로운, 그러나 더 후대에 만들어진 또 다른 전설에는 아르의 숲에서 사냥을 하던 베르톨트 공작이 엄청난 힘을 가진 곰과 일대일 결투를 벌여 승리를 거두었다고 나온다. 그리고 이 업적을 기리기 위해 그는 바로 그곳에 세워진 도시에 곰의 이름을 붙였다고 한다.[30] 중세 후기의 여러 연대기들[31]을 통해 전해지는 이 전설들은 그 자체가 중요한 역사적 자료이다. 그러나 오늘날의 역사가들은 베른 시의 건설자가 (가문에서 전통적으로 이어져왔듯이) '베르(Ber/Bär)'로 시작하는 세례명을 가지고 있었다는 사실에 주목한다. 그는 단순히 자신의 이름을 줄여서 새 도시에 붙인 것이 아닐까? 베른 시가 세워진 지역이 기원전 1세기에는 아르티오 여신 숭배가 매우 활발했던 장소였다는 사실도 지적할 필요가 있을 것이다. 아르티오는 그리스의 아르테미스 여신에 비견되는 켈트 여신으로 그녀도 아르테미스처럼 곰의 수호자였다. 1832년 베른 지방의 무리라는 도시에서는 다양한 봉헌물이 발견되었는데, 그 중에는 앉아 있는 여신이 자신에게 친근하게 다가오는 곰에게 과일을 주는 모습을 묘사한 작은 청동상도 있었다.[32] 베른 지방은 도시가 세워지기 오래 전부터 곰을 숭배해왔던 것 같다. 베른이라는 지명이나 그에 상응하는 켈트식의 등가물等價物이 도시 설립보다 오래되었을 수도 있다.

그러나 어쨌든 중세 말에 곰이 실제로 토템 역할을 수행했다는 것은 분명하다. 곰은 베른 시의 선조들과 주민들을 하나의 이미지로 묶어냈으며, 동시에 그들을 보호하고 수호하고 대표했다. 1485년과 1515년 사이에 만들어진 채색 수사본인 디볼트 실링의 연대기 작품들에 나오는 몇몇 채색 이미지들은 베른 시민들이 부르고뉴와 밀라노, 다른 스위스 주들에 거주하는 사람들과 전쟁을 벌였다는 사실을 보여준다. 이 세 전쟁 장면에서 베른 시민들은 머리부터 발끝까지 무장을 한 사람이 아니라 검과 창, 깃발, 〔창에 도끼날이나 갈고리 등을 결합한〕 미늘창을 지니고 깃털이 달린 투구를 쓴 곰들로 묘사되었다. 이는 15세기부터 도시 중심부에 설치되었던 그 유명한 '곰 구덩이fosse aux ours'*의 영향을 받아 탄생한 하나의 커다란 상징적인 이미지

---

* 곰 구덩이 : 관중들이 위에서 안전하게 내려다볼 수 있도록 깊고 큰 구덩이를 원형으로 파고 울타리를 세운 뒤 곰을 풀어놓은 것이다. 오늘날 낭시의 곰 구덩이는 남아 있지 않다. 그러나 베른의 곰 구덩이(Bärengraben)는 여전히 도시의 상징으로 시민과 관광객들의 사랑을 받고 있다. 좁은 공간에서 지내는 곰에 대한 민원이 계속 제기되자 2009년에는 '곰 공원(BärenPark)'을 새로 개장해 본래의 좁은 구덩이와 가파른 아르 강둑을 잇는 일종의 긴 터널을 만들어 곰이 더 자유롭게 다닐 수 있게 했다.

였다. 정확한 날짜를 파악하기는 어렵지만 그 구덩이는 1476년에 이미 그곳에 존재했다. 당시는 로렌 공작인 르네 2세가 샤를 대머리 왕과의 전쟁에서 승리할 수 있도록 자신을 도와준 낭시의 주민들에게 고마움을 표시하려고 낭시에 곰 구덩이를 만들었던 무렵이었다. 유사한 일이 베른에서도 몇 년이나 몇십 년의 격차를 두고 나타났다. 그러나 이번에는 베른 시민들이 공작에게 "멋진 붉은 곰(ursum russumformosum)"을 선물했다.[33] 낭시의 곰 구덩이는 스타니스와프 왕*이 도시 중심부를 개조하기 전인 18세기까지 남아 있었다.

낭시보다 유명한 베른의 곰 구덩이는 지금도 남아 있으며, 이는 오늘날 스위스에서 가장 방문객이 많은 '유적' 가운데 하나가 되었다. 회계장부들은 1480년 이래로 곰 구덩이의 역사가 계속 이어졌을 가능성을 보여준다. 1513년부터 거의 매년 구덩이에 있는 곰의 수와(때로는 곰들의 이름과 관리인의 이름이 함께 기재되어 있다) 곰들을 먹이고 돌보는 데 들어간 비용, 구덩이 수리비와 공사비, 벌어질 수 있는 사건이나 사고에 들어간 돈이 회계장부에 기록되었다. 그리고 특정한 곰이 죽거나 떠난 날, 대신해서 새로운 곰이 도착한 날, 특별한 손님이 방문한 날, 구덩이를 옮긴 날짜(구덩이 장소는 몇 차례 바뀌었다) 등도 모두 기록되었다.[34] 이는 독특할 뿐 아니라 매우 풍부한 사료이다. 베른은 언제나 시내 한복판에 그들의 살아 있는 토템을 한 마리 이상 보유했다. 게다가 그와 관련된 기억을 5세기 이상 문서로 남겨 보존했다. 이 동물은 물론 그저 그런 동물이 아니었다. 그것은 바로 곰이었다! 그것이 아니면 무엇이겠는가?

베를린의 곰은 토템적 성향이 약했으며 문서 기록도 베른의 곰보다 훨씬 적었다. 그러나 그것도 '말하는' 문장이었다. 독일 수도의 방패에 있는 그 곰의 존재는 '베르(Bär)'와 '베를린(Berlin)' 사이의 언어놀이로 설명할 수 있다. 가장 오래된 베를린의 곰 이미지는 1415년에 작성된 문서에 찍

---

* 스타니스와프 1세(Stanisław I Leszczyński, 1677~1766) : 폴란드 왕이었으나 아우구스트 3세(August III)에게 왕위를 빼앗기고 1737년부터 로렌의 공작으로 낭시에 머물렀다.

힌 인장에서 발견된다. 그러나 곰은 베를린이 브란덴부르크 선제후들*의 도성으로 확실히 자리를 잡고 뒷날 프로이센의 수도가 된 근대에 들어서서야 도시민을 대표하는 상징물이 되었다. 나치 시대에 곰은 자주 전면에 부각되었다. 심지어 곰에게 더 '국가사회주의'적인 색채를 띤 디자인을 부여하려는 대회가 열리기도 했다. 그러나 그 시기를 제외하고는 베를린의 곰 문장은 베른의 곰에 견줄 만큼 중요한 표상이자 상징으로 기능하지는 못했다.[35] 일종의 언어놀이에서 생겨난 옛 문장의 단일한 이미지로 표현하기에 베를린은 너무나 국제적이고 개방되었으며 근대화를 갈망하는 변화무쌍한 도시였다.

마드리드 사람이라면 누구나 마드리드의 곰 문장을 알고 있다. 그러나 이 경우 문장학에서 일컫는 이른바 '말하는' 문장인지는 확실하지 않다. 적어도 곰에 관해서는 말이다. 오늘날 마드리드의 방패 모양 문장은 과일나무와 나무 옆에 서 있는 곰, 그리고 주변 경계에 흩어져 있는 일곱 개의 별들로 가득 차 있다.[36] 그러나 그 다양한 형상들이 같은 시대에 함께 나타난 것은 아니다. 가장 먼저 등장한 것은 곰이었다. 곰이 등장하는 마드리드의 인장 가운데 현존하는 가장 오랜 것은 1381년의 것이다. 그 뒤 15세기 말 무렵에 나무가 나타났다. 그리고 거의 한 세기 뒤인 1572년에 마침내 테두리의 별들이 등장했다. 당시에 이미 나무는 카스티야어로 '마드로노(madrono)'라는 이름으로 불리던 〔남유럽에 자생하는 진달랫과 나무〕 '아르부투스'와 동일시되어 말하는 이미지로 해석되었다. 사실 마드로노와 마드리드의 간극을 곧바로 메우기는 어려워 보인다. 그러나 곰은 마드리드라는 지명과는 더더욱 관련이 없었다. 16~17세기에 일부 작가들은 마드리드

---

* 선제후(選帝侯, Kurfürsten)는 신성로마제국의 황제를 선출하는 데 참여했던 군주나 주교 등을 가리킨다. 1356년 보헤미아 왕 카를 4세에 의해 7인(성직제후 3명+세속제후 4명)의 선제후들로 공식적인 선거인단이 구성되었다. 그 가운데 브란덴부르크의 선제후(Kurfürsten von Brandenburg) 자리는 브란덴부르크의 세속제후에게 수여된 것으로, 1356년 루트비히 2세를 시작으로 프리드리히 3세까지 이어졌다. 1701년 프리드리히 3세는 브란덴부르크 선제후령과 프로이센 공국을 통합하여 베를린을 수도로 한 프로이센 왕국을 세우고 프리드리히 1세로 왕위에 올랐다.

의 곰 문장을 1212년 라스 나바스 테 톨루사 전투에서 이슬람교도들에게 대승을 거둔 카스티야 왕 알폰소 8세의 깃발에 있었던 곰에 대한 오래된 기억으로 보았다. 이 13세기의 곰은 5~7세기에 북부 이베리아 반도를 통치했던 서고트족의 옛 왕들이 소유했던 왕실 곰들의 후손으로 여겨졌다. 서고트족의 곰은 순전히 전설일 뿐이었지만, 이런 해석은 근대 초까지 진지하게 받아들여졌다. 프랑스 작가들이 그러했던 것처럼 말이다.[37] 그 뒤 절대왕정기의 학자들은 마드리드 문장의 곰에 대한 또 다른 가설을 제시했다. 그 도시의 옛 라틴 명칭이 '우르수리아(Ursuria)'였고, 이는 도시 설립자들인 로마제국의 〔'곰 군단'이라는 뜻의〕 '레지오 우르사(legio ursa)'를 기리기 위한 이름이었다는 것이다. 우르수리아라는 이름이나 군대에 관한 문헌학적 증거는 존재하지 않는다. 그러나 수십 년 동안 학자들은 마드리드가 본래 로마의 도시가 아니라 이슬람교도들이 9세기 무렵에 세운 '마즈리트(Majrit)'라고 불리던 요새였다는 사실을 감추려고 애썼다.

곰을 마드리드의 문장 이미지로 선택한 이유는 여전히 수수께끼로 남아 있다. 곰 형상이 지역의 동물 생태계에서 비롯되었다고 보는 것도 부실한 설명이다(마드리드는 산지로 둘러싸여 있다). 차라리 곰을 아르부투스 나무처럼 말하는 이미지로 보고, 고유명사 마드리드(Madrid)를 13~14세기 카스티야 언어에서 사내다운 사내, '남자'를 의미했던 보통명사 '마데르노(maderno)'와 연관시켜 해석하는 것이 더 낫다. 마데르노는 아마도 그 의미가 확장되어 남성다움의 전형이자 '남성적인 짐승maste beste'인 곰을 가리키는 말로 사용되었을 것이다.[38]

박물학자들의 혼동

중세 말과 근대 내내 우화·속담·문장에서 곰 이미지는 비교적 일관된 형태를 보였는데, 그것은 동물학적인 사실과는 차이가 있었다. 15세기와 18세기 사이에 동물학 분야는 큰 발전을 이루었다. 인쇄물과 판화들은 지식이 더 빨리 확산되는 것을 도왔다. 도상은 새로워졌고, 도서는 전문화되었으며, 전시시설은 급증했다. 또한 우편사업의 발달로 학자들의 교류도 증가했다. 많은 대학들이 동물학 강좌를 열어 이론적이거나 사변적이지 않은 실질적인 지식을 가르쳤으며, 교육을 목적으로 해부도 실시되었다. 그러나 이러한 발전이 모든 동물들에게 동일한 혜택을 가져온 것은 아니었다. 16세기는 특히 새와 물고기가 관심을 받았다. 물고기에 관한 중세의 초보적인 지식이 엄청난 진전을 이루었다. 현미경이 발명된 17세기에는 곤충, '벌레', 작은 동물들이 흥미를 끌었다. 유럽인들이 새로운 바다와 새로운 세계를 발견한 18세기의 주된 관심사는 지금까지 알려져 있지 않은 종들을 발견해 동물의 분류체계를 수정하고 확장시키는 일이었다.

곰에 관한 지식은 이러한 발전의 혜택을 그리 누리지 못했다. 때로는 근대 초기의 많은 작품들이 중세의 백과사전들, 특히 푸아 백작 가스통 페뷔스가 1387년과 1388년 사이에 편찬한 『사냥서』보다도 못하다는 인상을 주기도 했다. 예컨대 스위스의 의사이자 박물학자인 콘라트 게스너는 그 누구보다도 폭넓은 지식과 도서를 보유하고 있었으나, 곰에 대해서만큼은 예전과 비교해서 전혀 새로울 것이 없었다. 1551년 취리히에서 출간된 그의 방대한 저서 『동물의 역사*Historia animalium*』 제1권 네발짐승 편에는 곰에 관한 길고 장황한 장이 있으나, 동물학이라기보다는 상징사에 더 가까웠다.[39] 사실 이것은 역사가들에게는 흥미로운 작품이다. 곰과 관련한 모든 중세의 전승, 표현, 믿음을 담고 있는 저장고와 같기 때문이다.[40] 그러나 자연사적 관점에서 이 책은 곰은 물론 다른 대부분의 동물들에게도 전환점이 될 수 없었다. 게다가 게스너는 동물보다는 식물에 더 관심이 많은 개인적 취향을 가지고 있었다. 그가 본래 가장 주력한 연구 분야는 식물학이었다.[41]

이와 유사한 변변찮은 지식의 진전을 유명한 의사이자 볼로냐대학의 교수였던 울리세 알드로반디의 작품에서도 찾아볼 수 있다. 그는 생전에 동물에 관한 연구서를 거의 출간하지 않았으나 사후에 제자들이 그의 강의노트를 묶어 다양한 책들을 펴냈다.[42] 곰에 관한 부분에서는 마찬가지로 전혀 새로울 것이 없었다.[43] 다양한 종류의 곰들을 (특히 털색에 따라) 분류하려고 애쓴 것은 혼란만 가중시키고 곰에 대한 지금까지의 불확실한 이미지를 지속시킬 뿐이었다. 17세기의 동물학 서적 대부분이 게스너와 알드로반디에게서 얻은 정보를 차용하였다. 특히 네발동물에 관해 쓸 때는 그 둘의 저술을 거의 그대로 가져왔다. 예컨대 [네덜란드 서부] 레이텐에 정착한 스코틀랜드 의사 얀 존스톤은 대규모 동물 백과사전을 편찬했는데, 개념과 구성 대부분이 여전히 중세적이었다. 오직 동판으로 찍은 세밀화의 도입이라는 약간의 새로운 시도만 덧붙여졌다.[44]

일반적으로 갈색곰에 대한 지식은 인쇄술이 발견되었을 때부터 18세기에 자연사의 주요 작품들이 출간되었을 때까지 거의 변화가 없었다. 심지어 (대개 왕실이나 군주의 동물원에 있는 곰의 신체를 상대로 이루어진) 과학자들의 곰 해부도 곰에 관한 지식수준을 거의 향상시키지 못했다. 유명한 이야기작가 샤를 페로의 형이자 널리 알려진 건축가인 클로드 페로를 예로 들 수 있다. 클로드는 다양한 분야, 특히 해부학과 의학에 흥미가 있었다. 1667년에 그는 몇몇 동료 예술가, 의사들과 함께 (뒷날 파리식물원이 된) 왕실 동물원에서 죽은 동물의 해부에 참여할 기회를 얻었다. 그 동물들 가운데에는 '매우 나이가 많은 곰'도 있었다. 그러나 그의 해부기록[45]은 이미 오래전부터 사람과 유사하다고 알려져 왔던 곰의 내부장기에 대해 아무런 새로운 정보도 제공해 주지 못했다.

16~17세기에는 갈색곰에 관한 지식의 발전이 거의 없었다. 그러나 북극곰에 관한 지식은 진전을 이루었고 훨씬 더 정밀해졌다. 고대 작가들은 북극곰을 잘 몰랐으며, 중세 성직자들은 그 동물에 대해 오해하고 있었다. 그러나 중세 중기에는 이미 북극곰이 몇몇 왕실 동물원에 존재했다(노르

웨이와 덴마크의 왕들이 서유럽의 군주들에게 '북쪽의' 다른 동물들과 함께 선물로 보내온 곰들이었다).[46] 당시에는 북극곰이 매우 밝은 색의 털을 가진 갈색곰의 일종으로 여겨졌다. 사실 북극의 빙하와 추위에서 멀리 떨어진 북극곰의 털은 완전히 새하얗지 않다. 나중에는 북극곰에 대해 더 잘 알게 되었던 듯하다. 특히 스칸디나비아와 북부 독일에서 그러했다. 비록 동물지와 백과사전 작가들이 북극곰에 대해 언급하고 있지 않았더라도 말이다. 16세기 중반 〔스웨덴 남동부〕 웁살라의 박식한 대주교 올라우스 마그누스는 스칸디나비아와 라플란드 주민들에 대한 다양한 민족학적 연구를 토대로 북극 사람들에 관한 방대하고 흥미진진한 『역사』를 집필했다. 그는 여기에서 북극곰에 대해 여러 차례 언급했으며, 심지어 한 개의 장을 모두 그 동물에 할애하기도 했다.[47] 그는 북극곰을 "매우 거대하고 매우 강하다(ursi albi maximi et fortissimi)"라고 규정하며, 그들이 얼음 아래에서 어떤 방식으로 능숙하게 낚시를 하는지 자세히 설명했다. 그리고 북극곰 가죽이 매우 인기 있는 무역품이라는 사실을 강조했다. 올라우스 마그누스의 지식은 단지 책에서만 얻어진 것이 아니었다. 그는 루터의 종교개혁으로 고향인 스웨덴에서 추방되어 로마로 피신했는데, 그곳에서 엄청난 양의 장서를 접할 수 있었다. 게다가 청년시절인 1518년과 1519년에 북부 스칸디나비아를 여행했으며, 라플란드와 로포텐 제도도(아마 훨씬 더 북쪽까지도) 다녀왔다. 그는 이러한 경험들을 통해 직접 그 지역들의 일상생활과 물질문화, 전설, 신앙에 관해 방대한 정보를 모을 수 있었다.

사실 뱃사람들은 올라우스 마그누스나 그의 작품을 계승한 작가들보다 훨씬 이전부터 북극곰이 온대지방의 곰과 같은 동물이 아니라는 사실을 알고 있었다. 고래잡이들이 가장 빨랐다. 그들은 15세기 말에 북극해로 나아가기 시작했는데, 때로는 〔북위 80도의〕 스피츠베르겐까지 갔다. 그로부터 몇십 년 뒤에는 모험가들이 동아시아, 중국의 바다와 향료길*을 향

---

* 향료길(route des épices) : 유럽과 인도를 직접 연결하는 항로로 포르투갈 탐험가 바스코 다 가마(Vasco da Gama, 1460?~1524)가 개척했다. 그는 1497년 포르투갈의 수도 리스본에 출발하여 남아프리카의 희

해하기 위해 북대서양을 건넜다. 북극권을 지나면서 그들은 그린란드와 북부 허드슨 만, 그리고 뒷날 배핀과 엘즈미어라고 불린 큰 섬들에서 수많은 북극곰을 보았다. 모험가들은 북극곰에 관한 기록과 스케치를 남겼을 뿐 아니라, 산 채로 잡아 온대지방으로 데려오기도 했다. 이로써 북극곰에 대한 이미지는 선명해졌다. 18세기의 동물학 서적들은 더 이상 북극곰과 갈색곰을 혼동하지 않았다.

예컨대 1756년에 처음 출간된 뷔퐁의 『자연사*Histoire naturelle*』 시리즈의 곰 편은 두 동물을 '육지곰'과 '바다곰'이라는 분명히 다른 종으로 구분하고, 바다곰은 '얼음바다'에 서식하며 물고기와 바다생물만 먹는다고 기록했다. 그러나 사실대로 말하면 이 위대한 작가는 그 시대의 다른 작가들에 비해서 곰의 계보에 관해 잘 알고 있지는 못했다. 뷔퐁은 이름 높은 스웨덴 과학자 린네를 업신여기고 그의 분류체계를 몹시 혐오했지만, 곰에 대해서는 그보다 그리 낫지 않았다. '육지곰'에 관해 잘 알지 못했을 뿐 아니라 관심도 그다지 없었던 뷔퐁은 그것을 갈색곰, 검은곰, 하얀곰의 세 종류로 나누었다. 그에 따르면 첫 번째 곰은 냉대기후와 온대기후에서 발견된다. 이 갈색곰은 주로 알프스와 같은 산악지방에서 볼 수 있는데 사납고, 육식을 하며, 썩은 고기를 먹고, 늑대보다 훨씬 강하며, 가장 큰 동물과 사람을 포함하여 거의 모든 동물들을 공격한다. 두 번째의 검은곰은 비교적 온순한 종류로 북유럽과 아메리카에서 발견된다. 겁을 내지는 않지만 소심한 이 검은 짐승은 인간을 공격하지 않고 주로 야채와 꿀을 먹는다. 세 번째의 하얀곰은 잡식성에 위험한 곰이다. 이 흰색의 곰들은 모스크바, 리투아니아, (시베리아 서쪽) 대大타타르의 숲에 서식하는데, 거의 연구되지도 않았으며 잘 알려져 있지도 않다. 따라서 뷔퐁의 관점에서는 하얀곰은 북극곰과 숲의 곰 두 종류였다. 그러면서도 그는 다양한 종의 곰을 분류하는 것은 쉽지 않은 일이며 "곰만큼 작가에 따라 천차만별로

─────────────

망봉을 돌아 1498년 인도 캘리컷에 도착하였다. 이 항로는 유럽과 동방의 향료 무역에 중요한 역할을 했기 때문에 '향료길'이라고 불렸다.

분류되는 동물도 없다"[48]고 해명했다.

뷔퐁은 불확실함과 망설임을 무릅쓰고 아리스토텔레스와 플리니우스까지 거슬러 올라가 전임자들의 오류를 수정하기를 즐겼다. 전임자들은 몇 가지 점에서 잘못 생각하고 있었다(오류는 몇 세기까지는 아니더라도 수십 년 동안 지속되었다). 우선 어떤 곰들도 인간의 방식(*more hominum*)으로 얼굴을 마주보고 배를 맞댄 상태로 짝짓기를 하지 않는다. 곰들도 다른 네발동물처럼 짝짓기를 한다. 게다가 새끼 곰도 형체를 갖추지 않고 죽은 채 태어나지 않는다. 그들은 매우 작기는 하지만 완전한 형태를 갖추고 산 채로 태어난다. 그러나 뷔퐁이 보기에는 새끼 곰뿐 아니라 어린 곰, 성인 곰, 수컷 곰, 암컷 곰 상관없이 모든 곰들은 보기 흉했다.

실제 이 위인은 곰을 좋아하지 않았다. 그는 곰을 진짜로 싫어했다. 그 이유는 그가 곰에 관해 거의 알지 못했으며, 그의 분류체계 어디에 곰을 넣어야 할지도 몰랐기 때문이었을 것이다. 『자연사』에서 곰에 관한 장은 사자나 다른 야생동물들에게서 멀리 떨어져 있다. 곰은 겨울잠을 자지만 맹수가 아닌 다람쥣과 동물과 비버 사이에 있다. 1767~1768년 판에서 뷔퐁은 곰에게 오직 20쪽만 할애했다. 그러나 그는 동물의 왕 자리를 두고 곰과 오랫동안 경쟁한 사자에게는 40쪽을 할애했으며, 심지어 별 볼일 없는 비버에게도 35쪽을 할애했다.[49] 뷔퐁의 『자연사』는 곰에 관해 별다른 언급이 없는 다른 18세기 동물학 책들과 큰 차이가 없었다.

그러나 곰에 대한 뷔퐁의 혐오는 다른 데서 찾아야 할 듯싶다. 그 증오심은 사람을 닮은 곰의 외모와 18세기에 떠돌던 곰과 인간의 친족관계에 관한 전설들에서 비롯되었던 듯하다. 뷔퐁에게 '사람과 가장 가까운' 동물은 곰이 아니라 말이었다. 그는 개인적으로 말에 많은 관심을 기울였으며, 미사여구로 가득한 찬양과도 같은 글들을 바쳤다. 말은 『자연사』에서 인간에 대한 논의 바로 다음에 나오며 별도의 장이 주어진 첫 번째 동물이다. 그러나 훨씬 나중에 나온 책에서 이 박물학자는 곰이 겉모습만 놓고 보면 인간과 가장 많이 닮은 동물 가운데 하나라는 사실을 마지못해 인정했다. 곰은 사람과 유사한 손과 발을 가진 '척행동물'이었으며, 앉거나 설 수 있었고, 도구를 집거나 사용할 수 있었다. 그는 걷고 달리고 뛰어오르고 수영하고 기어오르고 심지어 사람처럼 춤을 출 수도 있었다. 뷔퐁은 이러한 명백한 유사성들을 무시할 수 없었다. 그러나 그는 그것들을 하나하나 열거하고는 끝에서 치명적인 일격을 담은 문장으로 그 모든 것을 상쇄시켜 버렸다. 뷔퐁이 곰에 관한 장 맨 끝부분에 덧붙인 다음과 같은 악의적인 글은 내가 이 책의 첫머리에서 따로 인용한 문장이기도 하다. "그러나 곰과 인간 사이의 그 모든 조악한 유사성은 그 동물을 더욱 기형으로 만들었고, 다른 동물보다 더 낮게 하지도 않았다."[50] 이 문장은 분명히 유럽 숲들의 이교적인 곰 숭배에 맞서 싸운 카롤루스왕조 시대의 성직자들을 기쁘게 했을 것이다.

박물관에서의 생존

뷔퐁 이후 곰에 대한 박물학자들의 논의는 악의는 줄어들었으나 기본적인 수준에 머물렀고 흥미나 열정도 거의 일으키지 못했다. 곰은 19세기 전반기에 벌어진 종의 고정과 진화를 둘러싼 거대한 논쟁의 바깥에 놓여 있었다. 라마르크와 퀴비에*는 물론이고, 에티엔 조프루아 생틸레르**와 다윈도 자신의 주장을 뒷받침하기 위해 곰을 거론하지 않았다. 그들과 그 시대의 동물학자들은 모두 사람과 가장 닮은 동물을 원숭이라고 생각했다. 그것은 사실 아리스토텔레스 시대에 이미 언급되었으나 중세 기독교에서 완강히 거부되었던 생각이었다. 하지만 그런 사고는 계몽시대가 되자 자

---

* 조르주 퀴비에(Georges Cuvier, 1769~1832) : 프랑스의 생물학자. 비교해부학을 확립했으며 고생물학의 발달에도 기여했다.

** 에티엔 조프루아 생틸레르(Étienne Geoffroy Saint-Hilaire, 1772~1844) : 프랑스의 생물학자. 퀴비에와 함께 비교해부학을 확립한 인물로 알려져 있다.

연학과 철학의 전면에 확실히 설 수 있었다. 생물변이설과 1859년에 출간된 다윈의 획기적인 저서 『종의 기원』[51]을 둘러싸고 벌어진 논쟁들은 그러한 견해를 19세기 후반의 가장 커다란 논점으로 만들어 주었다.

그러나 곰에게는 그러한 일이 일어나지 않았다. 동물학자들은 곰에 대해서는 그 내부의 종들을 구분하고 새로운 다양성을 찾는 데 머물러 있었다. 세 대륙에서 발견된 갈색곰은 (크기와 대강의 형태, 머리 모양, 털색, 식습관, 동면행위 등에서) 개체에 따른 차이가 너무나 다양하고 뚜렷했기 때문에 몇몇 아종亞種들의 존재가 제시되었다. 18세기 후반과 19세기 중반 사이에 서구 동물학은 분류에 대한 광적인 집착에 시달리고 있었던 듯하다. 분류 체계는 늘어나고 변경되고 고쳐지고 보충되고 폐지되고 새롭게 제안되었으며 그 때문에 계속해서 다시 만들어졌다. 과科, 속屬, 종種, 변종變種들은 추론의 바람에 따라 이리저리 오락가락했다. 그러나 1860년에서 1880년 사이에 선사시대 학자들은 고생물학의 놀라운 발전에 힘입어 곰 화석을 매우 많이 발견했다. 이는 지금까지의 분류체계를 되돌아보고 훨씬 더 견고한 계보를 세울 수 있게 했다. 그러한 분류의 추이에 따라 (1850년 무렵에는 24개나 되는 많은 종들이 있었지만) 오늘날 대부분의 생물학자들은 곰과Ursidae를 다음과 같이 오직 7개의 종으로 나눈다. 자이언트 판다(중국, 티베트), 안경곰(안데스산맥), 말레이곰(동남아시아의 열대숲), 느림보곰(인도 북부 산악지방과 스리랑카), 흑곰(북아메리카), 갈색곰(유럽, 아시아, 북아메리카), 북극곰(북극과 아북극 지역). 고유한 특징이 뚜렷한 자이언트 판다를 제외하고 이들의 친족관계는 유전학적으로 입증되어 있으며 그들 사이에 놓인 분류의 경계도 언제나 명확하지는 않다. 예컨대 흑곰과 갈색곰, 심지어는 갈색곰과 북극곰 사이에도 많은 교배종들이 관찰된다. 그리고 이러한 곰의 혼혈 개체들도 자손 번식력을 가지고 있으므로 곰에게 독립적인 종이란 개념은 상대적인 것이라고 볼 수 있다.

중세처럼 현대에도 곰에 관한 지식은 오랫동안 불확실하게 남아 있었다. 파악하기 어려웠기 때문에 19세기와 20세기의 동물학자들은 (늑대에 대해서는 열정적이었지만) 곰에게는 무관심했다. 곰이 멸종 위기에 처했다는 것을 뒤늦게 깨달을 때까지 무관심은 계속되었다.

곰에 대한 관심 부족의 명백한 증거는 아마추어, 아니 '거의 아마추어에 가까운' 한 작가의 작품에 나타난 곰의 지위에서 찾을 수 있다. 마르셀 쿠튀리에가 1954년에 (프랑스 동남부) 그르노블에서 자기비용으로 출간한 『갈색곰L'Ours brun』은 수십 년 동안 필수 참고문헌이었다.[52] 1980~1990년까지 영국, 독일, 미국의 주요한 유명대학들을 포함하여 대부분의 간행물과 학술지들은 이 책을 곰 연구 분야에서 뛰어난 권위를 가진 저서로 인용했다. 실로 그 책은 포괄적인 연구서였고 지금까지 쓰인 것들 가운데 가장 방대했다. 그러나 엄밀한 과학적 관점에서 그것은 매우 애매한 책이었다. 해설, 특히 해부학과 관련된 부분은 과학적인 분위기를 풍기고 매우 자세했다. 그러나 저자의 주장은 많은 부분에서 빈약했으며 근거가 되는 연구자료도 존재하지 않았다. 이 책에서 가장 뛰어난 부분은 야생에서 곰의 행동과 식습관을 관찰한 것이다. 여기에는 분명한 이유가 있었다. 취미로 동물학자를 겸했던 의사 마르셀 쿠튀리에는 야외활동을 즐기는 사람이었다. 그는 1930~1960년대의 유명한 사냥꾼 가운데 하나였으며, 특히 (알프스 영양) 샤모아, (활처럼 굽은 커다란 뿔을 가진 야생염소) 알프스 아이벡스, 들꿩과 곰 사냥에 뛰어났다. 국립공원과 보호구역의 설립 필요성을 주장했지만, 사냥을 향한 그의 열정은 분명히 그가 연구했던 종들의 개체수를 줄이는 데 기여했다. 그는 세 대륙에서 곰을 사냥했고 그 사실을 책에서 자랑했다. 때때로 그는 사냥에 대해 매우 상세히 기술했는데 그 구절들은 반세기가 지난 지금 보기에는 잔혹함과 인식 부족이 참기 어려울 정도이다.[53] 심지어 그는 1953년 8월 24일 피레네의 아스프 계곡 우르도스 인근에서 자신이 죽인(학살했다고 하는 것이 더 정확한 표현일 것이다) 마지막 갈색곰의 사체 위에서 자랑스럽게 자세를 잡고 있는 커다란 사진 세 장을 책에 도판으로 실

기도 했다.[54]

한때는 여러 문화권에서 동물의 왕이었으며, 인간의 조상이나 친족이었던 곰은 이제 야생상태에서는 오직 수십 마리만 살아남은 동물이 되었다. 최근 25년 동안 유럽, 아메리카, 아시아에서 여러 보호정책이 행해졌다. 그렇지만 검은색이든 갈색이든 흰색이든 곰의 멸종은 피할 수 없을 것처럼 보인다. 이 비극적인 문제에 대한 통계는 매우 분명하고 참혹하다. 또한 그것을 둘러싼 논쟁은 비관적인 전망에 참담함까지 가중시키고 있다.

나는 이 책의 주인공인 갈색곰에 초점을 맞추고자 한다. 2007년 갈색곰의 수는 22만~23만 마리였다. 그들은 북위 30°~75°의 온대지방에 매우 불균등하게 분포하고 있다. 그 대부분은 알래스카(3만~4만 마리)와 캐나다 서부와 북서부(2만5천 마리), 시베리아 동부(그 수는 알려져 있지 않으나 대략 6만 마리나 8만 마리로 추정), 일본(약 2천5백 마리), 티베트와 중국(1천여마리), 카프카스(3천 마리)에 서식한다. 유럽에서는 그 나머지가 인간의 손길이 미치지 않은 산간지방과 숲에 제한되어 살고 있다. 그 가운데 가장 많은 개체가 분포하는 지역은 러시아 북부, 에스토니아, 카렐리아, 벨라루스, 우랄산맥, 카르파티아산맥(특히 루마니아)과 발칸반도이다. 그러나 유고슬라비아와 알바니아의 전쟁은 전보다 발칸반도 지역의 곰 개체수를 줄어들게 만들었다. 몇백 마리는 폭탄과 화재로 주검이 되었으며, 일부 곰들은 불가리아와 그리스·헝가리·슬로베니아, 심지어 이탈리아로까지 도망쳤다. 나머지는 단순히 굶어죽기도 했다. 스웨덴과 노르웨이, 트렌티노, 아브루치, 칸타브리아산맥의 일부 지역들에는 곰 수십 마리가 여전히 남아 있다.[55]

프랑스에서 곰은 일찌감치 사라졌다. (프랑스 남부 산지인) 마시프상트랄과 세벤느에서는 17세기 중반에, 보주산지에서는 18세기 말에(1786년에 게브빌러 인근에서 마지막 한 마리가 목격되었다), 쥐라에서는 1860년 무렵에 자취를 감췄다. (피에몬테 고원과 서부 스위스에서는 곰이 이미 사라졌지만) 19세기 말까지 프랑스 알프스에는 수십 마리가 남아 있었다. 그러나 제1차 세계대전 이후 그 역시 일부 고립된 개체들만 살아남았다.[56] 프랑스 알프스에서는 1921년 8월 13일 정오에 고도 2천 미터의 라 샹브르 고원 바스모리엔에서 거의 마지막 개체로 추정되는 곰이 총에 맞아 죽었다. '치아가 모두 마모된' 늙은 암곰이었다. 그렇지만 죽기 전까지 몇 주 동안 양들을 잡아갔다. 세 명의 사냥꾼이 있었는데, 곰은 그들 가운데 테오뒬 앙드레라는 이름의 남자가 쏜 총에 맞아 치명상을 입고 죽었다. 그 뒤 그는 곧바로 '곰 킬러 테오뒬'로 이름을 떨쳤다. 곰의 사체는 라 샹브르 계곡으로 옮겨져 푸줏간 주인에게 넘어갔다. 그는 곰을 조각낸 뒤에 고기를 킬로그램 단위로 팔았다.[57] 물론 이 암곰이 프랑스 알프스에서 목격된 마지막 곰은 아니었다. 그녀와 같은 종류의 곰 몇 마리가 여기저기에서, 주로 모리엔과 샤르트뢰즈 고산지대에서 모습을 드러냈다. 더 남쪽의 베르코에서는 1937년 9월 생마르탱앙베르코의 고도 1천미터 지점에서 살아 있는 마지막 곰이 목격되었다. 그 곰을 목격한 양치기의 이름은 줄리앙 아르노였다. 그는 자신의 두 아이들과 개, 가축무리와 함께 있을 때 그 곰을 보았다. 그들은 모두 공포에 휩싸였다. 그 짐승은 작았으나 붉은색을 띠었기 때문에 위협적으로 느껴졌다.[58]

피레네산맥에서 곰은 완전히 사라지지 않았다. 프랑스 쪽의 피레네나 에스파냐 쪽의 피레네나 마찬가지이다. 그러나 살아 있는 개체수를 정확히 파악하기란 불가능하다. 아마 양쪽 다 합해서, 슬로베니아에서 최근에 들여온 개체까지 포함하면 5~20마리가 존재할 것이다. 에스파냐의 칸타브리아산맥에는 피레네보다 곰들이 많이 있어 '재도입'* 논의가 딱히 필요하지는 않았다. 그러나 개체수가 적은 프랑스에서는 이탈리아 트렌티노와 마찬가지로 재도입에 관한 다양한 논쟁과 대립들이 이따금 마치 집단히스테리처럼 벌어졌다. 곰을 적대시하는 사람들은 평정심을 잃고 곰

---

* 재도입(réintroduction) : 특정지역의 멸종위기 종을 보존하기 위해 개체를 인위적으로 방사, 번식시키는 것을 뜻한다.

들이 (가축 학살, 나무 훼손, 벌통과 농작물 약탈, 음식 훔치기, 아이들 공격 등) 예상보다 훨씬 더 많은 해를 끼칠 수 있다고 주장했다. 그리고 그들은 자신들의 주장을 고수하기 위해 중요하다고 보기 어려운 빈약한 논리를 내세웠다.[59] 반대편의 재도입 지지자들은 자신들의 주장에 대해 명확한 이유를 제시하지 않고 있다. 그들이 왜 슬로베니아와 이베리아의 곰들을 선호하는지에 대해서도 설명하지 않는다. 정부, 지역단체, 동물보호협회, 목축업 종사자들이 이 문제에 대해 합의점을 찾지 못하고 있는 것은 안타까운 일이다. 그러나 곰 역사가들에게 이것은 놀랄 만한 일이 아니다. 사실 그것은 경제적이거나 생태학적인 문제라기보다는 특정한 골짜기나 그곳의 생태계에 한정되지 않은, 근본적으로 상징적인 문제이다. 바로 그 때문에 해결되지 않는 것이다. 곰의 재도입은 아마 별다른 성과를 거두지 못할 것이다. 그리고 어떻게 되든 다른 종보다 깊게 형성되어 있는 곰에 대한 부정적인 인식도 없어지지 않을 것이다. 곰이 다른 동물과 같지 않다는 것은 아무리 반복해도 지나치지 않다. 사람과 곰의 관계는 언제나 열정적이었다. 최근의 논쟁들이 보여주는 것처럼 지금도 그 관계는 특별하다(늑대나 스라소니에 대해서는 그러한 재도입 논쟁이 거의 나타나지 않는다). 그 동물을 구하기 위해 취해질 조치가 무엇이든 그 특별함은 앞으로도 계속될 것이다. 그러나 인간은 그의 선조이자 동족, 첫 번째 신인 곰을 죽임으로써 오랜 옛날의 자신에 대한 기억을 죽였다. 이는 사실 상징적으로 스스로를 죽이는 행위였다. 시간을 되돌리기에는 너무 늦었다.

이것이 유럽 전역에서 지난 한 세대 또는 두 세대 동안 취해진 보존정책들이 전혀 소용없었던 이유이다. 자연공원, 보호구역, 서식지 보존지구, '곰 보존 프로젝트', 연구회, 보호협회, 금지[60] 등 온갖 종류의 보호조치들도 아무런 성과를 거두지 못할 것이다. 곰은 사라질 운명이다. 곰은 이미 상징적으로 알프스와 피레네뿐 아니라 스칸디나비아와 아브루치, 칸타브리아산맥까지 야생동물들이 살아 있는 거의 모든 세계에서 제거되었다.

그 자리에는 그 대신 '곰 박물관들'이 들어섰다. 유럽의 갈색곰은 죽자마자, 아니면 죽어가는 순간에 이미 박물관의 소유물이다.[61] 마찬가지의 운명이 북아메리카의 갈색곰을 기다리고 있다. 지금은 공원들이 외부인 출입금지구역이지만 이미 관광객들의 천박하고 과도한 엿보기 대상이 되고 있다. 갈색곰의 사촌인 북극곰은 기후변화와 빙하가 녹으면서 굶어서 죽어가고 있다. 그리고 이것은 예전에 없던 충격적인 동족상잔을 저지르도록 북극곰을 몰아가고 있다.

민족학자들의 선호

멸종과 박물관으로의 유폐를 향해서 가는 이 가혹한 흐름에 자극을 받아 지난 30년 동안 이 동물에 대한 학문적인 연구가 급증하였다. 특히 공동의 비교연구들이 마르셀 쿠튀리에 저작의 모자란 부분을 메우고, 그의 오류와 단순화를 바로잡아주었다. 수세기 동안 동물학자들로부터 망각되고 무시당했던 곰은 멸종위기에 놓이고서야 다시 그들의 관심을 불러올 수 있었다. 이런 현상은 곰에게만 국한된 것은 아니었다. (포유동물의 경우 고릴라, 호랑이, 바다표범, 고래 등) 사라질 위기에 놓인 다른 종들의 경우도 마찬가지였다. 과학은 인류가 그들을 잃을 상황에 놓인 지금에 와서야 그 동물들에게 흥미를 보이는 것 같다.

민족학자들은 훨씬 더 선견지명이 있었다. 그들은 살아 있는 곰들의 수가 아주 적어질 때까지 기다리지 않고 무조건 곰을 그들 동물지의 중심부에 위치시켰다. 곰은 실제로 최소 한 세기 동안 민족학자들의 생각과 조사의 중심부에 놓여 있었다. 그들의 연구는 처음에는 멀리 떨어진 사회들에 초점을 맞추었다. 그곳들에서의 곰 숭배와 그에 따른 의례와 믿음들은 20세기까지 매우 생생하게 지속되고 있었다. 예컨대 일본 북부와 사할린 섬에 거주하는 아이누인은 곰을 자신들의 조상으로 믿고 있었다. 그들은 곰을 토템의 정수로 삼는 의식들, 예컨대 곰과 관련된 사냥, 희생제의, 향연, 통과의례, 금기에 열렬히 몰두하였다. 잡혀온 아주 어린 새끼 곰이 아이를 낳은 지 얼마 되지 않은 여인의 젖을 빠는 일도 드물지 않았다. 그 녀는 젖 하나는 자신의 아이에게, 다른 하나는 새끼 곰에게 물렸다. 그들은 이렇게 3~4년 동안 애지중지 보살피며 기른 곰을 제의에서 희생제물로 바쳤으며, 잔치를 열어 그 고기를 먹었다.[62] 이는 부족을 곰의 보호 아래에 두고, 그 힘과 후각·청각·영혼을 흡수하기 위해서였다. 곰 신체의 특정 부분, 예컨대 심장이나 혀·주둥이·귀를 선호했으며, 왼발은 특히 더 효험이 좋다고 여겨졌다.[63]

유사하면서도 사냥과 더 밀접히 연관된 의례들이 시베리아의 다양한 민족들인 니브흐족, 예벤크족, 추크치족, 코랴크족, 한티족에게서도 행해졌다. 그들에게 곰은 신, 혈족, 부족의 조상, 사람이 환생한 동물, 이승과 저승을 연결하는 일종의 샤먼과 같은 존재였다(곰은 이러한 역할들의 일부나 전부를 맡았다).[64] 곰이 사냥꾼들에게 죽임을 당하는 것은 자발적인 희생이라는 생각도 널리 퍼져 있었다. 곰을 죽이는 방식은 특별한 주의가 필요했다. 곰의 몸은 약재로 쓸 부분이 많을 뿐 아니라, 의례에 따라 죽여야만 곰의 영혼이 몸에서 분리되어 부활할 수 있다고 믿었기 때문이다.[65] 야쿠트족이나 사모예드족도 유사한 의례를 행했는데, 18~19세기의 여행자들은 그 관습들을 좋게 말하면 '우스꽝스럽고', 나쁘게 말하면 '역겹고' '악마적인' 행위라고 묘사했다.[66] 이 의례들은 1900년대 초에 학문적인 연구 주제가 되었으며, 그 뒤 그린란드와 캐나다의 이누이트 사회의 관습과 비교연구를 하는 성과를 가져왔다. 이누이트 사람들도 마찬가지로 곰, 곧 백곰(북극곰)을 자신들의 친족이자 신이자 토템으로 삼고 있었다.[67]

민족학자들의 연구는 유럽 문화권으로도 향했다. 라플란드인은 가장 오래 그들의 눈길을 사로잡은 연구주제였다. 동시베리아보다 라플란드의 사례가 16~17세기의 증거를 근래의, 심지어 동시대의 것과 비교하기에 더 용이했기 때문이다.[68] 이러한 비교들은 곰 의례들이 고정되지 않고 변화하고 있다는 사실을 보여주었다. 동일한 신화와 믿음에 기초하고 있어도 세부적인 이야기와 의례들은 시간과 장소에 따라 달라졌다.

아이누와 시베리아 사람들처럼 라플란드인들에게도 곰 희생제의는 중요한 위치를 차지하고 있었다. 그것은 며칠 동안 지속되는 사냥의 형태를 띠었는데, 여성들은 배제되었다. 사냥에 앞서 노래와 춤·모의사냥·기도가 행해졌고, 라플란드인들은 이를 통해 곰에게 그를 죽이는 것을 허락해 달라고 부탁해야 했다. 여기에는 곰에 대한 크나큰 존중의 의미가 담겨 있었다. 게다가 곰이 사람의 말을 알아듣고 자신들의 의도를 파악할 수 있다고 생각한 사냥꾼들은 사냥에 나서기 전부터 미리 곰의 이름을 부르는 것을 자제하고, 그를 화나게 할 어떤 행동도 하지 않으려고 애썼다. 그들은 사냥에 무관심한 척하며 모든 것을 은밀하게 준비했다. 무엇보다 여인들과 말을 섞지 않았는데, 비밀을 지킬 줄 모르는 여인들이 발설을 하면 곰의 첫 번째 희생자가 될 수 있다고 생각했기 때문이었다. 사냥 자체도 길고 복잡했다. 사냥에서의 역할들은 정교하게 배분되어 있었으며, 노래와 무언극을 동반한 느릿한 귀환 절차로 마무리되었다.[69] 여성들은 가장 좋은 옷을 차려입고 사냥꾼들을 마중하며 그들에게 침을 뱉었다. 이는 야수와 접촉해서 생길 수 있는 위험한 힘을 중화시키기 위해서였다. 이런 의식을 위해 그녀들은 오리나무와 자작나무 속껍질을 오랫동안 씹었다. 해체 작업과 뒤이은 정성어린 요리는 남자들의 몫이었다. 그러나 여인들도 잔치에는 참석했다. 잔치에서는 성, 나이, 지위에 따라 곰의 고기와 내장을 정확하게 분배했다. 분배는 족장이 아니라 맨 처음 곰을 발견한 사람이 했다. 그는 곰과 함께 그 축제의 영웅이었다. 그가 가장 고귀한 장기인 심장을 가졌다. 쓸개는 조심스럽게 따로 분리되었다. 정력과 건강을 위한 약을 만드는 데 사용되었기 때문이다. 만약 쓸개가 모든 사냥꾼이 먹기에 충분하지 않다면 미덕과 용기, 몸속 구조가 곰하고 가장 닮은 멧돼지의 쓸개를 섞었다. 그리고 곰의 장례식과 **뼈** 매장(그들은 곰의 뼈를 되도록 원래 모양으로 맞춰놓으려 한다), 다양한 정화의식들, 3일 동안의 애도기간을 거친 뒤에야 그들은 일상으로 돌아갔다.[70]

발칸반도와 카르파티아산맥에 관한 민족학자들의 작업은 주로 한겨울과 카니발 기간에 행해지는 곰 의례들에 집중되어 있다. 이 의례들의 주된 기능은 봄의 귀환을 재촉하고, 동면을 끝낸 곰이 가져올 풍요를 기원하는 것이었다. 실제로 곰은 초목의 영혼이 육화한 존재로 곡물의 발육을 관장하는 동물로 여겨졌다. 그래서 곰을 행렬의 맨 앞에 세우고, 지푸라기와 나뭇가지 · 나뭇잎으로 장식했다. 사람들은 곰에게 씨앗과 과일을 주고, 어루만지고, 둘레를 돌며 춤을 추고, 그 등에 기어오르기도 했다. 대부분 그것은 실제 곰이 아니라 곰으로 변장한 사람이었다. 그는 여자와 아이들을 놀라게 하는 것을 즐겼다. 때때로 짚으로 만든 곰의 모형이 그 역할을 할 때에는 그것을 제물로 삼아 상징적인 죽음을 내리고 불태우기도 했다. 풍요와 관련된 이와 유사한 농촌 의례들이 슬라브와 게르만 세계 전역에 존재했다. 그런 의례들이 언제나 카니발 기간에만 행해졌던 것은 아니었다. 의례는 성지주일*이나 한여름, 추수를 마친 뒤에 행해지기도 했다.[71]

서쪽의 피레네산맥에 인접한 지역들에 관한 유럽 민족학자들의 연구는 가장 최근에 이루어진 것으로 그 수가 가장 많다. 그 지역의 베아른, 나바르, 카탈로니아, 루시용, 남부 랑그독 지역에서는 종종 곰이 카니발의 단독 스타였다. 곰에게 바치는 특별한 축제는 마을마다 근소한 차이만 있을 뿐이었다. 대부분 성촉절(2월 2일)이나 그 뒤에 오는 일요일에 축제가 거행되었는데, 때로는 사순절 직전의 목요일에 열리기도 했다. 축제는 대부분 언제나 동일한 양식을 나타냈다. 먼저 곰으로 변장한 남자가 산에서 내려오거나 숲에서 뛰쳐나온다. 그는 소년들과 춤을 추고 있는 소녀를 한

---

* 성지주일(Dimanche des Rameaux) : 예수가 십자가의 고난을 앞두고 예루살렘에 입성한 것을 기념하는 날을 말한다. 매년 부활절을 1주일 앞둔 일요일로 이 날부터 7일 동안은 예수의 고난을 기리는 고난주간으로 기념한다.

명 납치하는데 대부분 가장 예쁜 소녀이다. 그는 소녀를 자신의 동굴로 데려간다. 사람들은 그를 뒤쫓고 찾아다니며 불러대고 찾아낸다. 그는 붙잡혀 포박당하고 미리 정해놓은 길을 따라 마을 한가운데로 끌려온다. 그러나 그 동물은 도중에 탈출을 하고 군중들은 겁에 질린다. 그리고 두 번째 모의납치가 행해진다. 그는 다시 잡히는데 이번에는 사슬에 묶여 굴욕을 당하고 털이 깎여 (상징적인) 죽임을 당한다. 이 매우 시끌벅적한 의식은 춤과 노래, 고함과 욕설, 집단잔치 등 (이 지역들에 일찍 찾아오는) 겨울이 끝나는 것을 상징하는 온갖 종류의 일탈들을 수반한다. 축제는 처음부터 끝까지 성적인 성격이 뚜렷하다. 소녀를 납치하는 야수는 여성에 대한 성적 소유를 놓고 인간과 곰이 대대로 벌였던 경쟁을 떠올리게 한다. 곰은 자신이 납치해온 소녀를 향해 매우 강렬한 욕구를 드러낸다. 탈출하기 전까지 그녀가 곰의 동굴에 갇혀 있던 여러 달 동안 무슨 일이 일어났는지는 (적어도 이론상으로는) 아무것도 알려진 바가 없지만 말이다. 이따금 곰은 한 마리가 아니라 여러 마리이기도 했다. 젊은 여성들에게 더 큰 공포나 즐거움을 주기 위해 심지어 마을의 모든 남자들이 '곰으로 분장한' 적도 있었다.[72]

야수의 고통과 비애

더러 그 뿌리를 아주 먼 옛날에 두고 있기도 한[73] 이런 의례들은 분명히 그리스·신화에 이미 존재해왔으며 이 책 전반에 걸쳐 등장하는, 여성을 납치하고 겁탈하는 수많은 곰 이야기들과 비슷하다. 그 의례들은 고풍스럽고 진부한 축제들에, 다양한 구전에, 도상[74]과 지명에, 그리고 이야기들[75] 속에 어느 정도는 지금도 존재하고 있다. 가장 유명하고, 계속해서 개정판과 변형들이 양산되어 세 대륙으로 퍼져나간 이야기는 『곱슬머리 금발소녀와 곰 세 마리Boucle d'Or』가 아니라 『곰 인간 장Jean de l'Ours』이다. 이

이야기는 언제나 동일한 양식을 지닌다. 한 여인이 곰에게 납치되어 겁탈을 당한다. 그녀는 사내아이를 낳고, 그 아이는 자신의 아비를 죽인다. 그 뒤 그는 인간세계에서 자신의 자리를 찾는 데 어려움을 겪는다. 너무 힘이 센 그는 사람들과 어울리고 싶어하지만 적개심과 의심, 배신에 맞닥뜨릴 뿐이다. 불행하게 끝난 수많은 모험을 겪은 뒤에 그는 결국 인간사회에서 달아나 홀로 그가 태어난 굴로 돌아가서 죽는다.[76]

'곰의 아들'이 나오는 이야기는 그 동물이 존재하거나 존재했던 모든 사회들에 풍부하게 존재한다. 그는 때때로 곰의 피가 섞이지 않은 완전한 인간인 경우도 있었다. 숲에 버려진 아이는 암곰의 젖을 먹고 자란다. 대부분의 경우, 그는 막강한 힘을 지니고 있으며 젊은 여인들을 향한 그의 성욕은 채워질 줄 모른다.[77] 그 밖에 사냥, 곰으로 변한 남자, 곰으로 나타나기를 즐기는 악마와 연관된 사건이나 신기한 일들을 다룬 갖가지 이야기들이 있다. 곰과 경쟁관계에 있는 동물이 곰을 공격하고 속이고 조롱하는 이야기들도 있다.[78] 이런 이야기들은 모두 곰의 고독함과 우울함을 강조한다. 구전에서 곰은 거의 언제나 불행한 존재이다.

서커스, 시장바닥, 동물원의 세계에 속해 있는 곰도 불행하기는 마찬가지였다. 그런 모습을 밖으로 드러내는 것이 그들에게 허용되지 않았을지라도 말이다. 이미 살펴보았듯이 일찍이 봉건시대부터 축제나 장터에 곰 조련사들이 나타났다. 교회는 일반적으로 동물쇼에 반대했지만 곰을 구경거리로 만드는 데에는 관용적인 태도를 보였다. 그것이 지나치게 숭배되고 있는 그 야수의 신성함을 없애준다고 생각했기 때문이다. 중세 말에 곰은 이처럼 몰락하여 그저 그런 서커스 동물로 바뀌었다. 짐승들의 왕, 심지어는 산과 숲의 주인이었던 곰은 어디에서도 찾아볼 수 없었다.

곰 조련사들은 수세기 동안 계속 존재해왔으며, 심지어 대부분의 서식지에서 곰이 사라졌을 때조차 그들의 수는 더욱 늘어났다. 18세기 말부터 그들은 유럽 전역을 돌며 그 동물을 한 번도 본 적이 없던 대중들에게 곰을 보여주었다.[79] 이런데도 여전히 곰을 야생동물이라고 할 수 있을까? 판화와 뒤이어 나온 사진, 그리고 더 나중에 등장한 엽서들에는 재갈이 물린 곰의 이미지가 풍부하게 남아 있다. 그 곰들은 때로는 뒷다리로 선 채로 누더기를 걸친 부랑자와 함께 있거나 마을광장의 몇몇 구경꾼들 앞에서 춤을 추려고 하고 있다. 그들은 대체로 몸집이 작고 말랐으며 털도 볼품없었다. 곰들의 소심하고 체념한 듯한 태도는 조련사들의 혈색 좋은 얼굴이나 쏘아보는 듯한 눈매와 대조를 이루고 있었다.[80] 이들 조련사들은 보통 '터키인', '보헤미안', '떠돌이 집시(뜨내기)' 등으로 불렸는데, 당시 그런 용어들은 동유럽과 오토만제국의 변방에서 온 장돌뱅이나 악사, 배우들을 가리키는 포괄적이면서도 모호한 말이었다. 곰 조련사들은 대체로 루마니아의 카르파티아산맥이나 발칸반도의 산간지방 출신이었다. 그들은 그곳에서 새끼 곰들을 잡아서 훈련시켰다. 곰들은 춤추고 인사하고 재주넘고 공처럼 구르고 싸우거나 죽은 척하는 법을 배워야 했다. 사슬에 묶어놓기 위해 곰의 이빨과 발톱은 줄로 갈았으며 코뚜레를 꿰었다.[81] 19세기 프랑스에서도 아리에주 산지에서 데려온 곰들이 남부지방의 도시와 마을들에서 전시되었다. 동쪽에서 온 동족들보다는 덜 학대받았던 이 곰들은 행운을 가져오고 특정한 질병들에서 보호해준다고 여겨졌다. 특히 아이들에게 그 동물을 쓰다듬거나 등에 올라타는 것이 권장되었는데, 그러한 행동이 아이들에게 겁을 없애준다고 믿었기 때문이다. 남부지방을 순회하던 이 피레네의 곰들은 제1차 세계대전 이후에 사라졌다.[82]

동유럽의 산간지방에서 포획된 새끼 곰들이 장터의 구경거리로만 이용된 것은 아니었다. 그들 가운데 일부는 돈벌이가 되는 교역물품으로, 일부는 동물원에서 기르거나 경기에 내보내는 용도로 사용되었다. 4세기에 기독교의 승리와 함께 사라졌던 원형경기는 르네상스시대에 들어와서 덜 폭력적이고 덜 잔혹한 형태로 다시 등장했다. 경기장의 스타는 오랫동안 말과 사자였다가 나중에 개와 원숭이로 바뀌었다. 19세기가 되어서야 곰은 다시 경기장에 입장할 수 있었다. 그 전에 곰은 도시의 광장이나 변두리에서 어쩌다 전시될 뿐이었다. 전시장이나 경기장에 곰이 등장하는 것은 광고를 해서 알려야 할 정도로 매우 특별하고 드문 일이었다. 예컨대 1734년에 파리에는 크고 아름다운 포스터가 하나 붙었다. 파필롱이 만든 그 판화 포스터는 "2월 2일 화요일, 포부르 생제르맹의 세브르 성문에서 벌어질 곰과 황소의 결투"를 알리고 있었는데, "곰은 크고 강하며 이빨이 날카롭다"거나 황소는 "불독"의 도움을 받을 것이라는 자세한 내용도 적혀 있었다.[83]

곰은 19세기 후반인 1860~1880년 무렵까지는 대규모 순회서커스의 천막 안에 실제로 존재하지는 않았다. 갈색곰뿐 아니라 북극곰, 히말라야 반달곰도 없었다. 20세기 중반에는 진짜 '곰 서커스'가 유럽을 순회했다. 러시아인 조련사 발렌틴 필라토프*의 곰들이 가장 유명했다. 곰들은 춤추고, 저글링을 하고, 판이나 공 위에 서서 균형을 잡았으며, 자전거나 시소를 타고, 권투경기를 하는 흉내를 냈으며, 아코디언을 연주하는 시늉을 하기도 했다.[84] 그들이 부리는 재주는 그들의 둔한 외모와 뚜렷하게 대조되었다. 그들은 동물원에서 전시되었을 때와 마찬가지로 언제나 슬프고 체념한 듯 보였다. 곰들은 늦게 잡아도 오래된 왕실 동물원들과 새로운 도시공원들이 대중에게 공개된 18세기 말부터는 동물원에 있었다. 우리에 갇힌 곰을 쇠창살 너머로 바라보며 경탄하는 것은 동물원 방문의 '백미' 가운데 하나였다(대부분 곰 우리는 곰에 비해 몹시 작았다). 다른 많은 야생동물이나 이국적인 동물들과 마찬가지로 곰들은 현실세계의 공연에 참가했다.[85] 그의 무대는 늘 잔인했으며 대부분 웃음거리가 되었다.

---

* 발렌틴 필라토프(Valentin Filatov, 1920~1979) : 모스크바 출신의 동물 조련사이자 서커스 곡예사. 1949년 개최한 곰 서커스로 유명해져 전 세계를 돌며 공연을 펼쳤다.

곰의 설욕

20세기에 들어와서는 동물원과 서커스의 곰들만이 아이들을 즐겁게 해준 것은 아니었다. 곰은 장난감의 모습을 하고 서서히 모든 주택과 아파트, 침실마다 파고들어가서 아이들의 가장 가까운 친구가 되었다.

고대부터 유럽의 어린이들은 짚이나 가죽·펠트·헝겊으로 만든, 오늘날 보통 '인형'이라고 부르는 사람모형을 가지고 놀았다. 동물 모양의 인형이 나타난 것은 그보다 훨씬 뒤인 17~18세기에 들어와서의 일이다. 중세 기독교는 우상숭배나 마법행위를 가져올지 모른다고 해서 모든 모형과 물건들, 특히 밀랍인형을 경계했다. 그래서 동물 모양의 장난감을 만드는 것도 몇 세기에 걸쳐 막았다. 물론 중세에도 나무로 조각한 말이나, 마포麻布로 형체를 만들어 삼 부스러기나 겨로 속을 채워 넣은 개, 지푸라기로 만든 새가 아이들의 놀이에서 친구 구실을 했으나 상대적으로 드물었고 동물의 구성도 다양하지 않았다.[1] 현대에 들어와서야 동물 장난감이 실제로 널리 확산되었는데, 20세기 초에 가장 유명한 동물 장난감이 만들어졌다. 바로 속을 채운 곰 인형이다.

그 탄생에 대해 이야기할 필요가 있다. 그것은 미국 대통령인 시어도어 루스벨트의 사냥에 대한 열정과 밀접히 관련되어 있었다. 뛰어난 운동선

수이자 용감한 군인이었으며 에스파냐-아메리카 전쟁의 영웅이었던 루스벨트는 1898년에 뉴욕 주지사가 되었고, 1900년에는 미국의 부통령 자리에 올랐다. 매킨리 대통령이 무정부주의자에게 암살되자 그는 이듬해 미국 연방정부의 수장이 되었다. 공화당원이었던 그는 부패와 싸우고 서민들을 대변했으며 주요 국제 분쟁들을 중재하였다. 대중적 인기가 매우 높았던 그는 1904년 재선에 성공했으며 2년 뒤에는 노벨 평화상을 받았다. 그러나 그를 전설적인 인물로 만든 사건은 이미 4년 전에 일어났다. 1902년 11월에 그는 남부 지방을 여행하다가 미시시피와 루이지애나 경계에서 사냥을 했다. 그는 며칠 동안 사냥감을 쫓았으나 계속 성공하지 못했다. 매일 밤마다 그는 빈손으로 돌아왔다. 대통령은 개의치 않은 듯 보였으나 수행원들과 측근들은 망연자실했다. 굴욕을 없앨 무언가가 반드시 필요했다. 연방의 수장이 빈손으로 돌아갈 수는 없었다. 그의 수하 가운데 한 명이 새끼 곰을 잡아서 나무 주변에 잘 묶어 놓은 뒤 대통령의 주의를 끌자는 참혹한 계획을 세웠다. 하지만 새끼 곰을 본 루스벨트는 그 잔인하고 우스꽝스러운 계획을 알아차리고는 곰을 죽이기를 거부했다. 그는 다음과 같은 유명한 말을 남겼다고 한다. "만약 내가 저 곰을 쏜다면 나는 내 어린 아들들의 얼굴을 다시는 똑바로 볼 수 없을 것이오." 이 말은 분명 본심에서 우러난 것이었지만 영리한 행동이기도 했다. 언론의 반복적인 보도로 이 일화는 미국 전역과 서구세계로 퍼져갔다.

이 말은 그림 한 장을 동반했다. 사건이 일어난 며칠 뒤인 1902년 11월 16일 풍자만화가이자 정치평론가인 클리포드 베리만[2]이 『워싱턴 스타 Washington Star』에 삽화 하나를 실었다. 사슬에 묶여 있는 새끼 곰을 살려주는 루스벨트의 동정심 많은 대인배 같은 모습을 묘사한 그림이었다. 언론의 성공은 상당한 파급력이 있었다. 새끼 곰이 검은 색이었고 루스벨트가 흑인들의 권리를 변호했기 때문이다. 그 이야기는 단지 대통령의 명성에 기여하는 것으로 끝나지 않았다. 여파는 계속되었다. 러시아에서 뉴욕으로 이주해온 모리스 미첨이란 사람이 있었다. 그는 브루클린에 가게 하나를 가지고 있었는데 사탕과 작은 장난감, 그의 부인 로즈가 만든 봉제인형을 판매했다. 그는 가게 물건을 다양화하기 위해 한참 궁리하고 있었다. 그러다 『워싱턴스타』에 실린 삽화를 보게 되었고, 아내에게 〔재킷이나 코트, 인형 등을 만들 때 쓰이는〕 플러시Plush 천과 털 뭉치를 이용해 루스벨트 대통령이 목숨을 살려준 새끼 곰을 연상케 하는 인형을 만들어보는 것이 어떻겠냐고 제안했다. 그것은 천재적인 생각이었다. 미첨의 기발한 아이디어는 거기서 끝이 아니었다. 그는 새로운 장난감에 〔시어도어Theodore라는 이름에서 비롯된〕 대통령의 애칭 '테디Teddy'를 이름으로 붙일 수 있게 허락해달라고 백악관에 요청했다. 그 요구는 얼마간의 망설임 끝에 수용되었다. 이렇게 해서 '테디 베어Teddy Bear'가 탄생했다.

1902년의 크리스마스 연휴 동안 모리스 미첨은 그의 곰 인형을 매우 많이 팔았다. 그 성공은 1903년까지 계속 이어졌다. 그의 아내 로즈 혼자서는 더 이상 수요를 감당할 수 없게 되자 부부는 직원들을 고용하여 그들의 사업을 확장했다. 상점주인이었던 부부는 이제 회사의 경영자가 되었다. 그러나 그들은 성공과 새로운 일에 대한 준비가 부족한 상태였고 등록한 특허권도 제대로 보호받지 못했다. 결국 부부는 큰 장난감 회사인 아이디얼 장난감회사에 그들의 발명품을 팔아야 했다. 1904년 아이디얼 장난감회사는 경쟁력을 높이기 위해 수공예로 제작되던 테디 베어를 공산품으로 바꾸었다. 1938년 모리스 미첨이 죽자 백악관은 그의 가족에게 애도의 뜻을 전했으며 언론들은 테디 베어 탄생 미담인 1902년의 일을 다시 떠올렸다.[3] 한편, 테디 베어의 기원에 관해 유럽에서는 지난 30년 이상 다른 이야기가 떠돌고 있는데 이것도 주목할 만하다. 그 이야기에 따르면 속을 채워 넣은 곰 인형은 미국이 아니라 독일에서 탄생했으며 그것의 실제 창안자는 모리스 미첨이 아니라 마르가레테 슈타이프였다고 한다!

어려서 소아마비로 장애를 갖게 된 이 여인은 〔독일 남부〕 슈바벤 지방의 깅엔에 살고 있었다. 그 도시는 펠트 의류 제조업이 특화된 곳이었다. 1901년 무료해하던 마르가레테는 집에서 펠트로 작은 동물인형을 만들기로 했다. 그녀의 자매와 조카딸들이 시장에 그것들을 내다팔아 어느 정도 성공을 거두기도 했다. 다음해 베를린의 예술학교에 다니고 있던 그녀의 조카 하나가 동물원에 있는 살아 있는 곰 한 마리를 그린 스케치를 그녀에게 보내며 그것으로 장난감을 만들어보면 어떻겠냐고 제안했다. 그 곰 인형을 위해 마르가레테는 펠트보다는 양털을 소재로 선택했으며, 팔다리를 관절식으로 붙이는 아이디어를 냈다. 매우 참신한 시도였다. 그 양털 곰은 1903년 3월 유럽에서 가장 영향력 있는 장난감 박람회 가운데 하나인 라이프치히 장난감 박람회에 소개되었다. 유럽 판매원들은 이 낯선 물건에 회의적인 반응을 보였으나 모리스 미첨의 발명품을 이미 접했던 미국의 한 도매상이 3천 개를 주문했다. 독일 곰은 미국 곰과 접전을 벌이기 위해 출항했다.[4] 경합이 벌어졌고 당시 대서양을 사이에 두고 양쪽 모두 생산에 박차를 가했다.

지금에 와서 역사가들이 속을 채운 곰 인형이란 아이디어를 먼저 생각한 사람이 모리스 미첨인지 마르가레테 슈타이프인지를 판정하기란 불가능하다. 한쪽이 다른 한쪽을 베낀 것이 아니라 거의 동시에 창안되었던 것 같다. 20세기 초에 속을 채운 곰 인형이 탄생한 것은 그 시대의 분위기와 관련이 있어 보인다. 모리스 미첨이나 마르가레테 슈타이프가 존재하지 않았더라도 그것은 몇 달이나 몇 년 뒤에는 나타났을 것이다. 어느 시대나 지역이든지 고립되어 존재하는 제조업자, 학자, 예술가, 시인은 결코 있을 수 없으니까 말이다.

실제로 1900년대보다 훨씬 전인, 19세기 중반 이전에 이미 곰은 풍자만화와 삽화, 자동인형, 어린이책에 등장했다. 게다가 곰은 오래전부터 의인화한 캐릭터를 가지고 있었다. 그것을 처음 적용한 것이 속을 채운 곰 인형이었다. 제1차 세계대전까지 곰 인형들은 가늘고 긴 몸통에 기다란 사지, 좁은 어깨, 웅크리거나 구부린 등을 갖고 있었다. 그들의 가늘고 긴 주둥이는 가벼운 펠트로 재봉되었고 검은 눈은 부츠 버튼으로 달았다. 그 때문에 생긴 기묘하고 우울한 외양은 곰 인형의 성공에 크게 기여했으며, 온갖 종류의 이입과 투사를 가능케 했다. 애초부터 곰 인형은 살아 있는 존재이자 인간이었다. 1910년 무렵부터 유리로 눈을 만들자 인상이 다소 변했으나 언제나 그랬듯이 여전히 슬프고 아련해 보였다. 그들의 색은 전체적으로 우울한 인상을 더욱 강화시켰다. 다소 짧은 양모로 겉을 만들고 말총, 짚, 톱밥, 〔케이폭나무에서 채취한 솜〕케이폭kapok으로 속을 채운 초창기 곰들은 검은색, 회색, 갈색이었다. 1920년대가 되어서야 재료와 색이 다양해졌다(붉은곰이 잠시 유행하기도 했다). 1930년대에는 호리호리함이 줄어들고 더 땅딸막해졌으며, 등의 혹도 사라졌고 얼굴도 덜 슬퍼보였다. 동시에 옷, 모자, 손에 든 물건 등의 장신구들이 증가했으며,[5] 몸속 구조를 정교하게 설계해 누르거나 기울이면 소리가 나게 만들기도 했다.

제2차 세계대전 이후 곰 인형은 예전의 야생적인 모습을 잃어버렸다. 새로운 합성물질이 사용되었으며 내부와 외부 모두 더욱 부드럽고 밝아졌다. 그러나 이러한 개선과 늘어난 엄격한 안전기준의 적용에도 1960년대 이후 생산량은 감소하기 시작했다. 매년 수없이 늘어나는 동물 장난감들과 경쟁해야 했기 때문이다.

사실 1940년대까지 곰의 유일한 경쟁상대는 훨씬 오래전부터 존재해온, 주로 여자아이들이 가지고 놀던 사람인형이었다. 그 뒤 많은 인형 제조업자들이 그들의 생산품을 곰이나 다른 다양한 모델로 전환했다. 전쟁 이후 다양한 동물인형들이 시장에 등장했다(적합한 재료의 부족은 대체물을 탄생하게끔 했는데 이는 현재 수집가들에게 큰 인기를 누리고 있다). 먼저 토끼, 개, 고양이, 코끼리 인형이 나오고 뒤이어 돼지, 양, 당나귀, 기타 농장동물 인형들이 등장했다. 시간이 한참 흐른 뒤에는 호랑이, 기린, 하마, 코뿔소는 물론이고 사자에서 오리너구리까지 이국적인 동물지 전체가 나타났다.

그들은 주로 포유동물이었다. 새나 물고기는 드물었으며 실질적으로 곤충은 아예 없었다. 지난 수십 년 동안 장난감 인형과 어린이 책의 동물지를 비교해 볼 필요가 있다. 양쪽 모두에서 곰이 가장 우위를 차지하고 있었으나 시간이 갈수록 경쟁은 더욱 치열해졌다. 특히 어린이 책과 만화, 애니메이션 영화들에 나오는 테디 베어와 같은 일부 주요 곰들은 더 연구해볼 필요가 있다. 예컨대 발루Baloo, 위니 더 푸우Winnie the Pooh, 루퍼트Rupert, 프라스퍼Prosper, 미쉬카Mishka, 패딩턴Paddington, 그로누누르스Gronounours, 꼬마곰 브렁Petit Ours Brun을 비롯한 수많은 곰들이 있다. 그 목록은 길며 그 자체가 인간과 곰의 영속적인 관계에 관한 중요한 자료이다. 우리는 구석기시대 동굴들에서 그 관계의 가장 오래된 흔적을, 아이들의 침대에서 가장 최근의 모습을 찾아보았다. 곰이 다른 동물들과 같지 않다고 말하는 것만으로는 충분치 않다. 곰의 다양한 화신들, 예컨대 곰 인형도 다른 모든 장난감들과는 달랐다.[6]

심리학자들과 사회학자들의 연구가 보여주는 것처럼 아이들은 처음 갖게 된 곰 인형의 냄새를 기억하고 그것을 되돌려 받았을 때 기쁨을 느낀다. 그것은 또한 (만지기, 입 맞추기, 빨기 등으로) 아이들의 촉감을 일깨우고 소유, 지배, 심지어 (꼬집기, 던지기, 비틀기, 깨물기 등) 가학성과 같은 원초적인 본능들을 드러나게 한다. 곰 인형은 아이들이 완전히 지배하는 첫 번째 물건이다. 아이들은 하고 싶은 대로 그것을 다룰 수 있으며, 학교든 병원이든 여름캠프든 원하는 곳이면 어디든지 그것을 가져갈 수 있다. 심지어 아이들은 누군가에게 해명을 하지 않고 그것을 고문하고 파괴할 수도 있다. 그렇지만 역시 곰은 대부분 그들의 절친한 친구이자 한패이자 수호천사이다. 또한 곰은 아빠, 엄마, 형제, 자매의 대리자이자 가족의 일부이다. 그것은 장난감이자 사람이고, 곰이자 인간이다.[7]

어린 시절이 끝난 아이, 어린 소년이나 소녀가 곰 인형을 버리면 부모들이 그것을 되찾아와서 수리해 보관하기도 한다. 심리적으로 어수선하고 감정을 억누르기 힘든 사춘기 자녀에게 안정감을 제공할 필요가 생기거나 그들이 자신의 낡은 장난감을 다시 찾을 경우에 옷장이나 다락에서 꺼내주기 위해서이다. 때로는 아이들이 다 자라서 집을 떠날 때 오래된 곰 인형이 함께 따라가 헤아릴 수 없는 추억으로 채워져 또 다른 방, 또 다른 옷장, 또 다른 다락에서 생을 마치기도 한다. 그러나 부모와 함께 남겨져서 이제는 없는 아이의 침대에 우울하게 앉아 있기도 한다. 때때로 어린아이나 청소년이 곰에 과도하게 집착해서 그 때문에 자아가 분열되거나 심각한 물신숭배 의식까지 드러낸다면[8] 소아과 의사와 부모는 곰을 빼앗아야만 한다. 성인에게는 드문 일이지만 그것은 신경증으로도 나아갈 수 있는 과도한 수집벽으로 나타나기도 한다.

사실 오늘날 곰 인형은 가치가 높은 수집품이다. 카탈로그, 전문상점, 교환시장, 수선가게, 심지어 박물관까지 곰 인형에게 바쳐졌다. 일부 곰들은 경매를 통해 놀라운 가격에 팔려나간다. 엘비스 프레슬리가 (어렸을 때 아니면 어른이 돼서?) 소장했던 것이라는 메이벨Mabel이라는 이름의 매우 오래된 곰 인형이 그 예이다. 1909년 슈타이프Steiff 공방에서 제작된 그 인형은 로큰롤의 제왕이 죽고 난 뒤 여러 차례 경매에서 거래되었다. 그러나 메이벨은 몹시 끔찍한 최후를 맞았다. 메이벨의 마지막 주인은 영국 웰스의 곰 인형 전시회에 메이벨을 대여해주었다. 메이벨은 전시회장의 스타였다. 그러나 그 곰은 첫째 날 전시가 끝난 밤에 야간 경비원과 함께 있던 한 어린 도베르만에게 반감과 질투를 샀다. 그 개는 값비싼 기념물을 낚아채 물어뜯고 발톱으로 긁고는 흥분해서 갈기갈기 찢어버렸다. 그 날은 화요일이었다. 메이벨의 소유주였던 부유한 수집가는 벤자민 슬레이드 경이란 사람이었다. 도베르만의 이름은 바니Barney였다.[9]

곰이 개들에게만 감정을 불러일으켰던 것은 아니다. 인류와 사회도 이 책에서 끊임없이 강조했듯이 곰과 함께했던 옛 시절을 기억하고 있었다. 곰과 같은 공간에서 같은 먹이를 먹고, 같은 동굴에서 살며 같은 두려움을 나누고, 때로는 같은 잠자리에서 같은 꿈을 꾸었던 추억이 어느 정도는 의식적으로 우리를 사로잡고 있는 듯하다. 실로 인간과 곰은 언제나 뗄 수 없는 관계였으며 자연적이었다가 점차 문화적으로 변화한 하나의 친족관계가 그 둘을 묶고 있었다. 그리고 이는 오늘날까지도 계속되고 있다. 1969년 7월 닐 암스트롱과 그의 두 동료가 달을 향해 이륙했을 때 곰한 마리도 동행하고 있었다. 비록 살과 털을 가진 살아 있는 곰은 아니었지만 그 인형은 수만 년 전 지구에서 시작되어 달까지 이어진, 영겁의 문턱에 이른 것 같은 그 동물의 오랜 역사를 상징하고 있었다.

원주

동물과 마주한 역사가

1) 풍부하면서도 다양한 참고문헌들이 존재한다. J. Grimm, *Deutshe Mythologie*, 4ᵉ éd.,
   Berlin, 1875-1878, 3 vol.; G. Dumézil, *Les Dieux des Germains*, nouv. éd., Paris, 1959;
   J. De Vries, *Altgermanische Religionsgeschichte*, 3ᵉ éd., Berlin, 1970, 2 vol.; L. Ejerfeldt,
   Germaniche Religion, Göttingen, 1971; R. Boyer, *Le Christ des barbares*, Paris, 1987,
   같은 저자, *Yggdrasill: La religion des anciens scandinaves*, Paris, 1992; C. M. Cusack,
   Conversion among the German People, Londres, 1998.

2) H. Büttner, *Mission und Kirchenorganisation des Frankenreiches bis zum Tode Karls des
   Grossen*; C. De Clercq, *La Législation religieuse franque de Clovis à Charlemagne*, Louvain-
   Paris, 1939.

3) M. Tangl. *Die Briefe des heiligen Bonifatius und Lullus*, Berlin, 1916, p. 130(lettre 63). 또한
   F. Flaskamp, "Bonifatius und die Sachsenmission", *Zeitschrift für Missionswissenschaft*, t. 6,
   1916, pp. 273-285 참조.

4) *Indiculus superstitionum paganarum*(774), K. A. Eckhardt, éd., *Legum nationum
   germanicarum*, t. IV, Hanouvre, 1962(*Monumenta Germaniae historica, Leges*, I). 또한
   법령집 *De partibus Saxoniae*(782, 785), A. Boretius et V. Krause, éd., *Capitularia regum
   Francorum*, t. III, Hanovre, 1897(Monumenta Germaniae historica, Leges, II) 참조.

5) M. Pastoureau, "Le bestiaire héraldique au Moyen Âge", *L'Hermine et le Sinople. Études
   d'héraldique médiévale*, Paris, 1982, pp. 105-116.

6) 그 중에서도 가장 먼저 언급될 수 있는 괄목할 성과는 Robert Delort, *Les animaux ont une
   histoire*, Paris, 1984이다.

7) M. Pastoureau, "Le bestiaire héraldique au Moyen Âge"(주 5번).

8) G. Petit et J. Théodoridès, *Histoire de la zoologie, des origines à Linné*, Paris, 1962, pp.
   146-147. 이 책은 프랑스 고등연구실천원École Pratique des Hautes Études 옛 6분과가 출판한
   『사상사Histoire de la pensée』 총서 가운데 하나였다! 총 360쪽으로 구성되어 있으며 그 중
   144쪽은 고대에, 155쪽은 근대(16~18세기)에, 20쪽은 서양 중세와 그 '허튼 소리'에
   할애되었다.

제1부. 숭배 받는 곰

태초의 신?

1) 나는 Christian Bernadac의 저서 *Le Premier Dieu,* Neuilly-sur-Seine, 2000에서 제1장의 제목을 가져왔다. 이 책은 좋은 대중서였지만 안타깝게도 참조할 내용은 거의 없었다.

2) 동굴곰에 대해서는 M. Pacher, "Polemique autour d'un culte de l'ours des cavernes", T. Tillet et L. R. Binford, dir., *L'Ours et l'Homme,* Liège, 2002, pp. 235-246 참조.

3) F. Rouzeaud, "L'ours dans l'art paléolithique", 같은 책, pp. 201-217.

4) 코스케(Cosquer) 동굴의 검은 머리를 가진 거대한 동물도 그 가운데 하나이다. J. Clottes, J. Courtin, *La Grotte Cosquer,* Paris, 1994, p. 119 참조.

5) J. Clottes, dir., *La Grotte Chauvet. L'art des origines,* Paris, 2001.

6) 도르도뉴의 콩바렐 동굴, 오트가론의 몽테스팡 동굴, 아리에주의 트루아프레르 동굴 등이 그러하다.

7) F. Rouzeaud, "L'ours dans l'art paléolithique"(주 3번), pp. 203-204의 도판들을 참조.

8) 예를 들어 아리에주의 트루아프레르 동굴의 벽에는 얼굴이 곰 비슷하게 조각된 머리가 2개 있다.

9) 곰이 이런 방식으로 묘사된 유일한 동물은 아니었다. 다른 동물들은 물론 사람도 그와 같이 '상처 입은' 모습으로 표현되기도 했다. 아리에주 니오Niaux 동굴의 '검은 방(살롱 누아)'에는 화살을 맞은 것처럼 보이는 말과 들소들이 많이 그려져 있다.

10) J. Clottes et D. Lewis-Williams, *Les Chamanes de la Préhistoire,* 2ᵉ éd., Paris, 2001, pp. 69-91에는 다양한 입장들이 잘 요약 정리되어 있다.

11) A. Leroi-Gourhan, *L'Art des cavernes,* Paris, 1965.

12) J. Clottes et D. Lewis-Williams, *Les Chamanes de la Préhistoire*(주 10번), pp. 93-112.

13) P. Fosse, P. Morel et J. P. Brugal, "Taphonomie et éthologie des ursidés pléistocènes", T. Tillet et L. R. Binford, dir., *L'Ours et l'Homme*(주 2번), pp. 79-101에 실린 표들을 참조.

14) M. Philippe, "L'ours des cavernes de La Balme-à-Collomb", *Mémoires et Documents de la Société savoisienne d'histoire et d'archéologie,* vol. 95, 1993, pp. 85-94.

15) 일부 유적지들에서 발견된 뼈는 동굴곰이 아니라 그들의 직접적인 조상인 우르수스 데닝게리(Ursus deningeri)의 것이었다. 이는 그 연대가 매우 오래 전으로 거슬러 올라감을 보여준다.

16) A. Leroi-Gourhan, *Les Religions de la Préhistoire,* 5ᵉ éd, Paris, 2001, pp. 11-30에 정리된 회의적인 관점을 참조.

17) 스위스 알프스 산맥 고지대 일부 동굴들에 존재하는 곰 두개골과 뼈 더미는 인의적으로 만들어진 것이라는 에밀 베흐러Emil Bächler의 가설은 선구적이다. E. Bächler, "Das Drachenloch ob Vättis im Taminatale und seine Bedeutung als paläontologische Fundstätte und prähistorische Niederlassung aus der Altsteinzeit im Schweizerlande", *Jahrbuch der St.*

Gallischen Naturwissenschaftlichen Gesellschaft, vol. 57, 1920-1921, pp. 1-144; 증보재판은 *Das alpine Paläolithikum der Schweiz...*, Bâle, 1940.

18) A. N. Hallowell, "Bear Ceremonialism in the Northern Hemisphere", *The American Anthropologist*(Philadelphie), vol. 28, 1926, pp. 1-175; K. J. Narr, "Bärenzeremoniell und Schamanismus in der älteren Steinzeit", *Saeculum*, vol. 10, 1959, pp. 233-272; H. J. Paproth, *Studien über Bärenzeremoniell*, Uppsala, 1976; D. Lajoux, *L'Homme et l'Ours*, Grenoble, 1996. 또한 *Études mongoles et sibériennes*, vol. 11, 1980, *L'Ours, l'autre de l'homme* 특별호 참조.

19) F. E. Koby, "L'ours des cavernes et les paléolithiques", *L'Anthropologie*, vol. 55, fasc. 3-4, 1951, pp. 304-308.

20) 특히 이곳에는 평평한 석판 아래 곰 8마리의 두개골이 묻혀 있었다. A. Leroi-Gourhan, "La grotte des Furtins", *Bulletin de la Société préhistorique française*, vol. 44, fasc. 1-2, 1947, pp. 43-55, "La caverne des Furtins", *Préhistoire*, vol. 11, 1950, pp. 17-42 참조.

21) A. Leroi-Gourhan, *Les Religions de la Préhistoire*(주 16번), pp. 31-36.

22) M. Pacher, "Polémique autour d'un culte de l'ours des cavernes", T. Tillet et L. R. Binford, *L'Ours et l'Homme*(주 2번), pp. 235-246의 결론과 참고문헌을 참조.

23) 이를테면 D. Lajoux, "Les données ethnologiques du culte de l'ours", 같은 책, pp. 229-234.

24) 스위스의 선사시대 연구자 F. E. Koby는 곰 숭배설 반대론자 가운데 가장 선두에 서 있다. 그는 수많은 저서를 통해 전임자들의 가설이 무가치하다고 폄하했는데, 특히 같은 스위스인인 에밀 베흐러E. Bächler의 가설을 격렬하게 비난했다. F. E. Koby의 다양한 논문들 가운데서도 "Les soi-disant instruments osseux du Paléolithique alpin et le charriage à sec des os d'ours des cavernes", *Verhandlungen der naturforschenden Gesellschaft in Basel*, vol. 54, 1943, pp. 59-95와 비판의 정점을 찍은 "L'ours des cavernes et les paléolithiques"(주 19번)을 참조.

25) F. E. Koby, "Les paléolithiques ont-ils chassé l'ours des cavernes?", *Bulletin de la Société jurassienne d'émulation de Porrentruy*, 1953, pp. 30-40.

26) P. Morel et M. Garcia, "La chasse à l'ours dans l'art paléolithique", T. Tillet et L. R. Binford, dir., *L'Ours et l'Homme*(주 2번), pp. 219-228.

27) J. M. Le Tensorer, *La Suisse du Paléolithique à l'aube du Moyen Âge*, t. I, Bâle, 1993, p. 149.

28) W. Hirschberg, *Neues Wörterbuch der Ethnologie*, Berlin, 1988, p. 269.

29) 쇼베 동굴 벽화들 가운데 소수는 후대인 기원전 26,000~23,000년 사이에 그려졌을 가능성이 있다.

30) 이 이론은 장기간 André Leroi-Gourhan의 지지를 받았다. 예술의 구심점에 관한 지형도는 수정되어야만 했다. 페리고르, 피레네, 에스파냐의 칸타브리아산맥만이 창조력의 주요 구심점은 아니었다. 아르데슈Ardèche(쇼베 동굴)와 마르세유 지방(코스케 동굴이 1991년

칼랑크Calanques에서 발견되었다)과 그 밖의 지역들도 마찬가지로 중요했다.

31) J. Clottes, dir., *La Grotte Chauvet*(주 5번), pp. 32-50, 51-59

32) 같은 책, pp. 98-104, 192-194.

33) '두개골 방'에는 사슴과 말 그림 몇 점이 있다. 후대의 예술가들(마그달레니아기의 사람들?)은 사슴 그림에 '줄을 긋고' 매머드를 그려 넣었다.

34) 르구르두 유적지와 이례적인 네안데르탈인의 무덤은 여전히 전문 단행본을 기다리고 있는 중이다. 최근에 논문 몇 편만 출간되었을 뿐이다. E. Bonifay, "L'homme de Neandertal et l'ours(*Ursus arctos*) dans la grotte du Regourdou", T. Tillet et L. R. Binford, dir., *L'Ours et l'Homme*(주 2번), pp. 247-254.

35) C. Bernadac, *Le Premier Dieu*(주 1번), pp. 104-133에서 로제 콩스탕과 당국 사이의 논쟁은 마치 멜로드라마를 압축해 놓은 것 같다.

36) H. Begouën, N. Casteret et L. Capitan, "La caverne de Montespan", *Revue anthropologique*, t. 33, 1923, pp. 333-350.

37) M. A. Garcia et P. Morel, "Restes et reliefs. Présence de l'homme et de l'ours dans la grotte de Montespan", *Anthropozoologica*, t. 21, 1995, pp. 73-78.

38) N. Jadrincev, "O kulte medvedja preimuscestvenno u severnyx inododcev", *Etnograficeskoe Obozrenie*(Moscou), vol. 13, 1980, pp. 101-113에서 인용. 내게 이러한 문제에 관심을 가질 수 있도록 해주고 자료를 참조할 수 있게 도와준 프랑스 국립과학연구소(CNRS)의 미셸 보카라Michel Boccara에게 감사를 표한다.

39) Aristote, *Histoire naturelle*, VI, 30, VIII, 17.

40) 달의 여신 아르테미스의 활은 종종 초승달 형태로 묘사된다. 몇몇 아시아 문화권에서 특히 동부 시베리아에서는 곰과 달이 상징적 연관을 갖는다. 둘 다 새롭게 재생되기 위해 잠을 자거나 사라진다.

41) 아르카스가 작은곰자리가 아니라 아르크투루스Arcturus 별자리로 변해 큰곰자리의 수호자가 되었다는 설도 있다.

42) Apollodore, *Bibliothèque*, éd. R. C. Seaton, Londres, 1921, III, 8; Ovide, *Métamorphoses*, II, 409-507와 *Fastes*, II, 153-192.

43) 그리스의 다양한 아르테미스 숭배에서 나타나는 곰의 역할은 E. Bevan, "The Goddess Artemis and the Dedication of Bears in Sanctuaries", *Annual of the British School of Athens*, t. 82, 1987, pp. 17-21 참조.

44) 또 다른 어원학에 따르면 아르테미스란 이름은 '건강하다'는 뜻의 그리스어 '*artémés*'에서 유래하였다고 한다.

45) 현대 독일에서 아르카디아를 지칭하기 위해 가장 자주 사용되는 명칭은 '곰의 땅'이라는 뜻의 '베렌란트Bärenland'이다.

46) Pausanias, *Graeciae descriptio*, éd. F. Spiro, Leipzig, 1903, VIII, 4, X, 9. 아르카디아의 동물 변신 의례들에 대해서는 P. Lévêque, "Sur quelques cultes d'Arcadie: princesse-ourse,

hommes-loups et dieuxchevaux", *L'information historique*, t. 23, 1961, pp. 93-108 참조.

47) 여러 참고도서들 가운데서도 특히 G. Hacquard, *Guide mythologique de fa Grèce et de Rome*, Paris, 1990, p. 75를 보라.

48) E. Bevan, "The Goddess Artemis and the Dedication of Bears in Sanctuaries"(주 43번), pp. 17-21.

49) Euripide, *Iphigénie en Tauride*, III, 21. L. Sechan, *Revue des études grecques*, 1931, pp. 368-426 참조.

50) Apollodore, *Bibliothèque*, III, 106(éd. G. Frazer, Londres, 1921, t. I, pp. 168-170). 또한 Ovide, *Métamorphoses*, X, 560-568 참조.

51) Apollodore, *Bibliothèque*, III, 148-150.

52) 이는 Otto Rank, *Le Mythe de la naissance du héros*, 3ᵉ éd. Paris, 1983, p. 51의 생각을 차용한 P. Walter, *Arthur: L'ours et le roi*, Paris, 2002, p. 86을 통해 근래에 다시 상기된 것이다. 일부 언어학자들은 파리스(Paris)라는 이름 자체를 곰을 뜻하는 산스크리트어 단어와 연관시켰으며, 그것이 '*par*(갈색, 빛나는)'라는 말에서 비롯되었다고 보았다. 파리스를 어근 '*ark-*'를 중심으로 형성된, 종종 금기시되었던 곰의 별칭으로 보는 설도 있다.

53) Antoninus Liberalis, *Transformationes*, III, 106, éd., G. Westermann, *Mythographi Graeci*, Braunschweig, 1843, pp. 200-238.

54) 케팔로스와 암곰의 결합은 주요 그리스 신화 문헌들에서는 잘 나타나지 않는다. 그러나 아리스토텔레스가 『동물학』에서 이를 두 번이나 언급하는 바람에 유명해지게 되었다. *Der neue Pauly*, t. II, Stuttgart, 1997, col. 5 참조.

55) M. Sanchez-Ruiprez, "La dea Artio cdta y la Artemis griega. Un aspeto religioso de la afinidad celto-iliria", *Zephyrus*, t. 2, 1951, pp. 89-95.

56) A. Kaufmann-Heinimann, *Dea Artio, die Bärengottin von Muri*, Berne, 2002. 청동상들과 그 받침대들은 현재 베른 역사박물관에 보관되어 있다.

동물의 왕

1) 유럽의 사자를 제외하고는 일반적으로 동물의 왕은 각 지역이나 국가, 대륙에 본래부터 서식하고 있던 토착동물이었다.

2) Pline, *Histoire naturelle*, VIII, 54 (éd. A. Ernout, Paris, 1952, pp. 67-68).

3) Thomas de Cantimpré, *Liber de natura rerum*, éd. H. Boese, Berlin, 1973, livre IV, chap. 105 (p. 169); M. Couturier, *L'Ours brun*, Grenoble, 1954, p. 433.

4) M. Pastoureau, "Tous les gauchers sont roux", dans *Le Genre humain*, vol. 16-17, 1988, pp. 343-354, 재판 *Une histoire symbolique du Moyen Âge occidental*, Paris, 2004, pp. 197-212. 또한 P. M. Bertrand, *Histoire des gauchers en Occident. Des gens à l'envers*, Paris, 2002 참조.

5) 숲 한가운데서 벌어진 곰과 멧돼지 혹은 곰과 늑대의 결투는 M. Couturier, *L'Ours brun*(주 3번), pp. 543-550 참조.

6) O. Keller, *Thiere des classischen Alterthums in kulturgeschichtlicher Beziehung*, Innsbruck, 1887, pp. 106-130; R. Auguet, *Cruauté et Civilisation. Les jeux romains*, Paris, 1970; J. M. C. Toynbee, *Animals in Roman Life and Art*, Londres, 1973.

7) 플리니우스는 『자연사』에서 네발 달린 짐승 가운데 코끼리를 가장 먼저 소개한다. 그는 코끼리를 동물의 왕이라 여겼으며 가장 강하다고 생각했다.

8) Martial, *Liber de spectaculis*, éd. J. Walter, Gênes, 1890, VIII, 12. 인용과 논평은 J. M. C. Toynbee, *Animals in Roman Life and Art*(주 6번), pp. 17-22, 25-26, 30-31, 71-82, 93-100과 O. Keller, *Die antike Tierwelt*, t. I, Leipzig, 1909, pp. 175-181 참조.

9) G. Ville, "Les jeux de gladiateurs dans l'Empire chrétien", *Mélanges de l'École française de Rome*, vol. 62, 1960, fasc. I, pp. 273-335.

10) J. M. C. Toynbee, *Animals in Roman Life and Art*(주 6번), pp. 93-99.

11) Symnaque, *Epistolae*, II, 76; V, 62; VII, 121; IX, 132, 135, 142.

12) 이 주제에 관한 선구적이고 계몽적인 연구물로는 Jacob Grimm, *Deutsche Mythologie*, 4e éd., Giitersloh, 1876, t. 2, pp. 556-558; *Reinhart Fuchs*, éd. J. Grimm, Berlin, 1834, pp. XLVIII-LI, CCXCV-CCCI이 있다.

13) Tacite, *La Germanie*, éd. J. Perret, Paris, 1949.

14) Ammien Marcellin, *Rerum gestarum libri qui supersunt*, liber XXXI, éd. w. Seyfarth, Leipzig, 1978, 31, 9, 5.

15) Saxo Grammaticus, *Gesta Danorum*, I , III, 1 (trad. J.-P. Troadec, *La Geste des Danois*, Paris, 1995). 이 사건과 Saxo Grammaticus의 작품에 관한 일반적인 사항들은 F. X. Dillmann, "Chroniques des études nordiques", *Proxima Thulé*, 2, 1996, pp. 133-149를 참조하라.

16) 이러한 의례들의 보편성이나 유사성에 대해서는 M. Eliade, *Initiations, Rites, Sociétés secrètes*, Paris, 1959, spécialement, pp. 181-184, 265-269을 신중하게 살펴보라.

17) H. Platelle et D. Clauzel, *Histoire des provinces françaises du Nord*, Westhoek, 1989, t. II, p. 123.

18) Albert d'Aix, *Historia Hierosolymitaneae expeditionis*, III, 4, dans *Recueil des historiens des croisades. Historiens occidentaux*, t. IV, Paris, 1879, pp. 265-713(같은 책 pp. 341-342).

19) Guillaume de Tyr, *Chronicon*, III, 18 (éd. R. B. C. Huygens, Turnhout, 1986, pp. 219-220).

20) H. Schröder, *Der Topos der Nine Worthies in der Literatur und bildenden Kunst*, Göttingen, 1971 .

21) P. Walter, Arthur. *L'ours et le roi*, Paris, 2002, pp. 86-87 참조.

22) R. Boyer, *Le Christ des barbares*, Paris, 1987와 *Yggdrasill, La religion des anciens Scandinaves*, Paris, 1992; C. M. Cusack, *Conversion among the German People*, Londres,

1998.

23) Olaus Magnus, *Historia de gentibus septentrionalibus*, Rome, 1555, pp. 622-631.

24) R. Boyer, *Le Livre de la colonisation de l'Islande*, Paris, 1973.

25) 이 이야기의 원형이 그린란드에서 나왔다고 생각한 일부 영웅담 전문가들은 오드가 죽이고 잡아먹은 첫 번째 곰(오드의 아버지와 형제를 죽인 곰)을 북극곰으로 보기도 한다.

26) H. R. E. Davidson, "Shape-Changing in the Old Norse Sagas", J. R. Porter et W. M. S. Russell, éd., *Animals in Folklore*, Ipswich, 1978, pp. 126-142에서 인용.

27) B. Laurioux, "Manger l'impur. Animaux et interdits alimentaires durant le haut Moyen Âge", *Homme, Animal et Société*, Toulouse, 1989, t. III, pp. 73-87; M. A. Wagner, *Le Cheval dans les croyances germaniques. Paganisme, christianisme et traditions*, Paris, 2005, pp. 467-469.

28) "*Et caro ursi ad comedendum homini bona non est, quia si comeditur, hominem ad libidinem incendit et ei mortem apportat*" (Hildegarde de Bingen, *Physica*, P.L., 197, col. 1317).

29) B. Andreolli, "L'orso nella cultura nobiliare dall' *Historia Augusta* a Chrétien de Troyes", B. Andreolli et M. Montanari, éd., *Il bosco nel Medioevo*, Bologne, 1 989, pp. 35-54. Ulrich Richental의 콘스탄츠 의회 연대기 필사본(1450~1460) 2절판 채색화에는 곰의 머리와 발을 판매하고 있는 도축업자의 가판대가 나온다. Constance, Rosengarten Museum, Codex 1, fol. 67.

30) Snorri Sturluson, *Ynglinga Saga*, chap. VI, dans G. Dumézil, *Mythes et Dieux des Germains*, Paris, 1939, p. 81(프랑스어 번역).

31) N . Stratford, *The Lewis Chessmen and the Enigma of the Hoard*, Londres, 1997, p. 24.

32) J. Przyluski, "Les confréries de loups-garous dans les sociétés indoeuropéennes", *Revue de l'histoire des religions*, t. 121, 1940, pp. 128-145.

33) 베르세르키르를 다룬 문헌들은 상당히 많다. 스칸디나비아어를 모르는 독자가 참조할 만한 주요 자료는 다음과 같다. L. Weiser, *Altgermanische Jünglingsweihen und Männeründe*, Cologne, 1927, pp. 43-82; O. Höfler, *Kultische Geheimbünde der Germanen*, Francfort-sur-le-Main, 1934; 같은 저자, "Berserker", *Reallexikon der germanischen Altertumskunde*, t. 2, Berlin, 1976, pp. 298-304; G. Dumézil, *Les Dieux des Germains*, nouv. éd., Paris, 1959; H. Kuhn, "Kämpen und Berserker", *Frühmittelalterliche Studien*, t. 2, 1968, pp. 222-234; R. Boyer, *La Mort chez les anciens Scandinaves*, Paris, 1994.

34) C. Lecouteux, *Petit dictionnaire de mythologie allemande*, Paris, 1991, pp. 30-31. Claude Lecouteux는 Berserkir와 Ulfhednir에 상응하는 여성 전사인 Vagynjur(암늑대)에 대해서도 언급한다.

35) G. Scheibelreiter, *Tiernamen und Wappenwesen*, Cologne, 1976, pp. 101-102.

36) M. Eliade, *Le Chamanisme et les Techniques archaïques de l'extase*, Paris, 1951.

37) G. Scheibelreiter, *Tiernamen und Wappenwesen*(주 35번), pp. 58-85.

38) C. Hicks, *Animals in Early Medieval Art*, Édimbourg, 1993, pp. 57-78.

39) H. R. E. Davidson, *Myth and Symbol in Pagan Europe*, Manchester, 1988, pp. 79-80.

40) G. Maller, "Germanische Tiersymbolik und Namengebung", H. Steger, dir., *Probleme der Namenforschung*, Berlin, 1977, pp. 425-448.

41) J. W. Wolf, *Beiträge zur deutschen Mythologie*, 2ᵉ éd., Göttingen, 1857, pp. 68-69.

42) 예컨대 6세기 마인츠의 한 대주교는 야만적인 게르만인들이 자식들이 강하고 무적으로 자라길 바라면서 맹수의 이름을 붙여준다고 비난했다. "*Sicut solent et barbarae gentes nomina filiis imponere ad devastationem respicientia bestiarum ferarum, vel rapacium volucrum, gloriosum putantes filios tales habere, ad bellos idoneos, et insanientes in sanguinem*"(G. Maller, "Germanische Tiersymbolik und Namengebung"(주 40번), p. 439에서 인용).

43) 이에 관해 참조할 만한 좋은 책은 H. Beck, *Das Ebersignum im Germanischen. Ein Beitrag zur germanischen Tiersymbolik*, Berlin, 1965이다. 이 책은 고대 게르만인들이 곰에 대해 가졌던 상징성을 연구하는 데에도 유용하게 활용될 수 있다.

44) H. Walter et P. Avenas, *L'Étonnante Histoire des noms des mammifères*, Paris, 2003, pp. 82-91.

45) M. Praneuf, *L'Ours et les Hommes dans les traditions européennes*, Paris, 1989, pp. 30-31에서 인용.

46) C. M. Edsman, "La fête de l'ours chez Ies Lapons. Sources anciennes et recherches récentes sur certains rites de chasse aux confins septentrionaux de Ia Scandinavie", *Proxima Thulé. Revue d'études nordiques*, 2, 1996, pp. 11-49.

47) 이는 매우 흥미로운 문제이다. 이에 관한 선구적인 논문은 A. Meillet, "Quelques hypothèses sur les interdictions de vocabulaire dans les langues indo-européennes", *Linguistique historique et Linguistique générale*, t. I, Paris, 1921, pp. 281-291으로 곰 이름을 주요 사례로 다루고 있다. 참조할 만한 또 다른 연구문헌으로는 W. B. Emenau, "Taboos on Animal Names", *Language*, t. 24, 1948, pp. 56-63; E. Lot-Falck, *Les Rites de chasse chez les peuples sibériens*, Paris, 1953이 있다.

48) O. Höfler, "Berserker"(주 33번), pp. 298-304 참조. 게르만 전사들과 켈트, 이베리아 전사들을 비교해보려면 다음을 참조하라. E. Peralta-Labrador, "Confréries guerriéres indo-européennes dans I'Espagne ancienne", *Études indoeuropéennes*, t. 10, 1991, pp. 71-123(이 논문의 결론은 신중하게 받아들여야 한다).

49) A. Meillet, "Quelques hypothèses sur les interdictions de vocabulaire dans les langues indo-européennes"(주 47번), pp. 285-286.

50) M. Sanchez-Ruiprez, "La dea Artio celta y la Artemis griega. Un aspeto religioso de la afinidad celto-iliria", *Zephyrus*, t. 2, 1951, pp. 89-95.

51) S. Reinach, "Les survivances du totémisme chez les anciens Ceites", *Cultes, Mythes et Religions*, 5 vol., Paris, 1905-1923, t. I, pp. 30-78.

52) W. Nitze, "Arthurian Names: Arthur", *Publications of the Modern Language Association of America*, t. 69, 1949, pp. 585-596; C. J. Guyonvarc'h, "La pierre, l'ours et le roi. Notes d'étymologie et de lexicographie gauloise et celtique", *Celticum*, t. 16, 1967, pp. 215-238.

53) N. W. Thomas, "La survivance du culte totémique des animaux et les rites agraires dans le pays de Galles", dans *Revue de l'histoire des religions*, t. 8, 1898, pp. 295-347.

54) *"Artur, latine translatum, sonat ursum terribilem"*; 이 구절은 E. Faral, *La Légende arthurienne*, t. I, *Les Plus Anciens Textes, des origines à Geoffroi de Monmouth*, Paris, 1929, p. 134, n. 3, et p. 138, n. 3에서 처음 인용되었다.

55) 만약 이 익명의 학자가 단순히 '*Arturus*'와 '*ursus*'의 발음상의 유사성을 발견한 것이 아니라면 말이다. 하지만 그럴 가능성은 거의 없다.

56) 그렇기는 하지만 Wace의『브루트 이야기*Roman de Brut*』(v. 2698-2700)에는 다음과 같은 예외적인 옛 이야기 하나가 등장한다. 아서는 몽생미셸의 거인과 맞서기 전 꿈을 꾸었는데 "곰이 하늘을 날고 있었다. 동쪽에서 온 그 곰은 흉물스럽고, 어마어마했으며, 무시무시하고, 거대했다.(*Que parmi l'air un ors veoitl De vers orient avolant/ Molt let, molt gros, molt fort, molt grand*)" [éd. I. Arnold et M. Pelan, Paris, 1962]. Geoffroi de Monmouth는 이와 유사한 꿈을 이미 서술한 바 있다. Geoffroi de Monmouth, *Historia regum Britanniae*, §164(éd. E. Faral, Paris, 1929).

57) R. S. Loomis, *Celtic Myth and Arthurian Romance*, Columbia, 1926; 같은 저자, "Geoffrey of Monmouth and Arthurian Origins", *Speculum*, t. 3, 1928, pp. 16-33. 또한 J. C. Payen, "L'enracinement folklorique du roman arthurien", *Mélanges Rychner*, Strasbourg, 1978, pp. 427-437; A. Guerreau-Jalabert, "Romans de Chrétien de Troyes et contes folkloriques. Rapprochements thématiques et observations de méthode", *Romania*, t. 104, 1983, pp. 1-48.

58) *Mort le roi Artu*, éd. J. Frappier, Genève, 1964, § 192.

59) P. Walter, *Arthur. L'ours et le roi*(주 21번), pp. 208-213에 이 구절에 관한 명쾌한 논평이 실려 있다.

60) *Mort le roi Artu*, éd. J. Frappier, § 192.

61) 같은 책, p. 164, § 127.

62) '마르티누스(Martinus)'라는 이름은 비록 라틴어에서 나왔으나 켈트 어근 '*art-*'를 포함하고 있어 곰 이름을 연상시킨다. 이것이 "곰은 모두 마르탱이다"라는 뒤늦은 속담이 만들어진 계기가 아니었을까?

63) E. Faral, "L'île d'Avalon et la fee Morgane", *Mélanges Jeanroy*, Paris, 1928, pp. 243-253; J. C. Cassard, "Arthur est vivant! Jalons pour une enquête sur le messianisme royal au Moyen Âge", *Cahiers de civilisation médiévale*, t. 32, 1989, pp. 135-146. 죽은 날과 마찬가지로 아서 왕의 출생일도 곰의 활동 주기와 연결되어 있으며 그가 가진 곰의 본성을 드러내준다. 몇몇 작가들의 말에 따르면 아서 왕은 년 중 가장 더운 시기인 8월 초에 태어났다. 그가 어머니 태중에 있었던 기간은 6개월이 약간 안 되므로(영웅들의

어머니들은 짧은 수태기간을 갖는다) 2월 초에 잉태되었다고 볼 수 있다. 2월 2일은 곰이 굴 밖으로 나오는 것을 기념하는 대규모 겨울 곰 축제가 열리는 때이다. 날씨에 따라 어느 정도 변동이 있을 수도 있으나 상징적으로 그날 곰의 동면은 끝난다. 하나 더 덧붙이자면, 중세 동물우화집이 새끼 곰에 대해 설명한 것처럼 아서도 일반적인 수태기간보다 짧게 어머니 뱃속에 있었다. 이는 그가 어느 정도는 곰의 본성을 지니고 있었을 가능성을 보여준다.

64) P. Walter, *Arthur. L'ours et le roi*(주 21번), pp. 88-89.

65) 같은 책, pp. 89-91.

66) P. E. Schramm et F. Mütherich, *Denkmale der deutschen Könige und Kaiser. Ein Beitrag zur Herrschergeschichte von Karl dem Grossen bis Friedrich II, 768-1250*, Munich, 1962, p. 115, n° 5. 때때로 (어떤 이유 때문에) 암늑대와 동일시되는 이 청동 암곰상은 4~5세기 갈로로망 때의 작품으로 추정된다.

67) 앞에서 이미 이야기했듯이 그는 왕위를 거절했다.

68) O. Keller, *Die antike Tierwelt*(주 8번), t. I, pp. 277-284.

69) J. André, *L'Alimentation et la Cuisine à Rome*, Paris, 1961, pp. 118-120. 성서에는 로마 전통과는 반대로 사슴 고기가 가장 순결한 고기라고 나오는데(신명기 15:22), 이는 중세 기독교에게 사슴고기의 순수성에 대한 명백한 성서적 근거를 제공하였다. 사슴 고기는 사냥한 곰을 도륙하고 그 고기를 나누는 유혈이 낭자한 야만적인 의식들과는 거리가 멀었다.

70) M. Pastoureau, "La chasse au sanglier. Histoire d'une dévalorisation(IVe-XIVe siècle)", A. Paravicini Bagliani et B. Van den Abeele, éd., *La Chasse au Moyen Âge. Société, traités, symboles*, Florence, Sismel, 2000, pp. 7-23 *(Micrologus'Library*, vol. V).

71) O. Keller, *Die antike Tierwelt*(주 8번), t. I, pp. 175-181.

72) 여기서 나는 17세기에 만들어진 근대적 의미를 갖는 '동물원'이라는 용어를 사용하였다. 그러나 고프랑스어와 중기프랑스어에서 그 단어는 야생 동물이나 특이한 짐승들을 가둬놓고 보여주는 별도의 장소를 지칭하지 않았다. 그것은 단지 농장이나 집의 일부로 관리되었다.

73) 중세 동물원의 역사에 대해서는 다음을 참조. G. Loisel, *Histoire des ménageries de l'Antiquité à nos jours*, Paris, 1912, t. I, pp. 141-289; K. Hauck, "Tiergarten im Pfalzbereich", *Deutsche Königspfalzen*, t. I, Heidelberg, 1963, pp. 30-74; W. Paravicini, "Tiere aus dem Norden", *Deutsches Archiv für die Erflrschung des Mittelalters*, t. 59/2, 2003, pp. 559-591. 대학자 P. E. Schramm 또한 F. Mütherich와 공동 작업한 그의 책 일부를 그러한 연구에 할애했다. Percy Ernst Schramm et Florentine Mütherich, *Denkmale der deutschen Könige und Kaiser*, Munich, 1962, pp. 70-74.

74) 자료들을 서로 비교하고, 더 많은 자료들 특히 중세 말기의 도상과 수치상 기록들(관리인, 먹이, 병 치료, 우리와 체인, 목걸이, 옷, 온갖 종류의 구조물을 만드는데 들어간 비용)을

발굴해내야 한다.

75) 동물원을 지칭하기 위해 가장 일반적으로 사용한 단어들은 '*bestiarium, vivarium, claustrum*'이다. 그러나 이 단어들은 구덩이, 우리, 사냥터, 사육장에 모두 쓰였으며 여러 가지 의미를 지니고 있었다. 예를 들어 '*vivarium*'은 야생 동물이 포함된 동물원, 사슴 사냥터, 토끼 사육장, 양어장, 심지어 과수원에도 사용되었다. '*pardarium, leopardarium, ferarium*'은 드물게 사용되었으나 더 뚜렷한 의미를 지녔다. 그 단어들은 사자, 표범, 흑표범을 넣은 구덩이를 뜻했다. 새장은 양어장과는 달리 '*aviarium, columbarium*'라는 분명한 어휘를 가지고 있었다.

76) 동물학자들이 '인가에 사는, 길들여진domestique', '가축으로 만들기, 길들이기domestication'에 관해 내린 오늘날의 정의를 중세 문화에 적용시켜서는 안 된다. 중세시대 모든 동물들은 '집(*domus*)' 안이나 그 주변에서 사는 '가축(domestique)'이었다. 그러므로 '가축(*animalia domestica*)'은 개, 고양이, 말, 매, 소, 닭만을 의미하지 않았으며 쥐, 족제비, 까마귀, 여우 등의 동물들도 포함되었다.

77) 내가 문학작품, 서사문헌, 기록 보관소 문서, 회계자료 등을 통해 서기 1천년 경부터 15세기 말까지 프랑스에서 사용된 모든 동물 별칭(직접 부르는 것을 피하기 위해 사용된 간접적인 명칭)들을 조사한 지 30년이 됐다. 이 분야와 관련된 어떤 새로운 정보도 기꺼이 환영한다.

78) 마찬가지로 새 사육장에도 타조, 앵무새, '인도 암탉'(이 명칭은 약간이라도 화려한 깃털을 가진 이국적인 새들 모두에게 사용되었다)이 많이 들어오게 되었다; 새 사육장(*aviary*)은 16세기 신대륙 발견되어 칠면조(*dindon*)가 서유럽에 도착한 뒤에야 명확한 의미를 가지게 되었다.

79) 고대인들에는 알려지지 않았던 북극곰은 1050~1060년경 편집된 연대기 형식의 사가를 통해 서구 기독교 세계에서 처음으로 언급된 듯하다(*Morkinskinna. The Earliest Icelandic Chronicle of the Norwegian Kings*, éd. et trad. par T. M. Andersson et K. E. Gade, Copenhague, 2000, pp. 211-212). 얼마 뒤 대주교 Adam de Brême(1050~1085?)이 덴마크와 그 주변 지역의 지리에 대해 쓴 흥미로운 논문들에서도 북극곰이 언급되었다. *Situ Daniae et reliquarum quae sunt trans Daniam sunt regionum natura*, 2e éd., Leyde, 1629, p. 139: ("노르웨이에는 흰곰이 있다. *Northmannia ursos albos habet*"). 또한 W. Paravicini, "Tiere aus dem Norden"(주 73번), 특히 pp. 578-579 참조.

80) J. Bailey, *The History and Antiquities of the Tower of Londres*, t. I, Londres, 1821, p. 270; G. Loisel, *Histoire des ménageries de l'Antiquité à nos jours*(주 73번), t. I, p. 155; W. Paravicini, "Tiere aus dem Norden"(주 73번), pp. 579-580, n. 83. 잉글랜드 왕 헨리 3세는 같은 노르웨이 왕으로부터 1261년이나 1262년 무렵에 두 번째 북극곰을 받았다.

81) F. Ganshof, dir., *Histoire des relations internationales*, t. I, Paris, 1953, pp. 36-39.

82) *Chanson de Roland*, v. 30-34, 127-135, 183-186 (éd. G. Moignet, Paris, 1969).

83) 이 코끼리에 대해서는 Eginhard, *Vita Karoli*, éd. L. Halphen, Paris, 1923, chap. XVI; M.

Pastoureau, *Les Animaux célèbres*, Paris, 2001, p. 89-93 참조.

84) 『방돔 연대기(*Annales de Vendôme*)』(*Recueil des historiens de la France*, t. XI, 29 D). R. H. Bautier, "Anne de Kiev, reine de France, et la politique royale au XIe siècle", *Revue des études slaves*, t. 57, 1985, pp. 539-564; F. Soehnée, *Catalogue des actes d'Henri Ier roi de France*, Paris, 1907; J. Dhondt, "Quelques aspects du règne d'Henri Ier, roi de France", *Mélanges Louis Halphen*, Paris, 1951, pp. 199-208 참조.

85) *Morkinskinna*(주 79번), pp. 137-138. 이 문헌에는 노르웨이 왕의 곰들의 털색이 흰색인지 갈색인지를 명시하고 있지 않다. 우크라이나의 어린 공주와 함께 간 곰들은 물론 갈색이었다.

인간의 친족

1) Aristote, *Histoire des animaux*, II, 8; Pline, *Histoire naturelle*, VIII, 54; 플리니우스는 오직 꼬리만이 원숭이를 인간과 구별해 준다고 보았다. "*Simiarum quoque genera plura. Hominis figurae proxima caudis inter se distinguntur*"(éd. A. Ernout, Paris, 1952, p. 99).

2) Isidore de Séville(560~636)는 만약 임신한 여성이 원숭이나 원숭이 그림을 보게 되면 뱃속의 아이가 원숭이처럼 못생겨진다고 말했다(*Etymologille*, livre XII, chap. I, § 60).

3) 이에 관한 사례는 다음을 참조하라. Thomas de Cantimpré, *Liber de natura rerum*, IV, 96, 1(éd. H. Boese, Berlin, 1973, p. 162).

4) 심지어 암퇘지는 수술이 진행되는 몇 시간 동안 인간 배아의 대리모 역할도 한다. M. F. Rothschild et A. Ruvinsky, éd., *The Genetics of Pig*, Wallingford, 1998; P. J. A. Bollen et al., éd., *The Laboratory Swine*, Boca Raton(USA), 2000(주요 참고문헌, pp. 117-130). 나는 이 주제에 관한 정보 일체를 제공해 준 Jean-Louis Lefaix에게 감사를 표한다.

5) 풍부한 참고문헌들 중에서도 P. Castan, *Naissance médiévale de la dissection anatomique*, Paris, 1985을 보라.

6) 뒤에 나오는 12세기 초 예루살렘 왕 보두앵 1세의 주치의의 주장 및 R. Hiestand, "König Balduin und sein Tanzbär", *Archiv für Kulturgeschichte*, 70, 1988, pp. 343-360 참조.

7) 이에 대한 사례는 Alexandre Neckam(Nequam), *De naturis rerum*, II, CXXX(éd. T. Wright, Londres, 1863); Thomas de Cantimpré, *De natura rerum*, IV, 96(éd. H. Boese) 참조.

8) 뷔퐁을 비롯한 16~19세기 박물학자들은 털색으로 갈색곰의 종을 구분하였다. 반면 오늘날의 동물학자들은 오직 북극곰Ursus arctos 하나만을 구분해 낼 뿐이다. J. M. Parde et J. J. Camarra, *L'Ours(Ursus arctos, Linnaeus, 1758)*, Nantes, 1992(*Encyclopédie des carnivores de France*, vol. 5) 참조.

9) 모두 Vincent de Beauvais, *Speculum naturale*, éd. de la Compagnie de Jésus, Douai, 1624, livre XIX, chap. CXVI *sq*에서 발췌 인용. 다음 논문도 참조하면 좋다. C. Beck, "Approches du traitement de l'animal chez les encyclopédistes du XIIIe siècle. L'exemple de l'ours", M.

Picone, éd., *L'enciclopedismo medievale*, Ravenne, 1994, pp. 163-178.

10) Buffon, *Histoire naturelle*, nouv. éd. in-12°, t. VIII, Paris, 1769, p. 38.

11) 그러나 아리스토텔레스는 곰이 완전히 잡식성이라는 것에 관심을 기울였다. *Histoire des animaux*, VIII, 42.

12) 이는 파리의 주교 Guillaume d'Auvergne이 『모든 피조물에 대하여*De universo creaturarum*』에(1240년 무렵)에서 주장한 내용이다. 다음을 보라. F. Morenzoni, "Le monde animal dans le De universo creaturarum de Guillaume d'Auvergne", *Micrologus*, VIII(*Il mondo animale*), 2000, t. I, pp. 212-213.

13) J. M. Parde et J. J. Camarra, *L'Ours...*(주 8번), pp. 11-13.

14) K. Schmidt-Nielsen, *Animal Physiology*, 5ᵉ éd., Cambridge(G-B), 1997, p. 12.

15) 플리니우스는 곰 기름의 효능에 대해 일찍부터 언급해 왔다. Pline, *Histoire naturelle*, XXI, 125; XXII, 34; XXVIII, 163, 177, 192, 198, 216, 219 등.

16) 관련 사례는 다음을 참조하라. C. Singer, *A Short History of Anatomy from the Greeks to Harvey*, New York, 1 957, pp. 68-69; L. Bliquez et A. Kazhdan, "Four Testimonia to Human Dissection in Byzantine Times", *Bulletin of the History of Medicine*, 58, 1984, pp. 554-557; A. H. Maehie et U. Tröhler, "The Debate on Animal Experimentation from Antiquity to the End of the Eighteen Century", N. A. Rupke, éd., *Vivisection in Historical Perspective*, Londres, 1987, pp. 47-62.

17) R. Hiestand, "König Balduin und sein Tanzbär", *Archiv für Kulturgeschichte*, 70, 1988, pp. 343-360. 이 연구에 대해 알게 해준 동료 Baudouin Van den Abeele에게 감사를 표한다.

18) 본문 62~64쪽 참고.

19) 예루살렘 왕 보두앵 1세에 대해서는 J. Prawer, *Histoire du royaume latin de Jérusalem*, t. I, Paris, 1969, pp. 264-299; H. E. Mayer, "Études sur l'histoire de Baudouin Iᵉʳ, roi de Jérusalem", *Mélanges sur l'histoire du royaume latin de Jérusalem, Mémoires de l'Académie des inscriptions et belleslettres*, n.s., vol. V, Paris, 1984, pp. 10-91 참조.

20) J. Clédat, "Le raid du roi Baudouin Iᵉʳ en Égypte", *Bulletin de l'Institut français d'archéologie orientale*, 26, 1925, pp. 71-81 .

21) Guibert de Nogent, *Gesta Dei per Francos*, livre VII, chap. 11 et 13, éd. *Recueil des historiens des croisades*, vol. IV, *Historiens occidentaux*, Paris, 1879, pp. 229-234.

22) Guibert de Nogent, *De vita sua*, éd. et trad. par E. R. Labande, Paris, 1981. G. Bourin 출판사의 1907년 판본의 풍부한 서문을 참고해도 좋다.

23) 기베르와 그의 자서전에 대해서는 다음을 참고하라. J. Paul, "Le démoniaque et l'imaginaire dans le *De vita sua* de Guibert de Nogent", dans *Senefiance*, VI, 1979, pp. 373-399; G. Duby, *Le Chevalier, la Femme et le Prêtre*, Paris, 1981, pp. 151-172; J. Benton, *Self and Society in Medieval France. The Memoirs of the Abbot Guibert de Nogent*, Toronto, 1984.

24) 아르드르의 영주들을 위해 일한 주교 Lambert d'Ardres는 이야기의 세부적인 사항들을

제공한다. 그가 13세기 초 편찬한 귄느(Guines) 백작들의 역사는 중세사와 물질문명에 대한 정보를 풍부하게 제공하고 있다. Lambert d'Ardres, *Historia comitum Ghisnensium*, éd. J. Heller dans *M.G.H., S.S.*, t. 24, 1879, pp. 557-642.

25) Pline, *Histoire naturelle*, VIII, 54(éd. A. Ernout, p. 67).

26) Aristote, *Histoire des animaux*, V, 2(540a); VI, 31 (579a).

27) 플리니우스가 아리스토텔레스의 글을 잘못 읽었을 가능성이 있다. 아리스토텔레스는 암곰이 수컷 곰을 받아들이기 위해 배를 땅에 대고 "엎드린다"고 했다. 플리니우스가 오역한 부분이 곰이 인간의 방식으로 결합한다는 전설의 기원이 되었을 수도 있다.

28) Cambridge, University Library, MS Kk 4. 25, fol. 32 V°(?). 유사한 사고는 몇십 년 후에도 나타났다. Guillaume d'Auvergne, *De universo creaturarum*, éd. B. Leferon, dans *Opera omnia*, Orléans, 1674, livre III, chap. 25, col. 1072a.

29) 예를 들어 가스통 페뷔스의『사냥서』에서는 그러한 곰의 행위를 묘사한 (입체감을 주거나 조각 느낌을 내기 위해 회색이나 채도가 낮은 한 가지 색으로 그린) 그리자유grisaille 기법의 삽화를 볼 수 있다. Gaston Phébus, *Livre de la chasse*, Paris, BNF, ms. fr. 619, fol. 15 v°(아비뇽?, 1380-1390년경).

30) 곰의 방탕한 사랑에 대해서는 본문 230~233쪽을 참고할 것.

31) Oppien, *De la chasse*, éd. P. Boudreaux, Paris, 1908, livre III, §146.

32) Paris, BNF, ms. fr. 14357, fol. 46.

33) C. Beck, "Approches du traitement de l'animal chez les encyclopédistes du XIIIe siècle"(주 9번), pp. 170-174의 발췌 부분과 논평을 보라.

34) Aristote, *Histoire des animaux*, VI, 30; Pline, *Histoire naturelle*, VIII, 54, et X, 174; Ovide, *Métamorphoses*, xv, 379; Elien, *De la nature des animaux*, II, 19 등등.

35)『호세아서』13:8

36) Raban Maur, *De universo*, livre VIII, chap. 3(*P.L.*, 111, col. 223).

37) Ambroise, *Hexameron*, VI, IV, 18(*P.L.*, 14, col. 263-264).

38) 이것들에 대해서는 C. Beck, "Approches du traitement de l'animal chez les encyclopédistes du XIIIe siècle"(주 9번), pp. 163-178을 참조할 것.

39) I. Toinet, "La parole incarnée. Voir la parole dans les images des XIIe et XIIIe siecles", *Médiévales*, t. 22-23, 1992, pp. 13-30; C. Casagrande et S. Vecchio, *Histoire des sept péchés capitaux au Moyen Âge*, Paris, 2003.

40) Isidore, *Etymologiae*, livre XII, éd. J. André, Paris, 1986, pp. 106-107.

41) Buffon, *Histoire naturelle*, t. VIII (주 10번), pp. 29-30.

42) Aristote, *Histoire des animaux*, VIII, 17.

43) M. Couturier, *L'Ours brun*, Grenoble, 1954, pp. 456-459. 곰은 일반적으로 격년으로 (1~3마리의) 새끼를 낳는다. 암곰은 3살부터 18살까지 15년 동안 번식이 가능하며 그 동안 약 20마리의 새끼를 낳는다.

44) A. Adams, *The Romance of Yder*, Cambridge, 1983은 현대 영어 번역본을 짧은 소개글과 함께 싣고 있다. 이 소설은 여러 가지 면에서 흥미롭다. 그러나 학자들의 관심을 거의 받지 못해 연구물은 매우 적은 편이다. G. Paris, "Yder", *Histoire littéraire de la France*, 30, 1888, pp. 199-215; E. C. Southward, "The Knight Yder and the Beowulf Legend in Arthurian Romance", *Medium Aevum*, 15, 1946, pp. 1-47; J. Grisward, "Ider et le tricéphale. D'une aventure arthurienne à un mythe indien", *Annales E.S. C.*, 33/2, 3-4월 1978, pp. 279-293.

45) *Yder*(주 44번), v. 3301-3398.

46) 이러한 되풀이와 그것의 토대가 된 전통에 대해서는 J. Grisward, "Ider et le tricéphale..."(주 44번), pp. 279-293 참조.

47) "Li ors estut por eventer/Car le veoir out il perdu"[*Yder* (주 44번), v. 3356-3357].

48) P. Walter, *Arthur: L'ours et le roi*, Paris, 2002, pp. 85-86.

49) 아서의 유일한 아이는 근친상간으로 남모르게 얻은 아들 반역자 모드레드Mordred 하나뿐이다. 그는 아서가 이복누이인 오크니Orkney의 여왕 안나Anna(또는 Morgause)와 결합하여 낳은 자식이다.

50) 1225~1230년 사이 『산문 트리스탄Tristan en prose』의 첫 번째 판본이 나올 때까지 트리스탄은 "리오네스Lyonesse의 왕 멜리오다스Meliodas의 아들"로 불렸다. M. Pastoureau, *Les Chevaliers de la Table Ronde*, Lathuile, 2006, pp. 192-193, 227-230.

51) G. D. West, *An Index of Proper Names in French Arthurian Verse Romances*, 1150-1300, Toronto, 1969, p. 157.

52) 이 문제에 대해서는 다음을 참조할 것. P. Walter, *Le Gant de verre. Le my the de Tristan et Yseut*, La Gacilly, 1978, pp. 187-218.

53) Matthieu Paris, *Chronica majora*, éd. H. R. Luard, Londres, 1874, II, pp. 614-615. 이 범상치 않은 작가에 대해서는 R. Vaugham, *Matthew Paris*, Cambridge(G. B.), 1958; S. Lewis, *The Art of Matthew Paris in the «Chronica majora»*, Cambridge(G. B.), 1987.

54) O. Müller, *Turnier und Kampf in den altfranzösischen Artusromanen*, Erfurt, 1907; M. Pastoureau, *Une histoire symbolique du Moyen Âge occidental*, Paris, 2004, pp. 15-16.

55) 매튜 패리스가 쓴 '*Liberaliter*'는 '자유롭게, 그녀 마음대로' 또는 '너그럽게'라고 해석할 수 있다[*Chronica majora* (주 53번), II, p. 615].

56) N. Valois, *Guillaume d'Auvergne, évêque de Paris(1228-1249). Sa vie et ses ouvrages*, Paris, 1880.

57) 유감스럽게도 기욤 도베르뉴의 작품 일부는 아직 출판되지 않았으며 연구도 불충분하다. 그가 썼다는 문헌들(특히 설교들) 가운데는 그의 것이 아닌 것도 있으며, 거꾸로 그가 작성한 문헌이 다른 작가의 것으로 되어 있기도 하다. 새로운 교정판과 편집본이 필요하다.

58) 이 중요한 문제들에 관해서는 다음의 탁월한 논문을 보라. F. Morenzoni, "Le monde animal dans le De universo creaturarum de Guillaume d'Auvergne"(주 12번), pp. 197-216.

59) 이에 관해 참조할 만한 선구적인 논문은 J. Berlioz, "Pouvoirs et contrôle de la croyance chez Guillaume d'Auvergne(v. 1180-1249)", *Razo. Cahiers du Centre d'études médiévales de Nice*, 9, 1989, pp. 5-27.

60) Guillaume d'Auvergne, *De universo creaturarum*(주 28번), livre III, chap. 25, col. 1071 b.

61) F. Morenzoni, "Le monde animal dans le *De universo creaturarum* de Guillaume d'Auvergne"(주 12번), pp. 212-214; J. Berlioz, "Pouvoirs et controle de la croyance chez Guillaume d'Auvergne..."(주 59번), pp. 5-27. 이 대목은 기욤 도베르뉴로 하여금 악령의 힘이 나약하다고 주장하게 해주었다. 인간과 마찬가지로 동물에게도 신은 여러모로 제1원인이다. 그는 삶을 허락하고 '환하게 밝혀주는' 자이다. 또한 그는 활동과 생식을 가능하게 해주는 자이다. 악령들에게는 악마가 그 역할을 한다. 하지만 악마의 힘은 한정적이고, 인간의 삶에 끼칠 수 있는 영향력도 상대적으로 미약하다. 따라서 이곳저곳에서 볼 수 있는 악마의 짓은 상식과 기도, 영적 교감으로 치료할 수 있는 환상이나 미신, 병적 현상이다.

62) Saxo Grammaticus, *Gesta Danorum*, X, xv; J. Olrik et H. Raeder, Copenhague, 1931년 판본의 pp. 287-288 참조.

63) 한 익명의 작가가 편찬한 12~13세기 이야기 모음집 *Scriptores rerum germanicorum septentrionalium...*, Francfort-sur-le-Main, 1609, p. 128 *sq*이 그러한 예이다.

64) 이러한 계보들과 그 토대가 되는 왕조 전설에 대해서는 C. M. Edsman, "La fête de l'ours chez les Lapons. Sources anciennes et recherches récentes sur certains rites de chasse aux confins septentrionaux de la Scandinavie", *Proxima Thulé. Revue d'études nordiques*, 2, 1996, pp. 12-49(특히 pp. 42-45) 참조.

65) Olaus Magnus, *Historia de gentibus septentrionalibus*, Rome, 1555, livre XVIII, chap. xxx, p. 627.

66) Origo et gesta Sivardi ducis, éd. J. Langebek dans Scriptores rerum Danicarum Medii Aevi, t. III, Copenhague, 1774, pp. 288-302. 시바르Siward 공작은 노덤브리아 백작Earl of Northumbria (1033-1055)이 되었으며, 여러 차례 스코틀랜드의 왕 맥베스Macbeth의 북잉글랜드 침략에 맞서야만 했다.

67) A. Olrik, "Siward Digri of Northumberland. A Viking-Saga of the Danes in England", *Saga-Book of the Viking Club*(Londres), t. VI, 1910, pp. 212-237.

68) 오르시니 가문이 '곰의 자식들'이라는 전설에 대해서는 특히 F. Allegrezza, *Organizzazione del potere e dinamiche fomiliari. Gli Orsini dal Duecento agli inizi del Quattrocento*, Rome, 1998, pp. 132-143을 보라. 또한 S. Carocci, "I figli dell'orsa", *Medio Evo*, 1995, pp. 82-85 을 참조할 것.

69) 오르시니 가문의 기원에 대해서는 G. Marchetti Longhi, *I Boveschi e gli Orsini*, Rome, 1960을 참조.

70) J. M. Stitt, *Beowulf and the Bear's Son. Epic, Saga and Fairy tale in Northern Germanic*

Tradition, Londres, 1994. 일반적인 학자들과는 다른 예리한 분석은 J. L. Borges, *Cours de littérature anglaise*, Paris, 2006, pp. 38-59 참조.

71) 현대 프랑스어로 번역된 베어울프의 최근 판본은 *Beowulf*, Göppingen, éd. par A. Crépin, 1991, 2 vol.

72) C. M . Edsman, "La fête de l'ours chez les Lapons..."(주 64번), pp. 43-47.

73) 동물로 변장하는 문제에 대해서는 M. Pastoureau, "Nouveaux regards sur Ie monde animal à la fin du Moyen Âge", *Micrologus*, vol. IV(*Le Théâtre de la nature*), 1996, pp. 41-54 참조.

74) 동물에 대한 아리스토텔레스의 문집은 1230년경 톨레도Toledo에서 Michael Scotus에 의해 아랍어에서 라틴어로 번역되었다. 그보다 몇 년 앞서 Michael Scotus는 아리스토텔레스 전집에 있는 아비센나Avicenna의 주석을 번역하는 작업을 했었다. 약 한 세기 뒤에는 Albertus Magnus가 『동물들에 관하여*De animalibus*』에 아리스토텔레스 문집을 차용했는데 일부 구절은 거의 문자 그대로 가져왔다고 할 수 있다. 아리스토텔레스 문집의 몇몇 장은 12세기 말에 이미 번역되어 알려져 있었다. 아리스토텔레스의 자연사 관련 저작의 재발견은 F. van Steenberghen, *Aristotle in the West. The Origins of Latin Aristotelianism*, Louvain, 1955, et *La Philosophie au XIIᵉ siècle*, 2ᵉ éd., Louvain, 1991; C. H. Lohr, *The Medieval Interpretation of Aristotle*, Cambridge(G. B.), 1982을 참조. 아리스토텔레스 사고체계에서의 생물군 분류에 대해서는 P. Pellegrin, *La Classification des animaux chez Aristote. Statut de la biologie et unité de l'aristotélisme*, Paris, 1982 참조.

75) 동물들 특히 새와 관련된 프란체스코Francesco d'Assisi 전설은 F. Cardini, "Francesco d'Assisi e gli animali", *Studi Francescani*(Firenze), vol. 78/1-2, 1981, pp. 7-46; J. Dalarun, *La malavventura di Francesco d'Assisi*, Milan, 1996 참조.

76) "*Quia et ipsa creatura liberabitur a servitude in libertatem gloriae filiorum dei.*"

77) 토마스 아퀴나스가 대표적이었다. T. Domanyi, *Der Römerbriefkommentar des Thomas von Aquin*, Berne-Francfort, 1979, pp. 218-230.

78) 이 견해는 통상적으로 기욤 도베르뉴에게서 나왔다고 전해지나 그의 것으로 보이지 않은 설교(1230-1235)에서도 발견되었다. A. Quentin, *Naturkenntnisse und Naturanschauungen bei Wilhelm von Auvergne*, Hildesheim, 1976, p. 184.

79) M. Pastoureau, "Une justice exemplaire: les procès intentés aux animaux(XIIIᵉ-XVIᵉ s.)", *Cahiers du Léopard d'or*, 9, 2000(*Les Rituels judiciaires*), pp. 173-200.

80) "*Nec turpide joca cum urso... ante se permittat... Quia hoc diabolicum est et a sacris canonibus prohibitum*" 금지의 전문은 *P.L.*, 125, col. 776-777.

81) P. Walter, "Der Bär und der Erzbischof: Masken und Mummentanz bei Hinkmar von Reims und Adalbero von Laon", D. Altenburg et al., éd., *Feste und Feiern im Mittelalter*, Sigmaringen, 1991, pp. 377-388.

82) 중세의 일부 주교들은 자신의 신도들을 겁주기 위해 동물로 변장한 사람은 실제로 그 동물이 되거나 몸의 일부가 (특히 귀나 발이) 그 동물처럼 변할 수 있다고 위협했다.

그러나 기욤 도베르뉴는 인간이 동물로 변할 수 있다고 믿지 않았다.

83) 판신 루페르쿠스Lupercus를 기리고, 작물과 가축의 풍요와 여인들의 다산을 빌기 위해 2월 중순 무렵 로마에서 열린 축제이다. 사제들은 신에게 염소와 개를 제물로 바친 뒤 청년들의 몸에 그 피를 발라주었다. 청년들은 제물로 바친 동물의 가죽만 걸치고 거의 벗은 채 도시를 돌아다녔다. 그들은 여성을 때리는 시늉을 했다. 그러나 시간이 흐르면서 이러한 상징적인 공격은 점차 탈선되었고 성적인 습격으로까지 이어졌다. 더 자세한 내용은 Ovide, *Fastes*, II, v. 267-452; C. Ulf, *Römisches Luperkalienfest*, Darmstadt, 1982를 참조할 것.

제2부. 싸우는 곰

야수보다 강한 성인

1) 중세 문화에서 '가축'이란 사람의 집(*domus*) 내부와 근처에 살고 있는 모든 동물들을 의미했다. 오늘날의 동물학자들은 '진짜 가축'이란 '감금상태에서 재생산되고 인간에 의해 장기간 의도적으로 선택되어 유전적 환경적 특질이 야생동물과는 구별되는 동물'이라고 규정하고 있다. J. P. Digard, *L'Homme et les Animaux domestiques. Anthropologie d'une passion*, Paris, 1990, p. 85.

2) C. Beck, "Approches des territoires historiques de l'ours en Europe au Moyen Âge", *Actes du XVIe colloque de la Société française pour l'étude et la protection des mammifères*, Grenoble, 1993, pp. 94-100.

3) J. M. Parde et J. J. Camarra, *L'Ours brun*, Paris, 1989, p. 14. 다양한 참고문헌 가운데서도 특히 C. Berducou et al., "Le régime alimentaire de l'ours brun des Pyrénées", *Bulletin mensuel de l'Office national de la chasse*, vol. 54, 1982, pp. 34-45; M. Fabbri, *Le habitudini alimentari dell'orso bruno nel Parque Nationale d'Abbruzzo*, Parme, 1988; L. Faliu et al., "Le régime carnivore de l'ours des Pyrénées. Étude préliminaire", *Ciconia*, t. 4/1, 1980, pp. 21-32를 참조.

4) M. Couturier, *L'Ours brun*, Grenoble, 1954, pp. 157-182.

5) 오늘날 피레네와 알프스 산지에서 열리는 수많은 '곰 축제들'과 관련 의례들은 18세기 말~19세기 중반에 시작된 것이다. 시골에서 열리는 민간전승과 풍속들이 무조건 옛 것이라고 생각해서는 안 된다.

6) Vincent de Beauvais, *Speculum naturale*, éd. de la Compagnie de Jésus, Douai, 1624, livre XIX, chap. CXVI-CXX.

7) 덴마크와 노르웨이 왕들이 선물로 보내온 북극곰 가죽들은 경탄과 찬사를 불러일으켰다. P. E. Schramm et F. Mütherich, *Denkmale der deutschen Könige und Kaiser. Ein Beitrag zur Herrschergeschichte von Karl dem Grossen bis Friedrich II 768-1250*, Munich, 1962, pp.

71-72, 99-100; W. Paravicini, "Tiere aus dem Norden", *Deutsches Archiv für die Erforschung des Mittelalters*, t. 59/2, 2003, pp. 559-591.

8) A. Dumas, *Mon dictionnaire de cuisine*, nouv. éd., Paris, 1998, pp. 467-469. 알렉상드르 뒤마는 스위스 마흐티니Martigny의 식당에서 곰고기를 어떻게 제공받았는지 말하며 베른의 곰과 운하에 대한 자신의 의견을 피력한다. *Impressions de voyage. Suisse*, Paris, 1833, p. 146 *sq.*

9) Gaston Phebus, *Livre de chasse*, éd. Gunnar Tilander, Karlshamm(Suède), 1971, livre I, chap. 8.

10) B. Andreolli, "L'orso nella cultura nobiliare dall'Historia Augusta a Chrétien de Troyes", B. Andreolli et M. Montanari, éd., *Il bosco nel Medioevo*, Bologne, 1989, pp. 35-54. 일반적으로 발은 곰의 몸 가운데 가장 상징적인 부분으로 여겨진다. R. Mathieu, "La patte de l'ours", *L'Homme. Revue française d'anthropologie*, t. XXIV, fasc. 1, janvier-mars 1984, pp. 5-42.

11) 일부 작가들은 알프스 초승달지구 외 지역, 특히 프랑스 서부에서 그와 유사한 형태의 봉건 납세를 발견할 수 있다고 보았다. 그러나 그것은 'our(곰)'과 'oie(거위)'가 고문자로 쓰이면서 혼동을 일으켰기 때문인 것으로 보인다.

12) A. Gokalp, "L'ours anatolien, un oncle bien entreprenant", *Études mongoles et sibériennes*, vol. 11, 1980, pp. 215-242; A. Miquel, *Les Arabes et l'Ours*, Heidelberg, 1994, pp. 124-126.

13) 성인을 상징하는 동물은 그 성인의 삶에서 벌어진 어떤 사건이나 수난, 성인의 이름(성 아그네스는 새끼 양agneau, 성 콜룸바는 비둘기colombe, 성 울프강Wolfgang은 늑대)이나 직업(어부였던 성 앙드레는 물고기), 후원자와 관련이 있었다.

14) 클로드 레비스트로스는 토테미즘과 '야생의 사고'에 대해 언급하며 이 표현을 여러 차례 사용하였다. 인류학자 D. Sperber도 그 표현을 인용하고 논평을 달았다. D. Sperber, "Pourquoi l'animal est bon à penser symboliquement", *L'Homme*, 1983, pp. 117-135.

15) C. Gaignebet et J. D. Lajoux, *Art profane et Religion populaire au Moyen Âge*, Paris, 1985, pp. 240-265와 그 밖의 여러 곳에; A. Tchouhadjian, *Saint Blaise, évêque de Sébaste...*, 2ᵉ éd., Paris-Budapest, 2004, pp. 413-420(bibl.).

16) L. Réau, *Iconographie de l'art chrétien*, t. III/I, Paris, 1956, pp. 227-233; *Lexikon der christljchen Ikonographie*, t. 5, Fribourg-en-Brisgau, 1973, col. 416-419.

17) J. J. Laux, *Der heilige Kolumban. Sein Leben und seine Schriften*, Francfort-sur-le-Main, 1919; M. M. Dubois, *Un pionnier de la civilisation occidentale: saint Colomban*, Paris, 1950.

18) A. Maestri, *Il culto di S. Colombano in Italia*, Plaisance, 1955, p. 330 *sq.*

19) *Vita Columbani abbatis*, éd. *P.L.*, 87, col. 1011-1047, et *M.G.H., Scriptores rerum merov.*, t. IV, pp. 1-62, 65-156(éd. B. Krusch).

20) 콜룸바누스의 또 다른 상징물은 (그가 동굴에서 솟아나게 한) 샘과 수도원의 십자가,

책이다. 현대에는 채찍이 그의 엄격함을 나타내는 상징으로 쓰이기도 했다. R. Olmi, "Liconografia di S. Colombano", *Convegno storico Columbiano(1-2 sett. 1951)*, Bobbio, 1953, pp. 33-40.

21) 이 일화에 대해서는 P. Boglioni, "Les animaux dans l'hagiographie monastique", dans J. Berlioz et M. A. Polo de Beaulieu, éd., *L'Animal exemplaire au Moyen Âge(V^e-XVe s.)*, Rennes, 1999, pp. 51-80 참조.

22) F. Blanke, *Der heilige Gallus*, Zurich, 1940.

23) 이 일화는 12세기 이전의 성 갈루스 전기에는 등장하지 않는다. 그러나 같은 이야기가 성 아벤티누스Saint Aventinus de Troyes의 전기에서는 발견된다. L. Valle, *Vita di sant'Avventino...*, Turin, 1794.

24) 이 책의 209~212쪽 내용을 참조할 것.

25) L. Knappert, "La vie de saint Gall et le paganisme germanique", *Revue de l'histoire des religions*, vol. 29, 1894, pp. 286-302.

26) 두 이야기 모두 B. Krusch, dans *M.G.H. Scriptores rerum merovingicarum*, vol. IV, pp. 229-337을 참조. 곰에 관한 일화는 Walafrid Strabon가 작성한 전기 II장에 나온다.

27) Saint-Gall, Stiftbibliothek, Cod. Sang. 53. 복음서 덮개에 관해서는 M. Menz-Vondermühll, "Die St. Galler Elfenbeine um 900", *Frühmittelalterliche Studien*, vol. 15, 1981, pp. 387-434 참조.

28) F. Gull, "Das Wappenbild der Abtei und der Stadt St. Gallen in älteren Bannern und Siegeln", *Archives héraldiques suisses*, 1907, pp. 68-76.

29) 이 에피소드는 9~10세기 테게른제 수도원의 한 수도사가 편찬한 『코르비니아누스의 삶Vita Corbiniani』에 처음 등장했다. 그러나 성 코르비니아누스 도상에는 중세 말까지 나타나지 않았다.

30) J. D. Lajoux, *L'Homme et l'Ours*, Grenoble: Glenat, 1996, pp. 66-67.

31) J. Hau, *Sankt Maximin*, Sarrebruck, 1935 참조.

32) 고프랑스어에서 l'ours Martin이라는 구절을 '마르탱이란 이름을 가진 곰'이라 할지 '성 마르탱의 곰'으로 할지 결정하는 것은 어렵다.

33) 이 책의 71~72쪽 내용을 참조할 것.

34) 당나귀한테 마르탱이라는 이름을 붙이는 것도 드물지 않았다. 곰이 성 막시미누스의 당나귀를 먹어치웠다는 이야기가 연상되었기 때문일 것이다. 게르마니아와 네덜란드 일부 지방에서는 중세 말부터 근대 초까지 11월 11일은 아이들이 선물을 받는 날이었다. 당나귀에 올라탄 성 마르티누스는 다른 곳에서는 성 니콜라스가 했던 역할을 대신하기도 했다. Philippe Walter, *Mythologie chrétienne: Rites et mythes au Moyen Âge*, Paris: Entente, 1992, pp. 77-78.

35) 이 일화는 엘리기우스의 동료 성 아우도에누스Saint Audoenus가 작성한 최초의 엘리기우스 전기에는 나타나지 않는다. 그것은 이후에 작성된 엘리기우스 전기들에서 발견되며

우르샹 수도원의 기원설화와 관련이 있다. 일부 판본들에서는 쟁기를 끌고 있던 것은 엘리기우스가 아니라 그의 교구에 있던 한 사제였다고 나온다.

36) Paul Benoît, *Vie populaire de saint Claude*, Besançon, 1924.

37) J. D. Lajoux, *L'Homme et l'Ours*(주 30번), p. 67.

38) Jean Maury, *Limousin roman*, Saint-Léger-Vauban, 1990; E. Rupin, *Coffret en cuivre doré et émaillé du XIIIᵉ siècle. Église de Saint-Viance(Corrèze)*, s.l.n.d.

39) A. de La Vacquerie, *Histoire de la vie et des vertus de saint Florent*, Paris, 1637; Alix de La Frégeolière, *Saint Floren, Sa vie, ses miracles, ses reliques*, Angers: Hervé et Briand, 1878.

40) 유죄선고를 받아 곰에게 잡아먹힐 운명에 처한 젊은 남성들을 곰이 구출해주었다는 이야기는 드문 편이다. 그나마 거론할 수 있는 사례는 마사 마리티마 지방의 수호성인이자 토스카나 포풀로니아의 유명한 주교 케르보니우스Cerbonius(축일은 10월 10일)이다(마사 마리티마의 산케르보네 성당 파사드에는 케르보니우스가 사자와 곰에게 둘러싸인 모습이 새겨져 있다). 소녀나 젊은 여인이 수컷 곰에게 구출된다는 소재는 사랑에 빠진 곰이 여성을 납치, 감금, 겁탈하여 자신의 배우자나 아이들의 어머니로 삼는다는 앞서 언급했던 이야기와 비교해 볼 수 있을 것이다.

41) 같은 이야기가 10세기 후반 스위스와 오스트리아 접경지대에 살았던 은자 성 제롤드의 전기에서도 발견된다. 본래 제롤드는 부유한 영주였으나 자신의 모든 재산을 처분하고 숲에 은둔했다. 그러던 중 그는 사냥꾼들로부터 도망친 곰 한 마리를 거두어 길들이게 되었다. 곰은 제롤드를 도와 작은 방과 은둔처를 지었다. 포어아를베르크Vorarlberg의 펠트키르히Feldkirch에 있던 그 은둔처는 훗날 성 제롤드 수도원이 되었다고 한다. Josef Anton Amann, *Der heilige Gerold*, Schneider, 1950.

42) M. Barth, *Die heilige Kaiserin Richardis und ihr Kult*, Sélestat, 1940; M. Corbet, *Sainte Richarde*, Sélestat, 1948; C. Gaignebet et J. D. Lajoux, *Art profane et Religion populaire au Moyen Âge*(주 15번), pp. 250-251.

43) F. A. Martiny, *Textes sur Richarde*, Andlau, 1989; E. Sommer, *Les Sculptures romanes de l'église abbatiale d'Andlau*, Andlau, 1990.

44) 켈트 세계에서 11월 1일은 망자들을 위한 날이었다. 특히 11월의 첫째 날에서 둘째 날로 넘어가는 (켈트신화의 죽음의 신) 삼하인의 밤nuit de Samhain은 망자의 혼령이 저승으로 가기 위한 긴 여정을 시작하는 때라고 생각하였다. 998년 클뤼니의 5대 수도원장 오딜롱Odilon이 11월 2일을 위령의 날로 정한 것은 우연이 아니었다. 클뤼니의 축일은 점차 확산되어 모든 그리스도교 세계의 망자들을 기리는 날이 되었다. Françoise Le Roux, "Études sur le festiaire celtique: Samain", *Ogam*, t. 13, 1961, pp. 481-506.

45) 프랑스 풍자 작가 라블레Rabelais(1490~1553)는 『팡타그뤼엘Pantagruel』에서 'chopiner(술을 많이 마시다)'와 'trinquer('부딪치다, 건배하다'의 뜻으로 예전에는 '과음하다'라는 뜻)'를 동의어로 사용했다. (1532 판본, 18장)

46) 성 마르티누스와 관련된 프랑스 민간 축제와 기념일들에 대해서는 Henri Fromage의

다양한 연구물들을 참조하라. H. Fromage, *Bulletin de la Société de mythologie française*, t. 74, 1969, pp. 75-84, 93-102; t. 78, 1970, pp. 83-106; t. 83, 1971, pp. 164-175; t. 108, 1978, pp. 1-28.

47) Claude Gaignebet et Odile Ricoux, "Les Pères de l'Église contre les fête païennes", Pier Giovanni d'Ayala et Martine Boiteux éd, *Carnavals et Mascarades*, Paris, 1988, pp. 43-49.

48) 이에 관한 기본적인 연구물로는 Henri Dontenville, *Mythologie française*, 2ᵉ éd. Paris, 1973; C. Gaignebet, *Le Carnaval*, Paris, 1974; G. Dumézil, *Fêtes romaines d'été et d'automne*, Paris, 1975; C. Gaignebet et J. D. Lajoux, *Art profane et Religion populaire au Moyen Âge*(주 15번); P. Walter, *Mythologie chrétienne*(주 34번)이 있다.

49) 축제에서 곰의 역할은 C. Gaignebet, *Le Carnaval*(주 48번) 참조.

50) P. Walter, "Der Bär und der Erzbischof: Masken und Mummentanz bei Hinkmar von Reims und Adalbero von Laon", D. Altenburg et al, éd., *Feste und Feiern im Mittelalter*, Sigmaringen, 1991, pp. 377-388. 랭스의 대주교 힝크마르는 이교 축제와 의례들을 비난하는 설교를 하면서 그러한 놀이와 모의극(곰과 연관된 야만적인 장난 *turpia joca cum ursin*)을 넌지시 언급하였다. *P.L.*, t. 125, col. 776 참조.

51) M. Montanari, "Uomini e orsi neHe fonti agiografiche dell'alto medioevo", G. Blaschitz et G. Jaritz, éd., *Symbole des Alltags, Alltag der Symbole. Festschrift für Harry Kühnel*, Graz, 1992, pp. 571-587.

52) 여러 참고 자료 가운데서도 다음을 주의 깊게 볼 필요가 있다. J. Begouen, "Lours Martin en Ariège", *Bulletin de la Société ariégeoise des sciences, lettres et arts*, 1966, pp. 111-175; D. Fabre et C. Camberoque, *Fêtes en Languedoc. Regards sur le Carnaval aujourd'hui*, Toulouse, 1977; D. Fabre, "Réflexions sur l'anthropologie de l'ours dans les Pyrénées", *Cahiers de l'universite de Pau et des pays de l'Adour*, juin 1977, pp. 57-67; S. Bobbé, "Analyse de la fête de l' ours contemporaine en Catalogne française", A. Couret et F. Ogé, éd., *Homme, Animal Société. Actes du colloque de Toulouse*, 1987, Toulouse, 1989, vol. 3, pp. 401-417; G. Caussimont, "Le mythe de l'ours dans les Pyrénées occidentales", 같은 책, pp. 367-380; J. D. Lajoux, *L'Homme et l'Ours*(주 30번), pp. 73-86.

53) 이 문제에 대해 참고하기 좋은 문헌은 다음과 같다. J. C. Schmitt, "Religion populaire et culture folklorique", *Annales E.S.C.*, 31, 1976, pp. 941-953, "Les traditions folkloriques dans la culture médiévale: quelques réflexions de méthode", *Archives des sciences sociales des religions*, t. 52, 1981, pp. 5-20.

54) 그리스 여신 페르세포네에 상응하는 로마 여신 프로세르피나는 고대 로마인들에게 저승의 여신이기만 한 것은 아니었다. 프로세르피나는 농경의 여신이기도 했으므로 그녀에 대한 숭배는 발아 시기에 열리는 많은 풍요의식들을 포함하고 있었다.

55) F. Le Roux, "Étude sur le festiaire celtique: Imbolc et Beltaine", *Ogam*, t. 14, 1962, pp. 174-184.

56) 예수성전봉헌축일은 5세기 이전에는 2월 14일에, 가나의 혼인잔치는 예수공현축일(1월 6일) 이후 2번째 오는 일요일에 기념되었다. 일부 교구에서 그러한 관습은 9세기, 심지어는 12세기까지 지속되었다.

57) R. Corso, *L'orso della Candelora*, Helsinki, 1955; C. Gaignebet, *Le Carnaval*(주 48번); J. C. Baroja, *Le Carnaval*, 2ᵉ éd., Paris, 1979.

악마가 된 곰

1) 그리스어 성서에서는 '*leon*'이라는 단어만 사용했으나 히브리어 성서에서는 사자를 가리키는 용어가 여러 개 있었다. 가장 자주 사용된 단어는 '*arî*'이다. 그러나 '*labi, layis, sahal*'라는 말로도 사자를 지칭했으며, 새끼사자는 '*kpîr*'라고 불렸다.

2) 중세 역사가들이 이 문제를 더 깊이 연구하고 성찰하기를 바란다. 동물뿐 아니라 식물, 광물, 숙자, 색채도 다루어져야 할 것이다. 색채와 관련된 말을 히브리어, 아람어, 그리스어에서 라틴어로 번역하는 문제는 M. Pastoureau, *Bleu. Histoire d'une couleur*, Paris, 2000, pp. 18-21 참조.

3) 이 장면은 중세 말과 근대 초에, 특히 14세기 초 카르멜 수도회의 주문으로 자주 그려졌다. 이는 예언자 엘리사가 엘리야의 뒤를 잇는 제2대 카르멜 수도회 설립자로 여겨졌기 때문이다. *Lexikon der christlichen Kunst*, t. 1, Fribourg-en-Brisgau, 1978, col. 613-618 참조.

4) Tertullien, *Adversus Judaeos*, dans *P.L.*, 2, col. 676; 작자 불명, *Vitae prophetarum*, éd. T. Schermann, Leipzig, 1907, pp. 112-113.

5) *Histoire des animaux*, V, 2; VI, 30; VII, 17; IX 등등.

6) 이 책 '인간의 친족'의 각주 74 참조.

7) Pline, *Histoire naturelle*, VII-XII.

8) 같은 책, XXVIII-XXXII.

9) 이 작품은 *Collectanea rerum memorabilium*이란 제목으로 등장하기도 했다. 1794년에 뒤퐁Deux-Ponts에서 익명으로 출판되었으며(그러나 상당히 높은 수준을 갖추고 있었다), 1895년 베를린에서는 Theodore Mommsen이 2번째 편집판을 냈다.

10) 그러나 이미 플리니우스는 바실리스크를 이야기하며 늑대에 대해서도 상세히 기술하였다. 그는 바실리스크와 늑대 두 동물 모두 노려보는 것만으로도 치명적인 결과를 불러일으킬 수 있다고 길게 보충해서 설명하고 있다.

11) "*Nec alteri animalium in maleficio stultitia sollertior*"(*Histoire naturelle*, VIII, 54 [éd. A. Ernout, Paris, 1952, p. 36]). 이 구절은 비록 현대 프랑스어로 매끄럽게 번역되기 어려우나 그 의미는 명확하다. 나는 A. Ernout의 번역을 인용했다.

12) 플리니우스의 중세 독자들에 대해서는 Arno Borst의 학술적인 연구를 참조하라. Arno Borst, *Das Buch der Naturgeschichte. Plinius und seine Leser im Zeitalter des Pergaments*, 2ᵉ éd., Heidelberg, 1995.

13) *Commentarii in Isaiam*, éd. M. Adriaen, Turnhout, 1963, p. 611(= CCL, 73 A).

14) 플리니우스 독자로서의 히에로니무스는 A. Borst, *Das Buch der Naturgeschichte*(주 12번), pp. 57-64 참조.

15) 비록 아우구스티투스가 『기독교 교리에 관하여*De doctrina christiana*』 2권에서처럼 몇 차례 반대의 주장을 하기도 했지만 말이다.

16) 플리니우스 독자로서의 아우구스티누스는 다음을 참고하시오. A. Borst, *Das Buch der Naturgeschichte*(주 12번), pp. 64-76.

17) 『자연사』의 많은 구절들이 플리니우스의 무신론을 드러낼 뿐 아니라 그가 형이상학적인 탐구를 공허하게 느꼈다는 것을 보여준다. 예를 들어 그는 다음과 같이 단언했다. "*effigiem Dei quaerere, imbecillitatis humanae est*(신의 형상을 찾는 것, 그것은 인간의 나약함을 드러낸다)" 이에 대해서는 Valérie Naas의 뛰어난 논문을 보라. Valérie Naas, *Le Projet encyclopédique de Pline l'Ancien*, Rome-Paris, 2002.

18) 아우구스티누스가 히포 수도사들의 요청을 받고 쓴 「'로마 신자들에게 보내는 편지'에 관한 주해서」를 보라. *Expositio quarumdam propositionum ex epistula ad Romanos*, éd. J. Divjak, Vienne, 1971(또한 *P.L.*, 35, col. 2063-2088 참조).

19) 이에 대해서는 *De Genesi contra Manichaeos*(*P.L.*, 34, col. 173-180)와 *De Genesi ad litteram*(*P.L.*, 34, col. 245-253)에 나오는 창조에 관한 아우구스티누스의 다양한 주석들을 보라.

20) "*In istis duabus bestiis idem diabolus figuratus est*"(*Sermones*, XVII, 37[*P.L.*, 39, col. 1819]).

21) Polyhistor, édition anonyme, Deux-Ponts, 1794, pp. 103-105(*Caput XXVI: Numidia. In ea de ursis*). 솔리누스는 누미디아의 곰들이 광견병 때문에 기형이 되었다고 주장했다.

22) 앞의 주 11번

23) *Histoire naturelle*, VIII, 54(éd. A. Ernout, p. 67). 이 비상한 표현은 곰에 대한 장의 결말 부분에 나온다.

24) 이 책의 '곰의 섹슈얼리티' 단락을 참조할 것.

25) "*Ursus typum diaboli praefigurat; ursus est diabolus*"(*Sermones, appendix sermo* 37[*P.L.*, 39, col. 1819]).

26) 플리니우스나 아우구스티누스와는 달리 이시도루스는 곰에 대해 어떤 판단을 내리지 않았다. 이시도루스는 단지 '우르수스(*ursus*, 곰)'라는 단어의 기원을 상세하게 설명할 뿐이다. 그는 그 단어를 수동형의 과거분사 '오르수스(*orsus*, 태어난)'와 암곰이 새끼를 사산했을 때 '혀로 핥아서(*cum oresuo*)' 살려낸다는 일화와 관련시켰다. Isidore de Séville, *Etymologiae*, livre XII, éd. J. André, Paris, 1986, pp. 106-107 참조.

27) E. Heyse, *Hrabanus Maurus' Enzyklopädie "De rerum naturis". Untersuchungen zu den Quellen und zur Methode der Kompilation*, Munich, 1969.

28) "*Ursus ergo aliquando juxta allegoriam significat diabolum insidiatorem gregis Dei, aliquando autem duces saevos et crudeles*"(Raban Maur, *De universo*, livre VIII, chap. 1[*P.*

L., 111, col. 223]).

29) 같은 책.

30) 이미지 자체의 개념 그리고 봉건시대 '이미지들'을 통합하는 연결 관계들에 대해서는 J. C. Schmitt, *Le Corps des images. Essai sur La culture visuelle au Moyen Âge*, Paris, 2002, 특히 pp. 21-62 참조.

31) 봉건시대 꿈에 대해서는 J. Le Goff, "Le christianisme et les rêves", *Un autre Moyen Âge*, Paris, 1999, pp. 689-738; J. C. Schmitt, "L'iconographie des rêves", *Le Corps des images*(주 30번), pp. 297-321 참조.

32) Pierre le Vénérable, *De miraculis*, éd. D. Bouthillier, Turnhout, 1988, livre I, chap. XVIII: "*De Armanno novicio quem diabolus in specie ursi perterruit.*"

33) 불행히도 이 작품의 최근 판본은 존재하지 않는다. 새 판본이 나오기 전까지는 Josef Strange가 편찬한 오래된 판본 *Césaire de Heisterbach, Dialogus miraculorum*, éd. Josef Strange, Cologne, 1851을 참조.

34) 같은 책, pp. 257-258("*De Henrico cognomento Fikere*").

35) Pierre Boglioni가 인용한 사례들을 보라. Pierre Boglioni, "Les animaux dans l'hagiographie monastique", J. Berlioz et M. A. Polo de Beaulieu, éd., *L'Animal exemplaire au Moyen Âge(V^e-XVe s.)*, Rennes, 1999, pp. 50-80, 특히 pp. 68-72.

36) 목록을 확인할 수 있는 책은 다음과 같다. R. Mentz, *Die Träume in den altfranzösischen Karls-und Artus-Epen*, Marburg, 1888. 또한 H. Braet, "Fonction et importance du songe dans la chanson de geste", *Le Moyen Âge*, 77, 1971, pp. 405-416을 참조할 것.

37) *La Chanson de Roland*, éd. G. Moignet, 2e éd., Paris, 1969, v.725-737, 2551-2554, 2555-2567.

38) 이들 동물들의 의미에 대해서는 R. Mentz, *Die Träume in den altfranzösischen Karls-und Artus-Epen*(주 36번); K. J. Steinmeyer, *Untersuchungen zur allegorischen Bedeutung der Traume im altfranzösischen Rolandslied*, Munich, 1963; H. Braet, "Le second rêve de Charlemagne dans la Chanson de Roland", *Romanica Gandensia*, 12, 1969, pp. 5-19; W. G. van Emden, "Another Look at Charlemagne's Dreams in the Chanson de Roland", *French Studies*, 28, 1974, pp. 257-271. J. Bichon의 해석을 따라가는 것은 피해야 한다. J. Bichon, *L'Animal dans la littérature française aux XIIe et XIIIe siecles*, Lille, 1976, t. I, pp. 182-188.

39) *La Chanson de Roland*(주 37번), v. 2555-2567.

40) 이들 가문이 기반으로 삼은 아르덴 지역이 켈트의 곰의 여신 아르두이나(Arduina)의 오래된 숭배지라는 데 주목해야 한다.

41) M. Couturier, *L'Ours brun*, Grenoble, 1954; J. M. Parde et J. J. Camarra, *L'Ours brun*, Paris, 1989.

42) 오늘날 갈색곰의 털색은 계절과 개체에 따라 밝은 베이지부터 어두운 갈색까지 매우 다양하며, 때에 따라서는 식단과 거주지가 털 빛깔에 영향을 끼치기도 한다. 그들의

털색은 고정되어 있지도 단일하지도 않다.

43) 중세 문화에서는 대략 서기 1천년 무렵까지 오직 세 가지 색, '흰색, 붉은색, 검은색'만 존재했다. 그 뒤 11~12세기에 색은 여섯 개, '흰색, 붉은 색, 검은색, 녹색, 노란색, 파란색'으로 늘어났다. M. Pastoureau, *Jésus chez le teinturier. Couleurs et teintures dans l'Occident médiéval*, Paris, 1998; *Bleu. Histoire d'une couleur*(주 2번)을 보라.

44) M. C. Blanchet, "Des bruns et des couleurs", *Mélanges Jeanne Lods*, Paris, 1978, t. I, pp. 78-87; M. Pastoureau, *Une histoire symbolique du Moyen Âge occidental*, Paris, 2004, pp. 197-212.

45) K. D. Barnickel, *Farbe, Helligkeit und Glanz im Mittelenglischen*, Düsseldorf, 1975, pp. 87-102; B. Schäfer, *Die Semantik der Farbadjektive im Altfranzösischen*, Tübingen, 1986, pp. 106-109.

46) *Fuscus, furvus, burrus, badius, brunus* 등. J. André, *Étude sur les termes de couleur dans la langue latine*, Paris, 1949, pp. 123-127. 또한 M. C. Blanchet, "Des bruns et des couleurs"(주 44번) 참조.

47) M. Pastoureau, *Une histoire symbolique du Moyen Âge occidental*(주 44번), pp. 152-156.

48) 이 현상은 동시대에 '*Renart*(르나르)'와 '*goupil*(여우)'에도 동일하게 일어났다. 그러나 곰의 경우 그 어떤 서양어에서도 고유명사가 일반명사를 완전히 대체하는 일은 결코 일어나지 않았다.

49) 완전한 목록은 다음에서 찾아볼 수 있다. G. D. West, *An Index of Proper Names in French Arthurian verse Romances(1150-1300)*, Toronto, 1969; 같은 저자 *An Index of Proper Names in French Arthurian Prose Romances*, Toronto, 1978.

50) Vincent de Beauvais, *Speculum naturale*, éd. de la Compagnie de Jésus, Douai, 1624, livre XIX, chap. CXVI-CXXI.

51) 같은 책, livre XIX, chap. CXVIII.

52) 성 바울은 콩 한 접시와 장자의 권리를 바꾼 이 사건을 두고는 에사우가 '불경'을 저지른 것(히브리인들에게 보낸 서간 12:16)으로, 이삭이 에우사가 아닌 야곱에게 가장의 축복을 내린 일에 대해서는 하느님의 자유의지에 따른 선택하심을 드러내는 것(로마인들에게 보내는 서간 9:10-13)으로 평했다. 이 해석은 대부분의 중세 신학자들에게 받아들여졌다.

53) 이 끔찍한 본성과 비참한 운명은 이삭의 장자 이름 자체에서도 나타난다. 히브리어로 에사우(Esau)는 '털이 많은(*e_aw*)'이란 의미이며, 그에게 주어진 또 다른 이름 에돔(Édom) 역시 '붉은(*édom*)'이란 뜻이다.

54) 그래서 교회 규범집은 특히나 금지되어야 할 동물 변장에 대한 사례를 들면서 항상 '뿔'이 도드라진 동물들(수사슴, 황소)과 털이 많은 동물들(곰, 멧돼지)에 대해 언급했다. 때로는 당나귀나 산토끼와 같은 커다란 귀를 가진 동물들이 거기에 포함되기도 했다. 교회는 몸 밖으로 튀어나온 돌출부를 동물적이라고 생각한 듯하다. 그것들(이빨, 뿔, 꼬리, 털, 발톱)이 공격하고 상처 입히고 살해하는 것을 더 쉽게 만든다고 보았기 때문이다. 일부

동물들의 경우 주교와 의회에게서 곱으로 제재를 받았다. 예를 들어 황소는 뿔과 꼬리 때문에, 멧돼지는 거친 털과 엄니 때문에, 당나귀는 귀와 돌출된 성기 때문에 집중적으로 공격 대상이 되었다.

55) P. Walter, "Der Bär und der Erzbischof: Masken und Mummentanz bei Hinkmar von Reims und Adalbero von Laon", D. Altenburg et al., éd., *Feste und Feiern im Mittelalter*, Sigmaringen, 1991, pp. 377-388.

56) J. Scheffer, *Histoire de la Laponie, sa description, ses mœurs, la manière de vivre des habitants*, Paris, 1678, pp. 386-388.

57) *Reinhart Fuchs*, éd. J. Grimm, Berlin, 1834, v. 1577-1612; *Le Roman de Renart*, éd. A. Strubel *et al*, Paris, 1998, branche Ia, pp. 16-20, v. 520-727.

58) 「열왕기 하권」 2:23-24. 위의 각주 3번.

59) 카르멜회는 엘리사를 엘리야와 함께 자신들 수도회의 전설적인 창립자 가운데 하나로 보았기 때문에 엘리사와 관련된, 특히 곰이 아이들을 잡아먹는 장면을 자주 도상에 담았다. C. Edmond, "L'iconographie carmelitaine dans les anciens Pays-Bas", *Mémoires de l'Académie royale de Belgique*, Bruxelles, 1961, pp. 79-87.

60) R. Delort, *Le Commerce des fourrures en Occident à la fin du Moyen Âge*, Rome, 1985, 여러 곳에.

61) 중세 서양에서는 곰 가죽을 벽난로 앞에 놓는 전리품이나 바닥 위 침상이나 깔개로 이용하지 않았다. 그것은 19세기 미국에서 만들어진 장면이다. 다시 말해 영화, 풍자만화, 연재만화 등을 통해 만들어진 이미지가 거꾸로 유럽 도상에도 영향을 미쳐 마치 중세의 일상적인 장면처럼 된 것이다.

62) B. Andreolli, "L'orso nella cultura nobiliare dall' *Historia Augusta* a Chrétien de Troyes", B. Andreolli et M. Montanari, éd., *Il bosco nel Medioevo*, Bologne, 1989, pp. 35-54. 발 다오스트Val d'Aoste에서는 교구민들이 매년 의무적으로 영주에게 죽은 곰을 바치는 봉건관습이 매우 오랫동안(17세기까지?) 남아 있었던 것으로 보인다.

63) J. w. Hassell, "Bear", *Middle French Proverbs, Sentences and proverbial Phrases*, Toronto, 1982.

사자의 대관식

1) 현대 동물학은 그 사자를 종종 레오 페르시쿠스(*Leo persicus*, 페르시아 사자)라 칭한다.

2) Pline, *Histoire naturelle*, livre VIII, § 1-11(éd. A. Ernout, Paris, 1952, pp. 23-34).

3) "*Eo quod princeps sit omnium bestiarum*" (Isidore de Séville, *Etymologiae*, livre XII, chap. II, § 3[éd. J. André, Paris, 1986, p. 89]).

4) 인도 문화권에서는 일반적으로 동물의 왕은 사자가 아니라 코끼리이다. 이따금 호랑이가 왕이 될 때도 있다.

5) S. Reinach, *Cultes, Mythes et Religions*, Paris, 1905-1923, 5 vol.; J. De Vries, *La Religion*

des Celtes, Lausanne, 1963; P. M. Duval, *Les Dieux de la Gaule*, Paris, 1976; M. J. Green, *Animals in Celtic Life and Myth*, Londres, 1992.

6) Ambroise, *Hymni Latini antiquissimi*, 42, éd. A. Bulst, Heidelberg, 1956, p. 42; Raban Maur, *De rerum naturis*, livre VIII, chap. 1(*P.L.*, 1 12, col. 217-218).

7) J. Voisenet, *Bestiaire chrétien. L'imagerie animale des auteurs du haut Moyen Âge(V^e-XIe siècle)*, Toulouse, 1994, pp. 115-127.

8) 많은 연구들 가운데서도 특히 다음을 참고할 만하다. N. Henkel, *Studien zum Physiologus im Mittelalter*, Tübingen, 1976.

9) *De bestiis et aliis rebus*, livre II, chap. 1(*P.L.*, 177, col. 57); F. Unterkircher, *Bestiarum. Die Texte der Handschrift MS. Ashmole 1511 der Bodleian Library Oxford*, Graz, 1986, p. 24.

10) Thomas de Cantimpré, *Liber de natura rerum*, éd. H. Boese, Berlin, 1973, pp. 139-141; Barthélemy l'Anglais, *De proprietatibus rerum*, Cologne, 1489, fol. 208 vb f; Vincent de Beauvais, *Speculum naturale*, éd. de la Compagnie de Jésus, Douai, 1624, livre XIX, chap. CXVI-CXXIV.

11) 이러한 다양한 특성들(아리스토텔레스와 플리니우스는 알지 못했던)과 그것들에 관한 기독교적 해석에 대해서는 다음을 보라. N. Henkel, *Studien zum Physiologus im Mittelalter*(주 8번), pp. 164-167.

12) R. Viel, *Les Origines symboliques du blason*, Paris, 1972, pp. 31-91.

13) M. Pastoureau, "Figures et couleurs péjoratives en héraldique médiévale", *Communicaciones al XV Congreso internacional de las ciencias genealógica y heráldica*(Madrid, 1982), Madrid, 1985, t. III, pp. 293-309.

14) 문장의 기원과 출현에 대해서는 다음을 보라. E. Kittel, "Wappentheorien", *Archivum heraldicum*, 1971, pp. 18-26, 53-59; Académie internationale d'héraldique, *L'Origine des armoiries. Actes du IIe colloque international d'héraldique*(Brixen/Bressanone,1981), Paris, 1983; L. Fenske, "Adel und Rittertum im Spiegel früher heraldischer Formen", J. Fleckenstein, dir., *Das ritterliche Turnier im Mittelalter*, Göttingen, 1985, pp. 75-160; M. Pastoureau, "La naissance des armoiries", *Cahiers du Leopard d'or*, t. 3(*Le XIIe siècle*), 1994, pp. 103-122.

15) 사회 전반으로의 문장 사용의 확산, 그리고 더 나아가 문장과 사회의 관계에 대해서는 다음을 보라. G. A. Seyler, *Geschichte der Heraldik*, 2e éd., Nuremberg, 1890, pp. 66-322; R. Mathieu, *Le Système héraldique français*, Paris, 1946, pp. 25-38; D. L. Galbreath et L. Jéquier, *Manuel du blason*, Lausanne, 1977, p. 41-78; M. Pastoureau, *Traité d'héraldique*, 2e éd., Paris, 1993, pp. 37-65.

16) M. Pastoureau, *Armorial des chevaliers de la Table Ronde. Étude sur l'imagination héraldique à la fin du Moyen Âge*, Paris, 2006.

17) R. Viel, *Les Origines symboliques du blason*(주 12번); A. Quacquarelli, *Il leone e il drago*

nella simbolica dell'eta patristica, Bari, 1975.

18) M. Zips, "Tristan und die Ebersymbolik", *Recueil du Xe congrès international des sciences généalogique et héraldique*, Vienne, 1970, pp. 444-450; M. Pastoureau, "Les armoiries de Tristan dans la littérature et l'iconographie médiévales", *Gwechall*, Quimper, t. I, 1978, pp. 9-32.

19) 내가 "Le bestiaire héraldique au Moyen Âge", *Revue française d'héraldique et de sigillographie*, 1972, pp. 3-17, 그리고 *Traité d'héraldique*(주 15번), pp. 136-143에 제시해 놓은 통계학적 수치를 참고하라.

20) 같은 논문과 책.

21) 중세 문장에서 사자의 광범위한 유행에 대해서는 몇 차례 시도는 있었으나 결코 명쾌하게 설명된 적은 없다. 고대와 중세 초의 다양한 표장과 휘장에는 사자들이 많이 있었으나 독수리와 멧돼지도 그에 못지않게 자주 나타났다. 고대 그리스 로마 세계의 사자의 위상과 비교했을 때 6~11세기 사자의 정치적 상징성과 전사적인 표상은 서구 전역에서 분명 하락한 것으로 보인다. 그러나 11세기 후반과 12세기 내내 사자와 사자의 기사들은 처음에는 이미지에, 나중에는 문학에 대규모 공습을 감행했다. 나는 십자군의 실질적인 영향력보다는(십자군의 문화적 중요성에 관한 역사기술은 내가 보기에는 늘 과장되어 있다), 스페인과 동방에서 정기적으로 수입된 (문장이 발달하기 이전의 관점으로 만들어진) 모직물과 예술품들이 사자의 빈번한 출현에 중요한 역할을 했다고 믿는다. 조각과 그림, 초창기 문장들에서 상징적이라고 할 정도로 모습이 변형된 사자를 찾아볼 수 있다. 물론 이것만으로 모든 것을 설명하기에는 어림도 없다.

22) 표범 문장의 기원은 정확히 따지자면 12세기 후반 플랜태저넷 왕가 문장의 발전과 관련 있다. 여기서 그것을 상세하게 다루기에는 공간이 부족하다. 단, 사자왕 리처드가 표범 세 마리가 들어간 문장을 최초로 사용하였으며, 그의 계승자들 또한 이를 받아들였다는 사실을 말해두고자 한다(어쩌면 그의 아버지 헨리 2세가 이미 표범 2마리가 새겨진 방패를 가지고 있었을 것이다). 다음을 보라. H. S. Londres, *Royal Beasts*, Londres, 1956, pp. 9-15; R. Viel, *Les Origines symboliques du blason*(주 12번), pp. 46-106(신중하게 읽기 바람); A. Ailes, *The Origins of the Royal Arms of England. Their Development to 1199*, Reading, 1982. 다음도 보라. E. E. Dorling, *Leopards of England and Other Papers on Heraldry*, Londres, 1913; H. S. London, "Lion or Leopard?", *The Coat of Arms*, t. II, 1953, pp. 291-296; C. R. Humphrey Smith et M. Heenan, *The Royal Heraldry of England*, Londres, 1966; J. H. et R. V. Pinches, *The Royal Heraldry of England*, Londres, 1974, pp. 50-63; M. Pastoureau, "Genèse du léopard Plantegenât", Société des Amis de l'Institut historique allemand(Paris), *Bulletin*, n° 7, 2002, pp. 14-29.

23) M. Pastoureau, *Traité d'héraldique*(주 15번), pp. 143-146.

24) M. Pastoureau, "Bestiaire du Christ, bestiaire du Diable", *Couleurs, Images, Symboles*, Paris, 1989, pp. 85-110.

25) F. McCullough, *Medieval Latin and French Bestiaries*, Chapel Hill (USA), 1960, pp. 150-151; N. Henkel, *Studien zum Physiologus im Mittelalter*(주 8번), pp. 41-42. 아리스토텔레스는 암사자와 표범의 짝짓기에 대해 언급하지 않았다. 플리니우스가 이 전설을 솔리누스에게 전했고, 그 뒤 세비야 주교 이시도루스를 통해 중세 문화로 전해진 것이다. Isidore de Seville *"leopardus ex adulterio leae et pardi nascitur*(레오파르두스는 암사자와 파르두스의 교잡으로 태어났다)"(*Etymologiae*, éd. citée note 3, livre XII, chap. U, § 11).

26) 곰에 뿌리를 둔 인명과 지명은 풍성하지만 곰이 문장으로 사용되는 경우는 드물었다는 사실에 주목할 필요가 있다. 이는 곰을 문장에 사용하는 것이 매우 꺼려졌음을 드러내는 것이다. 이와 유사하게 여우와 까마귀도 어휘에서는 풍부하게 활용되었으나 문장에는 드물게 나타났다. 수탉의 경우도 마찬가지였다. M. Pastoureau, *Traité d'héraldique*(주 15번), pp. 146-154 참조.

27) Londres, British Library, MS Harley 5012, fol. 32.

28) M. Pastoureau, "L'ours en dehors de l'écu", Académie internationale d'héraldique, éd., *Actes du XIIIᵉ colloque international d'héraldique(Troyes,* 2003), 출간예정.

29) M. Pastoureau, *Traité d'héraldique*(주 15번), p. 253.

30) 연대기 작가 헬몰트 폰 보자우Helmold von Bosau는 1166~1172년 저술한 『슬라브 연대기Chronica Slavorum』에서 브란덴부르크의 변경백작 알브레히트에게 곰이라는 별명을 최초로 부여했다. 알브레히트는 1172년 죽었으므로 그 별명은 그가 살아 있을 당시 지어졌을 가능성이 있다. 그러나 곰은 그의 상징물 목록에는 전혀 포함되어 있지 않았다. 그의 문장은 우리에게는 알려져 있지 않다(그가 문장을 가지고는 있었을까?). 그리고 그의 인장 안에는 1123년 사망한 그의 아버지 발렌슈테트의 오톤 백작Count Otton of Ballenstaedt이 사용했던 것과 같은 독수리가 새겨져 있다. 다음을 보라. O. von Heinemann, *Albrecht der Bär*, Leipzig, 1864; H. Krabbo, *Albrecht der Bär*, Berlin, 1906; L. Partenheimer, *Albrecht der Bär, Gründer der Mark Brandenburg und des Fürstentums Anhalt*, Cologne, 2003. 이상하게도 이 방대하고 상세한 3권의 전공서적들 가운데 어떤 것도 알브레히트의 '곰'이란 별명을 심도 있게 다루지 않았다.

31) 12세기 초부터 유럽 전역에서는 어떤 식으로든 사자를 떠올리게 하는 이름들이 생겨났다. *leo*-에 뿌리를 둔 세례명(Leo, Leonardus, Leonellus, Leopoldus)과 *lion*이라는 단어가 들어간 가문 명칭(Lionnard, Löwenstein, Leonelli), 위인들의 별명(Henry the Lion, Richard Lion heart), 문학작품 영웅들의 이름(Yvain le Chevalier au Lion, Robert le Lion, Lion de Bourges, Lionel cousin de Lancelot)이 그 예이다. 그러나 이 분야에서 실질적인 사료를 가장 풍부하게 얻을 수 있는 곳은 인명이 아니라 문장이다.

32) 예를 들어 성 베르나르가 1125년과 1127년 사이에 쓴 유명한 혹평이 전해 내려오고 있다. 그는 "포악한 사자들, 역겨운 원숭이들, 얼룩덜룩한 호랑이들, 잡종 괴물들, 이상한 존재들, 네발이 달린 물고기, 사람이나 다른 동물들에 올라탄 동물들"을 맹렬히

비난했다. saint Bernard, *Apologie à Guillaume de Saint-Thierry*, J. Leclercq, C. H. Talbot et H. Rochais, éd., *S. Bernardi opera*, vol. III, Rome, 1977, pp. 127-128.

33) 또 다른 구별법은 머리의 자세이다. 사자는 머리를 위로 곰은 아래로 향하고 있다.

34) 다음의 뛰어난 논문을 보라. Raphael Guesuraga, *Le Thème de fa dévoration dans la sculpture romane de France et d'Espagne. Étude iconographique, enjeux politiques, aspects eschatologiques*(Paris, EPHE, IVe section, 2001), 이 논문은 출판을 기다리고 있다.

35) M. Besseyre, *L'Iconographie de l'arche de Noé du IIIe au XVe. Du texte aux images*, 학위논문, Paris, École nationale des chartes, 1999.

36) 13세기 불가타 성서의 원문 구절도 현대어 번역본처럼 애매했다. "*Et ex cunctis animantibus universae carnis bina induces in arcam, ut vivant tecum, masculini sexus et femini. De volucribus juxta genus suum de bestiis in genere suum et de bestiis in genere suo et ex omni reptili terrae secundum genuus suum: bina de omnibus ingredientur tecum, ut possint vivere.*"

37) 25년 전 나는 학생들의 도움을 받아 중세 노아의 방주 도상에 나타난 동물 연구에 착수했다. 우리는 서구에서 7세기 말과 14세기 초 사이에 묘사되고 그려진 총 3백여 개의 세밀화를 문헌(성경, 시편, 기도서, 연대기, 역사서)에서 발견하여 자료집으로 묶었다. 물론 시간과 공간에 따른 분포와 정량적 분석을 더 효과적으로 하기 위해서는 조사를 다른 매체로도 확장해야만 한다. 그러나 자료집 자체에서도 유용한 정보를 얻을 수 있었다. 조사 결과 카롤루스 시대 노아의 방주 동물들은 13세기의 방주 동물들과는 같지 않았다(중세 말은 말할 것도 없다). 그리고 수세기의 걸쳐 모든 노아의 방주 도상들에 항상 나타난 단 하나의 동물이 있었는데, 바로 사자였다.

38) 중세 도상에서 양과 송아지, 목줄 없는 개를 구별하기 어려울 때가 종종 있다. 그러나 일부 동물들은 다른 동물들과 달리 더 정성을 들여 묘사되었다. 예를 들어 새들 가운데 독수리, 백조, 올빼미, 까치는 쉽게 알아볼 수 있지만 그 밖의 다른 많은 새들은 분간하거나 알아보기 어렵다. 동물 종들의 표현과 그들에게 부여된 특징들(형체, 색, 구문적 분석 등)에 관한 연구가 필요하다.

39) 노아의 방주 안 동물들의 배열에 관한 연구도 유용하다. 다른 곳보다 더 명예로운 장소들이 있었으며, 중앙과 주변, 위와 아래, 왼쪽과 오른쪽(특히 노아를 기준으로) 사이의 상호작용은 동물들의 배열에 영향을 끼쳤다. 이는 수십 년간 여러 도상들을 거치면서 발전한 것으로 상세하게 연구할 만한 가치가 있다.

40) 이 책의 82~84쪽 내용을 참조할 것.

41) W. Paravicini, "Tiere aus dem Norden", *Deutsches Archiv für die Erforschung des Mittefalters*, t. 59/2, 2003, pp. 559-591.

42) 같은 책, p. 562.

43) 다음 책에서 좋은 사례를 찾아 볼 수 있다. A. Payne, *Medieval Beasts*, Londres, 1990, p. 20.

44) L. Hablot, *La Devise, mise en signe du prince, mise en scène du pouvoir. Les devises et l'emblématique des princes en France et en Europe à la fin du Moyen Âge*, 학위논문, Poitiers, 2001, t. III, pp. 593-601 .

45) G. Loisel, *Histoire des ménageries de l'Antiquité à nos jours*, Paris, 1912, t. I, pp. 145-146; E. Kantorowicz, *L'Empereur Frédéric II*, Paris, 1987, pp. 286-289.

46) 이 책의 100~103쪽 내용을 참조할 것.

47) 이 글을 적는 지금, 출현 순서에 대한 면밀한 검토가 진행 중에 있다. 인터넷상에서 누구나 유용하게(그리고 상세하게) 이용할 수 있는 잘 만들어진 성경 색인으로는 *Blue Letter Bible*(http://www.blueletterbible.org)이 있다(영어, 히브리어, 그리스어, 라틴어).

48) 다음 판본이 훌륭하다. Y. Lefèvre, *L'"Elucidarium" et les Lucidaires. Contribution par l'histoire d'un texte à l'histoire des croyances religieuses en France au Moyen Âge*, Paris, 1954.

49) *Clavis physicae*, éd. P. Lucentini, Rome, 1974. 젊은 시절 호노리우스가 캔터베리 안셀무스의 가르침에 많은 영향을 받아 저술한 『교리문답』과는 달리, 『자연의 열쇠』는 에리우게나의 9세기 사상에서 비롯된 살의 부활 문제를 상당수 끌어들이고 있다. 에리우게나는 그의 몇몇 저서들, 특히 매우 힘든 작업이었을 『자연 구분론』을 통해 그 사상을 발전시켰다. *Clavis physicae*, 271-273, 301-308, 480-481을 보라.

50) 호노리우스에 대해서는 J. A. Endres, *Honorius Augustodunensis. Beitrag zur Geschichte des geistigen Lebens im 12. Jahrhundert*, Munich, 1906; E. Matthews Sanford, "Honorius, Presbyter et Scholasticus", *Speculum*, vol. 23, 1948, pp. 397-425.

51) 중세 기독교 신학의 핵심을 차지하고 있었던 이 문제에 대해서는 다음과 같은 뛰어난 책이 있다. C. W. Bynum, *The Resurrection of the Body in western Christianity, 200-1336*, New York, 1995.

52) 같은 책, pp. 59-114.

53) Jean Scot Érigène, *De divisione naturae*, éd. I. P. Sheldon Williams et L. Bieler, Dublin, 1978-1983, 2 vol. 이 다루기 까다로운 작가와 그의 난해한 사상들은 다음에 잘 정리되어 있다. M. Cappuyns, *Jean Scot Érigène. Sa vie, son œuvre, sa pensée*, Bruxelles, 1964.

54) C. W. Bynum, *The Resurrection of the Body in western Christianity, 200-1336* (주 51번), pp. 137-155.

55) 주 34번에서 인용한 R. Guesuraga의 뛰어난 논문을 보라.

56) *Elucidarium*, liber I, quaestiones 180-183[éd. Y. Lefèvre, *L'"Elucidarium" et les Lucidaires*(주 48번), pp. 394-396]. 다음도 보라. liber II, quaestiones 96(p. 440), 103(pp. 441-442), liber III, quaestio 45(p. 456).

57) 같은 책, liber II, quaestio 96.

58) 주 51번에서 언급한 C. W. Bynum의 책과 함께 다음의 탁월하고 완성도 높은 논문을 보라. A. Challet, "Corps glorieux", *Dictionnaire de théologie catholique*, vol. III, 1938, col.

1879-1906.

59) 이 책의 127~128쪽 성 콜룸바누스 전설을 참조할 것.

60) C. W. Bynum, *The Resurrection of the Body in western Christianity*, 200-1336 (주 51번), p. 143 참조.

제3부. 폐위당한 곰

굴욕을 당하는 동물

1) Gaston Phébus, *Livre de la chasse*, éd. Gunnar Tilander, Karlshamm(Suède), 1971(*Cynegetica*, XVIII).

2) J. Grimm, *Reinhart Fuchs*, Berlin, 1834에는 12세기 말 알자스 지방의 문헌과 그것을 다양한 게르만 방언들로 각색한 작품들을 상세하면서도 함축적인 소개와 함께 실려 있다.

3) 레긴하르트란 이름은 9~12세기 독일에서 흔하게 쓰였던 이름이다. '조언을 잘하는', '충고에 능숙한'이라는 의미가 담겨 있었으므로 통치자의 이름으로는 쓰이지 않았다. 레긴하르트는 훅스(Fuchs)나 피셸(Fiichsel) 같은 이름들과는 달리 12세기 전에는 여우를 가리키는 말로 전혀 쓰이지 않았다.

4) 르나르(*renard*)는 13세기와 15세기 사이에 일상화법에서 구필(*goupil*)을 대체하는 말이 되었다. 구필은 완전히 사라지지는 않았으나 희귀하고 드문 용어가 되었으며, 나중에는 Louis Pergaud, *De Goupil a Margot*(1913)이나 *Les Aventures de Maître Goupil* 같은 어린이 도서들의 제목에서처럼 그 자체가 고유명사로 변했다.

5) G. Paris, "Le Roman de Renart", *Journal des savants*, 1894 et 1895, 재판 *Mélanges de littérature française du Moyen Âge*, Paris, 1912, t. II, pp. 337-423.

6) L. Sudre, *Les Sources du "Roman de Renart"*, Paris, 1892.

7) L. Foulet, *Le Roman de Renart*, Paris, 1914.

8) *Ysengrimus*, éd. E. Voigt, Halle, 1884; 현대 프랑스어 번역본 E. Charbonnier, Paris, 1991.

9) 그 언어에 대해서는 G. Tilander의 연구들을 보라. 특히 G. Tilander, *Lexique du "Roman de Renart"*, Paris-Goteborg, 1924; 같은 저자, *Remarques sur le "Roman de Renart"*, 2ᵉ éd., Goteborg, 1925.

10) 이 문제에 대해서는 내 연구를 참조하라고 권하고 싶다. Michel Pastoureau, "L'animal et l'historien du Moyen Âge", J. Berlioz et M. A. Polo de Beaulieu, dir., *L'Animal exemplaire au Moyen Âge(Vᵉ-XVᵉ s.)*, Rennes, 1999, pp. 13-26.

11) 고양이의 역사에 대해서는 L. Bobis, *Le Chat. Histoire et légendes*, Paris, 2000.

12) 티베르에 대해서는 J. Batany, *Scénes et Coulisses du "Roman de Renart"*, Paris, 1989, pp. 133-138.

13) H. R. Jauss, *Untersuchungen zur mittelalterlichen Tierdichtung*, Tübingen, 1969, pp. 24-35; J. Batany, *Scènes et Coulisses du "Roman de Renar"*(주 12번), pp. 167-199; A. Strubel, *La Rose, le Renard et le Graal. La littérature allégorique en Prance au XIIIe siècle*, Paris, 1989, pp. 229-233.

14) 이 점에 대해서는 G. Bianchiotto, "Renart et son cheval", *Mélanges Félix Lecoy*, Paris, 1973, pp. 27-42 참조.

15) 늑대에 대한 두려움에 대해서는 다음을 보라. D. Bernard, *L'Homme et le Loup*, Nancy-Paris, 1981; G. Carbone, *La Peur du loup*, Paris, 1991; 같은 저자, *Les Loups*, Paris, 2003. 중세 서양에서의 늑대에 대해서는 G. Ortalli, *Lupi, genti, culture. Uomo e ambiente nel medioevo*, Turin, 1997 참조.

16) G. Ortalli, *Lupi, genti, culture*(바로 앞의 주); J. Delumeau, *La Peur en Occident (XIVe-XVIIIe s.)*, Paris, 1978.

17) 교회 장식에도 종종 나타났으며 중세인에게 비교적 잘 알려진 동물이었던 코끼리도 『여우이야기』에는 등장하지 않았다.

18) *Reinaert de vas*, éd. J. F. Willems, Gent, 1836, pp. 84-85. 네덜란드와 스칸디나비아의 일부 번역본에서 곰이 부왕의 역할을 했다는 사실을 내게 지적해준 Richard Trachsler에게 감사를 표하고 싶다.

19) 일부 이본들은 '루파누스(*Rufanus*)'라 부르기를 선호하였다.

20) P. Walter, *Canicule*, Paris, 1988, 여러 곳에; J. Batany, *Scènes et Coulisses du "Roman de Renart"*(주 12번), p. 199, n. 42.

21) 이 매력적인 가설에 대해서는 Jean Batany, *Scènes et Coulisses du "Roman de Renart"*(주 12번, pp. 93-94)을 보라. 이는 다음에 근거하고 있다. K. F. Werner, "Liens de parenté et noms de personne. Un problème historique et methodologique", G. Duny, éd., *Famille et Parenté dans l'Occident médiéval*, Rome, 1977, pp. 13-34(브루노라는 이름과 그것이 불러일으키는 쟁점에 대해서는 pp. 27-31).

22) J. Batany, *Scènes et Coulisses du "Roman de Renart"*(주 21번), pp. 72-107.

23) 「황제 르나르*Renar empereur*」 계열의 이야기 가운데 하나의 예외가 있다. 거기서 브렁은 왕실 제4전투부대의 사령관으로 나오며 "모든 이들 가운데 가장 용감한 자(*Brun li ors/ qui molt par estoit coraigous*)"라고 불렸다. Le Roman de Renart, éd. A. Strubel *et al.*, Paris, 1998, branche XVI, p. 612, v. 2043-2044.

24) 같은 책, branche XXIV, p. 818, v. 1770-1792.

25) 같은 책, branche X, p. 319; branche XII, p. 364; branche XIII, p. 388; branche XV, p. 543-545.

26) 같은 책, branche Ia, pp. 16-20, v. 520-727.

27) 같은 책, p. 86, v. 3220-3225.

28) *La monstrance du cul*, branche XXI de l'édition Martin, XXII de l'édition Strubel(pp.

745-749). 곰의 거세를 소재로 삼은 이야기들은 A. Aarne et S. Thompson, *The Types of the Folktale*, Helsinki, 1973, pp. 45~46('The Gelding of the Bear'); M. L. Ténèze, *Le Conte populaire français*, t. III, Paris, 1976, pp. 420~421.

29) Branche IX de l'édition Martin, XII de l'édition Strubel.

30) *Le Roman de Renart*, éd. Strubel, pp. 333~365, v: 1-1381.

31) 음유시인들은 문학작품의 저자가 아니었다. E. Faral, *Les Jongleurs en France au Moyen Âge*, Paris, 1910; M. Barfischer, *Musikanten, Gaukler und Vaganten. Spielmannskunst im Mittelalter*, Augsburg, 1998; W. Hartung, *Die Spielleute im Mittelalter*, Düsseldorf, 2003.

32) Konrad von Megenberg, *Das Buch der Natur*, éd. F. Pfeiffer, Stuttgart, 1861, p. 161.

33) 17세기가 되어서야 다람쥐는 백과사전과 동물관련 문헌들에서 이미지가 약간 개선되었다. 그러나 18세기에는 다람쥐에 대한 재평가가 더욱 빠르고 뚜렷하게 진행되었다. 뷔퐁은 찬사에 가까운 구절들을 사용하여 다람쥐를 모든 존재들 가운데서 가장 애교가 많은 동물로 만들었다. M. Pastoureau, *Jésus chez le teinturier. Couleurs et teintures dans l'Occident médiéval*, Paris, 1997, pp. 29-32.

34) 춤추는 곰의 가장 오래된 이미지를 수록하고 있는 것은 1070년이나 1080년 무렵에 만들어진 영국의 수사본인 듯하다. 줄무늬 옷을 입고 막대기를 든 음유시인이 곰을 선 채로 회전시키는 것을 볼 수 있다. Londres, British Library, MS Arundel 91, fol. 47 v°.

35) 이 책의 94~95쪽 내용을 참조할 것.

36) L. Gautier, *La Chevalerie*, Paris, 1897, pp. 152-153에서 인용.

37) J. Batany, *Scènes et Coulisses du "Roman de Renart"*(주 12번), pp. 190-191.

38) 14세기 중반 제작된 영국의 대형 성경의 가장자리 장식을 예로 들 수 있다. Londres, British Library, MS Harley 4189, fol. 114.

39) Tertullien, *De spectaculis*, éd. M. Turcan, Paris, 1986, 1. 9, § 11-12.

40) G. Ville, "Les jeux de gladiateurs dans l'Empire chrétien" *Mélanges de l'École française de Rome*, vol. 62, 1960, fasc. I, pp. 273-335.

41) "*joca cum ursis*"이 실질적으로 무엇을 의미하는지는 파악하기 어렵다. 이 표현은 7~8세기 아일랜드와 잉글랜드 교회 의회들, 9세기 힌크마르Hincmar(랭스의 주교), 900년경 레지농Réginon de Prüm(프룀의 대수도원장), 1020년경 부르하르트Burchard de Worms(보름스의 주교) 등 중세 중기의 작가나 의회, 사제들이 이교적인 의례와 구경거리를 비난하는 데 사용했던 것이다.

42) L. Gautier, *La Chevalerie*(주 36번), p. 83; J. Bichon, *L'Animal dans la littérature française aux XIIe et XIIIe siècles*, Lille, 1976, t. I, p. 402(Aye d'Avignon): "et esgardent le gieu des ours et des lions").

43) M. G. Muzarelli, "Norme di comportamento alimentare nei libri penitenziali", *Quaderni medievali*, vol. XIII, 1982, pp. 45-80. 중세시대의 비만과 탐식(*gula*) 죄에 대해서는 C. Casagrande et S. Vecchio, *I sette vizi capitali. Storia dei peccati nel Medioevo*, Turin, 2000,

pp. 124-148 참조.

44) Guillaume de Tocco, *Vita sancti Thomae Aquinatis*, éd. D. Prümmer, Saint-Maximin, 1929. 다음도 보라. F. X. Putallaz, *Le Dernier Voyage de Thomas d'Aquin*, Paris, 1998, 여러 곳에.

45) 프랑스어 사용자들에게 있어, 루드야드 키플링(Rudyard Kipling)의 『정글북』(1894)에 나오는 곰 이름 '발루Baloo'는 예전부터 그 동물에게 적용되었던 '서투름balourdise'을 반영하는 것처럼 느껴졌을 수도 있다. 그러나 그 고유명사는 분명 인도식 영어에서 나온 다른 어원을 갖고 있다.

46) Augustin, *De civitate Dei*, éd. B. Dombart et A. Kalb, Leipzig, 1928, t. I, p. 129.

47) M. Pastoureau, "Une justice exemplaire: les procès intentés aux animaux (XIIIᵉ-XVIᵉ s.)", *Cahiers du Léopard d'or*, vol. 9(*Les Rituels judiciaires*), Paris, 2000, pp. 173-200.

48) Pierre Damien, *De bono religiosi status, P.L.*, 145, col. 763-792(특히 chap. XXIV).

49) *Physica seu liber subtilitatum diversarum naturarum creaturarum, P.L.*, 197, col. 1117-1352; 현대 프랑스어 번역판은 P. Monat, Grenoble, 1988-1989, 2 vol; 동물학 관련 저서들만 번역한 것은 E. Klein, Bâle, 1988.

50) E. Klein, "Un ours bien léché. Le thème de l'ours chez Hildegarde de Bingen", *Anthropozoologica*, t. 19, 1994, pp. 45-54. 또한 L. Moulinier, "Lordre du monde ani-mal selon Hildegarde de Bingen", R. Durand, éd., *L'Homme, l'Animal domestique et l'Environnement du Moyen Âge au XVIIIᵉ siècle*, Nantes, 1993, pp. 51-62 참조.

51) S. Orgeur, *Huon de Méry. Le "Tournoi de l'Antéchrist"*, 2ᵉ éd., Orléans, 1995.

52) M. Prinet, "Le langage héraldique dans le Tournoiement Antéchrist", *Bibliothèque de l'École des chartes*, t. 83, 1922, pp. 43-53.

53) "Felonie, qui het Pitié/ Avoit Bourgaignons a plenté/ Et portait lescu endenté/ A.i. rous mastin rechignié/ Parmi rampoit Bruns sans Pitie/ Pour bien demostrer felonie"[éd. G. Wimmer, Marburg, 1888, v. 100-705; 번역본 S. Orgeur, *Huon de Méry. Le "Tournoi de l'Antéchrist"*(주 51번), p. 60].

54) *La Vengeance Radiguel*, éd. M. Friedwagner, Halle, 1909. 논평을 담은 더 오래된 판본은 C. Hippeau, Paris, 1862.

55) P. Michaud-Quantin, *Sommes de casuistique et Manuels de confession au Moyen Âge*, Namur-Louvain, 1962; C. Vogel, *Le Pécheur et la Pénitence au Moyen Âge*, Paris, 1969, pp. 82-107.

56) M. W. Bloomfield, *The Seven Deadly Sins*, 2ᵉ éd., Chicago, 1967; C. Casagrande et S. Vecchio, *Histoire des sept péchés capitaux au Moyen Âge*, Paris, 2003.

57) M. Vincent-Cassy, "Lenvie au Moyen Âge", *Annales E.S.C.*, 1980, pp. 253-271; A. Solignac, "Péchés capitaux", *Dictionnaire de spiritualité ascétique et mystique*, t. 12, fasc. 1, Paris, 1984, col. 853-862.

58) 비록 13세기에 대해 서술하고 있지는 않으나 읽을 가치가 있는 책은 다음과 같다. A.

Katzenellenbogen, *Die Psychomachie in der Kunst des Mittelalters*, Hambourg, 1933(영역 본: Londres, 1939, et Toronto, 1989). 또한 J. Baschet, "Les sept péchés capitaux et leurs châtiments dans l'iconographie médiévale", C. Casagrande et S. Vecchio, *Histoire des sept péchés capitaux au Moyen Âge*(주 56번), pp. 387-400.

59) R. Newhauser, *The Treatises on Vices and Virtues in Latin and the Vernacular*, Turnhout, 1993; F. J. Schweitzer, *Tugend und Laster in illustrierten Dichtungen des späten Mittelalters*, Berlin, 1993; N. Harris, *Etymachie Traktat*, Munich, 1995. 대부분의『정신의 전투Etymachia』 문헌들은 오스트리아의 프란체스코회 수도사인 마티아스 파리나토르Mathias Farinator가 1330년 무렵에 편찬한 우의적인 작품『영혼의 빛Lumen animae』에서 나온 것이다. 작가는 꿈에서 보았다는 미덕과 악덕 사이에 벌어진 일련의 마상창시합들을 묘사하고 있다.

60) J. Leibbrand, *"Speculum bestialitatis". Die Tiergestalten der Fastnacht und des Karnevals im Kontext christlicher Allegorese*, Munich, 1988.

61) 곰과 관련된 두 가지 악덕은 음욕과 폭식이었다. 대체로 '음욕'은 염소를 타고, 곰이 그려진 방패와 돼지가 그려진 깃발을 잡고, 수탉이나 여우를 형상화한 투구 장식을 썼다. '폭식'은 곰에 올라타, 돼지가 그려진 방패를 들었으며, 곤들매기 그림이 들어간 깃발을 잡고, 독수리 투구 장식을 착용했다.

62) 블룸필드M. W. Bloomfiels의 집계에 따르면 7대 죄악과 연관을 갖는 동물은 총 115종이다! M. W. Bloomfiels, *The Seven Deadly Sins*(주 56번), pp. 244-245.

63) M. Pastoureau, *Une histoire symbolique du Moyen Âge occidental*, Paris, 2004, pp. 33-36, 42-46.

군주들의 욕망, 여인들의 환상

1) 가스통 페뷔스에 대해서는 P. Tucoo-Chala, *Gaston Phébus et la Vicomté de Béarn, Bordeaux, 1959, et Gaston Phébus, prince des Pyrénées(1331-1391)*, 2ᵉ éd., Pau, 1994. 오르테즈 궁전에서 장 프루아사르의 체류에 대해서는 P. Tucoo-Chala, "Froissart dans le Midi pyrenéen", J. Palmer, éd., *Froissart Historian*, Woodbridge(G. B.), 1981, pp. 118-131.

2) Gaston Phebus, *Livre de chasse*, éd. G. Tilander, Karlshamm, 1971, livre I, chap. 8, et livre III, chap. 52.

3) Jean Froissart, *Chroniques*, livres III et IV, éd. P. Ainsworth et A. Varvaro, Paris, 2004, pp. 189-195(livre III, chap. 14).

4) "Tu me chaces et si ne te veuil nul dommaige, mais tu mourras de male mort."

5) M. Zink, "Froissart et la nuit du chasseur", *Poétique*, n° 41, 2월 1980, pp. 60-77. 프루아사르가 들려주는 피에르 드 베아른의 이야기에 대해서는 L. Harf-Lancner, "La merveille donnée a voir: la chasse fantastique et son illustration dans le livre III des *Chroniques* de Froissart", *Revue des langues romanes*, vol. 100, n° 2, 1996, pp. 91-110; J. Grisward, "Froissart et la nuit du loup-garou. La 'fantaisie' de Pierre de Béarn: modèle

folklorique ou modèle mythique?", J. Lafond, éd., *Le Modèle à la Renaissance*, Paris, 1986, pp. 21-34 참조.

6) *Chroniques*(주 3번), pp. 194-195. 프루아사르가 이야기한 악타이온 신화에 대해서는 L. Harf-Lancner, "La chasse au blanc cerf dans le Méliador de Froissart. Froissart et le mythe d'Actéon", *Mélanges Charles Foulon*, Liège, 1980, t. II, pp. 143-152 참조.

7) 이에 관해서는 다음과 같은 뛰어난 연구가 있다. J. Grisward, "Ider et le tricéphale. D'une aventure arthurienne à un my the indien", *Annales E.S.C.*, 33/2, 3-4월 1978, pp. 279-293.

8) 가스통 페뷔스는 자신의 아들(그도 이름이 가스통이었다)을 단도로 찔러 죽였다고 한다. 그의 행동은 의도적이었을까, 의도치 않은 사고였을까? 이에 대해서는 중세 연대기 작가들과 현대 역사가들 모두 의견이 분분하다. 그러나 그들 모두 푸아 백작이 아들이 자신을 독살하려 한다고 의심했다는 데는 동의한다. 이 비극적인 죽음에 관한 이야기는 프루아사르의 『연대기*Chronicles*』 3권 13장에서 읽을 수 있다(주 3번, pp. 180-188).

9) 프루아사르는 피에르 드 베아른이 아내 재산의 4분의 1을 자신의 것으로 할 수 있었다고 설명했다(*Chroniques*, 주 3번, p. 190).

10) *Chasse dou cerf*, éd. G. Tilander, Stockholm, 1960(*Cynegetica*, vol. 7). 영국 왕 에드워드 2세의 위대한 사냥꾼 윌리엄 트위치William Twich는 1315년 혹은 1320년 무렵에 『사냥의 기술*Art de vénerie*』이란 책을 저술하였다. William Twich, *La Vénerie de Twiti. Le plus ancien traité de chasse écrit en Angleterre*, éd G. Tilander, Uppsala, 1956(*Cynegetica*, vol. 2).

11) Gaston Phébus, *Livre de chasse*(주 2번), p. 52(*Cynegetica*, vol. 17).

12) 중세 중기와 말기 사이에 일어난 사냥감들의 지위 역전에 대해 살펴보기 위해서는 사냥이 행해진 장소도 고려할 필요가 있다. 사슴은 노루, 흰반점사슴, 여우, 산토끼처럼 말과 사냥개를 이용해 사냥했기 때문에 멧돼지 사냥보다 많은 공간이 필요했다. 이에 점차 숲(*foresta*) 관할권 관련 법규, 즉 사냥권을 군주의 권한 아래 두거나 영주가 단독으로 소유하는 규정들이 서구 왕국들과 대규모 영지들로 퍼져나갔다. 그 결과 12세기 여러 왕국과 지역들에서는 오직 왕과 영주만이 사슴 사냥을 하기에 충분한 영토를 소유하게 되었다. 사슴 사냥을 하기 위한 거대한 숲을 소유할 법적 봉건적 권리를 갖지 못한 소영주들은 멧돼지 사냥에 만족해야만 했다. 이렇게 멧돼지 사냥의 위신은 떨어졌다. 반면, 사슴 사냥은 철저히 고품격의 왕실사냥이 되어갔다. 말 등에서 행해진다는 점도 사슴 사냥의 위신을 특별히 높여주었다. 멧돼지 사냥은 말 등에서 시작하기는 하나 결국 도보로 끝나는 사냥이었다. 12~13세기부터는 왕이나 영주가 도보 사냥을 하는 것은 매우 드문 일이 되었다. 그것은 하인이나 농노들이나 하는 사냥이었다.

13) 여러 근거 자료들 가운데서도 다음을 보라. T. Szabo, "Die Kritik der Jagd, von der Antike zum Mittelalter", W. Rösener, éd., *Jagd und höfische Kultur im Mittelalter*, Göttingen, 1997, pp. 167-230.

14) *Acta sanctorum*, sept. VI, pp. 106-142.

15) 성 위베르의 전설에 대해서는 *Historia sancti Huberti principis Aquitani*, éd. J. Robert,

Luxembourg, 1621; A. Dierkens et J. M. Duvosquel, dir., *Le Culte de saint Hubert au pays de Liège*, Bruxelles, 1991; K. Freckmann et N. Kuhn, éd., *Die Verehrung des heiligen Hubertus im Rheinland Ein Handbuch*, Cologne, 1994 참조.

16) 고대 그리스 로마에서처럼 중세의 수사슴도 탐욕스럽고 성적인 상징이 강했다. 성직자들이 신도들의 '사슴 역할극(*cervum facere*)'을 금지시키려 한 것은 드문 일이 아니었다. 속인들은 카니발이나 제전이 열릴 때면 거대한 성기를 가진 수사슴으로 변장해 성교를 하는 시늉을 했다. 중세 말 '사슴 역할극'은 '곰 역할극'만큼이나 남성적이고 일탈 성향이 강한 변장이었다.

17) "*Et iis [cervis] est cum serpente pugna. Vestigant cavernas, nariumque spiritu extrahunt renitentes. Ideo singulare abigendis serpentibus odor adusto cervino cornu*"(Pline, *Histoire naturelle*, VIII, 50, 7).

18) "*Quemadmodum desirat cervus ad Jontes aquarum, ita desirat anima mea ad te, Deus*(암사슴이 시냇물을 그리워하듯, 하느님, 제 영혼이 당신을 이토록 그리워합니다)" (Psaumes 41, 2). 이 시편 구절에 대한 성 아우구스티누스의 긴 논평과 사슴의 상징성에 대해서는 *Ennaratio in Psalmos, PL.*, 36, col. 466을 참조할 것. 이 시편 구절은 사슴이 이따금 세례반에 그려지거나 세례에 관한 비유에 쓰였던 이유를 보여준다. 사슴이 마시는 샘물은 기독교인들의 영혼이 마시는 생명의 샘을 연상시켰다.

19) M. Thiébaux, *The Stag of Love. The Chase in Medieval Literature*, Ithaca-Londres, 1974.

20) C. Beaune, "Costume et pouvoir en France à la fin du Moyen Âge: les devises royales vers 1400", *Revue des sciences humaines*, vol. 55, 1981, pp. 125-146.

21) H. Pinoteau, *La Symbolique royale française, Vᵉ-XVIIIᵉ siècle*, La Roche-Rigault, 2003, pp. 467-470.

22) 아비뇽 교황궁에 있는 '사슴홀'과 그것의 정치적 이데올로기적 의미에 대해서는 다음을 보라. F. Piola Caselli, *La costruzione del palazzo dei papi di Avignone(1316-1367)*, Milan, 1981; E. Anheim, *Culture et Pouvoir pontifical. L'exemple de Clement VI(1342-1352)*, 학위논문, Paris, EPHE (IVᵉ section), 2004.

23) E. Baluze, *Vitae paparum avenionensium*, éd. G. MoHat, t. II, Paris,. 1920, pp. 300-310; E. Deprez, "Les funérailles de Clément VI et d'Innocent VI d'après les comptes de la cour pontificale", *Mélanges d'archéologie et d'histoire*, t. XX, 1900, pp. 235-250; F. A. Costantini, *L'Abbatiale Saint-Robert de La Chaise-Dieu. Un chantier de la papauté d'Avignon*, Paris, 2003, pp. 21-24.

24) 그리스도를 지칭하는 말로 빈번하게 쓰이고, 때로는 교황을 가리키는 말이기도 했던 *servus servorum*(하느님의 종들의 종)과 cervus(사슴) 사이의 언어놀이가 영향을 끼쳤기 때문일 수도 있다.

25) F. Autrand, *Jean de Berry. L'art et le pouvoir*, Paris, 2000, pp. 182-192.

26) 장 드 베리에 대해서는 F. Lehoux, *Jean de France, duc de Berri. Sa vie, son action*

politique, Paris, 1966-1968, 4 vol.; F. Autrand, *Jean de Berry*(주 25번) 참조.

27) 그 즈음, 스코틀랜드와 경계를 이루는 잉글랜드 북동부의 넓은 영지를 소유하고 있을 뿐 아니라 에드워드 3세의 궁정에 자주 드나들었던 베릭(Berwick)의 유력 영주들의 문장에 곰 머리 세 개가 처음으로 나타나지 않았는가? H. Chesshyre et T. Woodcock, *Dictionary of British Arms. Medieval Ordinary*, vol. I, Londres, 1992, pp. 289-290, 295 참조.

28) '말하는' 문장에 대해서는 J. Preto, *Des armoiries qui parlent. Propos sur la science du blason et La linguistique*, Lisbonne, 1986; M. Pastoureau, "Du nom à l'armoirie. Héraldique et anthroponymie médiévales", P. Beck, éd., *Genèse médiévale de l'anthroponymie moderne*, t. IV, *Discours sur le nom. Normes, usages, imaginaire(VIe-XVIe s.)*, Tours, 1997, pp. 83-105; 같은 저자, "Les armoiries parlantes", *Revue de La Bibliothèque nationale de France*, t. 18, 2004, pp. 36-45. 독일어권 나라들에서도 '말하는 문장들'에 관한 연구가 진행되기를 바란다. 프랑스에서는 다음과 같은 뛰어난 박사 논문이 출간을 기다리고 있다. B. Jalouneix, *Les Armoiries parlantes*. 이 논문은 2002년 프랑스 고등연구원École pratique des hautes études의 4분과(역사학과 문헌학 분야)에서 발표되었다.

29) L. Douët d'Arcq, *Archives de l'Empire... Collection de sceaux*, t. I, Paris, 1863, n° 423.

30) 같은 책, n° 421.

31) *Le Livre du cuer d'amours espris*, éd. S. Wharton, Paris, 1980. 저자는 장 드 베리가 다음과 같이 말했다고 전한다. "나는 불타는 사랑에 사로잡혔다 / (나는) 그 잉글랜드 여인 때문에 사랑의 신 추종자가 되었다(Je fus ardemment d'estre amoureulx espris / d'une dame anglaise suivante du dieu d'amours)."

32) 당시 이 결혼에 대해 많은 말들이 오갔다(백작은 49세였고 잔느는 12살이었다). F. Autrand, *Jean de Berry*(주 25번), pp. 261-274.

33) 신비로운 '백조의 기사'는 고드프루아 드 부이용의 할아버지라고 전해진다. 많은 군주들과 영주들이 스스로를 백조의 기사의 후손이라고 주장하며 상징과 행동으로 그 신화에 참여하려 했다. A. R. Wagner, "The Swan Badge and the Swan Knight", *Archaeologia*, 1959, pp. 127-138; C. Lecouteux, *Mélusine et le Chevalier au Cygne*, Paris, 1982; L. Hablot, "Emblématique et mythologie médiévale: le cygne, une devise princière", *Histoire de l'art*, n° 49, novembre 2001, pp. 51-64 참조.

34) 피카르디아 출신의 건축가 빌라르 드 온쿠르Villard de Honnecourt(1225?~1250)가 작성한 1230-1235년 사이의 것으로 추정되는 그림첩에 관심을 가질 필요가 있다. 거기에는 곰과 커다란 백조가 같은 페이지에 그려져 있다(Paris, BNF, ms. fr. 19093, fol. 4).

35) J. Guiffrey, *Inventaires de Jean de Berry(1401-1416)*, Paris, 1894-1896, 2 vol. (풍부한 색인을 함께 참고).

36) 같은 책, t. II, p. 251.

37) *Petites Heures*, Paris, BNF, ms. latin 18014, fol. 288 v°.

38) *Très Riches Heures du duc de Berry*, Chantilly, musée Condé, ms. 84, fol. 22 v°, 51 v°, 52.

39) J. Guiffrey, *Inventaires de Jean de Berry(1401-1416)* [주 35번].

40) 같은 책, t. I, p. CXXIII. 중세시대 군주들의 수집목록과 동물원에 있었던 북극곰에 대해서는 W Paravicini, "Tiere aus dem Norden", *Deutsches Archiv für Erforschung des Mittelalters*, vol. 59, 2003, pp. 559-591, 특히 pp. 578-579 참조.

41) J. Guiffrey, "La ménagerie du due Jean de Berry(1370-1403)", *Mémoires de la Société des Antiquaires du Centre*, t. XXIII, 1899, pp. 63-73.

42) 파리 국립 기록보관소에서 있는 회계장부 KK 254, fol. 115 v°, 138 v° 등 참조.

43) M. de Toulgoet-Treanna, "Les comptes de l'hôtel du duc de Berry(1370-1413)", *Mémoires de la Société des Antiquaires du Centre*, t. XVIII, 1889-1890, pp. 65-175, 여러 곳에.

44) L. Douët d'Arcq, *Comptes de l'hôtel de Jean due de Berri*, Paris, 1865, p. 312.

45) 장 드 캉브레에 대해서는 A. Erlande-Brandenbourg, "Jean de Cambrai, sculpteur de Jean de France, duc de Berry", *Fondation Eugène Piot. Monuments et mémoires*, vol. 63, 1980, pp. 143-186 참조.

46) F. Lehoux, "Mort et funérailles de Jean de Berri", *Bibliothèque de l'École des Chartes*, t. 114, 1956, pp. 76-96.

47) 부르주의 생트 샤펠에 대해서는 B. de Chancel-Bardelot et C. Raynaud, dir., *Une flndation disparue de Jean de France, duc de Berry. La Sainte-Chapelle de Bourges*, Paris-Bourges, 2004.

48) 회계장부는 아메데 7세가 암곰을 가지고 있었으며, 그의 장인인 장 드 베리처럼 그 곰을 여행에 동행시키기도 했다는 것을 보여준다. 1399년 4월 17일 항목에는 다음과 같은 기록이 있다. "메르메 마르샹Mermet Marchand에 인도하기 위해, 모르주Morge에서 샹베리Chambéry로 영주님의 암곰을 이송하는데 8수sous가 들었다."(Turin, Archives de la Chambre des comptes de Savoie, Comptes du Trésorier général, vol. 44, fol. 264). 이 자료에 관심을 갖게 해준 내 친구 안느 리츠Anne Ritz에게 감사의 뜻을 전한다.

49) 왕의 정신병에 대해서는 F. Autrand, *Charles VI: La folie du roi*, Paris, 1986; B. Guenée, *La Folie de Charles VI, roi Bien-Aimé*, Paris, 2004.

50) 사건에 대한 상세한 이야기와 감흥은 프루아사르의 글에서 찾을 수 있다. *Chroniques* (주 3번). 다음도 참고하라. P. Gascar, *Le Bal des Ardents*, Paris, 1977.

51) A. Champollion-Figeac, *Louis et Charles ducs d'Orléans. Leur influence sur les arts, la littérature et l'esprit de leur siécle*, Paris, 1844, 3 vol.; E. Collas, *Valentine de Milan, duchesse d'Orléans*, Paris, 1911.

52) 루이 오를레앙에 대해서는 B. Guenée, *Un meurtre, une société. L'assassinat du duc d'Orléans(23 novembre 1407)*, Paris, 1992.

53) 중세 말 야인이란 테마와 그 인기에 대해서는 R. Bernheimer, *Wild Men in the Middle Ages. A Study in Art, Sentiment and Demonology*, Cambridge (USA), 1952; T. Husband, *The Wild Man. Medieval Myth and Symbolism*, New York, 1980; C. Gaignebet et J. D. Lajoux,

Art profane et Religion populaire au Moyen Âge, Paris, 1985, pp. 79-136.

54) Jean Froissart, *Chroniques*, éd. Kervyn de Lettenhove, t. 13, p. 112-113; cité par F. Autrand, *Jean de Berry*(주 25번), p. 262에서 인용.

55) Danielle Regnier-Bohler가 프랑스어로 된 완역본 출간을 준비 중이다. 지금은 다음을 참조하라. A. Dickson, *"Valentine and Orson"*. *A Study in Late Medieval Romance*, New York, 1929; D. Régnier Bohler, "Jumeaux par contrat", *Le Genre humain*, vol. 16, 1984, pp. 173-187.

56) 쌍둥이란 소재는 『모기스 데그르몽Maugis d'Aigremont』과 『리옹 드 부르주Lion de Bourges』와 같은 중세 말 무훈시들에서 드물지 않았다. 그것은 대개 '둘 중 누가 왕이나 공작, 백작의 지위를 물려받는가?'라는 계승에 관한 문제와 연관이 있었다. 이 문제에 대해 법률가 필립 드 보마누아르Philippe de Beaumanoir(1246~1296)는 그의 『보베의 관습법Coutumes du Beauvaisis』(1283년 완성)에서 "둘 중 먼저 태어난 자"라고 답했다. 그것은 뱃속에서 누가 먼저 나왔는지를 말하는 어머니에게 달려 있었다. 보마누아르는 만약 어머니도 더 이상 기억을 하지 못한다면 반드시 산파들에게 물어야 한다고 적었다. 바로 앞의 주에 나온 D. Régnier-Bohler, "Jumeaux par contrat" 참조.

57) C. Gaignebet et J. D. Lajoux, *Art profane et religion populaire au Moyen Âge* (주 53번), pp. 115-119.

58) 새끼 곰을 지칭하는 데 있어 중기 프랑스어에서는 오랫동안 *ourson*(새끼 곰)과 *oursin*(성게)가 경합을 벌였다. 어린 곰의 빽빽한 털과 바다 생물의 뾰족한 가시의 유사성으로 인해 마침내 16세기에는 *oursin*을 새끼 곰을 뜻하는 말로도 사용하게 되었다. 다음을 보라. A. Dauzat, "L'étymologie d'oursin", *Revue de linguistique romane*, t. 18, 1954, pp. 192-200.

59) 2월 15일 무렵에 열리는 고대 로마의 루페르칼리아Lupercalia제의 마지막 흔적을 은폐하기 위함이었을 것이다. 성 발렌티누스와 그의 축일에 대해서는 P. Müller-Dieffenbach, *Der heilige Valentin, erster Bischof von Passau und Rhätien*, Mainz, 1889 참조.

산에서 박물관으로

1) 중세 말과 근대 초의 마법에 관한 수많은(그리고 불균등한) 참고문헌 중에서도 다음을 읽어보라. N. Cohn, *Europe's Inner Demons: The Demonization of Christians in Medieval Christendom*, Londres, 1975; R. Kieckefer, *European Witch Trials. Their Foundations in Popular and Learned Culture, 1300-1500*, Londres, 1976; A. Blauert, éd., *Ketzer, Zauberer, Hexen: Die Anfänge der europäischen Hexenverfolgungen*, Francfort-sur-le-Main, 1990; N. Nabert, éd., *Le Mal et le Diable. Leurs figures à la fin du Moyen Âge*, Paris, 1996.

2) 훌륭한 연구서 Georg Modestin, *Le Diable chez l'évêque. Chasse aux sorciers dans le diocèse de Lausanne(vers 1460)*, Lausanne, 1999, 특히 pp. 99-111, 276-317 참조.

3) 같은 책, pp. 99-107.

4) 15세기 마녀 집회에 대해서는 M. Osterero가 수집한 다음 자료를 보라. M. Osterero, A. Paravicini Bagliani *et al.*, *L'Imaginaire du sabbat. Édition critique des textes les plus anciens(c. 1430-c. 1440)*, Lausanne, 1999.

5) 프랑스 국립도서관, 청구기호 8-LN27-5223.

6) C. Joisten, *Récits et Contes populaires de Savoie*, Paris, 1980 참조.

7) 예를 들자면 J. Roche, *Sauvages et Velus: Enquêtes sur des êtres que nous ne voulons pas voir*, Chambéry, 2000.

8) 가장 최근의 판본은 프랑스 갈리마르Gallimard 출판사의 플레이아드 총서Bibliothèque de la Pléiade로 기획되어 J. Mallion와 P. Salomon가 편집, 번역한 Prosper Merimee, *Théâtre, Romans et Nouvelles*, Paris, 1978, pp. 1049-1090이다.

9) 로키스에 대해서는 R. Schmittlein, "*Lokis*". *La dernière. nouvelle de Prosper Mérimée*, Baden-Baden, 1949; D. Leuwers, "Une lecture de Lokin", *Europe*, n° 557, 9월 1975, pp. 70-76 참조.

10) 메리메의 문체에 대해서는 J. Decottignies, "*Lokis*. Fantastique et dissimulation", *Revue d'histoire littéraire de la France*, 1971, pp. 18-29.

11) 이 책의 107~111쪽 내용을 참조할 것.

12) J. C. Margolin, "Sur quelques figures de l'ours à la Renaissance", dans M. T. Jones-Davies, éd., *Le Monde animal au temps de la Renaissance*, Paris, 1990, pp. 219-242.

13) 같은 책, pp. 231-235.

14) 이 책의 245~250쪽 내용을 참조할 것.

15) Rene d'Anjou, *Œuvres complètes*, éd. T. de Quatrebarbes, t. III, Angers, 1845, pp. 117-118.

16) Paris, BNF, ms. fr. 5658, fol. 83. 다음을 참고하라. J. Céard et J. C. Margolin, *Rébus de la Renaissance. Des images qui parlent*, Paris, 1986, t. II, p. 235.

17) 16세기 상징화집의 곰 이미지에 대해서는 J . C. Margolin의 연구(주 12번)를 보라.

18) Érasme, *De pueris statim ac liberaliter instituendis*, éd. J. C. Margolin, vol. 1-2, Paris, 1971, pp. 20-21. 새끼를 핥아 조화로운 몸을 만들어 주는 암곰의 이미지는 에라스무스 저작에 여러 차례 등장하였으며, 다양한 상징화집들에 인용되었다.

19) J. W. Zincgreff, *Emblemata ethico-politica*, Heidelberg, 1562.

20) 오늘날에는 채소밭이나 온실이 아니라 베르사유 공원에 있는 것과 같은 '미로 정원'이 라퐁텐이 우화를 쓰는데 결정적인 기여를 했다고 알려져 있다. 그러나 그 시인이 갖고 있는 자연과학자로서의 이미지는 지울 수 없을 듯하다. 그것은 '노인 라퐁텐' 전설의 한 부분이며 개, 고양이, 원숭이, 쥐, 생쥐, 개미 등에 관한 그의 자의적인 관찰과 주로 관련이 있다. 전승에 따르면 이 시인은 개미 연구에 몰두한 나머지 식사에도 늦었다고 한다. A. M. Bassy, "Les fables de La Fontaine et le labyrinthe de Versailles", *Revue française d'histoire du livre*, XII, 1976, pp. 1-63 참조.

21) 그러한 태도는 '자연 그대로'라는 애매모호한 개념과 매우 동떨어져 있는 것이었다.

이와 관련된 좋은 책은 다음과 같다. P. Dandrey, *La Fabrique des "Fables". Essai sur fa poétique de La Fontaine*, Paris, 1992, pp. 155-166.

22) 이는 M. Damas-Hinard, *La Fontaine et Buffin*, Paris, 1861 같은 일부 오래된 책들의 저자들에게는 충격일 수도 있다. 그들은 라퐁텐이 실질적으로 프랑스 최초의 자연 과학자라고 주장했다. 그와 유사한 접근은 20세기말까지 있었다. H. G. Hall("On Some of the Birds in La Fontaine's Fables", *Papers on French Seventeenth Century Literature*, vol. 22, 1985, pp. 15-27)는 라퐁텐이 묘사한 일부 새들을 현재의 조류 관련 동물학 지식과 비교하려 했다. 이는 이론의 여지 없이 시대착오적이다.

23) 1678년 두 번째로 출간된 라퐁텐 전집 3권에 나오는 열 번째 우화이다. A. M. Bassy의 Paris, 1995 편집 판본, pp. 240-242.

24) 관련 사례는 L. Rohrich, *Lexikon des sprichwörtlichen Redensarten*, 5ᵉ éd., Fribourg-en-Brisgau, 1994, t. I, p. 146 참조.

25) L. Burgener, *Helvetia sacra*, t. I, Einsiedeln, 1860, pp. 272-274; J. A. Amman, *Der heilige Gerold*, Höchst(Autriche), 1950, pp. 26-27.

26) Johannes Agricola, *Sybenhundert und fonjftzig Teüscher Sprichwörter*, 2ᵉ éd., Haguenau, 1534.

27) 이는 매우 오래된 속담이지만 라틴 문장으로 된 것을 찾지 못했다. 17세기 영어에서는 "부화되기 전에 병아리부터 센다(*To count one's chiken before the had hatched*)"라는 말을 더 일반적으로 사용했다.

28) 곰과 늑대의 전통적인 적대관계에 대해서는 S. Bobbé, *L'Ours et le Loup. Essai d'anthropologie symbolique*, Paris, 2002, pp. 61-76 참조.

29) 14세기 초부터 베른의 문장은 '붉은 바탕 위의 금색 띠 그리고 그 안에 들어가 있는 흑색 곰(*de gueules à la bande d'or chargee d'un ours de sable*)'으로 장식되었다. 그 곰은 때때로 붉은 혀를 내놓은 채 무장한(*armé et langue de gueules*) 모습으로 표현되었다.

30) 베른 시의 건립과 그를 둘러싼 전설들에 관한 많은 자료들이 있지만 그중에서도 F. A. Volmar, *Das Bärenbuch*, Berne, 1940, pp. 208-231; H. Schadek et K. Schmid, éd., *Die Zähringen. Anstoss und Wirkung*, Sigmaringen, 1991, pp. 245-250을 보라.

31) 특히 디볼트 실링Diebold Schilling(1445~1485, 스위스 연대기 삽화 작가)의 연대기 작품들이 유명하다. 그의 채색 필사본들은 베른 시의 건립 장면들을 담고 있다. 가장 보존상태가 좋은 것은 『스페이저 베른 연대기*Spiezer Bilderchronik*』(1485)라 불리는 필사본으로, 베른 시립 도서관(Burgerbibliothek de Berne, Ms. Hist. Helv. I, 16)에서 보관하고 있다. 이 연대기의 여러 모사품과 이미지 전집들 중에서도 H. Haeberli et C. von Steiger, *Die Schweiz im MitteLalter in Diebold Schillings Spiezer Bilderchronik*, Lucerne, 1991 참조.

32) 이 유명 작품은 현재 베른 역사박물관에 보관되어 있다. 이 유물에 관해서는 수많은 연구들이 이루어졌는데 가장 최신의 것은 A. Kaufmann-Heinimann, *Dea Artio, die Bärengöttin von Muri*, Berne, 2002이다. 또한 이 책의 52~53, 76쪽 내용을 참조할 것.

33) G. Loisel, *Histoire des ménageries de l'Antiquite à nos jours*, Paris, 1912, t. I, pp. 242-243.

34) 베른의 곰 구덩이 역사에 대해서는 F. A. Volmar, *Das Bärenbuch*(주 30번), pp. 247-329 참조.

35) 베를린의 문장에 대해서는 O. Neubecker, "Der Bär von Berlin", *Jahrbuch des Vereins für die Geschichte Berlins*, vol. 1-3, 1951-1953, pp. 4-16, et vol. 4, 1954, pp. 37-50 참조.

36) 마드리드 문장에 대한 전형적인 프랑스식 설명은 '은색 바탕 위에 녹색 소귀나무와 그와 같은 색의 지면, 붉은 과일, 뒷발로 서 있는 흑색 곰; 하늘색 테두리에 흩어져 있는 일곱 개의 금색별(*d'argent à l'arbousier de sinople, terrassé du meme, fruité de gueules et accosté d'un ours rampant de sable; à la bordure d'azur à sept étoiles d'or*)'이다.

37) 예를 들어 17세기 대학자 André Du Chesne(1584~1640, 프랑스 지리학자이자 역사가)과 Jules Chifflet(1615~1676, 프랑스 역사가)는 툴루즈 백작의 선조가 서고트족 왕들이기 때문에 툴루즈 백작들이 곰이 그려진 깃발을 사용하게 되었다고 주장했다.

38) 그러나 이 음성 가설은 문장에 나타난 과일 나무 옆에 서 있는 동물을 수컷 곰이 아니라 암곰으로 본 몇몇 15~16세기 문서들과는 모순된다. 마드리드의 문장에 관한 최근자료로는 P. Canavaggio, *Madrid-Accuei*, n° 50, 1999, pp. 17-22가 가장 훌륭하다.

39) C. Gesner, *Historia animalium. Liber I: De quadrupedibus viviparis...*, Zurich, C. Froschauer, 1551, fol. CLXXII.

40) 게스너의 『동물의 역사*Historia animalium*』는 사실상 거대한 자연 문화사 사전이다. 동물들은 그들의 라틴식 이름에 따라 알파벳 순서로 분류되어 있다. 동물 각각에 할당된 장들의 풍부한 자료는 '명칭, 서식지, 외양과 해부학 구조, 행동양식, 인간에게 유용한지 여부, 음식과 요리에서의 사용, 의학적 활용, 기타 (속담, 표현, 어원, 우화, 문장, 전설, 신앙 등) 잡다한 내용-varia의 여덟 부분으로 나뉜다.

41) 게스너의 방대한 식물학 연구저서 『식물대전*Opera botanica*』은 알프스 산의 식물군에 상당히 많은 부분을 할애했다. 이는 불행히도 아직 미발표되었다.

42) G. Olmi, *Ulisse Aldrovandi. Scienza e natura nel secundo Cinquecento*, Trente, 1979

43) U. Aldrovandi, *De quadrupedibus digitatis viviparis et de quadrupedibus digitatis oviparis libri duo. Bartholomaeus Ambrosinus collegit*, Bologne, 1637.

44) J. Jonston, *Historia naturalis*, Francfort, M. Merian, 1650, 4 vol.

45) *Description anatomique d'un caméléon, d'un castor, d'un dromadaire, d'un ours et d'une gazelle*, Paris, F. Leonard, 1669(아름다운 동판화를 수록하고 있다).

46) W. Paravicini, "Tiere aus dem Norden", *Deutsches Archiv für die Erforschung des Mittelalters*, t. 59/2, 2003, p. 559-591; 북극곰에 대해서는 pp. 578-579을 보라. 또한 E. Ebel, "Der Fernhandel der Wikingerzeit bis in das 12. Jahrhundert in Nordeuropa nach altnordischen Quellen", K. Düwel, éd., *Untersuchungen zu Handel und Verkehr der vor und frühgeschichtlichen Zeit in Mittel und Nordeuropa*, t. 4, Berlin, 1987, pp. 266-312 참조.

47) Olaus Magnus, *Historia de gentibus septentrionalibus...*, Rome, J. M. de Viottis, 1555, p.

621(livre XVIII, chap. XXlIII).

48) Buffon, *Histoire naturelle*, éd. in-12°, t. VIII, Paris, 1769, p. 18.

49) 같은 책, pp. 39-74.

50) 같은 책, p. 38.

51) 이를 확장시키고 보충한 1871년 저서 『인간의 유래The Descent of Man』에서 다윈은 인간은 원숭이로부터 유래했다고 분명히 서술하였다.

52) M. Couturier, *L'Ours brun*, Grenoble, 1954(총 908 쪽, 82개의 도판 수록).

53) 사냥에 관한 마르셸 쿠튀리의 긴 글들 가운데서도 상처 입은 곰과 곰 박제와 전리품에 관한 부분이 특히 그러하다. 같은 책, pp. 585-705.

54) 같은 책, 도판 LXIII(63), LXXI(71), LXXVII(77).

55) 다음 책들에 나오는 다양한 수치를 참고하라. C. Dendaletche, dir., *L'Ours bruno: Pyrénées, Abruzzes, monts Cantabriques, Alpes du Trentin*, Pau, 1986; J. M. Peek et al, "Grizzly Bear Conservation and Management. A Review", *Wildness Society Bulletin*, t. 15, 1987, pp. 160-169; O. J. Sorensen, "The Brown Bear in Europe in the Mid 1980's", *Aquileo Series Zoologica*, vol. 27, 1990, pp. 3-16; J. M. Parde et J. J. Camarra, *L'Ours(Ursus arctos, Linnaeus, 1758)*, Nantes, 1992, pp. 3-6(*Encyclopédie des carnivores de France*, vol. 5); P. Ward et S. Kynaston, *Bears of the World*, Boston, 1995.

56) B. Prêtre, *Les Derniers Ours de Savoie et du Dauphiné, de Genève à Barcelonette. Essai sur fa triste fin des ours alpins*, Grenoble, 1996.

57) M. Couturier, *L'Ours brun*(주 52번), pp. 163-164; B. Prêtre, *Les Derniers Ours de Savoie et du Dauphiné, de Genève a Barcelonette*(주 56번), pp. 79-83, 177-178.

58) M. Couturier, *L'Ours brun*(주 52번), pp. 164-166; B. Prêtre, *Les Derniers Ours de Savoie et du Dauphiné, de Genève a Barcelonette*(주 56번), pp. 182-183.

59) 다음 책은 이러한 문제들에 대해 잘 설명하고 있다. F. Benhammou, *Vivre avec l'ours*, s.l. (Éditions Hesse), 2005.

60) 특히 곰 가죽(유럽, 캐나다)과 다양한 치료 효과를 가지고 있다고 알려진 곰 쓸개(아시아), 그리고 여전히 세 대륙(유럽, 북아메리카, 아시아) 모두에서 부적으로 사용되는 곰 발바닥에 대한 거래 금지 조항들이 두드러진다. F. Dendaletche, *La Cause de l'ours*, Paris, 1993 참조.

61) 프랑스 피레네자틀랑티크Pyrenees-Atlantiques 알프스 계곡의 '에트소 곰 박물관musee de l'Ours d'Etsaut'과 사부아Savoie의 '앙트르몽레뷰 곰 박물관musee de l'Ours d'Entremont-le-Vieux'을 거론할 수 있다.

62) B. Scheube, *Das Bärencultus und die Bärenfesten der Aïnos*, Yokohama, 1880; J. Batchelor, *The Ainu and their Folklore*, Londres, 1901, pp. 474-500.

63) 곰의 다양한 신체 부위가 지녔던 상징성, 특히 발이 지니는 명성에 대해서는 R. Mathieu, "La patte de l'ours", *L'Homme, Revue française d'anthropologie*, t. XXIV, fasc. 1 ,

janvier-mars 1984, pp. 5-42 참조.

64) 다음 두 논문집이 특히 참고할 만하다. *L'Ours, l'autre de l'homme. Études mongoles et sibériennes*, vol. 11, 1980; E. V. Ivanter et D. 1. Bibikov, dir., *Medvedi Bears*, Moscou, 1993(매우 방대한 참고문헌 수록되어 있음). 둘 다 모두 A. I. Hallowell의 선구적인 연구를 보충한 것이다. A. I. Hallowell, "Bear Ceremonialism in the Northern Hemisphere", *The American Anthropologist*, t. XXVIII, 1926, pp. 1-175.

65) 여러 관련 참고문헌들 가운데서도 특히 U. HolmbergHarva, *Die religiösen Vorstellungen der altaischen Völker*, Helsinki, 1938과 E. Lot-Falck, *Les Rites de chasse chez les peuples sibériens*, Paris, 1953.

66) 경멸과 당혹감을 드러낸 여행기의 예는 J. B. de Lesseps, *Journal historique du voyage de Monsieur de Lesseps au Kamtchatka*, Paris, 1790, 2 vol이다. 시베리아 전역에 관한 여행자들의 기록들은 다음과 같은 대규모 전집으로도 출간되었다. *Recueil de voiages au Nord, contenant divers mémoires très utiles au commerce et à fa navigation*, Amsterdam, 1727, 8 vol.

67) 이에 대해서는 다음과 같은 선구적인 연구가 있다. K. Rasmussen, *Fra Groenland til Stillehavet, Copenhague*, 1921-1924, 2 vol.(trad. fr.: *Du Groenland au Pacifique. Deux ans d'intimité avec des tribus d'Esquimaux inconnus*, Paris, 1929). 최근 연구서로는 V Randa, *L'Ours polaire et les Inuits*, Paris, 1986이 있다.

68) 다음 견해를 보라. G. Hasselbrink, "La chanson d'ours des Lapons. Essai d'interprétation d'un manuscrit du XVIIIᵉ siècle concernant la chasse et le culte de l'ours", *Orbis. Bulletin international de documentation finguistique*, t. XIII, 1964, pp. 420-480.

69) 핀우고르족Finno-Ugric처럼 라플란드 사람들의 곰 의례에는 많은 노래와 시가 함께 했다. 이에 관한 전형적인 레퍼토리들은 다음 책을 실려 있다. L. Honko, *The Great Bear. A Thematic Anthology of Oral Poetry in the Pinno-Ugrian Languages*, Helsinki, 1993.

70) 이 모든 것에 대해 다룬 연구 중 가장 기본적인 것은 다음과 같다. C. M. Edsman, *Jägaren och makterna. Samiska och finska björnceremonier*(사냥과 힘. 라플란드 족과 핀 족의 곰 축제), Uppsala, 1994. 프랑스어로 된 유용한 참고문헌은 "La fête de l'ours chez les Lapons. Sources anciennes et recherches récentes sur certains rites de chasse aux confins septentrionaux de la Scandinavie", *Proxima Thulé. Revue d'éudes nordiques*(Paris), t. 2, 1996, pp. 11-49인데, 이는 스웨덴어로 된 F. X. Dillmann의 저서를 번역, 편집한 것이다. 매우 유사한 사냥 의례들에 대해서는 H. J. Paproth, *Bärenzeremoniell. Bärenjagdriten und Bärenfeste bei den tungusischen Völkern*, Munich, 1976 참조.

71) M. Praneuf, *L'Ours et les Hommes dans les traditions européennes*, Paris, 1989, pp. 63-70, 128-133.

72) 피레네와 인근 지방들의 곰 축제에 관한 서적들은 많지만 기대에 미치지 못할 때가 종종 있다. 역사가들에게 있어 가장 도움이 되는 연구서들은 다음과 같다. D. Fabre et C.

Camberoque, *Fêtes en Languedoc. Regards sur le Carnaval aujourd'hui*, Toulouse, 1977; D. Fabre, "Réflexions sur l'anthropologie de l'ours dans les Pyrénees", *Cahiers de l'université de Pau et des pays de l'Adour*, juin 1977, pp. 57-67; S. Bobbé, "Analyse de la fête de l'ours contemporaine en Catalogne française", A. Couret et F. Ogé, éd., *Homme, Animal Société. Actes du colloque de Toulouse*, 1987, Toulouse, 1989, voL 3, pp. 401-417; G. Caussimont, "Le mythe de l'ours dans les Pyrénées occidentales", 같은 책, pp. 367-380. 성촉절과 카니발에 대한 연구는 R. Corso, *L'orso della Candelora*, Helsinki, 1955; C. Gaignebet, *Le Carnaval*, Paris, 1974; J. C. Baroja, *Le Carnaval*, 2ᵉ éd., Paris, 1979 참조.

73) 카탈로니아의 가장 오래된 곰 축제 기록은 1444년까지 거슬러 올라간다. S. Bobbé, "Analyse de la fete de l'ours contemporaine en Catalogne française"(주 72번), p. 402.

74) A. Lebreuf, "Des évêques et des ourses. Étude de quelques chapîteaux du cloitre de Saint-Lizier-en-Couserans", *Ethnologia polona*, t. 3, 1987, pp. 257-280.

75) M. Mesnil, "Quatre contes sur l'ours", *Semiotica*(La Haye), t. 20, fasc. 1-2, 1977, pp. 49-79; M. Bourniaud, *Contes et Légendes de l'ours*, Issoudun, 1997. 다음과 비교해볼 수 있다. P. N. Boratav, "Les histoires d'ours en Anatolie", *Fellow Folklore Communication*, n° 304, 1955, pp. 3-46.

76) D. Fabre, "Jean de l'Ours". *Analyse flrmelle et thématique d'un conte populaire*, Carcassonne, 1973.

77) C. M. Edsman, "The Story of the Bear Wife in Nordic Tradition", *Ethnos*, t. 21, 1956, pp. 38-56 참조.

78) 곰 이야기의 유형과 테마들 관련해서는 주 75번의 참고문헌과 함께 특히 O. Erkenschwick et H. Paproth, "Bär, Bären", K. Ranke, dir., *Enzyklopädie des Märchens*, t. 1, 1977, col. 1194-1203 참조.

79) G. Berg, "Zahme Bären, Tanzbären, Bärenfiihrer", *Der zoologische Garten(Berlin)*, n. F., t. XXXV,. n° 1-2, 1968, pp. 37-53.

80) R. Vinot, *Mémoire en images. Des ours et des hommes*, Paris, 2005, pp. 9-70에서 그러한 이미지들을 찾아볼 수 있다.

81) T. P. Vukanovitch, "Gypsy Bears-Leaders of the Balkan Peninsula", *Journal of the Gipsy Lore Society*, t. 38, 1959, pp. 43-54; F. Cozannet, *Mythes et Coutumes des Tsiganes*, Paris, 1973; M. Praneuf, *L'Ours et les Hommes dans les traditions européennes*(주 71번), pp. 70-78.

82) E. R. Gastou, *Sur les traces des montreurs d'ours des Pyrénées et d'ailleurs*, Toulouse, 1987; M. Praneuf, *L'Ours et les Hommes dans les traditions européennes*(주 71번), pp. 66-70.

83) 리온 인쇄 박물관(Lyon, musée de l'Imprimerie).

84) P. R. Lévy, *Les Animaux du cirque*, Paris, 1992, pp. 57-65.

85) E. Baratay et E. Hardouin-Fugier, *Zoos. Histoire des jardins zoologiques en Occident (XVIᵉ-*

XXe s.), Paris, 1998.

곰의 설욕

1) 중세시대의 장난감에 대해서는 P. Riché et D. Alexandre-Bidon, *L'Enfonce au Moyen Âge*, Paris, 1994; A. Willemsen, *Kinder delijt. Middeleeuws speelgoed in de Nederlanden*, Nijmegen, 1998 참조.

2) Claudia Rabel은 이 풍자만화가의 이름이 이미 곰에게로 이끌릴 운명이었다고 말했다.

3) 모리스 미첨과 테디 베어의 탄생에 대해서는 C. E. King, *The Century of the Teddy Bear*, Woodbridge(G. B.), 1997; P. Rush, *The Teddy Bear Story*, Londres, 1998; B. Gibbs, *Teddy Bear Century*, Newton Abbot, 2002 참조.

4) G. Pfeiffer, *Hundert Jahre Steiff Teddybären*, Königswinter, 2001; 같은 저자, *125 Jahre Steiff Firmengeschichte*, Königswinter, 2005.

5) 1912년 마르가레테 슈타이프가 타이타닉호 침몰로 죽자 그녀의 회사는 검은색 완장을 팔에 착용한 곰을 팔았다. 이는 독일과 영국에서 큰 성공을 거두었다.

6) 곰 인형의 역사에 대해서는 P. Bull, *The Teddy Bear Book*, Londres-New York, 1983; G. Picot, *L'Ours dans tous ses états*, Paris, 1988; P. Cockrill, *The Teddy Bear Encyclopedia*, Londres, 1993; P. Ford, *Teddybären for Liebhaber und Sammler*, Cologne, 1993 참조.

7) M. Chiva, dir., *L'Enfant et la Peluche. Le dialogue par la douceur*, Nanterre, 1984, 여러 곳에. 또한 D. O. Hebb, *Psychophysiologie du comportement*, Paris, 1958, p. 123 sq.; P. H. Plantain, "Les relations de l'enfant et de l'ours en peluche", R. Pujol, éd., *L'Homme et l'Animal Premier colloque d'ethnozoologie*, Paris, 1975, 352-355; H. Montagner, *L'Attachement. Les débuts de la tendresse*, Paris, 1988 참조.

8) M. Chiva, dir., *L'Enfant et la Peluche*(주 7번), pp. 12-64.

9) *Daily Telegraph* 2006년 8월 1일자, p. 8.

다음 목록은 이 연구의 기초가 된 주요 문헌사료만 수록하고 있다. 그 수는 훨씬
더 많지만 드물게 참조한 이 밖의 문헌사료들은 주석에서 인용했다. 이 책의 여러
단락들을 준비하는 데 쓰인 고고학, 도상학, 기록학, 민속학 사료들도 마찬가지다.

고대 사료

Ambroise, *Hexameron*, éd. *Patrologia latina*, t. XIV.

Ammien Marcellin, *Histoires*, éd. G. Sabbah *et al.*, Paris, 1968-1999, 6 vol.

Apollodore, *Bibliothèque*, éd. G. Frazer, Londres-New York, 1921, 2 vol.

Apollodore, *Bibliothèque*, trad. et notes J. C. Carrière et B. Massonie, Besançon, 1991.

Aristote, *Historia animalium*, éd. et trad. M. Camus, Paris, 1783, 2 vol.

Aristote, *Historia animalium*, éd. et trad. P. Louis, Paris, 1964-1969, 3 vol.

Aristote, *Historia animalium*, éd. et trad. A. L. Peck et D. M. Balme, Londres, 1965-1990, 3 vol.

Augustin, *Sermones*, Turnhout, 1954(*Corpus christianorum, series latina*, 32).

Élien(Claudius Aelianus), *De natura animalium libri XVII*, éd. R. Hercher, Leipzig, 1864-1866, 2 vol.

Élien(Claudius Aelianus), *De natura animalium libri XVII*, éd. A. F. Scholfield, Cambridge(Mass.), 1958-1959, 3 vol.

Oppien, *Cynégétiques*, éd. P. Boudreaux, Paris, 1908.

Oppien, *Cynégétiques*, éd. A. W. Mair, Cambridge(Mass.), 2002.

Ovide(Publius Ovidius Naso), *Métamorphoses*, éd. G. Lafaye, Paris, 1928-1930, 3 vol.

Ovide(Publius Ovidius Naso), *Les Fastes*, éd. R. Schilling, Paris, 1992.

Pausanias, *Graecae descriptio*, éd. F. Spiro, Leipzig, 1903, 3 vol.

Pline l'Ancien(C. Plinius Secundus), *Naturalis historia*, éd. A. Ernout, J. André *et al*, Paris, 1947-1985, 37 vol.

Solin(Caius Julius Solinus), *Collectanea rerum memorabilium*, éd. Th. Mommsen, 2ᵉ éd., Berlin, 1895.

Tertullien(Quintus Septimius Tertullianus), *De spectaculis*, éd. M. Turcan, Paris, 1986.

Xénophon, *L'Art de la chasse*, éd. E. Delebeque, Paris, 1970.

중세 사료

Adelard de Bath, *De cura accipitrum*, éd. A. E. H. Swaen, Groningen, 1937.

Albert le Grand(Albertus Magnus), *De animalibus libri XXVI*, éd. Hermann Stadler, Münster, 1916-1920, 2 vol.

Alexandre Neckam(Alexander Neckam), *De naturis rerum libri duo*, éd. Thomas Wright, Londres, 1863(*Rerum britannicarum medii aevi scriptores, Roll series*, 34).

Barthélemy l'Anglais(Bartholomaeus Anglicus), *De proprietatibus rerum...*, Francfort, 1601(재판. Francfort, 1964).

Bède le Vénérable(Beda Venerabilis), *De natura rerum*, éd. Charles W. Jones, *Corpus christiano rum, Series latina*, vol. 123 A, Turnhout, 1975, pp. 173-234.

Bestiari medievali, éd. L. Morini, Turin, 1996.

Bestiarum(Oxford, Bodleian Library, MS Ashmole 1511), éd. Franz Unterkircher, *Die Texte der Handschrift MS Ashmole 1511 der Bodleian Library Oxford. Lateinisch-Deutsch*, Graz, 1986.

Brunet Latin(Brunetto Latini), *Li livres dou Tresor*, éd. Francis J. Carmody, Berkeley, 1948.

Capitularia regum Francorum, éd. A. Boretius et V. Krause, Hanovre, 1883-1897, 7 vol. (*Monumenta Germaniae Historica, Leges*, II).

Chace dou ceif(La), éd. Gunnar Tilander, Stockholm 1960(*Cynegetica*, VII).

Chanson de Roland(La), éd. G. Moignet, 2e éd., Paris, 1969.

Frédéric II de Hohenstaufen(Fredericus), *De arte venandi cum avibus*, éd. C. A. Willemsen, Leipzig, 1942.

Gace de la Buigne, *Le Roman des deduis*, éd. W. Blomqvist, Karlshamm(Suède), 1951.

Gaston Phébus, *Livre de la chasse*, éd. Gunnar Tilander, Karlshamm(Suède), 1971(*Cynegetica*, XVIII).

Gervaise, Bestiaire, éd. Paul Meyer, *Histoire littéraire de la France*, t. 34 (1915), pp. 379-381.

Guillaume d'Auvergne, *De universo creaturarum*, éd. B. Leferon, *Opera omnia*, Orléans, 1674.

Guillaume le Clerc, *Le Bestiaire divin*, éd. C. Hippeau, Caen, 1882.

Hardouin de Fontaine-Guérin, *Le Trésor de vénerie*, éd. H. Michelant, Metz, 1856.

Henri de Ferrières, *Les Livres du roy Modus et de la royne Ratio*, éd. Gunnar Tilander, Paris, 1932, 2 vol.

Honorius(Honorius Augustodunensis), *De imagine mundi, P.L.*, 172, col. 115-188.

Huon de Méry, *Le Tournoiement Antechrist*, éd. G. Wimmer, Marburg, 1888.

Isidore de Séville(Isidorus Hispalensis), *Etymologiae seu origines*, livre XII, éd. Jacques André, Paris, 1986.

Jean Froissart, *Chroniques*(livres III et IV), éd. P. Ainsworth et A. Varvaro, Paris, 2004.

Konrad von Megenberg, *Das Buch der Natur*, éd. F. Pfeiffer, Stuttgart, 1861.

Legum nationum germanicarum, éd. K. A. Eckhardt, Hanovre, 1962, 5 vol. (*Monumenta Germaniae Historica*, Leges, I).

Liber monstrorum, éd. Moriz Haupt, *Opuscula*, vol. 2, Leipzig, 1876, pp. 218-252.

Matthieu Paris, *Chronica majora*, éd. H. R. Luard, Londres, 1872-1883, 7 vol.

Philippe de Thaon, *Bestiaire*, éd. E. Walberg, Lund-Paris, 1900.

Pierre de Beauvais, *Bestiaire*, éd. C. Cahier et A. Martin, *Mélanges d'archéologie, d'histoire et de littérature*, t. 2, 1851, pp. 85-100, 106-232; t. 3, 1853, pp. 203-288; t. 4, 1856, pp. 55-87.

Pierre Damien(Petrus Damianus), *De bono religiosi status, P.L.*, 106, col. 789-798.

Pierre le Vénérable, *De miraculis*, éd. D. Bouthillier, Turnhout, 1988.

Pseudo-Hugues de Saint-Victor, *De bestiis et aliis rebus, P.L.*, 177, col. 15-164.

Raban Maur(Hrabanus Maurus), *De universo*, P.L., 111, col. 9-614.

Raoul de Houdenc(?), *La Vengeance Radiguel*, éd. M. Friedwagner, Halle, 1909.

Reinhart Fuchs, éd. J. Grimm, Berlin, 1834.

Richard de Fournival, *Bestiaire d'Amours*, éd. C. Segre, Milan–Naples, 1957.

Le Roman de Renart, éd. A. Strubel *et al*, Paris, 1998(«Bibliothèque de la Pléiade»).

Saxo Grammaticus, *Gesta Danorum*, éd. J. Olrik et H. Raeder, Copenhague, 1931.

Thomas de Cantimpré(Thomas Cantimpratensis), *Liber de natura rerum*, éd. Helmut Böse, Berlin, 1973.

Twiti, *La Vénerie de Twiti*, éd. Gunnar Tilander, Uppsala, 1956(*Cynegetica*, II).

Vincent de Beauvais(Vincentius Bellovacensis), *Speculum naturale*, éd. de la Compagnie de Jésus, Douai, 1624(재판. Graz, 1965).

Yder, éd. A. Adams, Cambridge(G. B.), 1983.

근대 사료

Aldrovandi(Ulisse), *De quadrupedibus solipedibus. Volumen integrum Ioannes Cornelius Uterverius collegit et recensuit*, Bologne, 1606.

Aldrovandi(Ulisse), *De quadrupedibus digitatis viviparis et de quadrupedibus digitatis oviparis libri duo. Bartholomaeus Ambrosinus collegit*, Bologne, 1637.

Aldrovandi(Ulisse), *Quadrupedum omnium bisulcorum historia. Ioannes Cornelius Uterverius Belga colligere incoepit, Thomas Dempsterus perfecte absolvit*, Bologne, 1621.

Buffon(G. L. Leclerc, comte de), *Histoire naturelle*, générale et particulière, 1re éd., Paris, 1749-1764, 12 vol.

Discours effroyable d'une flle enlevée, violée et tenue près de trois ans par un ours dans sa caverne, Chambéry, 1620.

Gesner(Conrad), *Historia animalium liber I. De quadrupedibus viviparis*, Zurich, 1551.

Gesner(Conrad), *Icones animalium quadrupedum viviparorum et oviparorum, quae in «Historiae animalium» Conradi Gesneri libro I et II describuntur*, Zurich, 1553.

Jonston(Johannes), *Historiae naturalis de quadrupedibus libri XII*, Francfort-sur-le-Main, 1650.

La Fontaine(Jean de), *Fables*, éd. F. Gohin, Paris, 1934, 2 vol.

Mérimée(Prosper), Lokis, éd. J. Mallion et P. Salomon, *Théâtre de Clara Gazul, Romans et Nouvelles*, Paris, 1978, pp. 1049-1090(«Bibliothèque de la Pléiade»).

Olaus Magnus, *Historia de gentibus septentrionalibus...*, Rome, 1555.

Scheffer(J.), *Histoire de la Laponie, sa description, ses mœurs, la manière de vivre des habitants*, Paris, 1678.

Topsell(Edward), *The Historiae of Foure-Footed Beastes...*, Londres, 1607.

참고문헌 목록은 크게 둘로 나뉜다. 첫 번째 목록은 갈색곰과 유럽의 갈색곰 문화사를 다룬 문헌들로 포괄적이지는 않지만 이 책의 주제와 직접 관련이 있다. 두 번째 목록은 동물에 관한 역사가들의 저서들로 이 책과는 단지 부분적으로만 연관된다. 특정 분야에 관해 추가지식을 얻으려 하거나 사고를 넓히고 싶어하는 독자들에게 도움이 될 것이다. 나는 이 책에서 가장 중요한 부분을 차지하고 있는 중세 관련 연구들을 의도적으로 강조하려고 했다.

곰과 곰의 역사

1. 개론

Bobbè(S.) et Raffin(J. P.), *Abécédaire de l'ours*, Paris, 1997.

Camarra(J. J.), *L'Ours brun*, Paris, 1989.

Caussimont(G.), *L'Ours brun à la frontière franco-espagnole: Pyrénées occidentales*, Pau, 1991.

Catani(Y.) et Osti(F.), éd., *L'orso nelle Alpi*, Tranto, 1986.

Couturier(M.), *L'Ours brun. Ursus arctos*, Grenoble, 1954.

Dendaletche(C.), dir., *L'Ours brun. Pyrénées, Abruzzes, monts Cantabriques, Alpes du Trentin*, Pau, 1986.

Erkenschwick(O.) et Paproth(H. J.), "Bär, Bären", K. Ranke, dir., *Enzyklopädie des Märchens*, I, Berlin, 1977, col. 1194-1207.

Kazeeff(W. N.), *L'Ours brun, roi de fa forêt*, Paris, 1934.

Krementz(A.), *Der Bär*, Berlin, 1888.

Lajoux(D.), *L'Homme et l'Ours*, Grenoble, 1996.

Miquel(A.), *Les Arabes et l'Ours*, Heidelberg, 1994.

Le Franc(N. N.) et Moss(M. B.), dir., *Grizzly Bears Compendium*, Missoula(USA), 1987.

Ours(L'), l'autre de l'homme, numéro spécial de la revue *Études mongoles et sibériennes*(Paris), vol. 11, 1980.

Parde(J. M.) et Camarra(J. J.), *L'Ours(Ursus arctos, Linnaeus, 1758)*, Nantes, 1992 (*Encyclopédie des carnivores de France*, 5).

Petter(F.), dir., *D'ours en ours*, catalogue de l'exposition, Paris, Muséum national d'histoire naturelle, 1988.

Peuckert(H.), "Bär", H. Bächtold-Stäubli, éd., *Handwörterbuch des deutschen Aberglaubens*, I, Leipzig, 1927, col. 881-905.

Praneuf(M.), *L'Ours et les Hommes dans les traditions européennes*, Paris, 1989.

Stauch(L.), "Bär", *Reallexikon zur deutschen Kunstgeschichte*, I, Stuttgart, 1937, col. 1442-1449.

Volmar(F. A.), *Das Bärenbuch*, Berne, 1940.

Ward(P.) et Kynaston(S.), *Bears of the World*, Boston, 1995.

2. 선사시대

Bachler(E.), "Das Drachenloch ob Vättis im Taminatale und seine Bedeutung als paläontologische Fundstätte und prähistorische Niederlassung aus der Altsteinzeit im Schweizerlande", *Jahrbuch der St. Gallischen Naturwissenschaftlichen Gesellschaft*, vol. 57, 1920-1921, pp. 1-144.

Begouën(H.), Casteret(N.) et Capitan(L.), "La caverne de Montespan", *Revue anthropologique*, t. 33, 1923, pp. 333-350.

Bernadac(C.), *Le Premier Dieu*, Neuilly-sur-Seine, 2000.

Bonifay(E.), "L'homme de Neandertal et l'ours(Ursus arctos) dans la grotte du Regourdou", T. Tillet et L. R. Binford, dir., *L'Ours et l'Homme*, Liege, 2002, pp. 247-254.

Bosch(R.), *L'Ours Totem d'Arles sur Tech*, Arles-sur-Tech, 1987.

Clottes(J.) et Courtin(J.), *La Grotte Cosquer*, Paris, 1994.

Clottes(J.), dir., *La Grotte Chauvet. L'art des origines*, Paris, 2001.

Fosse(P.), Morel(P.) et Brugal(J. P.), "Taphonomie et éthologie des ursidés pléistocènes", T. Tillet et L. R. Binford, dir., *L'Ours et l'Homme*, Liège, 2002, pp. 79-101.

Garcia(M. A.) et Morel(P.), "Restes et reliefs. Présence de l'homme et de l'ours dans la grotte de Montespan", *Anthropozoologica*, t. 21, 1995, pp. 73-78.

Koby(F. E.), "Les paléolithiques ont-ils chassé l'ours des cavernes?", *Bulletin de la Société jurassienne d'émulation de Porrentruy*, 1953, pp. 30-40.

Morel(P.) et Garcia(M. A.), "La chasse à l'ours dans l'art paléolithique", T. Tillet et L. R. Binford, dir., *L'Ours et l'Homme*, Liège, 2002, pp. 219-228.

Narr(K. J.), "Bärenzeremoniell und Schamanism in der älteren Steinzeit", *Saeculum*, vol. 10, 1959, pp. 233-272.

Pacher(M.), "Polémique autour d'un culte de l'ours des cavernes", T. Tillet et L. R. Binford, dir., *L'Ours et l'Homme*, Liège, 2002, pp. 235-246.

Philippe(M.), "L'ours des cavernes de La Balme-à-Colomb", *Mémoires et Documents de la Société savoisienne d'histoire et d'archéologie*(Chambéry), vol. 95, 1993, pp. 85-94.

Tillet(T.) et Binford(L. R.), dir., *L'Ours et l'Homme*, Liège, 2002.

3. 고대

Bachoffen(J. J.), *Der Bär in den Religionen des Altertums*, Bâle, 1863.

Bertrandy(E), "Remarques sur le commerce des bêtes sauvages entre l'Afrique du Nord et l'Italie", *Mélanges de l'École française de Rome. Antiquité*, vol. 99, fasc. 1, 1987, pp. 211-241.

Bevan(E.), "The Goddess Artemis and the Dedication of Bears in Sanctuaries", *Annual of the British School of Athens*, t. 82, 1987, pp. 17-21.

Bomgardner(D.), "The Trade in Wild Beasts for Roman Spectacles: A Green Perspective", *Anthropozoologica*, t. 16, 1992, pp. 161-166.

Goguey(D.), "Les Romains et les animaux: regards sur les grands fauves", *Homme et Animal dans l'Antiquité romaine*, Tours, 1995, pp. 51-66.

Kaufmann-Heinimann(A.), *Dea Artio, die Bärengöttin von Muri*, Berne, 2002.

Lévêque(P.), "Sur quelques cultes d'Arcadie: princesse-ourse, hommes-loups et dieux-chevaux", *L'Information historique*, t. 23, 1961, pp. 93-108.

Sanchez-Ruiprez(P.), "La dea Artio celta y la Artemis griega. Un aspeto religioso de la afinidad celto-iliria", *Zephyrus*, t. 2, 1951, pp. 89-95.

Ville(G.), "Les jeux de gladiateurs dans l'Empire chrétien", *Mélanges de l'Ecole française de Rome. Antiquité*, vol. 62, 1960, fasc. I, pp. 273-335.

.Zenker(S.), "Bär", *Reallexikon für Antike und Christentum*, I, Stuttgart, 1950, col. 1143-1147.

4. 중세

Andreolli(B.), "L'orso nella cultura nobiliare dall'Historia Augusta a Chrétien de Troyes", B. Andreolli et M. Montanari, éd., *Il bosco nel Medioevo*, Bologne, 1989, pp. 35-54.

Beck(C.), "Approches des territoires historiques de l'ours en Europe au Moyen Âge", *Actes du XVIᵉ colloque de la Société française pour l'étude et la protection des mammifères*, Grenoble, 1993, pp. 94-100.

Beck(C.), "Approches du traitement de l'animal chez les encyclopédistes du XIIIᵉ siècle: l'exemple de l'ours", M. Picone, éd., *L'enciclopedismo medievale*, Ravenne, 1994, pp. 163-178.

Berheimer(R.), *Wild Men in the Middle Ages*, Cambridge(Mass.), 1952.

Boglioni(P.), "Les animaux dans l'hagiographie monastique", J. Berlioz et M. A. Polo de Beaulieu, éd., *L'Animal exemplaire au Moyen Âge(V^e-XVe s.)*, Rennes, 1999, pp. 51-80.

Gaignebet(C.) et Lajoux(D.), *Art profane et Religion populaire au Moyen Âge*, Paris, 1985.

Grisward(J.), "Ider et le tricéphale. D'une aventure arthurienne à un mythe indien", *Annales E.S.C.*, 33/2, mars-avril 1978, pp. 279-293.

Hauck(K.), "Tiergarten Un Pfalzbereich", *Deutsche Königspfalzen*, I, Heidelberg, 1963, pp. 30-74.

Hiestand(R.), "König Balduin und sein Tanzbär", *Archiv für Kulturgeschichte*, 70(1988), pp. 343-360.

Höfler(J.), "Berserker", *Reallexikon der germanischen Altertumskunde*, t. 2, Berlin, 1976, pp. 298-304.

Husband(T.), *The Wild Man: Myth and Symbolism*, New York, The Metropolitan Museum of Art, 1980.

Klein(E.), "Un ours bien léché. Le thème de l'ours chez Hildegarde de Bingen", *Anthropozoologica*, t. 19, 1994, pp. 45-54.

Kuhn(H.), "Kämpen und Berserker", *Frühmittelalterliche Studien*, t. 2, 1968, pp. 222-234.

Montanari(M.), "Uomini e orsi nelle fond agiografiche dell'alto medioevo", G. Blaschitz et G. Jaritz, éd., *Symbole des Alltags, Alltag der Symbole. Festschrift für Harry Kühnel*, Graz, 1992, pp. 571-587.

Pastoureau(M.), "Quel est le roi des animaux?", *Le Monde animal et ses représentations au Moyen Âge*, Toulouse, 1985, pp. 133-142.

Pastoureau(M.), "Nouveaux regards sur le monde animal à la fin du Moyen Âge", *Micrologus. Natura, scienze e società medievali*, IV, Turnhout, 1996, pp. 41-54.

Pasroureau(M.), "Pourquoi tant de lions dans l'Occident médiéval?", A. Paravicini Bagliani, éd., *Il mondo animale. The World of Animals*, Turnhout, 2000, t. I, pp. 11-30(Micrologus, VIII, 1-2).

Walter(P.), "Der Bär und der Erzbischof: Masken und Mummentanz bei Hinkmar von Reims und Adalbero von Laon", D. Altenburg et al, éd., *Feste und Feiern im Mittelalter*, Sigmaringen, 1991, pp. 377-388.

Walter(P.), *Arthur. L'ours et le roi*, Paris, 2002.

Wehrhahn(L.) et Stauche(L.), "Bär", *Lexikon der christlichen Ikonographie*, I, Fribourg-en-Brisgau, 1974, col. 242-244.

Zink(M.), "Froissart et la nuit du chasseur", *Poétique. Revue de théorie et d'analyses littéraires*, 41(1980), pp. 60-77.

5. 근대와 민족학

Begouen(J.), "L'ours Martin en Ariège", *Bulletin de la Société ariégeoise des sciences, lettres et arts*, 1966, pp. 111-175.

Benhammou(F), *Vivre avec l'ours*, s.l.(Éditions Hesse), 2005.

Bobbé(S.), *L'Ours et le Loup. Essai d'anthropologie symbolique*, Paris, 2002.

Bobbé(S.), "Analyse de la fête de l'ours contemporaine en Catalogne française", A. Couret et F. Ogé, éd., *Homme, Animal Société. Actes du colloque de Toulouse, 1987*, Toulouse, 1989, vol. 3, pp. 401-417.

Boratav(N.), "Les histoires d'ours en Anatolie", *Fellow Folklore Communication*, 304, 1955, pp. 3-46.

Bouchet(J. C.), *Histoire de la chasse dans les Pyrénées(XVIe-XXe s.)*, Pau, 1990.

Bull(P.), *The Teddy Bear Book*, Londres-New York, 1983.

Chichlo(B.), "L'ours-chaman", *Études mongoles et sibériennes*, vol. 11(*L'Ours, l'autre de l'homme*), 1980, pp. 35-112.

Chiva(M.), dir., *L'Enfant et la Peluche. Le dialogue par La douceur*, Nanterre, 1984.

Cockrill(P.), *The Teddy Bear Encyclopedia*, Londres, 1993.

Corso(R.), *L'orso della Candelora*, Helsinki, 1955.

Dendaletche(C.), *La Cause de l'ours*, Paris, 1993.

Edsman(C. M.), "The Story of the Bear Wife in Nordic Tradition", *Ethnos*, 21(1956), pp. 38-56.

Edsman(C. M.), "La fête de l'ours chez les Lapons. Sources anciennes et recherches récentes sur certains rites de chasse aux confins septentrionaux de la Scandinavie", *Proxima Thulé. Revue d'etudes nordiques*(Paris), 2(1996), pp. 11-49.

Fabre(D.), "*Jean de l'Ours*". *Analyse flrmelle et thématique d'un conte populaire*, Carcassonne, 1971.

Fabre(D.), "Réflexions sur l'anthropologie de l'ours dans les Pyrénées", *Cahiers de l'université de Pau et des pays de l'Adour*, juin 1977, pp. 57-67.

Gastou(F. R.), *Sur les traces des montreurs d'ours des Pyrénées et d'ailleurs*, Toulouse, 1987.

Hallowell(A. I.), "Bear Ceremonialism in the Northern Hemisphere", *The American Anthropologist*, 28 (1926), pp. 51-202.

Hasselbrink(G.), "La chanson d' ours des Lapons. Essai d'interprétation d'un manuscrit du XVIIIe siècle concernant la chasse et le culte de l'ours", *Orbis. Bulletin international de documentation linguistique*, t. XIII, 1964, pp. 420-480.

Honko(L.), *The Great Bear. A Thematic Anthology of Oral Poetry in the Finno-ougrian Languages*, Helsinki, 1993.

Ivanter(E. Y.) et Bibikov(D. I.), dir., *Medvedi-Bears*, Moscou, 1993.

Krohn(K.), "Bär, Wolf und Fuchs", *Journal de la Société finnoougrienne*(Helsinki), 6(1889), pp. 1-132.

Maleyran(D.), *Les Ours. Situation actuelle en France à l'état sauvage et en captivité*, thèse, Maisons-Alfort, 1995.

Margolin(J. C.), "Sur quelques figures de l'ours à la Renaissance", M. T. Jones-Davies, éd., *Le Monde animal au temps de la Renaissance*, Paris, 1990, pp. 219-242.

Marliave(O. de), *Histoire de l'ours dans les Pyrénées*, Toulouse, 2000.

Mathieu(R.), "La patte de l'ours", *L'Homme. Revue française d'anthropologie*, t. XXIV, fasc. 1, janvier-mars 1984, pp. 5-42.

Merlet(F.), *L'Ours, seigneur des Pyrénées*, Pau, 1971.

Paproth(H. J.), *Studien über das Bärenzeremoniell. Bärenjagdriten und Bärenfeste bei den tungusischen Völkern*, Uppsala, 1976.

Prêtre(B.), *Les Derniers Ours de Savoie et du Dauphiné, de Genève à Barcelonette. Essai sur la triste fin des ours alpins*, Grenoble, 1996.

Randa(V.), *L'Ours polaire et les Inuits*, Paris, 1986.

Scheube(B.), *Das Bärencultus und die Bärenfesten der Aïnos*, Yokohama, 1880.

Zetterberg(H.), *Björnen i sägen och verkligheten*, Uppsala, 1951.

동물과 마주한 역사가

1. 개론

Abel(O.), *Animali del passato*, Rome, 1940.

Animal(L'), Son histoire et ses droits, numéro spécial de la revue *Le Débat*, vol. 27, novembre 1983.

Animaux(Les), Domestication et représentation, numéro spécial de la revue L'Homme, n° 108, vol. XXVIII/4, octobre-décembre 1988.

Bodson(L.), éd., *L'Animal dans l'alimentation humaine. Les critères de choix*, Paris, 1988.

Bodson(L.), éd., *L'Histoire de la connaissance du comportement animal*, Liège, 1993(*Colloque d'histoire des connaissances zoologiques*, vol. 4).

Bodson(L.), éd., *Le Statut éthique de l'animal*, Liège, 1996(Colloque d'histoire des connaissances zoologiques, vol. 7).

Bodson(L.), éd., *L'Animal de compagnie. Ses rôles et leurs motivations au regard de l'histoire*, Liege, 1997(Colloque d'histoire des connaissances zoologiques, vol. 8).

Bodson(L.), éd., *Les Animaux exotiques dans les relations internationales: espèces, fonctions, significations*, Liège, 1998(*Colloque d'histoire des connaissances zoologiques*, vol. 9).

Bodson(L.) et Ribois(R.), éd, *Contribution à l'histoire de la domestication*, Liege, 1992(*Colloque d'histoire des connaissances zoologiques*, vol. 3).

Boudet(J.), *L'Homme et l'Animal. Cent mille ans de vie commune*, Paris, 1962.

Bousquet(G. H.), "Des animaux et de leur traitement selon le judaïsme, le christianisme et l'islam", *Studia islamica*, vol. IX, 1958, pp. 31-48.

Chaix(L.) et Meniel(P.), *Archéozoologie. Les animaux et l'archéozoologie*, Paris, 2001.

Cohen(E.), "Law, Foklore and Animal Lore", *Past and Present*, t. 110, 1986, pp. 6-37.

Couret(A.) et Ogé(F.), éd., *Homme, Animal Société. Actes du colloque de Toulouse*, 1987, Toulouse, 1989, 3 vol.

Crosby(W), *Ecological Imperialism. The Biological Expansion of Europe, 900-1900*, Cambridge (G. B.), 1986.

Dekkers(M.), *Geliebtes Tier. Die Geschichte einer innigen Beziehung*, Reinbek(All.), 1996.

Delort(R.), *Les animaux ont une histoire*, Paris, 1984.

Desse(J.) et Audoin-Rouzeau(F.), dir., *Exploitation des animaux sauvages à travers le temps*, Juan-les-Pins, 1993.

Digard(J. P.), *L'Homme et les Animaux domestiques. Anthropologie d'une passion*, Paris, 1990.

Durand(R.), éd., *L'Homme, l'Animal domestique et l'Environnement du Moyen Âge au XVIIIe siècle. Actes du colloque de Nantes(1992)*, Nantes, 1993.

Evans(E. P.), *The Criminal Prosecution and Capital Punishment of Animals*, Londres, 1906.

Fontenay(E. de), *Le Silence des bêtes. La philosophie à l'épreuve de l'animalité*, Paris, 1998.

Franklin(A.), *La Vie privée d'autrefois: les animaux*, Paris, 1897-1899, 2 vol.

Grieser(D.), *Im Tiergarten der Weltliteratur*, Munich, 1993.

Gubernatis(A. de), *Mythologies zoologiques ou les Légendes animales*, 재판. Milan, 1987.

Hennebert(E.), *Histoire militaire des animaux*, Paris, 1893.

Klingender(E. D.), *Animals in Art and Thought to the End of the Middle Ages*, Londres, 1971.

Lenoble(R.), *Histoire de l'idée de nature*, Paris, 1969.

Lévi-Strauss(C.), *La Pensée sauvage*, Paris, 1962.

Lewinsohn(R.), *Histoire des animaux*, Paris, 1953.

Loevenbruck(P.), *Les Animaux sauvages dans l'histoire*, Paris, 1955.

Loisel(G.), *Histoire des ménageries de l'Antiquité à nos jours*, Paris, 1912, 3 vol.

Marino Ferro(X. R.), *Symboles animaux*, Paris, 1996.

Pastoureau(M.), *Les Animaux célèbres*, Paris, 2002.

Petit(G.) et Théodoridès(J.), *Histoire de la zoologie des origines à Linné*, Paris, 1962.

Planhol(X. de), *Le Paysage animal. L'homme et la grande foune. Une zoogéographie historique*, Paris, 2004.

Porter(J. R.) et Russell(W. M. S.), éd., *Animals in Folklore*, Ipswich, 1978.

Rozan(C.), *Les Animaux dans les proverbes*, Paris, 1902, 2 vol.

Sälzle(K.), *Tier und Mensch. Das Tier in der Geistgeschichte der Menschheit*, Munich, 1965.

Vartier(J.), *Les Procès d'animaux du Moyen Âge à nos jours*, Paris, 1970.

Zeuner(F. E.), *A History of Domesticated Animals*, Londres, 1963.

2. 선사시대

Bandi(H. G.) *et al*, éd., *La Contribution de la zoologie et de l'éthologie à l'interprétation de l'art des peuples chasseurs préhistoriques*, Fribourg(Suisse), 1984.

Cauvin(J.), *Naissance des divinités, Naissance de l'agriculture. La révolution des symboles au Néolithique*, Paris, 1994.

Clottes(J.) et Lewis-Williams(D.), *Les Chamanes de La Préhistoire*, 2ᵉ éd., Paris, 2001.

Gautier(A.), *La Domestication*, Paris, 1990.

Leroi-Gourhan(A.), "Chronologie zoologique", A. Leroi-Gourhan, dir., *La Préhistoire*, Paris, 1966, pp. 298-306.

Leroi-Gourhan(A.), *Les Chasseurs de la Préhistoire*, 2ᵉ éd., Paris, 1992.

Leroi-Gourhan(A.), *Les Religions de La Préhistoire*, 5ᵉ éd., Paris, 2001.

Vialou(D.), *L'Art des grottes*, Paris, 1998.

3. 고대

Amat(J.), *Les Animaux flmiliers dans La Rome antique*, Paris, 2002.

Anderson(J. K.), *Hunting in the Ancient World*, Berkeley, 1985.

Arbogast(R.M.) *et al.*, éd., *Une histoire de l'élevage. Les animaux et l'archéologie*, Paris, 1987.

Aymard(J.), *Étude sur les chasses romaines des origines à la fin des Antonins*, Paris, 1951.

Beiderbeck(R.) et Knoop(B.), *Bestiarium. Berichte aus der Tierwelt der Alten*, Lucerne, 1978.

Bible de A à Z(La), Animaux, plantes, minéraux et phénomènes naturels, Turnhout, 1989.

Bouche-Leclercq(A.), *Histoire de la divination dans l'Antiquité*, Paris, 1879-1882, 4 vol.

Calvet(J.) et Cruppi(M.), *Le Bestiaire de l'Antiquité classique*, Paris, 1955.

Cassin(E.), "Le roi et le lion", *Revue d'histoire des religions*, 1981, pp. 355-401.

Détienne(M.) et Vernant(J. P.), *La Cuisine du sacrifice en pays grec*, Paris, 1979.

Dierauer(U.), *Tier und Mensch im Denken der Antike*, Amsterdam, 1977.

Dumont(J.), *Les Animaux dans l'Antiquité grecque*, Paris, 2001.

Gontier(T.), *L'Homme et l'Animal La philosophie antique*, Paris, 2001.

Jennison(G.), *Animals for Show and Pleasure in Ancient Rome*, Manchester, 1937.

Homme et Animal dans l'Antiquité romaine. Actes du colloque de Nantes, 1991, Tours, 1995.

Keller(O.), *Die antike Tierwelt*, Leipzig, 1909-1913, 2 vol.

Labarrière(J. L.) et Romeyer-Dherby(G.), éd., *L'Animal dans l'Antiquité*, Paris, 1998.

Lévêque(P.), *Bêtes, Dieux et Hommes. L'imaginaire des premières religions*, Paris, 1985.

Manquat(A.), *Aristote naturaliste*, Paris, 1932.

Pangritz(W.), *Das Tier in der Bibel*, Munich, 1963.

Pellegrin(P.), *La Classification des animaux chez Aristote*, Paris, 1983.

Prieur(G.), *Les Animaux sacrés dans l'Antiquité*, Paris, 1988.

Pury(A. de), *L'Animal l'Homme, le Dieu dans le Proche-Orient ancien*, Louvain, 1984.

Rudhardt(G.) et Reverdin(O.), *Le Sacrifice dans l'Antiquité*, Genève, 1981.

Sauvage(A.), *Étude de thèmes animaliers dans la poésie latine*, Bruxelles, 1975.

Schouten van der Velden(A.), *Tierwelt der Bibel*, Stuttgart, 1992.

Toynbee(J. M. C.), *Animals in Roman Life and Arts*, Londres, 1973.

Trinquier(J.), "Localisation et fonction des animaux sauvages dans l'Alexandrie lagide: la question du zoo d'Alexandrie", *Mélanges de l'École française de Rome. Antiquité*, t. 114, fasc. 2, 2002, pp. 861-919.

Vernus(P.) et Yoyotte(J.), *Bestiaire des pharaons*, Paris, 2005.

4. 중세

(1) 개론

Audoin-Rouzeau(E), *Hommes et Animaux en Europe de l'époque antique aux temps modernes. Corpus de donnees archéozoologiques et historiques*, Paris, 1993.

Berlioz(J.) et Polo de Beaulieu(M. A.), éd., *L'Animal exemplaire au Moyen Âge(Ve-XVe s.)*, Rennes, 1999.

Colardelle(M.), dir., *L'Homme et La Nature au Moyen Âge*, Paris, 1996.

Flores(N. C.), éd., *Animals in the Middle Ages. A Book of Essays*, New York-Londres, 1996.

Monde animal et ses représentations au Moyen Âge (XIe-XVe s.) [Le]. Actes du XVe congrès de la Société des historiens médiévistes de l'enseignement supérieur public(1984), Toulouse, 1985.

Paravicini(W.), "Tiere aus dem Norden", *Deutsches Archiv für die Erforschung des Mittelalters*, t. 59/2, 2003, pp. 559-591.

Paravicini Bagliani(A.), éd., *Il mondo animale. The World of Animals, Turnhout-Florence*, 2000,

2 vol. (*Micrologus*, VIII, 1-2).

Pastoureau(M.), "L'animal et l'historien du Moyen Âge", J. Berlioz et M. A. Polo de Beaulieu, éd., *L'Animal exemplaire au Moyen Âge(V^e-XVe s.)*, Rennes, 1999, pp. 13-26.

Salisbury(J. E.), éd., *The Beast Within. Animals in the Middle Ages*, New York, 1994.

Uomo di fronte al mondo animale(L'). *Settimane di studio del Centro italiano di studi sull'alto medioevo(1982)*, Spolète, 1984.

(2) 교부, 신학, 성인전

Anti(E.), *Santi e animali nell'Italia padana(secoli IV-XII)*, Bologne, 1998.

Bernhart(J.), *Heilige und Tiere*, Munich, 1937.

Boglioni(P.), "Les animaux dans l'hagiographie monastique", J. Berlioz et M. A. Polo de Beaulieu, éd., *L'Animal exemplaire au Moyen Âge(V^e-XVe s.)*, Rennes, 1999.

Bousquet(G. H.), "Des animaux et de leurs traitements selon le judaïsme, le christianisme et l'islam", *Studia islamica*, t. IX, 1958, pp. 31-48.

Cardini(E.), "Francesco d'Assisi e gli animali", *Studi Francescani(Firenze)*, vol. 78/1-2, 1981, pp. 7-46.

Guilbert(L.), "L'animal dans la *Légende dorée*", B. Dunn-Lardeau, éd., *«Legenda aurea»: sept siècles de diffusion*, Montréal, 1986, pp. 77-94.

Hesbert(R. J.), "Le bestiaire de Grégoire", J. Fontaine, éd., *Grégoire le Grand*, Paris, 1986, pp. 455-466.

Miquel(Dom P.), *Dictionnaire symbolique des animaux. Zoologie mystique*, Paris, 1992.

Nitschke(A.), "Tiere und Heilige", *Festgabe für Kurt von Raumer*, Münster, 1966, pp. 62-100.

Penco(G.), "Il simbolesco animalesco nella letteratura monastica", *Studia monastica*, t. 6, 1964, pp. 7-38.

Voisenet(J.), *Bestiaire chrétien. L'imagerie animale des auteurs du haut Moyen Âge, (V^e-XIe s.)*, Toulouse, 1994.

Voisenet(J.), *Bêtes et Hommes dans le monde médiéval. Le bestiaire des clercs du Ve au XIIe siècle*, Turnhout, 2000.

Waddell(H.), *Beasts and Saints*, Londres, 1934.

(3) 동물지와 백과사전

Aristotle's Animals in the Middle Ages and Renaissance, Louvain, 1999.

Allen(L. G.), *An Analysis of the Medieval French Bestiaries*, Chapel Hill(USA), 1935.

Baxter(R.), *Bestiaries and their Users in the Middle Ages*, Phoenix Mill(G. B.), 1999.

Borst(A.), *Das Buch der Naturgeschichte. Plinius und seine Leser im Zeit des Pergaments*, 2e éd., Heidelberg, 1995.

Bouard(M. de), *Une nouvelle encyclopédie médievale: le «Compendium philosophiae»*, Paris, 1936.

Clark(W. B.) et McNunn(T.), éd., *Beasts and Birds of the Middle Ages. The Bestiary and its Legacy*, Philadelphie, 1989.

Febel(G.) et Maag(G.), *Bestiarien im Spannungsfeld. Zwischen Mittelalter und Moderne*, Tübingen, 1997.

George(W) et Yapp(B.), *The Naming of the Beasts. Natural History in the Medieval Bestiary*, Londres, 1991.

Hassig(D.), *Medieval Bestiaries: Text, Image, Ideology*, Cambridge(G. B.), 1995.

Henkel(N.), *Studien zum Physiologus im Mittelalter*, Tiibingen, 1976.

Heyse(E.), *Hrabanus Maurus'Enzyklopädie «De rerum naturis». Untersuchungen zu den Quellen und zur Methode der Kompilation*, Munich, 1969.

James(M. R.), *The Bestiary,* Oxford, 1928.

Kitchell(K. E) et Resnick(I. M.), *Albertus Magnus on Animals. A Medieval Summa Zoologica*, Berkeley, 1998, 2 vol.

Langlois(C. V.), *La Connaissance de fa nature et du monde au Moyen Âge*, Paris, 1911.

Lauchert(F.), *Geschichte der Physiologus*, Strasbourg, 1889.

McCullough(E), *Medieval Latin and French Bestiaries*, Chapel Hill(USA), 1960.

Meyer(P.), "Les bestiaires", *Histoire litteraire de la France*, t. 34, 1914, pp. 362–390.

Muratova(X.), *The Medieval Bestiary*, Moscou, 1984.

Picone(M.), éd., *L'enciclopedismo medievale*, Ravenne, 1994.

Ribemont(B.), *De natura rerum: Études sur les encyclopédies médiévales*, Orleans, 1995.

Van den Abeele(B.), éd., *Bestiaires médiévaux. Nouvelles perspectives sur les manuscrits et les traditions textuelles*, Louvain-la-Neuve, 2005.

(4) 사냥

Chasse au Moyen Âge(La). *Actes du colloque de Nice(juin 1979)*, Nice, 1980.

Cummins(J.), *The Hound and the Hawk. The Art of the Medieval Hunting*, Londres, 1988.

Galloni(P.), *Il cervo e il lupo. Caccia e cultura nobiliare nel medioevo*, Rome-Bari, 1993.

Lecouteux(C.), *Chasses fantastiques et Cohortes de fa nuit au Moyen Âge*, Paris, 1999.

Lindner(K.), *Die Jagd im frühen Mittelalter*, Berlin, 1960(Geschichte der deutschen Weidwerks, vol. 2).

Picard(E.), "La vénerie et la fauconnerie des dues de Bourgogne", *Mémoires de la Société éduenne(Autun)*, 9, 1880, pp. 297-418.

Rösener(W), éd., *Jagd und höfische Kultur im Mittelalter*, Göttingen, 1997, pp. 123-147.

Strubel(A.) et Saulnier(C. de), *La Poétique de la chasse au Moyen Âge. Les livres de chasse du*

XIVe siècie, Paris, 1994.

Van den Abeele(B.), *La Fauconnerie dans les lettres françaises du XIIe au XIVe siècie*, Louvain, 1990.

Van den Abeele(B.), *Les Traités de fouconnerie latins du Moyen Âge*, Louvain-la-Neuve, 1991.

Van den Abeele(B.), *La Littérature cynégétique*, Turnhout, 1996*(Typologie des sources du Moyen Âge occidental*, 75).

Verdon(J.), "Recherches sur la chasse en Occident durant le haut Moyen Âge", *Revuebelge de philologie et d'histoire*, t. 56, 1978, pp. 805-829.

(5) 문학

Bichon(J.), *L'Animal dans la littérature française aux XIIe et XIIIe siècles*, thèse, Lille, 1977, 2 vol.

Buschinger(D.), éd., *Hommes et Animaux au Moyen Âge*, Greifswald, 1997.

Dicke(G.) et Grubmiiller(K.), *Die Fabien des Mittelalters und der frühen Neuzeit. Ein Katalog der deutschen Versionen und ihrer lateinischen Entsprechungen*, Munich, 1987.

Flinn(J.), Le *«Roman de Renart» dans la littérature française et dans les littératures étrangères au Moyen Âge*, Paris, 1 963.

Hervieux(L.), *Les Fabulistes latins depuis le siècle d'Auguste jusqu'à la fin du Moyen Âge*, Paris, 1884-1899, 5 vol.

Jauss(H. R.), *Untersuchungen zur mittelalterlichen Tierdichtung*, Tübingen, 1959.

Harf–Lancner(L.), éd., *Métamorphoses et Bestiaire fontastique au Moyen Âge*, Paris, 1985.

Hensel(W), "Die Vögel in der provenzalischen und nordfranzösischen Lyrik des Mittelalters", *Romanische Forschungen*, t. XXVI, 1891, pp. 584-670.

Knapp(F. R.), *Das lateinische Tierepos*, Darmstadt, 1979.

Lecouteux(C.), *Les Monstres dans la littérature allemande du Moyen Âge(1150-1350)*, Göppingen, 1982, 3 vol.

Rombauts(E.) et Welkenhuysen(A.), dir., *Aspects of the Medieval Animal Epic*, Louvain, 1975.

Wüster(G.), *Die Tiere in der altfranzösischen Literatur*, Göttingen, 1916.

(6) 예술과 도상

Benton(J. R.), *The Medieval Menagerie. Animals in the Art of the Middle Ages*, New York, 1992.

Camus(M. T.), *Les Oiseaux dans la sculpture du Poitou roman*, Poitiers, 1973.

Debidour(V. H.), *Le Bestiaire sculpté du Moyen Âge en France*, Paris, 1961.

Druce(G. C.), "The Medieval Bestiaries and their Influence on Ecclesiastical Decorative Art", *Journal of the British Archeological Association*, vol. 25, 1919, pp. 41-82, et vol. 26, 1920, pp. 35-79.

Evans(E. P.), *Animal Symbolism in Ecclesiastical Architecture*, Londres, 1896.

Gathercole(P. M.), *Animals in Medieval Manuscript Illumination*, New York, 1995.

Houwen(L.), éd., *Animals and the Symbolic in Medieval Art and Literature*, Groningen, 1997.

Hicks(C.), *Animals in Early Medieval Art*, Édimbourg, 1993.

Jean-Nesmy(C.), *Bestiaire roman*, Paris, 1977.

Malaxecheverria(I.), *El bestiario esculpido en Navarra*, Pampelune, 1982.

Michel(P.), *Tiere als Symbol und Ornament*, Berne, 1979.

Muratova(X.), "Adam donne leurs noms aux animaux. l'iconographie de la scène dans l'art du Moyen Âge...", *Studi Medievali*, 3ᵉ série, t. XVIII, décembre 1977, pp. 367-394.

Pastoureau(M.), "Le monde animal", J. Dalarun, dir., *Le Moyen Âge en lumière. Manuscrits enluminés des bibliothèques de France*, Paris, 2001, pp. 64-105.

Payne(A.), *Medieval Beasts*, Londres, 1990.

Randall(L.), *Images in the Margins of Gothic Manuscripts*, Berkeley, 1966.

Tesnière(M. H.), *Bestiaire médiéval. Enluminure*, Paris, 2005.

(7) 표상과 상징

Blankenburg(W. von), *Heilige und dämonische Tiere. Die Symbolsprache der deutschen Ornamentik im frühen Mittelalter*, Leipzig, 1942.

Charbonneau-Lassay(L.), *Le Bestiaire du Christ*, Bruges, 1940.

Laurioux(B.), "Manger l'impur. Animaux et interdits alimentaires durant le haut Moyen Âge", *Homme, Animal et Société*, Toulouse, 1989, t. III, pp. 73-87.

Lecouteux(C.), *Les Monstres dans fa pensée médiévale européenne. Essai de présentation*, Paris, 1993.

Pastoureau(M.), "Bestiaire du Christ, bestiaire du Diable. Attribut animal et mise en scène du divin dans l'image médiévale", *Couleurs, Images, Symboles. Études d'histoire et d'anthropologie*, Paris, 1986, pp. 85-110.

Pastoureau(M.), "Nouveaux regards sur le monde animal à la fin du Moyen Âge", A. Paravicini, éd., *Le Théâtre de fa nature au Moyen Âge*, Turnhout-Florence, 1996, pp. 41-54(*Micrologus. Natura, scienze e società medievali*, vol. IV).

Pastoureau(M.), "Le bestiaire des cinq sens", A. Paravicini, éd., *Les Cinq Sens au Moyen Âge*, Turnhout-Florence, 2000, pp. 5-19(*Micrologus. Natura, scienze e società medievali, vol IX*).

Pastoureau(M.), *Une histoire symbolique du Moyen Âge occidental*, Paris, 2004.

Rowland(B.), *Animal with Human Faces. A Guide to Animal Symbolism*, Knoxville, 1973.

Rowland(B.), *Birds with Human Souls. A Guide to Bird Symbolism*, Knoxville, 1978.

Schmidtke(D.), *Geistliche Tierinterpretation in der deutschsprachigen Literatur des*

Mittelalters(1100-1500), Munich, 1968.

Steinen (W. von den), "Altchristlich-mittelalterliche Tiersymbolik", *Symbolum*, t. IV, 1964, pp. 218–243.

Vincent-Cassy(M.), "Les animaux et les péchés capitaux: de la symboli que à l'emblématique", *Le Monde animal et ses représentations au Moyen Âge (XIe-XVe s.)*. Actes du XVe congrès de la Société des historiens médiévistes de l'enseignement supérieur public(1984), Toulouse, 1985, pp. 121-132.

(8) 법

Amira(K. von), "Thierstrafen und Thierprocesse", *Mitteilungen des Instituts für Oesterreichische Geschichtsforschung*, t. XII, 1891, pp. 546-606.

Berkenhoff(H. A.), *TierstraJe, Tierbannung und rechtsrituelle Tiertötung im Mittelalter*, Leipzig, 1937.

Chène(C.), *Juger les verso Exorcismes et procès d'animaux dans le diocèse de Lausanne (XVe-XVIe siècles)*, Lausanne, 1995(Cahiers lausannois d'histoire médiévale, vol. 14).

Menabrea(L.), *De l'origine, de la forme et de l'esprit des jugements rendus au Moyen Âge contre les animaux*, Chambery, 1946.

Pastoureau(M.), "Une justice exemplaire: les procès intentés aux animaux(XIIIe-XVIe s.)", *Cahiers du Léo pard d'or*, vol. 9(*Les Rituels judiciaires*), 2000, pp. 173-200.

5. 근대

Baratay(E.), *L'Église et l'Animal*(France, XVIIe-XXe siècle), Paris, 1996.

Baratay(E.) et Hardouin-Fugier(E.), *Zoos. Histoire des jardins zoologiques en Occident(XVIe-XXe siècle)*, Paris, 1998.

Barclay(L. J.), *Animals in Renaissance Literature and Art*, Oxford, 1971.

Baümer(A.), *Zoologie der Renaissance, Renaissance der Zoologie*, Francfort-sur-le-Main, 1991.

Campardon(E.), *Les Spectacles de la foire*, Genève, 1970, 2 vol.

Daudin(H.), *Les Classes zoologiques et l'Idée de série animale en France à l'époque de Lamarck et de Cuvier(1790–1830)*, Paris, 1926-1927, 2 vol.

Delaunay(P.), *La Zoologie au XIe siècle*, Paris, 1962.

Dittrich(S. et L.), *Lexikon der Tiersymbole. Tiere als Sinnbilder in der Malerei des 14.-17. Jahrhunderts*, 2e éd., Petersberg(All.), 2005.

Haupt(H.), *Le Bestiaire de Rodolphe II*, Paris, 1990.

Lacroix(J. B.), "L'approvisionnement des ménageries et les transports d'animaux sauvages par la Compagnie des Indes au XVIIIe siècle", *Revue française d'histoire d'outremer*, 1978, pp.

153-179.

Leibbrand(J.), *Speculum bestialitatis. Die Tiergestalten der Fastnacht und des Karnevals im Kontext christlicher Allegorese*, Munich, 1988.

Moriceau(J. M.), *L'Élevage sous l'Ancien Regime(XVIe-XVIIIe siècle)*, Paris, 1999.

Nissen(C.), *Die zoologische Buchillustration, ihre Bibliographie und Geschichte*, Stuttgart, 1969-1978, 2 vol.

Paust(B.), *Studien zur barocken Menagerie in deutschsprachigen Raum*, Worms, 1996.

Risse(J.), *Histoire de l'élevage français*, Paris, 1994.

Salvadori(P.), *La Chasse sous l'Ancien Régime*, Paris, 1996.

Thomas(K.), *Dans le jardin de nature. La mutation des sensibilités en Angleterre à l'époque moderne(1500-1800)*, Paris, 1985.

6. 현대

Albert-Llorca(M.), *L'Ordre des choses. Les récits d'origine des animaux et des piantes en Europe*, Paris, 1991.

Blunt(W), *The Ark in the Park. The Zoo in the Nineteenth Century*, Londres, 1976.

Burgat(E), *Animal mon prochain*, Paris, 1997.

Couret(A.) et Daigueperse(C.), *Le Tribunal des animaux. Les animaux et le droit*, Paris, 1987.

Diole(P.), *Les Animaux malades de l'homme*, Paris, 1974.

Domalain(J. V.), *L'Adieu aux bêtes*, Grenoble, 1976.

Hediger(H.), *The Domestication of Animals in Zoos and Circuses*, 2e éd., New York, 1968.

Laissus(Y.) et Peter (J. J.), *Les Animaux du Museum, 1793-1993*, Paris, 1993.

Lévy(P. R.), *Les Animaux du cirque*, Paris, 1992.

Paietta(A. C.) et Kanpilla(J. L.), *Animals on Screen and Radio*, New York, 1994.

Rothel(D.), *The Great Show Business Animals*, New York-Londres, 1980.

Rovin(J.), *The Illustrated Encyclopedia of Cartoon Animals*, New York, 1991.

Thétard(H.), *Les Dompteurs*, Paris, 1928.

Thétard(H.), *La Merveilleuse Histoire du cirque*, Paris, 1978.

인명

지명

사항

글쓴이

미셸 파스투로 Michel Pastoureau

　1947년 파리에서 태어나 소르본대학과 국립고문서학교에서 공부했다. 20여년 동안 사회과학고등연구원의 객원교수로 있으면서 유럽의 상징사에 관한 세미나를 진행했으며, 최근에는 로잔대학과 제네바대학 등 유럽의 여러 대학에서 초빙교수로 학생들을 가르치고 있다.

　미셸 파스투로의 초기연구들은 문장·인장·이미지들을 대상으로 했는데, 그의 연구는 문장학을 학술적 연구의 주제로 승화시켰으며 그것을 온전한 역사과학으로 만드는 데 기여했다는 평가를 받는다. 1980년대 이후에는 색의 역사라는 주제를 연구하고 가르쳐 이 분야 최초의 국제적 전문가로 명성을 떨쳤다. 최근에는 중세 동물의 역사, 동물지, 동물학이라는 주제가 그의 연구에서 가장 중요한 부분을 차지하고 있다.

　이 책 『곰, 몰락한 왕의 역사』는 그의 최근 연구를 대표하는 저작이며 그의 저작들 가운데 대중에게 가장 크게 사랑을 받은 저작이기도 하다. 이 책은 그에게 제1회 중세 프로뱅상 수상이라는 영예도 함께 안겨주었다. 엠마뉘엘 르루아 라뒤리를 비롯한 프랑스의 저명한 중세사 학자들이 심사위원으로 참여한 이 상은 그 해에 대중교양과 중세사 연구에 가장 기여한 책을 선정해서 수여하는 의미 있는 상이다. 이 책에 대한 대중의 사랑은 프랑스에만 머물지 않았다. 이 책은 2007년 프랑스어로 처음 출간된 이래 지난 5년간 독일어, 이탈리아어, 루마니아어, 스페인어, 영어 등 다양한 언어로 번역되어 유럽과 영미권 독자들에게 큰 관심을 받았다.

　미셸 파스투로는 역사학의 새로운 영역을 개척한 전문적 연구자로서만이 아니라 자신의 연구를 대중들에게 흥미롭고 쉽게 전달하는 저술가로도 이름이 높다. 그는 저술활동을 활발히 펼쳐 지금까지 40여권의 책을 펴냈다. 그 가운데 1990년대 이후에 발간된 저서들만 해도 다음과 같이 20여권에 이르며, 한국에서도 색의 역사에 관한 저작들을 중심으로 여러 권이 번역되어 출간되었다.

『샤를마뉴의 체스판, 하지 말아야 할 게임 *L'Échiquier de Charlemagne. Un jeu pour ne pas jouer*』, Paris, Adam Biro, 1990.
『악마의 천, 줄무늬와 줄무늬 직물의 역사 *L'Étoffe du Diable. Une histoire des rayures et des*

tissus rayés』, Paris, Seuil(21세기 총서), 1991. * 한국어 번역 :『악마의 무늬, 스트라이프』, 강주현 옮김, 이마고, 2002.

『문장학 개론 *Traité d'héraldique*』, Paris, Picard, 3판, 1993.

『문장의 형태 *Figures de l'héraldique*』, Paris, Gallimard, 1996.

『염색업자 집의 예수, 중세 서양의 색과 염색 *Jésus chez le teinturier. Couleurs et teintures dans l'Occident médiéval*』, Paris, Le Léopard d'or, 1998.

『프랑스의 표장들 *Les Emblèmes de la France*』, Paris, Bonneton, 1998.

『블루, 색의 역사 *Bleu. histoire d'une couleur*』, Paris, Seuil, 2000. * 한국어 번역 :『블루 색의 역사: 성모 마리아에서 리바이스까지』, 고봉만·김연실 옮김, 한길아트, 2002.

『로마네스크의 형상 *Figures romanes*』, Paris, Seuil, 2001(F. Horvat와 공저).

『유명한 동물들 *Les Animaux célèbres*』, Paris, Bonneton, 2001; Paris, Arléa, 2008.

『서양 중세 상징사 *Une histoire symbolique du Moyen Âge occidental*』, Paris, Seuil(21세기 총서), 2004.

『색에 관한 작은 책자 *Le Petit Livre des couleurs*』, Paris, Panama, 2005(D. Simonnet와 공저); Paris, Seuil, 2007.

『원탁의 기사들, 가상 사회의 역사 *Les Chevaliers de la Table ronde. Histoire d'une société imaginaire*』, Doussard, Éditions du Gui, 2006.

『성서와 성인들 *La Bible et les Saints*』, Paris, Flammarion, 2006(G. Duchet-Suchaux와 공저).

『원탁의 기사들의 문장, 중세 말 가상 문장 연구 *Armorial des chevaliers de la Table ronde. Étude sur l'héraldique imaginaire à la fin du Moyen Age*』, Paris, Le Léopard d'or, 2006.

『우리시대 색 사전, 상징과 사회 *Dictionnaire des couleurs de notre temps. Symbolique et Société*』, Paris, Bonneton, 2007. * 한국어 번역 :『색의 비밀, 색의 상징성과 사회적 의미』, 전창림 옮김, 미술문화, 2003:

『색, 큰 책자 *Couleurs. Le Grand Livre*』, Paris, Panama, 2008(D. Simonnet와 공저).

『검정, 색의 역사 *Noir. Histoire d'une couleur*』, Paris, Seuil,『Beaux Livres』, 2008.

『돼지, 사랑받지 못한 친구의 역사 *Le Cochon. Histoire d'un cousin mal aimé*』, Paris, Gallimard, 2009.

『중세 문장 예술 *L'Art héraldique au Moyen Âge*』, Paris, Seuil, 2009.

『백조와 까마귀, 흰색과 검정색의 역사 *Le Cygne et le Corbeau. Une histoire en noir et blanc*』, Paris, Gutenberg, 2010.

『갈리아의 수탉에서 삼색기까지, 프랑스 표장의 역사 *Du coq gaulois au drapeau tricolore. Histoire des emblèmes de la France*』, Arléa, 2010.

『중세 동물지 *Bestiaires du Moyen Âge*』, Paris, Seuil, 2011.

『유니콘의 비밀 *Les Secrets de la licorne*』, Paris, Réunion des musées nationaux, 2013 (Elisabeth Delahaye와 공저).

『녹색, 색의 역사 *Vert. Histoire d'une couleur*』, Paris, Seuil, 2013.

곰, 몰락한 왕의 역사

초판 발행   2014년 1월 29일

글쓴이   미셸 파스투로
옮긴이   주나미
펴낸이   김두희
펴낸곳   도서출판 오롯
출판등록   2013년 1월 10일 제251002013-000001호
주소   407-814 인천시 계양구 장제로 864번길 15, 702호
    (임학동, 시티2000오피스텔)
전자우편   orot2013@naver.com
홈페이지   http://orot2013.blog.me
전화번호   070-7592-2304
팩스   0303-3441-2304

© OROT, 2014. printed in Incheon, Korea
ISBN   979-11-950146-0-6 93920

이 도서의 국립중앙도서관 출판시도서목록(CIP)은 서지정보유통지원시스템 홈페이지(http://seoji.nl.go.kr)와 국가
자료공동목록시스템(http://www.nl.go.kr/kolisnet)에서 이용하실 수 있습니다.(CIP제어번호: CIP2013029021)